Walter: Das Unbehagen in der Verwaltung

Alfred Walter

Das Unbehagen in der Verwaltung

Warum der öffentliche Dienst denkende Mitarbeiter braucht

edition sigma

Bibliografische Information der Deutschen Nationalbibliothek

Die Deutsche Nationalbibliothek verzeichnet diese Publikation in der Deutschen Nationalbibliografie; detaillierte bibliografische Daten sind im Internet über http://dnb.d-nb.de abrufbar.

ISBN 978-3-8360-3579-8

Umschlagillustration aus „Nöthiger und nützlicher Vorrath Von allerhand auserlesenen Contracten, Verträgen, Recessen, Bestallungen, ... und andern dergleichen Concepten" von Julius Bernhard von Rohr, Leipzig 1719

Druck: Rosch-Buch, Scheßlitz

Printed in Germany

Inhalt

1. Ausgangsposition

„Der Gegensatz zur Hierarchie ist nicht das Chaos, sondern die Autonomie.“
Hans A. Pestalozzi

Vieles wurde über die öffentliche Verwaltung geschrieben und noch mehr wird über sie geredet, zuhause, bei der Arbeit oder an Stammtischen. Bei einer Staatsquote von fast 50% macht jeder zwangsläufig vielfältige und ganz persönliche Erfahrungen mit diesem Teil unseres Wirtschafts- und Sozialsystems, sei es als Bürger, wenn man umzieht, ein Auto anmelden will, heiratet, Kinder bekommt oder die Abfallbehälter umbestellen möchte, oder als Unternehmer, wenn es um Gewerbeanmeldungen, behördliche Auflagen oder steuerliche Fragen geht.

Aus diesen vielfältigen Kontakten des Bürgers oder Unternehmers mit seiner Verwaltung, ergänzt um Berichte in den Medien über Missstände und Verschwendung in diversen Behörden und öffentlichen Unternehmen, hat sich eine Meinung über die öffentliche Verwaltung gebildet, die zusammenfassend mit den drei Us beschrieben werden kann: *Untätig* im Sinne von langer Bearbeitungs- und Entscheidungszeit trotz offensichtlich guter Personalausstattung. *Unfähig,* da die Ergebnisse des Verwaltungshandelns trotz der langen Bearbeitungszeit oft fehlerhaft, unzureichend oder unvollständig sind. *Unwirtschaftlich* als Konsequenz der beiden anderen Us.

Intensivere Kontakte mit der öffentlichen Verwaltung haben die dort Beschäftigten. Die Einblicke in die Strukturen und Abläufe der öffentlichen Verwaltung nehmen mit der Bedeutung der dort wahrgenommenen Funktion zu und sind vermutlich an der Schnittstelle zu den politischen Gremien – also bei den Dienststellenleitern auf kommunaler Ebene oder den Abteilungsleitern in Landes- und Bundesbehörden – am größten. Hier werden Strategien und Konzepte aus dem Zusammenwirken von Politik und Verwaltungsspitze miterlebt und mitgestaltet, um sie dann nach unten zu vermitteln. Auf der anderen Seite ist dieser Personenkreis im Tagesgeschäft intensiv mit dem eigenen Personal, dem Personalrat und dem Kontakt zwischen Dienststellen befasst und muss die Arbeitsergebnisse nach oben vermitteln.

Diese Innenansicht kann desillusionierend und verstörend sein, wenn man es gewohnt ist, mit fachlicher Ausrichtung zielorientiert zu arbeiten und dabei wirtschaftliche Vorteile konsequent zu nutzen. Man hat dann entweder die Möglichkeit, die Verhältnisse zu akzeptieren, wie sie sind, sich zu arrangieren und vielleicht sogar den ein oder anderen Vorteil für sich daraus zu ziehen, oder man versucht, etwas an den Verhältnissen zu verändern, und stellt bald ernüchtert fest, dass dies nicht gelingt, und beginnt darüber nachzudenken, woran das liegt.

Die zweite Handlungsoption ist im Grundsatz der Anlass für die Entstehung dieses Buches. Verarbeitet werden hier vor allem langjährige Erfahrungen in einer Führungsposition eines Abfallwirtschaftsbetriebs einer süddeutschen Großstadt, erweitert um Erkenntnisse aus der interkommunalen Zusammenarbeit, der Mitarbeit in Gremien des abfallwirtschaftlichen Fachverbandes und dem Kontakt zu übergeordneten Behörden. Damit erklärt sich auch, dass die gewählten Beispiele in diesem Buch vor allem dem Bereich der Abfallwirtschaft entnommen wurden.

Diese Erfahrungen sind zwangsläufig auf einen relativ kleinen persönlichen Erfahrungsschatz begrenzt und zudem vor dem Hintergrund von Erziehung, Bildung und Lebenserfahrungen analysiert und bewertet. Die hier wiedergegebenen Erfahrungen mit der öffentlichen Verwaltung sind also nicht verallgemeinerbar. Sie sind aber auch keine Ausnahme, wie die vielen Einblicke in unterschiedliche Verwaltungen und der Abgleich mit der Literatur in den folgenden Kapiteln zeigen. Es handelt sich vielmehr um spezielle Ausprägungen eines vorhandenen Grundmusters von Verwaltungskultur. Der geneigte Leser wird also andere Erfahrungen mit der öffentlichen Verwaltung gemacht haben. Er wird sich in einigen der auf den nächsten Seiten beschriebenen persönlichen Erfahrungen bestätigt finden, manche der beschriebenen Erfahrungen wird er nicht gemacht haben oder wird sie nicht teilen, vor allem aber wird er noch so manche Variante von öffentlicher Verwaltung ergänzen können.

Als neu eingestellte ‚Führungskraft' in der öffentlichen Verwaltung wundert man sich bald über die (nicht vorhandene) Führungskultur. Innerhalb einer Dienststelle wird diese vor allem durch den persönlichen Führungsstil des Dienststellenleiters geprägt. Man kann also hinsichtlich der Führungskultur Unterschiedlichstes erwarten. Wenn man Pech hat, und in diesem Punkt hatte der Autor viel Pech, trifft man Folgendes an: Es wird munter in den Aufgabenbereich der direkt unterstellten Mitarbeiter eingegriffen, wozu auch das durchregieren auf die darunter befindliche Hierarchieebene gehört, einsame Chefentscheidungen werden getroffen, es wird unzureichend informiert, demotivierend kontrolliert, mit charakterologischen Werturteilen beurteilt, Lob wird als Machtinstrument eingesetzt und Mitglieder von Seilschaften werden bevorzugt. Man kann es dann nur als Ausdruck völliger Ignoranz werten, wenn altgediente Amtsleiter, die im Zuge des Umbaus der Verwaltung dazu ‚verdonnert' wurden, an einem Führungskräfteseminar teilzunehmen, ihren Führungsstil als ‚Management by Walking' bezeichnen, was zudem noch gesund sei.

Zu der hier kritisierten Führungskultur gehört auch die unzureichende Vorbereitung und Durchführung von Besprechungen. In schlimmen Fällen wird jede Büro-Comedy im Fernsehen in den Schatten gestellt. Mit Verspätung, ohne Tagesordnung, ohne Ergebnis und Protokoll in viel zu großer Runde dürfen sich die Redseligen ausleben, während den Strebsamen die Zeit davonläuft. Die Besprechungskultur ist in besonderem Maße von der Person des Dienststellenleiters abhängig. Sie ist quasi das Aushängeschild seines Führungsstils.

Bereits nach kurzer Verwaltungszugehörigkeit fällt das insgesamt niedrige fachliche Niveau auf, nicht nur bei technischen oder betriebswirtschaftlichen Themen, wo man es noch eher erwarten würde, sondern auch in Verwaltungs- und Rechtsfragen. Vieles entsteht aus dem Bauch heraus, Methoden der Wissensverarbeitung und -komprimierung sind nicht bekannt oder werden nicht angewandt. Die Verarbeitung von Alltagswissen steht im Vordergrund. Fachlich fundierte Vorlagen mit aussagekräftigen (weitgehend quantifizierten) Alternativenbewertungen haben eher Seltenheitswert. Als Beispiel dafür, dass in der öffentlichen Verwaltung nach wie vor der „erste brauchbare Einfall" (Luhmann 1960: 107) zur Entscheidungsfindung ausreicht, sei hier die Erstellung eines neuen Sperrmüllkonzepts durch einen Dienststellenleiter nach kurzer Internetrecherche angeführt. Anschließend sorgt dann das hierarchische System der Verwaltungsorganisation dafür, dass alle Bemühungen der zuständigen Fachleute, das Sperrmüllkonzept kundenfreundlicher und wirtschaftlicher zu gestalten, bis zur Entscheidung durch die politischen Gremien abgeblockt werden.

Hierzu passt auch die Erfahrung, dass in der öffentlichen Verwaltung praktisch keine Anforderungen an die Mitarbeiter gestellt werden, auch nicht an die Führungskräfte. Jeder arbeitet, so viel er will und so gut er kann. Man mache nie den Fehler zu glauben, man könne von einem Mitarbeiter eine höhere oder andere Leistung einfordern. Die Personalräte decken leider allzu oft auch die „faulen und unbeweglichen Mitarbeiter mit allen nur erdenklichen Mitteln" (Ellwein/Hesse 1997: 85). Im Ergebnis sitzt schnell die Führungskraft in einem Gespräch beim Personalamt und muss sich fehlendes Fingerspitzengefühl im Umgang mit den Mitarbeitern vorwerfen lassen.

Zu den Besonderheiten der öffentlichen Verwaltung, die einem verwaltungsfremden Neuling relativ schnell auffallen, gehört, dass wirtschaftliches Denken und Handeln offenbar nicht von großer Bedeutung sind. Dies gilt auch für gebührenfinanzierte Bereiche wie die Abfallwirtschaft, wo man aufgrund der betrieblich geprägten Tätigkeit in Kombination mit speziellen Organisations- bzw. Rechtsformen (Eigenbetrieb oder GmbH) mehr unternehmerisches Denken und Handeln erwartet. Es ist im Gegenteil eher so, dass das Stichwort ‚gebührenfinanziert' als Freibrief für unwirtschaftliches Handeln genommen wird, da der städtische Haushalt (durch Steuern finanziert) hiervon nur wenig betroffen ist.

Neben den bereits erwähnten Defiziten in der Alternativenauswahl trägt vor allem das fehlende Kostencontrolling zur Unwirtschaftlichkeit des Verwaltungshandelns bei. Ist eine Entscheidung erst einmal getroffen, interessieren die tatsächlich entstehenden Kosten kaum noch. Auch offensichtlich unwirtschaftliches Verhalten bleibt ohne Konsequenz. So kann ein Geschäftsführer, der selbst auf einer großen Halde nicht abgesetzter aufbereiteter Hausmüllverbrennungsschlacke sitzt, gleichzeitig einen Mitarbeiterparkplatz bauen und dort als Tragschicht für viel Geld nur Naturmaterialien einkaufen und verbauen.

Symbol für das herrschende System des öffentlich-rechtlichen Wirtschaftens ist der Haushaltsplan. Wer zum ersten Mal an dezernatsinternen Haushaltsgesprächen teilnimmt, ist von der Niveaulosigkeit des Tuns beeindruckt: Alle zum Dezernat gehörenden Fachbereiche und Eigenbetriebe melden munter ihre Zahlen, die sie aus Hochrechnungen der vergangenen Jahre, ergänzt um aktuelle Projekte, ermittelt haben. Der Dezernent (Fachbürgermeister) ergänzt die eine oder andere politisch wichtige Zahl. So entsteht nach kurzer Zeit ein (Teil-)Haushaltsplanentwurf, der beim Doppelten des Angestrebten liegt. Die Anmeldungen werden vom Dezernenten weder hinsichtlich ihrer Betrachtungstiefe hinterfragt, noch werden Strategien der Zweck-Mittel-Abwägung angewandt, noch wird eine Priorisierung einzelner Maßnahmen vorgenommen. Streichungen überlässt man den mächtigen Querschnittsämtern (in diesem Fall dem Kämmereiamt) und späteren Dezernentenrunden beim Oberbürgermeister. Dass hiervon keine Signale zum wirtschaftlichen Umgang mit Steuermitteln ausgehen, liegt auf der Hand.

Zu den ersten Eindrücken in der öffentlichen Verwaltung gehört auch die verbreitet negative Arbeitseinstellung. Und das trotz guter Arbeitsbedingungen wie z.B. sichere Arbeitsplätze, flexible Arbeitszeitregelungen, moderne Büros und Büroausstattung, hoher Stand von Arbeits- und Gesundheitsschutz, betriebliche Altersvorsorge und hoher Stellenwert der Personalvertretung. Das vorherrschende Klima der „kalkulierten Leistungsbereitschaft“ (Luhmann 1995: 105) ist eine direkte Folge der Gesamtorganisation der öffentlichen Verwaltung, in der die Arbeit des Einzelnen nicht mehr wahrgenommen wird. Ob ein Mitarbeiter (sei es als Straßenreiniger oder als Bürosachbearbeiter) viel arbeitet, seine Arbeit mit hoher Qualität erbringt, oder ob er überhaupt arbeitet, ist in der öffentlichen Verwaltung von untergeordneter Bedeutung. Wichtiger sind seine freundliche Anwesenheit und das Befolgen von Regeln. Die Mechanismen der öffentlichen Verwaltung sind aber überraschend differenziert, wenn es darum geht, „die Guten auf das vorherrschende Mittelmaß herunterzuziehen“ (Ellwein/Hesse 1997: 156). Daraus hat sich eine ausgeprägte Egal-Mentalität der vielen innerlich Gekündigten entwickelt, die man teilweise unverhohlen kundtut: „Warum strengen Sie sich so an? Das hat doch eh keinen Zweck“ wurde ich zu Beginn meiner Tätigkeit in der Kommunalverwaltung von einem Mitarbeiter der Entgeltgruppe 13 gefragt. Meine Antwort „Ich komme täglich zur Arbeit, um etwas zu verändern“ wurde nicht verstanden. Mittlerweile ist mir klar, welche Ängste man im öffentlichen Dienst mit einer solchen Arbeitsauffassung auslöst. Der damalige Mitarbeiter ist mittlerweile mein Nachfolger.

Erst nach längerer Mitarbeit in der Kommunalverwaltung erkennt man die besondere Rolle, die die homogene Gruppe von Verwaltungsangestellten des gehobenen Dienstes dort einnimmt. Man kennt sich seit Eintritt in den öffentlichen

Dienst (also in der Regel seit Ende der Schulzeit) und hat sich entweder nach einer Verwaltungslehre durch die Teilnahme an diversen internen Lehrgängen für den gehobenen Dienst qualifiziert oder seine Laufbahn direkt als Beamtenanwärter an einer internen Beamtenfachhochschule begonnen. Daraus entsteht ein Geflecht von informellen Kontakten, welches man zur Beschleunigung einzelner Sachfragen, zur Abwehr von Konzernvorgaben (Vorgaben der Verwaltungsspitze) oder zur gegenseitigen Unterstützung bei Beförderungen nutzen kann. Auffällig ist eine spezielle Problemlösungsstrategie des gehobenen Dienstes, die man aus dem eigenen wissenschaftlichen Studium nicht kennt. Hierbei steht nicht die schnelle Zielerreichung unter Anwendung bekannter Entscheidungsfindungsmethoden im Vordergrund, sondern das Abwägen von (allen möglichen) Bedenken, in der Hoffnung, eine Lösung ohne Risiko zu finden. In der Selbstwahrnehmung halten sich die Verwaltungsbeamten des gehobenen Dienstes für Generalisten mit guten Managementfähigkeiten, die für jegliche Führungsaufgabe aber auch für rein betriebliche Aufgaben (z.B. Bezirksleiter in der Abfallwirtschaft) oder für spezielle Fachaufgaben (z.B. EDV, Controlling) geeignet sind. Herrscht solches Denken in der Zentralabteilung (Rechnungswesen, Personal) vor, kann es durch entsprechende Stellenbesetzungen erstaunlich schnell zu einer Lähmung des gesamten Eigenbetriebs oder Fachbereichs kommen.

Über die Rolle der Personalvertretung in der öffentlichen Verwaltung wird Vieles kolportiert. Das Verhältnis zwischen Betriebs-/Geschäftsleitung und Personalrat ist vor allem abhängig von den handelnden Personen. Handelt es sich beim Personalratsvorsitzenden um einen unflexiblen Egomanen, bewegt sich in einem kommunalen Betrieb schnell nichts mehr. Schwierig wird es vor allem dann, wenn der zuständige Dezernent auf der jährlichen Personalversammlung seine Rede damit beginnt, dass er zu den Mitarbeitern auch als ver.di-Mitglied spricht. Schlichtungen oder sanfter Druck in eine bestimmte Richtung sind dann nicht mehr zu erwarten. Am Ende der Entwicklung erklären dann Bezirksleiter neuen ABM-Kräften oder Ein-Euro-Jobbern, wie man in der Stadtreinigung langsam kehrt, um die Gesundheit zu schonen.

Erstaunlich ist der teilweise drastische Unterschied zwischen der oberen und der unteren Führungswelt in einer Kommunalverwaltung. Die Dezernenten führen ihre Stäbe und Dienststellenleiter unter machtpolitischen Aspekten der eigenen Wiederwahl eher straff bis autoritär, teilweise mit einer Tendenz zu absolutistischer Amtsführung, und kümmern sich eher wenig um das Geschehen in den einzelnen Dienststellen (solange dort Ruhe herrscht bzw. keine negativen Meldungen nach außen dringen). Auf den einzelnen Dienststellen liegt praktisch ein Deckel, unter dem sich im klassischen autoritär-hierarchischen Verwaltungssystem die Dienststellenleiter ausleben können. Die Mitarbeiter müssen dann teilweise schizophrene Veranlagungen haben, um den offiziell gewünschten kooperativen Führungsstil mit dem ganz persönlichen des Dienststellenleiters zu vereinbaren. Das gelingt zum Beispiel dann nicht mehr, wenn nach vielen Schulungen zur Einführung von Projektmanagement, an denen auch der Dienststellenleiter teilgenommen hat (oder teilnehmen musste), und die für viel Geld extern eingekauft wurden, im konkreten Anwendungsfall von Projektarbeit der Dienststellenleiter seinem Mitarbeiter erklärt, dass es ganz normal ist, wenn mit dem Projektauftrag auch gleich die Zusammensetzung des Projektteams, die Häufigkeit von Projektbesprechungen, die Art und Weise von Dokumentation und Information sowie die Meilensteine vorgegeben werden. In diesem System ist es auch durchaus möglich, dass ein Dienststellenleiter offiziell erklärt, mit seinem Abteilungsleiter nicht mehr fachlich zu kommunizieren, was im Prinzip einer Entlassung bei Lohnfortzahlung gleichkommt.

Ein geschickter Dezernent verbrüdert sich zudem über die Parteigrenzen hinweg mit seinen (politischen) Ausschüssen. Die Opposition wird über Vorabstimmungen und kleine Entgegenkommen bei der Besetzung von Aufsichtsratsposten oder Stellen derart einbezogen, dass eine politische Auseinandersetzung in den gemeinde- oder stadträtlichen Gremien (je nach Region) fast nicht mehr stattfindet. Überhaupt fällt das niedrige Niveau in den politischen Gremien auf. Auch zu wichtigen Vorlagen (Wirtschaftsplan, Jahresabschluss, große Einzelprojekte) wird wenig und schon gar nicht in der Tiefe gefragt. Eine Auseinandersetzung mit den Antworten der Verwaltung, auch wenn sie offensichtlich lückenhaft oder ausweichend sind, findet kaum statt. Hier trifft sich erkennbar nicht die gesellschaftliche Elite beim Ringen um unterschiedliche Politikkonzepte, sondern überwiegend gesellig veranlagte Feierabendpolitiker, bei den Jüngeren teilweise von der Hoffnung getragen, über die politische Schiene einen Job bei der Verwaltung zu bekommen. Vom Dezernenten mit B 8 bis zum Sachbearbeiter mit E 10 ist hier alles möglich.

Bei Stellenbesetzungen gilt sonst in der öffentlichen Verwaltung verbreitet das Senioritätsprinzip. Der Dienstälteste rückt nach oben nach. Dies gilt für Beamte und Angestellte gleichermaßen völlig unabhängig von dienst- oder arbeitsrechtlichen Regelungen. Damit können auch Verwaltungsbeamte, die ihre Unfähigkeit für Führungsaufgaben jahrzehntelang unter Beweis gestellt haben, einige Jahre vor der Pensionierung noch in Schlüsselpositionen befördert werden. Von den jüngeren Kollegen erwartet man dann Loyalität im Sinne von Stillhalten, Fehler zu decken und dezent Schlimmstes zu verhindern. Als Belohnung winkt dann die spätere eigene Beförderung. Zur Abrundung der ganzen Absurdität dieser Handlungsweise bekommt man vom Dezernenten eventuell noch mit auf den Weg, dass man die Wartezeit ja dazu nutzen kann, das Verhältnis zum Personalrat zu verbessern.

Spielt man dieses Spiel nicht mit, reagiert das System mit Ausgrenzung. Man wird von allen wichtigen Aufgaben ferngehalten und nimmt an der Entscheidungsfindung nicht mehr teil. Man hat dann Gelegenheit, die „Entartungsmöglichkeiten" (Ellwein 1977: 346) der öffentlichen Verwaltung hautnah zu erleben. Auf der anderen Seite bleibt bald genug Zeit, sich intensiv theoretisch mit der Verwaltung auseinanderzusetzen, und man lernt die Vorteile einer großen Universitätsbibliothek zu schätzen.

Das durchaus Unerwartete, aber Schöne und Befreiende am Studium der einschlägigen Verwaltungsliteratur ist, dass man sehr schnell eine Bestätigung der eigenen Erfahrungen, der vorgenommenen Analyse und angedachten Lösungsmöglichkeiten findet. Die Kritik an der öffentlichen Verwaltung wird verbreitet so treffsicher und pointiert formuliert, dass es eine wahre Freude ist. Das Literaturstudium hat damit neben einem erheblichen Erkenntnisgewinn durchaus auch eine therapeutische Funktion, die hilft, Erlebtes zu verarbeiten und weiter zu ertragen.

Für das Verständnis des herrschenden autoritär-hierarchischen Verwaltungsmodells, vor allem für dessen Starrheit und Veränderungsresistenz, ist es hilfreich, zunächst einen kurzen Blick in die Geschichte zu werfen (Kapitel 2). Dabei zeigt sich eine erstaunliche Kontinuität der deutschen Verwaltung über viele Jahrhunderte und Staatsformen hinweg bis in die heutige Zeit. Wesentliche Aspekte des deutschen Beamtentums wie das vom Militär übernommene Hierarchieprinzip sowie die Anfänge des geregelten Beamtenberufs gehen zurück auf das Preußen Friedrichs des Großen und seines Sohns (Soldatenkönig), und man stößt zum ersten Mal auf Max Weber, der mit seinem Modell der bürokratisch-monokratischen aktenmäßigen Verwaltung Anfang des 20. Jahrhunderts das noch heute vorherrschende Verwaltungsmodell wissenschaftlich begründete.

Es folgt deshalb im dritten Kapitel eine intensive Auseinandersetzung mit Max Weber und seinem Bürokratiemodell. Dabei wird die bis in die heutige Zeit reichende Funktion der Verwaltung als Herrschaftsverhältnis deutlich. Die drei Kernelemente des Weberschen Modells

(1) autoritäre Hierarchie,
(2) starke Orientierung an Regeln und
(3) arbeitsteilige horizontale Organisation

werden aus dem geschichtlichen Zusammenhang heraus hinterfragt und als „System der organisierten Unverantwortlichkeit" entlarvt (Banner 1991: 7). Das schwierige Verhältnis von Hierarchie und Spezialisten wird beleuchtet und die Bedeutung informeller Beziehungen zum Ausgleich vorhandener Defizite bürokratischer Organisationen, von Luhmann (1995: 304) als „brauchbare Illegalität" bezeichnet, wird thematisiert.

Zielsetzungsprozesse und Wirtschaftlichkeitsaspekte fehlen im klassischen Verwaltungsmodell fast vollständig, die Verwaltungsumwelt (Kunden) wird weitgehend ausgeblendet. Bereits das Ausgangsmodell Max Webers ist also lückenhaft. Hinzu kommt der gewaltige Anpassungsdruck, der durch

(1) den wirtschaftlichen und gesellschaftlichen Wandel,
(2) den Wertewandel und
(3) den Aufgabenwandel innerhalb der Verwaltung

insbesondere seit Ende des Zweiten Weltkriegs auf dieses unvollständige Modell ausgeübt wurde. Umso erstaunlicher ist die Feststellung, dass trotz des Wandels der Verwaltungsumwelt kaum ein Wandel der Verwaltung stattgefunden hat.

Gründe für die Resistenz der öffentlichen Verwaltung gegen Veränderungen lassen sich sowohl systemtheoretisch als auch aus dem Unternehmenskulturansatz ableiten. Aus diesen Ansätzen wird auch verständlich, dass die gängigen Organisationsentwicklungsansätze nicht zu einer nachhaltigen Veränderung führen können. Erforderlich für einen wirklichen Wandel des Systems (der Kultur) wäre die Ermöglichung systemischen Lernens in einer auf Selbstabstimmungs- und Selbstverknüpfungskompetenz der Mitglieder basierenden lernenden Organisation. Wichtige Elemente dabei sind eine schonungslose, die Missstände klar benennende Ist-Analyse, Strategien des Entlernens, die Förderung von temporärer Zusammenarbeit z.B. in Projekten, das Anbieten von Gegenkulturen sowie das Vorleben der neuen Arbeits- und Verhaltensweisen.

Die (Un-)Wirtschaftlichkeit des Verwaltungshandelns wird in Kapitel 3 als Folge der bürokratischen Organisation thematisiert. Die Bundeshaushaltsordnung formuliert relativ unverbindlich, dass bei allen Verwaltungsmaßnahmen der Grundsatz der wirtschaftlichen und sparsamen Haushaltsführung zu *beachten* ist. Die darin zum Ausdruck kommende Nachrangigkeit des Wirtschaftlichkeitsziels ist ein Stück weit damit zu erklären, dass Aufgabe der Verwaltung vor allem der Vollzug von Recht ist, weshalb die Rechtmäßigkeit des Vorgehens wichtiger ist als dessen Wirtschaftlichkeit. Die Verschwendungssucht der öffentlichen Verwaltung ist in ihrer Organisation also strukturell angelegt, weshalb Luhmann (1960: 105) eine Theorie der brauchbaren Entscheidung für die speziellen Anforderungen der Verwaltungsumwelt für durchaus angemessen und ausreichend hält.

Am Ende von Kapitel 3 werden erste Hinweise auf Lösungsansätze für eine grundlegende Reform der öffentlichen Verwaltung gegeben. Diese orientieren sich an Managementmethoden des privatwirtschaftlichen Sektors und zielen auf

(1) eine Professionalisierung des Systems der Entscheidungsfindung,
(2) eine Zurücknahme der Hierarchie sowie
(3) den Wechsel vom autoritären zum kooperativ-delegierenden Führungsstil.

In Kapitel 4 wird der Blick auf die Arbeitsrealitäten in der öffentlichen Verwaltung gelenkt, so wie sie sich als Folge des Weberschen Verwaltungsmodells ergeben. Es zeigt sich, dass das auf einem besonderen Dienst- und Treueverhältnis basierende Berufsethos des Beamtentums zwar angekratzt ist, aufgrund von selbstselektiven Tendenzen (bei der Berufswahl) und Sozialisation im Arbeitsalltag (schon während der Berufsausbildung) aber erstaunlich beharrlich ist. Die Alltagsrealität der im öffentlichen Dienst Beschäftigten ist nach wie vor wesentlich von der starken Regelbindung ihrer Arbeit und der Führungsfrage („Wie führt man denkende Mitarbeiter in der Verwaltung?“ [Höhn 1989: 43]) geprägt.

Eine intensive Auseinandersetzung mit der umfassenden Führungsliteratur führt u.a. zu der Frage, welches Menschenbild den Führungskonzepten der öffentlichen Verwaltung zugrunde liegt. Da es in der heutigen Zeit nicht mehr angemessen ist, den Menschen als „lebende Maschine“ (Weber 1918: 30) zu konzeptionalisieren, verfolgt man in der öffentlichen Verwaltung seit den 1970er Jahren die Idee vom ‚sozialen Menschen’. Seither ‚menschelt’ es in der öffentlichen Verwaltung. Von Führungskräften wird soziale Kompetenz und ein kooperativer Führungsstil gefordert. Es wird nicht mehr angeordnet, stattdessen werden Zielvereinbarungen getroffen. Das gegenseitige Miteinander bespricht man in einem formalisierten Mitarbeitergespräch. Mit diesen neuen Management-Instrumenten kommen auch ausgemachte Hierarchen gut zurecht. Denn wie auch der Verwaltungswissenschaftler weiß, führen „Management-Modelle, die in der Verwaltung umgesetzt werden, zu nichts anderem als zu Bürokratie“ (König 2006: 32). Die Einführung des sozialen Menschen als neue Regel in der Verwaltung führt dann dazu, dass alle Mitarbeiter in gleicher Weise ‚sozial behandelt’ werden, auch die, die weniger nach sozialen Kontakten aber mehr nach Selbstverwirklichung streben.

Eine wesentliche Erkenntnis der Motivationsforschung ist die Verschiebung der Anreizstrukturen von extrinsischen (materielle Anreize) zu intrinsischen (z.B. sinnvolle Tätigkeit, persönliche Entfaltung). Darauf bauen moderne Konzepte der Identifikation im Unternehmen auf, die Selbstständigkeit und Verantwortungsbewusstsein fördern und eine Teilhabe an betrieblichen Entscheidungen ermöglichen. Die klassische Motivationspolitik wird damit zum Mythos (Sprenger 1991). Eine moderne Motivationspolitik basiert auf der Schaffung von Freiräumen, die die Selbststeuerung der Mitarbeiter und eine Identifikation mit Aufgaben und Zielen des Betriebs ermöglichen. Neben dem Arbeitsvertrag wird auch ein „psychologischer Vertrag“ (Schein 1980) zwischen Mitarbeiter und Arbeitgeber geschlossen, in dem die Leistungsbereitschaft des Mitarbeiters immer wieder aufs Neue mit der Befriedigung intrinsischer Bedürfnisstrukturen abgeglichen wird. Fast rührend muten hier manche Versuche öffentlicher Verwaltungen an, eine Corporate Identity zu schaffen oder Fehlzeitenmanagementsysteme einzuführen.

Ein Missverständnis scheint in der öffentlichen Verwaltung hinsichtlich des Begriffs des kooperativen Führungsstils zu bestehen, von dem man sich offenbar eine allumfassende heilbringende Wirkung erhofft. Hierbei wird verkannt, dass dieser Führungsstil, wenn man ihn denn wirklich praktiziert, die höchste Interaktionsdichte zwischen Führendem und Geführten verlangt, wobei die Entscheidungspartizipation dagegen nur mittelmäßig ist. Kooperative Führung ist deshalb bestenfalls ein „historisches Übergangskonzept" (Wunderer 2006: 229) hin zu selbststeuernden, delegativen Führungskonzepten.

Die oberen Führungspositionen in der öffentlichen Verwaltung werden verbreitet nach der ‚Great-Man-Theorie' besetzt, nach der eine begrenzte Anzahl von Menschen als Führungspersönlichkeiten geboren wird. Die fachliche Qualifikation der Bewerber tritt damit in den Hintergrund und Stellenbesetzungen nach dem Senioritätsprinzip oder nach dem Parteibuch lassen sich bequem rechtfertigen. Übersehen wird dabei, dass Fach- oder Spezialistenqualifikationen die immer vorausgesetzte Basis für gutes Führungsverhalten sind, auf der die Generalistenqualifikationen ruhen. Allenfalls in ganz großen Unternehmen mit technisch kompetenten und erfahrenen Stäben und Mitarbeitern treten die fachlich-technischen Kompetenzen des Führenden in den Hintergrund (Katz 1974: 101). Wird eine Person in einer Autoritätsposition nicht als Experte bezüglich der Aufgaben anerkannt, entsteht eines der schwierigsten organisatorischen Dilemmas (Schein 1980: 27), welches erst durch den Weggang dieser Person gelöst wird. Da ein Entfernen oder Versetzen von unfähigen Führungskräften in der Verwaltungspraxis nur in ganz eklatanten Fällen vorkommt, muss in der Regel bis zu ihrer Verrentung/Pensionierung gewartet werden. Dienststellen oder Dezernate werden so durch Senioritätsprinzip und Parteienklüngel über Jahre oder Jahrzehnte lahmgelegt.

Für Leser, die damit zu tun hatten, mag in Kapitel 4 auch die Auseinandersetzung mit dem Thema Führung und Persönlichkeitsstörung interessant sein. Insbesondere narzisstische Persönlichkeitskonstellationen findet man in Führungspositionen nicht selten. Ihre „Selbstgerechtigkeit, Arroganz, Unaufmerksamkeit gegenüber Strukturen und Prozessen" sowie ihre Unfähigkeit zu einem echten Gedankenaustausch sind nicht nur für die betroffenen Mitarbeiter eine besondere Qual, sie haben auch gravierende Folgen für die Organisation (Kets de Vries 1998: 51).

Relativ breiten Raum nimmt in Kapitel 4 das Thema innere Kündigung ein. Führungsdefizite und organisatorische Mängel (Starrheit, Regelgebundenheit, fehlende Freiräume) als die beiden Hauptursachen für innere Kündigung ergänzen sich in der öffentlichen Verwaltung in besonderer Weise, so dass man hier einen auffällig hohen Anteil innerlich Gekündigter erwarten kann. Die verhaltenswissenschaftliche Theorie der Entstehung von innerer Kündigung greift u.a. auf die Identifikations- und Entfremdungsforschung, die Arbeitszufriedenheitsforschung, die Handlungsforschung, die Hilflosigkeitsforschung, die Burnout-Forschung, die Gerechtigkeitsforschung sowie die Stressforschung zurück. Innere Kündigung ist danach eine Folge von zunehmendem Kontrollverlust in einer anhaltend als frustrierend und negativ erlebten und nicht positiv beeinflussbaren Arbeitssituation (Faller 1993: 199). Es stellt sich ein Gefühl der Hilflosigkeit ein, welchem der Betroffene durch die bewusste Entscheidung der Leistungsverweigerung bzw. -einschränkung begegnet. Erschreckend ist, dass die Leistungsverweigerung von den Vorgesetzten oft gar nicht bemerkt wird, sondern als gewünschte Verhaltensänderung (typischer Ja-Sager) wahrgenommen wird, die auch einer Beförderung nicht im Wege steht (Höhn 1983: 39f.). Hablützel (1992: 31) stellt dazu die These auf, dass man in der öffentlichen Verwaltung erst arbeiten kann, wenn man die innere Kündigung bereits vollzogen hat. Für viele Betroffene hält allerdings der krankmachende Dauerstress nach vollzogener innerer Kündigung an, da die als aversiv erlebte Arbeitssituation ja fortbesteht.

Für den Erfolg von Verwaltungsreformen stellt das Personal den entscheidenden Engpassfaktor dar (Budäus 1994: 76). Die Veränderung der Verwaltungsmitarbeiter von reaktiven Rechtsanwendern zu proaktiven, dynamischen Public Managern wird gefordert (Reichard 2001: 35). In Kapitel 5 wenden wir uns deshalb der Ausbildung in der öffentlichen Verwaltung zu, wobei zunächst kurz die historische Entwicklung des heutigen gehobenen Dienstes beschrieben wird. Als Ergebnis der historischen Entwicklung kann auch das oft diskutierte Juristenmonopol in der öffentlichen Verwaltung gelten. Für einen Nichtjuristen ist es durchaus amüsant, zu lesen, was (in der Regel von Juristen) über Juristen zu deren Entscheidungsschwäche geschrieben wurde.

Die Ausbildung für den gehobenen Dienst wurde im Laufe der 1970er Jahre von einer klassischen Berufsausbildung (praxisbezogene Unterweisung am Arbeitsplatz mit berufsbegleitendem Unterricht) auf ein Studium an einer der neu gegründeten internen Fachhochschulen für den öffentlichen Dienst (FHöD) umgestellt. Die Ausbildungsqualität dieser Beamtenfachhochschulen wird heute verbreitet in Zweifel gezogen. Kritisiert werden vor allem die extreme Verschulung dieses ‚Studiums' und die unzureichenden Ausbildungsinhalte. Die Stofffülle ist enorm, es wird viel auswendig gelernt, ohne den Sinngehalt wirklich zu durchdringen, und die betriebswirtschaftlichen bzw. Management-Inhalte sind nach wie vor zu knapp bemessen. Die Rede ist deshalb von „Schmalspur-Juristen" (Bals 1994: 62) und „Beamten mit Spuren-Studien-Appeal" (Steckmeister 1994: 78).

Die Inspektorenanwärter, die gleichzeitig Beamte und Studenten sind, werden vor allem von der Aussicht auf einen sicheren Job und die nicht unerheblichen Anwärterbezüge angezogen. Schon während des Studiums findet eine bürokratische Sozialisation durch den verwaltungsnahen Lehrkörper und die umfangreichen Praxiseinsätze beim Dienstherrn statt. Die Absolventen der Beamtenfachhochschulen stellen dann eher ein Anpassungs- als ein Verwaltungsreformpotenzial dar (Banner 2003: 15). Zum „Abbau von Inzuchteffekten" (Reichard 2005: 233) wird unter Hinweis auf positive internationale Erfahrungen deshalb die Forderung nach einer Externalisierung der Ausbildung erhoben.

Der „Dauerreflex der Verwaltungspraxis“, wie die Verwaltungsreform von Mayntz (1997b: 65) genannt wird, wurde in den vergangenen drei Jahrzehnten von der weltumspannenden Bewegung des New Public Management beherrscht. In einer von Wirtschaftskrisen und Finanzierungsengpässen geprägten Zeit wurde Ende der 1970er/Anfang der 1980er Jahre zunächst von neo-konservativen und wirtschaftsliberalen Kräften (‚New Right') mit den Aushängeschildern Thatcher (‚Thatcherism') und Reagan (‚Reagonomics') ein drastischer Staatsumbau und -abbau betrieben. Von Anfang an waren allerdings auch die Labour-Regierungen Neuseelands und Australiens engagiert, so dass das einfache Links-rechts-Schema hier versagt. Nach den angloamerikanischen Staaten griff die neue Bewegung auf Skandinavien, die Niederlande und andere europäische Länder über, bis zum Schluss fast alle OECD-Staaten an dem Modernisierungsprozess beteiligt waren. Es lohnt sich deshalb in Kapitel 6 einen genaueren Blick auf das New Public Management, seine theoretische Fundierung sowie die Wirksamkeit seiner einzelnen Komponenten zu werfen.

Die theoretischen Wurzeln des New Public Management liegen in der Public-Choice-Theorie (Neue politische Ökonomie) und im so genannten Managerialismus. Die Neue politische Ökonomie wendet das Instrumentarium der neoklassischen Wirtschaftstheorie (methodologischer Individualismus, Rationalverhalten und Eigennutzaxiom) für die Erklärung politischer Strukturen und Prozesse an. Gemeinsam mit der stärkeren Wahrnehmung von Institutionen in der modernen Wirtschaftswissenschaft (Transaktionskostentheorie, Property-Rights-Theorie, Prinzipal-Agent-Theorie) hat sich hier in den vergangenen Jahrzehnten einer der wichtigsten und dynamischsten betriebswirtschaftlichen Forschungsbereiche entwickelt, was sich nicht zuletzt in einer Vielzahl von Nobelpreisen zu diesen Themen zeigt. Umso erstaunlicher ist es, dass diese Theorien in der deutschen Verwaltungsreform-Diskussion praktisch keine Rolle spielen, was daran liegen mag, dass wir uns im europäischen historischen und gesellschaftlichen Kontext mit der Vorstellung vom egoistischen, vordringlich persönliche Ziele verfolgenden Politiker, dem Gedanken des budgetmaximierenden bürokratischen Entscheidungsträgers, der These der Ausbeutung großer nicht organisierter Gesellschaftsgruppen durch kleine gut organisierte und privilegierte Gruppen und der Anerkennung einer ‚Rent-Seeking-Society' noch schwer tun. Der Frage, wie man die Erkenntnisse der modernen Institutionenökonomik im Bereich der öffentlichen Verwaltung nutzen könnte, wird am Beispiel der Abfallwirtschaft in Kapitel 7 nachgegangen.

Der Begriff Managerialismus unterstellt modernen Managementmethoden eine ideologische Nähe zur politischen Rechten mit der Aufgabe, einfache und radikale Wahlprogramme unter dem Deckmantel eines besseren Managements dem Wahlvolk zu vermitteln. Mit dieser Betrachtungsweise ist die Gefahr verbunden, dass die notwendige Übertragung von im privaten Sektor erprobten Methoden und Maßnahmen zur Verbesserung von Rechnungswesen und Finanzmanagement, strategischer Planung, Führungsstil und Personalmanagement sowie Steuerung und Entscheidungsfindung diskreditiert und gehemmt wird.

Mit diesem theoretischen Hintergrund wurden im Rahmen des New Public Management eine Vielzahl von Reformbausteinen für den institutionellen Kontext der öffentlichen Verwaltung entwickelt und ausprobiert, die man vereinfachend in einer Außenperspektive und einer Innenperspektive zusammenfassen kann. Im Zentrum der eher von der Neuen politischen Ökonomie beeinflussten Außenperspektive des New Public Management stehen Wettbewerb (z.B. durch obligatorische Ausschreibungen, Contracting out, Markttests, Leistungsvergleiche, Benchmarking), Aufgabenbegrenzung (z.B. durch Aufgabenkritik, Leistungstiefenanalyse, Privatisierung, Outsourcing, Gewährleistungsmodelle und verschiedene Kooperationsformen) sowie gesetzliche Deregulierungsmaßnahmen. Die mehr von modernen Managementmethoden geprägte Innenperspektive des New Public Management fokussiert vor allem auf ein neues Steuerungskonzept (z.B. Leitbild, Verwaltungskultur, Kontraktmanagement, Führungsstil, Dezentralisierung, flache Hierarchien, Output-Orientierung, Budgetierung, Produkte, Controlling, Management by Results und andere Managementmethoden), eine andere politische Steuerung (z.B. Kontraktmanagement zwischen Politik und Verwaltung, Entpolitisierung der Verwaltung, Qualifizierung der Stadträte, neue Führungsstruktur der Verwaltungsspitze) und ein modernes Personalmanagement (z.B. Human Resource Management, lernende Organisation, Reform des öffentlichen Dienstrechts, Externalisierung der Ausbildung).

Aus internationalen Vergleichsstudien auf Länderebene und auf kommunaler Ebene können eine ganze Reihe von Spitzen- oder Durchbruchsinnovationen abgeleitet werden, die als Vorbild für die deutsche Entwicklung dienen könnten (siehe Kapitel 6). Wie die internationalen Erfahrungen aber auch zeigen, ist Voraussetzung für eine wirkliche Veränderung

(1) ein ganzheitlicher Reformansatz mit Elementen der Außen- und Innenperspektive,
(2) ein grundlegender institutioneller und kultureller Wandel,
(3) eine deutliche Tempoverschärfung,
(4) eine schlüssige Gesamtstrategie (interne Konsistenz, langfristige Auslegung, Commitment der Gesamtorganisation) sowie
(5) ein schlagkräftiges Veränderungsmanagement.

Würden diese Erfahrungen genutzt, könnte Deutschland im internationalen Vergleich seine Position als „Nachzügler“ (Naschold/Bogumil 1998: 35) oder ‚Maintainer’[1] vielleicht überwinden.

---

1 Pollitt/Bouckaert (2000: 93) nennen die deutsche Entwicklung eine „essentially conservative strategy of maintaining“.

Wie wir in Kapitel 8 sehen werden, beherzigt das deutsche Reformmodell (Neues Steuerungsmodell) nur wenige der internationalen Erfahrungen. An der holländischen Stadt Tilburg orientiert wendet sich das Neue Steuerungsmodell der KGSt (Kommunale Gemeinschaftsstelle für Verwaltungsmanagement in Köln) vor allem der Innenperspektive (neues Steuerungskonzept) der Verwaltungsreform zu. Fragen der Aufgabenwahrnehmung (Privatisierung) und der Nutzung von Wettbewerbselementen bei der Ausführung hoheitlicher Aufgaben werden weitgehend ausgeklammert. Das neue Steuerungskonzept (dezentrale Fach- und Ressourcenverantwortung, Abbau von Hierarchiestufen, persönliche Ergebnisverantwortung, Output-Budgetierung, Kontraktmanagement, zentraler Steuerungs- und Controllingbereich, strategische Steuerung durch die Politik) kann als durchaus ganzheitlich und erfolgsgeeignet bezeichnet werden, so dass seine Einstufung als Paradigma-Anwärter (Kuhn 1976: 97) gerechtfertigt erscheint. In den 1990er Jahren wurde der ‚Umbau der Verwaltung' von vielen deutschen Gebietskörperschaften mit Nachdruck betrieben und die Verwaltungsmitarbeiter erstellten fleißig Produktkataloge, schrieben Controllingberichte und gestalteten die Haushaltspläne neu.

Es zeigte sich wegen ausbleibender Erfolge aber bald eine deutliche Ernüchterung. Mittlerweile gilt das Neue Steuerungsmodell als gescheitert. Die Gründe dafür werden in Kapitel 8 vor allem aus einer von Bogumil et al. (2007) durchgeführten umfassenden Evaluation von zehn Jahren Verwaltungsreform mit dem Neuen Steuerungsmodell abgeleitet. Wesentlich für das Scheitern des Neuen Steuerungsmodells ist danach seine rudimentäre und zögerliche, oft nur fassadenhafte Umsetzung, ohne einen radikalen Wandel des Personalmanagements und der Verwaltungskultur anzustreben. Eine Mitarbeiterbeteiligung nach dem Motto ‚Wir finden den CHANGE-Prozess super' wird jedenfalls nicht zu den gewünschten Veränderungen „in den Köpfen" (Reichard 1996a: 66) und dem längst überfälligen Paradigmenwechsel in der öffentlichen Verwaltung führen.

Der wesentliche, in Kapitel 9 zusammengefasste Erkenntnisgewinn aus der intensiven Auseinandersetzung mit dem herrschenden Verwaltungsmodell und der aktuellen Verwaltungsreformdiskussion ist, dass es

(1) eine Fülle von international und national erprobten Maßnahmen, Methoden, Instrumenten und Konzepten gibt, mit denen man einen Paradigmenwechsel in der öffentlichen Verwaltung herbeiführen könnte, dass
(2) dabei eine Reihe von erfolgskritischen Faktoren beachtet bzw. erfüllt werden müssten und dass es aber
(3) an dem Willen zu wirklicher Veränderung in Politik und Verwaltung und vermutlich auch an der erforderlichen Kompetenz in der Verwaltungsspitze fehlt.

Der Veränderungsdruck geht auch nicht von den Mitarbeitern der Verwaltung aus, da offensichtlich zu viele von dem bestehenden System profitieren. Man kann es sich im öffentlichen Dienst durchaus bequem einrichten, wenn der Arbeitgeber keine Anforderungen stellt. Kritische Köpfe lassen sich nur allzu oft durch die Aussicht auf eine Beförderung ‚einfangen' und die Wahlbeamten an der Verwaltungsspitze wollen schon deshalb keine Konflikte austragen, da dies ihre Wiederwahl gefährden könnte. Die Widerstände, die Verwaltungskritikern entgegentreten, haben Caiden zu folgender aufrüttelnder Ehrung der Verwaltungspioniere veranlasst:

> „Together they shared a vision of a better world brought about by improved public sector organization, administration and management. They knew first hand the realities of incompetence, waste, corruption, fraud, arrogant misuse of power and unprofessional conduct. They were aware of the sceptics who dismissed their moral stance, who accused them of being insufficiently objective, impartial, and scientific and who did not believe in the idea of administrative reform or that anything needed reforming. They were tempted many times to give up in despair and join the rest of the crowd pigging at the public trough and reaffirming that all was well, beneficial and progressive. Fortunately they had the inner fortitude to resist and the conviction that ultimately right would be done." (Caiden 1991: Vorwort)

Als kleine Apologetik ist zum Schluss der Hinweis zu verstehen, dass der Verfasser aufgrund einer fachfremden Profession (promovierter Ingenieur) und aufgrund mangelnder eigener Sprachfähigkeiten sich teilweise eng an den Quellentexten bewegt. Dies dürfte aber kein Nachteil für das Anliegen dieses Buches sein, da die Kritik an der öffentlichen Verwaltung von der Verwaltungswissenschaft verbreitet so eindrücklich formuliert wird, dass man es ohnehin nicht besser machen könnte. Die Urheber von Gedanken und die Verfasser von Zitaten werden jedoch akribisch benannt – jedenfalls war das die Absicht.

2. Die Kontinuität der deutschen Verwaltungsgeschichte

Verfassungsrecht vergeht, Verwaltungsrecht besteht

Für das Verständnis der Denk- und Arbeitsweise der heutigen öffentlichen Verwaltung ist es hilfreich, zunächst einen kurzen Blick in die Geschichte zu werfen. Wir können hieraus neben der Auffrischung historischer Grundkenntnisse bereits erste Hinweise auf die streng hierarchische Gliederung der Verwaltung, die Funktion der Verwaltung als Herrschaftsinstrument und die ausgeprägte Resistenz gegenüber Veränderungen erhalten.

Ausgangspunkt für die historische Betrachtung ist die Entstehung des Absolutismus in der Mitte des 17. Jahrhunderts. Erst mit dem Absolutismus erfolgte eine Zentralisierung der Herrschaft innerhalb eines größeren Territoriums und erwies sich die Notwendigkeit der gemeinsamen Erfüllung wichtiger Daueraufgaben, was beides als Voraussetzung für die Entstehung einer ausgeformten Staatsverwaltung gilt (Mayntz 1997a: 14).

In der Zeit davor herrschten seit dem späten Mittelalter dezentrale feudale Strukturen, in denen sich Adel und Klerus die Macht regional in einem komplexen System ständischer Beziehungen und durch das Lehnswesen begründeten Abhängigkeiten aufteilten. Als Folge der extremen politischen Dezentralisierung war Verwaltung nur rudimentär ausgebildet. Ein institutionell ausdifferenzierter Verwaltungsapparat war nicht vorhanden (ebd.: 16).

In der Zeit zwischen Mittelalter und Absolutismus gab es einen langwierigen Übergang vom dualistischen Ständestaat mit geteilter Herrschaft zur absoluten Monarchie mit unbeschränkter politischer Herrschaft des Monarchen (Ellwein 1997: 42). Die gegenseitigen Treueverpflichtungen wurden durch ein einseitiges Gehorsamsverhältnis abgelöst. Aus den Gefolgsleuten des Lehnsstaates und den Angehörigen der ständischen Kooperationen im Ständestaat wurden die Untertanen des absoluten Staates (Höhn 1989: 29).

Elias (1976: 123–129 u. 142–159) beschreibt das Entstehen absoluter Monarchien in Westeuropa als einen Prozess der Monopolisierung der Macht, der mitten in der feudalen Epoche einsetzte, sich infolge wiederholter Dezentralisierungsschübe jedoch erst im 17. Jahrhundert in Westeuropa voll durchsetzte. Nach jahrhundertelangen Machtkämpfen war es einigen Fürstenhäuser gelungen, die Oberhand zu erlangen und ein größeres Territorium zu unterwerfen. Um die Zentralmacht dauerhaft zu etablieren und vor dem Zerfall zu bewahren, benötigten die neuen Territorialfürsten eine eigene, von den freiwilligen Leistungen der Lehnspflichtigen unabhängige Machtbasis. Diese Machtbasis war ein stehendes Heer, das aus Steuereinnahmen finanziert wurde (Mayntz 1997a: 17).

Stehende Heere verlangen eine gegliederte Militärverwaltung. Das Steuermonopol mussten die absolutistischen Herrscher zunächst den Ständen und freien Städten abtrotzen (ebd.: 18). Aus dem Steuermonopol entstand die Notwendigkeit des Aufbaus einer Finanzverwaltung, die sich zunächst stark auf die Militärverwaltung bezog. Mit den Steuereinnahmen ließen sich bald auch andere Aufgaben als die Kriegsführung finanzieren. Das zentralisierte Steuersystem lieferte dabei auch die nötigen Mittel für die Besoldung eines wachsenden Beamtenstabs (ebd.: 19).

Zum absolutistischen Staatsverständnis gehört auch die Übertragung des Befehls- und Gehorsamsystems von der Armee auf die Verwaltung. Dies scheint zu Beginn nicht ganz konfliktfrei vonstatten gegangen zu sein, denn in einer Randverfügung Friedrich Wilhelms I. (Soldatenkönig)[1] aus dem Jahre 1714 können wir dazu lesen:

> „Sie sollen nach meine pfeiffe dance oder der Deuffel hohle mir [...] wen ich ein Officier was befehle so werde obediret [...] aber die verfluchten Blagchscheisser wollen was voraus haben und mir nit obediren [...] ich will sengen und Brennen und (als) tirang mit Ihnen verfahren." (Höhn 1989: 30)

Zur Durchsetzung seiner Ziele setzte der Soldatenkönig ausgediente Offiziere im höheren Zivildienst ein. Vor allem wurden ehemalige Offiziere gerne als Landräte, die das Bindeglied zwischen ständischer Verwaltung und staatlicher Bürokratie darstellten, eingesetzt (Büsch 1981: 140). Unter Friedrich dem Großen „obediren" die Beamten dann bereits genauso wie die Offiziere (Höhn 1989: 30).

Parallel dazu hatten sich in Deutschland im 16. und 17. Jahrhundert kollegiale Verfahren und Entscheidungsprozesse in der Staatsführung und -verwaltung entwickelt. Wichtiges Kennzeichen für Kollegialität ist die Abstimmung oder die Feststellung eines Konsenses in einer Gruppe gleichberechtigter Teilnehmer. Ausgangspunkt war die erste Hofordnung am österreichischen Hof von 1527, die in den nächsten 100 Jahren auf den kaiserlichen Hof und die deutschen Territorialstaaten übertragen wurde und dort eine recht große Formenvielfalt erreichte (Menne-Haritz 1998: 28 u. 42).

Zu Beginn des 18. Jahrhunderts entsteht außerhalb Deutschlands der Gedanke der Gewaltenteilung und damit die Trennung des Gesetzesvollzugs von der Gesetzgebung zum Beispiel in den Schriften von Locke (Second Treatise of Government, 1690) und Montesquieu (De l'Esprit des Lois, 1748) mit der ersten

1 Friedrich-Wilhelm I. begründete mit der Einführung des Vorbereitungsdienstes und der Laufbahnprüfung auch den geregelten Beamtenberuf und gilt deshalb als Vater des Berufsbeamtentums.

großen Realisierung in der amerikanischen Verfassung. Die damit verbundenen Ideale sind Freiheitssicherung und Verhinderung von Machtmissbrauch (Becker 1989: 54). In Deutschland werden die Gedanken einer gesonderten und organisatorisch verselbstständigten Verwaltung erst spät nachvollzogen (z.B. Kant, Metaphysik der Sitten, 1797).

Die moderne Verwaltung entwickelte sich in Deutschland im Zeitalter der konstitutionellen Monarchie in der Folge der Französischen Revolution und der Kriege Napoleons also im Wesentlichen im 19. Jahrhundert (Ellwein 1994: 33). Als Folge der deutschen Kleinstaaterei gab es allerdings keine einheitliche deutsche Verwaltung, sondern viele unterschiedliche Verwaltungen in Deutschland (Ellwein 1997: 40). Die Grundmuster der Entwicklung waren jedoch ähnlich, wobei die Entwicklung in Preußen aufgrund seiner Größe und des Modellcharakters für das Deutsche Reich von besonderer Bedeutung war (Mayntz 1997a: 229).

Anfang des 19. Jahrhunderts wurden unter dem Einfluss des napoleonischen Siegeszugs in Preußen und den Rheinbundstaaten (u.a. Bayern, Württemberg, Baden, Westfalen) grundlegende Reformen der Verwaltungs- und Justizorganisation durchgeführt. Die Verwaltung wird endgültig von der Justiz getrennt und dreistufig gegliedert. In den deutschen Ländern kommt es zu einer umfangreichen Reform der Städte- und Gemeindeordnung, woraus sich das Prinzip der kommunalen Selbstverwaltung entwickelt (Ellwein 1994: 11). Im Königreich Westfalen war eine nach französischem Vorbild geformte zentralisierte und effektive Musterverwaltung entstanden, die heftig diskutiert wurde. Die monokratische Präfekturorganisation mit klaren hierarchischen Anweisungswegen schien eine moderne Alternative zur Langatmigkeit von Kollegialorganen zu bieten (Menne-Haritz 1998: 73). Verbunden mit der Einführung der französischen Präfekturorganisation war eine Reform des Dienstrechts (in Bayern schon 1805 durch die so genannte „Dienstpragmatik“), welche entscheidend zur Entwicklung der in Deutschland heute typischen Form des Berufsbeamtentums beitrug (Nipperdey 1994: 72; Siemann 1995: 25f.). Im Zuge der Reformen wird das dreigliedrige Verwaltungssystem bestehend aus obersten Landesbehörden (Ministerien), Mittelbehörden (Regierungspräsidien in Preußen, Kreisregierungen in Bayern) und den unteren staatlichen Behörden (Landräte in Preußen, württembergischer Oberamtmann, bayerischer Bezirksamtmann) eingeführt. Neben dieser ‚allgemeinen' Verwaltung wurden für bestimmte Aufgaben Fachverwaltungen z.B. für die Landesvermessung, die Besteuerung, die Flurbereinigung, den Straßenbau, das Post- und Telegraphenwesen sowie die Eisenbahn errichtet (Ellwein 1994: 15f.).

Mit der Dreigliedrigkeit der Verwaltung wurde eine Mischung aus Funktional- und Territorialprinzip verfolgt. Der Regierung wurde die Möglichkeit der Ausdifferenzierung (zunächst in die fünf Ministerien Außen, Krieg, Finanzen,

Justiz und Inneres) und damit der fachlichen Spezialisierung gegeben. Die mittlere und die untere Ebene sollten in ihrem Gebiet die Einheit der Staatsgewalt zum Ausdruck bringen, wobei den Regierungspräsidien (bzw. Kreisregierungen) auch die Schnittstellenfunktion zwischen der allgemeinen Verwaltung und den Fachverwaltungen zufiel. Dies hatte bei den Regierungspräsidien die Folge, dass sie die fachliche Differenzierung der Ministerien zumindest teilweise nachbilden mussten, um die gewünschte ‚Scharnierfunktion' ausüben zu können. Auf der Ebene der unteren Verwaltungsbehörden war eine vergleichbare Differenzierung nicht vorgesehen. Hier sollte der Landrat oder Amtmann lokal für die Summe der staatlichen Funktionen einstehen, also die Kommunalaufsicht ausüben, als Polizeibehörde wirken, Pässe ausstellen, die Rekrutenaushebung besorgen, sich an der Steuererhebung beteiligen, den Straßenbau betreiben oder die Melioration von Wiesen betreiben (ebd.: 17).

In der ersten Hälfte des 19. Jahrhunderts bildete sich damit schnell eine große und ausgeformte Verwaltung in den deutschen Ländern, so dass man weder in der Frankfurter Nationalversammlung 1848/49 noch bei der Reichsgründung 1871 den Aufbau einer eigenen Reichsverwaltung ernsthaft verfolgte. Dies beförderte deutlich die Entstehung des deutschen Föderalismus, der vor allem auch ein Verwaltungsföderalismus ist (ebd.: 18).

Zum Ende des 19. Jahrhunderts wurde die Verwaltung weiter ausgebaut und vergrößert. Die Anzahl der Ministerien wurde schrittweise erhöht, Anzahl und Umfang der Fachverwaltungen (Post, Bahn, Straßenbau) nahm zu, neue Behörden wie z.B. die Gewerbeaufsichtsämter entstanden. Aus den Ein-Mann-Behörden der Landrats- oder Bezirksämter wurden arbeitsteilige Einrichtungen mit stetig wachsender Personalzahl. Auch die kommunale Selbstverwaltung war von dem Wandel erfasst. Dabei spielte insbesondere die Ver- und Entsorgung sowie der Armenfürsorgebereich eine große Rolle (ebd.: 19).

Trotz diverser Brüche in der deutschen Verwaltungsentwicklung besteht doch weitgehend Einigkeit darüber, dass sich der deutsche Verwaltungsstaat durch eine ausgeprägte Kontinuität auszeichnet. Unterschiedliche Auffassungen gibt es allenfalls dazu, ob die Folgen der Französischen Revolution und Napoleons im Wechsel zum 19. Jahrhundert ein Beispiel für die besondere Kontinuität der deutschen Verwaltung darstellen oder ob es hier zu einem tiefgreifenden Umbruch in der deutschen Verwaltungsentwicklung gekommen ist (Ellwein 1997: 42).

Ellwein (1994: 33–38) hebt – ganz in der Tradition Max Webers[2] – besonders die Kontinuität der Verwaltung in der neueren deutschen Geschichte her-

---

2 „Er [der Verwaltungsapparat] funktioniert für die zur Gewalt gelangte Revolution und für den okkupierenden Feind normalerweise einfach weiter wie für die bisher legale Regierung." (Weber 1980: 128)

vor. Das Ende der konstitutionellen Monarchie in Deutschland durch die Novemberrevolution 1918, die nationalsozialistische Machtergreifung 1933 und der Zusammenbruch Deutschlands im Jahr 1945 werden als Beispiele für das „Funktionieren“[3] und die hohe Leistungsfähigkeit der deutschen Verwaltung angeführt. „Mehr als in anderen Zeiten bewähren sich deshalb im Umbruch viele Verwaltungen als Institution. Sie tun verlässlich, was man von ihnen erwartet“ (ebd.: 36). Einem kritischen Betrachter fällt es allerdings schwer, dies uneingeschränkt als Stärke der Verwaltung zu sehen, wäre es in bestimmten Umbruchsituationen doch besser gewesen, eine weniger hierarchisch organisierte Verwaltung hätte nicht reibungslos funktioniert, vielleicht sogar Widerstand geleistet.

Mit dem Argument der funktionierenden Verwaltung ignoriert noch heute so mancher Dezernent einer deutschen Großstadt bequem die offensichtlichen Defizite seiner Verwaltung. Unwirtschaftliches Verhalten von Behörden, Inkompetenz und Führungswillkür werden von der Verwaltungsspitze akzeptiert, solange die Abfallbehälter täglich geleert, die Innenstädte halbwegs sauber, die Kanäle gespült, die Straßenunterhaltung wenigstens noch die größten Schlaglöcher beseitigt, die Grünpflege in den touristisch interessanten Anlagen erfolgt, Kindergärtnerinnen und Lehrer vor ihren Gruppen bzw. Klassen stehen und die Gräber ausgehoben werden. „Was wollen Sie denn, es funktioniert doch“. Unter welchen Bedingungen und mit welchem Aufwand dies geschieht, spielt allenfalls eine untergeordnete Rolle.

Im Innenverhältnis drückt sich die bemerkenswerte Kontinuität deutscher Verwaltungen durch das konsequente Hierarchieprinzip aus. Seit Friedrich-Wilhelm I. prägt das hierarchische Prinzip die Verwaltungsbehörden und zwar im Verhältnis der Bediensteten untereinander und auch im Verhältnis der Behörden zueinander (Ellwein 1994: 21). Bestehende Elemente der kollegialen Organisation und Entscheidung wurden unter dem napoleonischen Einfluss beseitigt. Die hierarchische Prägung der deutschen Verwaltung wurde durch die Stein-Hardenbergschen Reformen (1808) nicht verändert, überdauerte die konstitutionelle Monarchie zwischen 1815 bis 1918 und setzte sich über die Weimarer Republik 1919 bis 1933 bis in die heutige Zeit fort (Höhn 1989: 29–35).

Für die deutsche Verwaltung gilt – wie im Übrigen auch für die meisten kontinentaleuropäischen Verwaltungen –, dass bei ihnen die mit der Moderne geschaffene bürokratische Leistungsordnung über alle politischen Instabilitäten und Veränderungen hinweg bis heute erhalten geblieben ist.

> „Sie haben Regimewechsel von Monarchie, Republik, Diktatur, Demokratie überstanden und mussten in Zeiten des politischen Zusammenbruchs die Last öffentlichen Handelns tragen. Die Bürokratie ist älter als die Demokratie.“ (König 2006: 24)

---

3 „Die Verwaltung aber funktionierte.“ (Ellwein 1994: 34).

Otto Mayer brachte dies in seinem Hauptwerk *Deutsches Verwaltungsrecht* im Jahr 1924 (Vorwort zur 3. Aufl.) auf die Formel: „Verfassungsrecht vergeht, Verwaltungsrecht besteht".

3. Das herrschende Verwaltungsmodell

Von Max Weber bis Niklas Luhmann

Das heutige System der Verwaltungsorganisation geht zurück auf Max Weber (* 21. April 1864 in Erfurt, † 14. Juni 1920 in München), weshalb es nützlich ist, sich zunächst ausführlich mit Werk und Person Max Webers zu beschäftigen. Max Weber war Jurist, Nationalökonom und gilt als Mitbegründer der Soziologie. Er war einer der großen Denker seiner Zeit mit internationaler Anerkennung. Seine Ideen, Theorien und Begriffsdefinitionen wurden auf viele andere wissenschaftliche Disziplinen übertragen, so dass er auch heute noch gerne und viel zitiert wird.

Webers Bürokratiemodell ist Bestandteil einer umfassenden Abhandlung über Staat und Gesellschaft, die posthum unter dem Titel *Wirtschaft und Gesellschaft* veröffentlicht wurde. Darin entwickelt er in Kapitel III *Die Typen der Herrschaft* eine Theorie des modernen Staates, in der die bürokratisch-monokratische aktenmäßige Verwaltung eine zentrale Rolle einnimmt:

> „Die rein bureaukratische, also: die bureaukratisch-monokratische aktenmäßige Verwaltung ist nach allen Erfahrungen die an Präzision, Stetigkeit, Disziplin, Straffheit und Verlässlichkeit, also: Berechenbarkeit für den Herrn wie für die Interessenten, Intensität und Extensität der Leistung, formal universeller Anwendbarkeit auf alle Aufgaben, rein *technisch* zum Höchstmaß der Leistung vervollkommenbare, in all diesen Bedeutungen: formal *rationalste*, Form der Herrschaftsausübung." (Weber 1980: 128)

Dem Denken Max Webers liegt die zeitgenössische Auffassung des späten 19. und frühen 20. Jahrhunderts zugrunde, nach der der Staat vor allem ein Herrschaftsverhältnis bestehend aus Befehl und Gehorsam darstellt. Max Weber sah die Ausübung von Herrschaft allerdings nicht auf den Staat beschränkt, sondern erkannte Herrschaft als Phänomen alles Sozialem (Anter 1994: 60). Er entriss dem Staat somit das Herrschaftsmonopol (ebd.: 61). Wichtig ist hierbei die Abgrenzung von Herrschaft zu Macht, die Max Weber (1980: 28) als „Chance" versteht, „den eigenen Willen auch gegen Widerstreben durchzusetzen", während er Herrschaft definiert als „die Chance, für einen Befehl bestimmten Inhalts [...] Gehorsam zu finden" (ebd.). Herrschaft setzt also „ein bestimmtes Minimum an Gehorchen *wollen,* also: *Interesse* [...] am Gehorchen" voraus (ebd.: 122).

Das Thema Herrschaft und Staat wurde in der auf Weber folgenden Rechts- und Sozialwissenschaft heftig diskutiert. Die Notwendigkeit von Herrschaft wird sowohl vom klassischen Liberalismus, der von einer herrschaftsfreien Selbstregulierung der Gesellschaft ausgeht, als auch vom klassischen Marxismus, der eine nachrevolutionäre herrschaftsfreie kommunistische Gesellschaft postulierte,[1] verneint. Auch von der heutigen Sozialwissenschaft wird Herrschaft als Staatsmerkmal in Frage gestellt. So ist Herrschaft für Luhmann (1989: 12) als Alternative zur politischen Steuerung nur noch „ein blasses, begrifflich unscharfes aber traditionsgesättigtes" Konzept, das „fast nur noch als Feindbild" dient. Damit müsste man Webers herrschaftsbezogene Staatsauffassung „ins Museum überholter Theorien" verbannen (Anter 1994: 63).

Nach überwiegender Meinung ist Herrschaft aber nach wie vor eine elementare Kategorie der Staatslehre und Max Weber steht hier in einer Entwicklungslinie bis in die Gegenwart (z.B. Ellwein 1994: 39–44). So ist Herrschaft für Herzog ein „wesentliches Merkmal" (Herzog 1971: 102) des Staates und die Staatslehre des 20. Jahrhunderts von der Grundvorstellung geprägt, „daß das Wesentliche am Staat die Fähigkeit sei, Herrschaft über Menschen auszuüben" (Herzog 1973: 13).

> „Das System hat sich dabei auch für ‚die neuen Herren' als voll brauchbar erwiesen. Es garantiert aufgrund seiner prinzipiellen Bereitwilligkeit recht wesentlich mit, daß in den wichtigsten Bereichen der in der Staatsspitze repräsentativ-demokratisch gebildete politische Wille nach unten durchgesetzt wird." (Steinbach 1982: 195)

Die autoritär-hierarchisch organisierte Verwaltung verleiht dem Staat also bis heute die erforderliche „Schlagkraft" (Herzog 1971: 190) und die Beamten bilden „für schwierige Zeiten eine beachtliche Sicherheitsreserve, auf die man nicht ohne Not verzichten sollte" (Püttner 2007: 154).

Verändert haben sich im Zeitablauf aber die Herrschaftsmittel. Neben der Herrschaftsausübung durch physische Gewalt werden heute vor allem die Androhung von Übeln (z.B. Abschaltung von Versorgungsleistungen, Lenkungssteuern), die Ankündigung von Vorteilen (z.B. Gewährung von Leistungen oder Verringerung gesetzlicher Pflichten) und die Herrschaftsausübung durch geistigen Einfluss angewandt, um den staatlichen „Wunsch" durchzusetzen (ebd.: 160–176). Für Ellwein (1966: 213) soll die rechtsstaatliche Demokratie Herrschaft und Führung nicht erübrigen und den Unterschied zwischen Regieren und Regiertwerden nicht aufheben, „wohl aber soll sie die Führungsmacht begrenzen, rational kontrollierbar bestimmten Personen und Institutionen zuordnen und damit zugleich die Modalitäten des Führens vorschreiben". Es ist heute im Zusammenhang mit Herrschaft deshalb kaum noch von ‚Befehl und Gehorsam' die

---

1 Herzog 1973: 21 u. 23. Für den „real existierenden Sozialismus" östlicher Prägung mit seiner Herrschaft der Partei bzw. der Herrschaft der Werktätigen ist dies natürlich nicht zutreffend. Hier gilt eher Webers Erkenntnis, dass der Staat in sich zusammenbricht, wenn bei den Beherrschten kein Wollen des Gehorchens mehr vorliegt. Der Gedanke einer herrschaftsfreien Gesellschaft ist eher anarchistischen Theorien zuzuordnen.

Rede, sondern von ‚Legitimität', einem anderen von Max Weber geprägten Begriff.

Nach Weber hat Herrschaft drei wesentliche Merkmale: Gehorsam (ein Minimum an Gehorchen wollen), das Vorhandensein eines Verwaltungsstabes (zuverlässig gehorchende Menschen, die die generellen Anordnungen und konkreten Befehle durchführen) und der Legitimitätsglaube (Weber 1980: 122). Webers Herrschaftsbegriff wirft damit eine Reihe von Fragen auf. Tatsächliche Legitimität scheint für Weber nicht erforderlich zu sein. Vielmehr suche jede Herrschaft „den Glauben an ihre ‚Legitimität' zu erwecken und zu pflegen" (ebd.). Außerdem bezieht Weber den Begriff der Legitimität eng auf die Beziehung zwischen Herrn und Verwaltungsstab (ebd.: 123). Damit aber wäre nicht das Verhältnis zwischen Herrschenden und Beherrschten, sondern das Verhältnis von den Herrschenden zu ihren Stäben für die Legitimität ausschlaggebend. Weber kann man an dieser Stelle zu Gute halten, dass es nicht seine Absicht war, den Begriff Legitimität zu definieren. Er wollte vielmehr lediglich verschiedene empirische Typen von Legitimität idealtypisierend beschreiben (Anter 1994: 69). Von den drei Typen legitimer Herrschaft, die er beschreibt (legale Herrschaft, traditionale Herrschaft und charismatische Herrschaft) ist der moderne Staat eine Form legaler Herrschaft. Es stellt sich somit die Frage nach der Legitimität der Legalität (ebd.).

Legale Herrschaft hat rationalen Charakter und basiert „auf dem Glauben an die Legalität gesatzter Ordnungen und des Anweisungsrechts der durch sie zur Ausübung der Herrschaft Berufenen" (Weber 1980: 124). Die legale Herrschaft beruht also auf der Vorstellung, dass beliebiges Recht gesatzt (in Gesetze, Vorschriften gekleidet) werden kann und die damit rational geschaffenen Regeln von der Verwaltung angewendet werden. Da nach Weber Herrschaft auf Befehl und Gehorsam beruht, stellt die legale Herrschaft eine besondere Form des Gehorchens dar. Gehorcht wird „dem Recht", einer „unpersönlichen Ordnung" (ebd.: 125). Nach weit überwiegender Meinung hat Max Weber die Frage der Legitimität der Legalität (z.B.: Ist der Glaube an formell korrekt gesatztes Recht eine ausreichende Legitimitätsgrundlage? Kann ausschließlich formelle Legalität den Glauben an die Legitimität wecken?) nicht befriedigend beantwortet (Anter 1994: 71f.). Webers Beschreibung kann allenfalls in empirisch-historischer Hinsicht Plausibilität beanspruchen, liefert aber keine normativ-inhaltliche Legitimitätstheorie (ebd.: 73).

Die bürokratisch-monokratische aktenmäßige Verwaltung stellt für Max Weber – wie wir bereits im zweiten Absatz dieses Kapitels gesehen haben – die rationalste Form der legalen Herrschaftsausübung dar, der er geradezu heilsbringende Wirkungen zuschreibt:

> „Denn Herrschaft ist im Alltag primär: Verwaltung." (Weber 1980: 126)
>
> „Man darf sich [...] nicht einen Augenblick darüber täuschen lassen, dass alle *kontinuierliche Arbeit* durch *Beamte* in Bureaus erfolgt." (Ebd.: 128)
>
> „Man hat nur die Wahl zwischen ‚Bureaukratisierung' und ‚Dilettantisierung' der Verwaltung, und das große Mittel der Überlegenheit der bureaukratischen Verwaltung ist: Fachwissen [...]" (Ebd.: 128).
>
> „Der normale Geist der rationalen Bureaukratie ist, [...] die Neigung der Beamten zu [...] Behandlung ihrer Verwaltungsaufgaben im Dienst der zu beglückenden Beherrschten." (Ebd.: 130)

Webers Bürokratiemodell beschreibt die Verwaltungsrealität zu Beginn des 20. Jahrhunderts und steht unter dem Eindruck der damaligen Büroreform. Es ist also weder rechtswissenschaftlicher noch ökonomischer Natur, sondern, wie wir bereits mehrfach festgestellt haben, eher empirisch zu verstehen (vgl. auch Becker 1989: 58). Die Anfänge der Büroreform reichen zurück ins Ende des 19. Jahrhunderts, als eine erneute Reformbewegung die preußische Verwaltung ergriffen hatte. Gegenstand der Reform waren Verwaltungsstrukturfragen wie die Organisation und Selbstständigkeit der Verwaltungsjustiz und die Reform der Gemeinde- und Kreisverfassungen, sowie später auch die interne Organisation der Behörden und der Geschäftsgang (Menne-Haritz 1998: 147). Ab 1896 wurden in Preußen vier aufeinander folgende Formulierungen von Grundzügen für einen vereinfachten Geschäftsgang veröffentlicht (1896, 1897, 1910 und 1919), die schließlich 1927 in die Gemeinsame Geschäftsordnung der Reichsministerien mündete, die wiederum als Ergebnis und Abschluss der Büroreform gilt und Vorlage für die Geschäftsordnung der Bundesministerien von 1958 wurde (ebd.: 145). Die Ziele der Verwaltungsreform fasste der preußische König in seiner Thronrede zur Eröffnung des preußischen Landtages am 20. Oktober 1908 folgendermaßen zusammen (ebd.: 146):

> „Zugleich wird in allen Zweigen der Staatsverwaltung daran gearbeitet, durch übersichtlichere Gestaltung der Behörden, durch Dezentralisation und durch Vereinfachung der Geschäftsformen auf Ersparung von Ausgaben hinzuwirken und die Verwaltung den Anforderungen des Lebens in vollkommenster Weise anzupassen."

Der Text ist heute so aktuell wie vor 100 Jahren und wirft die Frage nach den Erfolgen der bisherigen Verwaltungsreformen[2] auf. Wie Ellwein dazu anmerkt, hat es schon viele Veränderungen und Anpassungen in der öffentlichen Verwaltung gegeben. „Nur: Das alles hat nichts an den Strukturen geändert" (Ellwein 1994: 75).

2 Seit Beginn des 19. Jahrhunderts werden elf Verwaltungsreformepochen mit 42 wesentlichen Reformmaßnahmen gezählt (Becker zit. nach Seibel 1997: 87).

Ziele und Strategien der Büroreform waren widersprüchlich. Menne-Haritz (1998: 145) beschreibt die Büroreform der 1920er Jahre als „Siegeszug eines Missverständnisses". Während man nach außen alte Vorurteile gegenüber der Bürokratie schürte und eine Vereinfachung und Beschleunigung der Verwaltung – u.a. durch die Vermeidung von Schriftlichkeit sowie die Abschaffung von Tagebuch und Registratur – forderte, arbeitete man nach innen konsequent an einer Hierarchisierung der Verwaltung. Dabei erkannte man durchaus die Notwendigkeit von Selbstverantwortung auf der Arbeitsebene, hielt aber Hierarchie und Befehl für eine unabdingbare Voraussetzung, um Chaos zu vermeiden. Ziel der Büroreform war eine Mechanisierung der Arbeit und eine Reduktion des Nachdenkens beim nachgeordneten Personal, um so die Arbeit der Leitung zu vereinfachen (ebd.: 286). Die wahren Motive der Büroreform aber waren Misstrauen gegenüber der Verwaltung und die politische Furcht vor Kontrollverlust (ebd.: 151 u. 198).

Das Webersche Bürokratiemodell wird in der Regel mit den folgenden sechs Strukturmerkmalen beschrieben (Weber 1980: 125–127 u. 551–556):

1. Hierarchische Organisation (zwischen Behörden und in Behörden)
2. autoritärer Führungsstil („der Vorgesetzte, indem er anordnet und mithin befiehlt")
3. Regelgebundenheit
4. feste Kompetenzverteilung (Zuständigkeiten) = Arbeitsteilung, die auf Spezialisierung beruht
5. Einzelbeamte (Monokratie im Gegensatz zur Kollegialität)
   - Auswahl nach fachlichen Gesichtspunkten (Fachqualifikation)
   - Trennung von Amt und Person
   - Hauptberuflichkeit
   - Laufbahnprinzip (Aufrücken nach Amtsalter und/oder Leistung)
   - Unpersönlichkeit der Amtsführung (nur sachlichen Amtspflichten gehorchend)
   - Lebenslänglichkeit der Stellung
   - ohne Appropriation der Amtsstelle (kein Recht am Amt)
   - entgolten mit festen Gehältern in Geld, mit Pensionsberechtigung
6. Prinzip der Aktenmäßigkeit und Schriftlichkeit

Wie Mayntz (1971b: 27) feststellt, handelt es sich hierbei um eine fast vollständige Liste der Definitionskriterien einer Organisation im modernen soziologischen Sprachgebrauch.[3] Bezogen auf die öffentliche Verwaltung können Max

3 Vgl. z.B. Kieser/Walgenbach (2007: 6–27), die Organisationen als soziale Gebilde mit folgenden Eigenschaften definieren: Zielgerichtetheit, Dauerhaftigkeit, Mitgliedschaft aufgrund expliziter (Arbeitsvertrag) und impliziter (Kultur) Bedingungen, formale Struk-

Webers Strukturmerkmale der bürokratisch-aktenmäßigen Verwaltung in den drei großen Themen Entscheidungsfindung (Merkmale 1 bis 4), öffentliches Dienstrecht (Merkmal 5) und Arbeitsweise (Merkmal 6) zusammengefasst und behandelt werden.

Die wesentlichen Merkmale des von der öffentlichen Verwaltung praktizierten Systems zur „Herstellung bindender Entscheidungen“ (Luhmann 1966: 67) sind

(1) eine ausgeprägte Hierarchie innerhalb und zwischen einzelnen Dienststellen,
(2) eine starke Orientierung an Regeln und
(3) eine besonders arbeitsteilige horizontale Organisation.

Wild (1973: 48) weist darauf hin, dass es verschiedene Spielarten hierarchisch organisierter Systeme gibt, da die hierarchische Struktur einer Organisation mit vielen anderen Systemmerkmalen wie z.B. dem Führungsstil, den Persönlichkeitsstrukturen der beteiligten Individuen, den vorliegenden Motivationsstrukturen und den situativen Führungsumständen interdependent verknüpft ist. Eine besondere Bedeutung kommt hier der autoritären Führung zu, die eng mit der klassischen Form der Hierarchie verknüpft ist. Wild schlägt hierfür den Terminus hierarchisch-autoritäre Struktur vor (ebd.: 49). Luhmann (1964: 22) verwendet den Begriff Autoritätshierarchie. Mit dieser Merkmalskombination offenbart sich zum einen ein Zurechnungsproblem, da bestimmte negative Wirkungen eines hierarchischen Systems eventuell nicht auf die Hierarchie selbst, sondern auf andere Faktoren (z.B. autoritäre Führung) zurückgeführt werden müssen und zum anderen wird deutlich, dass es bei der Diskussion des Themas Hierarchie im Grunde um das übergeordnete und weit interessantere Thema geht, wie in sozialen Systemen erfolgreich Führung bewerkstelligt werden kann (Wild 1973: 48).

Rein formal basiert die Autoritätshierarchie auf der Gehorsamspflicht des Beamten und der vergleichbaren Pflicht der Angestellten. Nach § 55 Bundesbeamtengesetz, § 37 Beamtenrechtsrahmengesetz und nahezu gleich lautend in den Landesbeamtengesetzen ist der Beamte verpflichtet, die von seinen Vorgesetzten „erlassenen Anordnungen auszuführen und ihre allgemeinen Richtlinien zu befolgen“.[4] Hat der Beamte Bedenken hinsichtlich der Rechtmäßigkeit einer Weisung, so muss er gegenüber seinem unmittelbaren Vorgesetzten remonstrie-

---

tur (System von Regeln zur Steuerung von Leistung und Verhalten der Mitglieder), Aktivitäten der Mitglieder. Unterstützt durch die deutsche Emigration nach 1933 fand Weber Eingang in die US-amerikanische Wissenschaft und beeinflusste dort in den 1950er und 1960er Jahren die Organisationsforschung um Parsons und Gouldner (vgl. Radkau 2005: 835ff.; Hartmann 1964: 3ff.).

4 Eine ähnliche Formulierung im BAT (§ 8 Abs. 2) ist im neuen TVöD nicht mehr enthalten. Die Praxis macht allerdings keinen Unterschied zwischen Beamten und Angestellten hinsichtlich der Gehorsamserwartung.

ren. Bestätigt der unmittelbare Vorgesetzte die Anweisung und sind die Bedenken des Beamten nicht ausgeräumt, muss sich der Beamte an den nächsthöheren Vorgesetzten wenden. Bestätigt der nächsthöhere Vorgesetzte die Anweisung, so muss der Beamte sie ausführen. Ausnahmsweise darf der Beamte Anweisungen nur verweigern, wenn diese erkennbar strafbar oder ordnungswidrig sind oder die Würde des Menschen verletzt wird (§ 56 BBG). Das Remonstrationsrecht ist im Beamtenalltag ein nur selten genutztes Recht, da ein Remonstrant befürchten muss, als Querulant abgestempelt zu werden.

Im Ergebnis muss von einem nahezu unbeschränkt geschuldeten Gehorsam ausgegangen werden (Steinbach 1982: 181). Im hierarchischen System mit seiner strikten Rangordnung geht von der obersten Instanz ein straffer Befehlsweg nach unten bis zum kleinsten Sachbearbeiter und umgekehrt ein entsprechender Gehorsamsweg bis nach ganz oben. Die hierarchische Ordnung hat demnach eine Doppelfunktion: Befehlen und Gehorchen (ebd.: 183). Anweisungen des Vorgesetzten sind auch dann zu folgen, wenn sie unzweckmäßig, sachfremd motiviert oder fehlerhaft sind. Sogar wenn dem Dienstherren durch die Anweisung des Vorgesetzten ein Schaden entsteht oder doch die Nachteile etwaige Vorteile überwiegen, muss der Beamte gehorchen (ebd.: 181). Er kann seine Bedenken vorbringen, muss im Zweifel aber auch gravierende Bedenken zurückstellen und den Weisungen seines Chefs loyal Folge leisten und diese nach außen vertreten (ebd.: 182). Hierbei wird Loyalität im Geiste „der Arbeitsmoral der industriellen Antike des 19. Jahrhunderts" ausschließlich als Konkretisierung einer reinen Unterordnungs- und Ausführungsmentalität verstanden (Massenbach 2000: 240).

Nach Thieme (1984: 164) gehört das Recht des Vorgesetzten Entscheidungen aufzuheben, zurückzuverweisen oder zu genehmigen zu den besonderen Gestaltungsformen hierarchischer Verhältnisse. Rudolf (1998: 799) weist darauf hin, dass die weisungsabhängigen Amtswalter dem Behördenleiter hierarchisch untergeordnet sind, „d.h. der Leiter darf grundsätzlich allen Amtswaltern generelle oder spezielle Weisungen erteilen und jede Sache an sich ziehen und wieder abgeben (Evokationsrecht)". Hierin kommt die historisch überlieferte Vorstellung zum Ausdruck, dass der Vorgesetzte mehr weiß und kann als seine Untergebenen.[5] In Anbetracht der heutigen Realitäten kommt diese Sichtweise allenfalls einer „Denkmalspflege" gleich (Höhn 1989: 40).

Das hierarchische Prinzip verlangt von den Untergebenen Gehorsam und macht den Vorgesetzten verantwortlich für die Arbeitsergebnisse der Untergebenen (Mayntz 1997a: 117). Banner prägte schon 1991 dafür die Formulierung

5 Höhn 1989: 38. Zur Entstehung des Gedankens des fachlich überlegenen Vorgesetzten im 19. Jahrhundert siehe Ellwein/Hesse 1997: 154f.

Max Weber – Erstens[6]

> Ich bin ein Mitglied der bürgerlichen Klassen,
> fühle mich als solches und
> bin erzogen in ihren Anschauungen und Idealen.
> (Der Nationalstaat und die Volkswirtschaftspolitik, 1895: 20)

Als Spross einer verzweigten Wirtschafts- und Bildungsbürgerfamilie – Vater Max sen. entstammte einer Bielefelder Kaufmannsfamilie und machte in Berlin Karriere als Dezernent für das Bauwesen und als Abgeordneter der Nationalliberalen im Reichstag und im Preußischen Abgeordnetenhaus, Mutter Helene war Tochter eines preußischen Regierungsbeamten und einer reichen Erbin aus einer alten hugenottischen Patrizierfamilie – wurde Max Weber am 21. April 1864 als erstes von acht Kindern in Erfurt geboren. Seine Jugend verbrachte er überwiegend in Charlottenburg am Rande Berlins. 1882 bestand er sein Abitur und studierte zunächst in Heidelberg und ab 1884 in Berlin Jurisprudenz und Nationalökonomie. 1889 promovierte er in Berlin mit einer rechtsgeschichtlichen Dissertation zu den oberitalienischen Handelsgesellschaften im Mittelalter. 1891 folgte die Habilitation mit dem Titel *Die römische Agrargeschichte in ihrer Bedeutung für das Staats- und Privatrecht.* In der Folgezeit war Weber wissenschaftlich und politisch aktiv. Er gilt neben Tönnies und Simmel als einer der Gründerväter der deutschen Soziologie. Mit seinen drei Typen der Herrschaft (legale, traditionelle, charismatische) gilt er als Begründer der Herrschaftssoziologie und neben Émile Durkheim als Mitbegründer der Religionssoziologie. In seinem 1904 und 1905 erschienenen zweiteiligen Werk *Die protestantische Ethik und der ‚Geist' des Kapitalismus* vertritt er die These, dass es die Macht der Religionen gewesen sei, die den modernen Kapitalismus entfesselte. Dies ist ein Grundstein für seinen späteren Weltruhm. Seine Begriffsdefinitionen und Begriffsschöpfungen bilden bis heute die Grundlage in der Soziologie und in der Politikwissenschaft. Zu seinen Begriffen gehören neben Macht und Herrschaft, das Charisma, der Idealtypus, die Wertfreiheit der Wissenschaft und die Einteilung moralischen Handelns in Gesinnungs- und Verantwortungsethik. Webers wissenschaftliche Methodik und Erkenntnis gaben Anlass zu vielfältigen Kontroversen (180, 722). Vieles gilt heute als widerlegt. Politisch wandelte sich Weber vom Nationalisten zum Liberalen, wobei unklar bleibt, worin seine liberalen Positio-

6 Radkau 2005, Einzelzitate mit Seitenzahl in Klammern. Ausführungen zur plebiszitären Führerdemokratie aus Müller 2007: 143–156.

nen bestanden. Mit seiner Freiburger Antrittsvorlesung gab er 1895 den Startschuss für eine Trendwende der öffentlichen Meinung hin zu einer deutschen Weltmachtpolitik (218). Die wesentliche Gefahr für Deutschland sah er im Landhunger der russischen und polnischen Bauern, dem er durch den Aufbau eines polnischen von Deutschland abhängigen Satellitenstaates begegnen wollte (713). Den Ersten Weltkrieg hielt Weber für „groß und wunderbar" und hasste ihn nur, weil er „zwanzig Jahre früher hätte kommen (müssen), um mich zu Pferde finden sollen" (702, 535). Weber verteidigte bis zum Schluss den unbegrenzten deutschen U-Boot-Krieg mit einem Gedankenkonstrukt, nach dem Freiheit durch Freiraum entsteht, also quasi einem liberalen Imperialismus (523). Nach dem Krieg rechtfertigte er insbesondere den Krieg gegen Russland als gut und unvermeidbar (391) und war ein harter Verfechter der Ablehnung jeglicher deutscher Kriegsschuld (771). Gegen Ende des Krieges trat Weber in der Öffentlichkeit mit Schärfe für die Parlamentarisierung des Reichs ein (761). Webers Vorstellung von Demokratie entspricht dabei einer plebiszitären Führerdemokratie, die vor allem auf eine Auslese politischer Führungspersönlichkeiten und der Kontrolle der Verwaltungsbürokratie zielt. Eine naturrechtlich-ethisch motivierte Demokratie, die ein Minimum an Herrschaft und ein Maximum an Partizipation ihrer Mitglieder bezweckt, ist nicht seine Intention. Deutlich wird dies an einem folgendem Gespräch zwischen Weber und Ludendorff:

> „*L.:* Was verstehen sie dann unter Demokratie?
>
> *W.:* In der Demokratie wählt das Volk seinen Führer, dem es vertraut. Dann sagt der Gewählte: ‚Nun haltet den Mund und pariert'. Volk und Parteien dürfen ihm nicht mehr hineinreden.
>
> *L.:* Solche ‚Demokratie' kann mir gefallen!
>
> *W.:* Nachher kann das Volk richten – hat der Führer Fehler gemacht – an den Galgen mit ihm!"

Ernst Toller fasste das Verhältnis ‚der Jungen' zu Max Weber nach den beiden Lauenburger Tagungen im Jahr 1917 folgendermaßen zusammen:

> „ Sie wollen mehr als den Kaiser treffen, anderes als nur das Wahlrecht reformieren, ein neues Fundament wollen sie bauen, sie glauben, dass die Umwandlung äußerer Ordnung auch den Menschen wandele." (746)

Max Weber stirbt überraschend am 14. Juni 1920 an den Folgen einer Lungenentzündung. Sein Hauptwerk *Wirtschaft und Gesellschaft*, an dem er seit 1910 arbeitete, erscheint posthum 1922. Hermann Kantorowicz schreibt aus Anlass dieser Veröffentlichung über Max Weber:

> „Nie war in neuerer Zeit in einem Kopfe so vieles und so verschiedenartiges Wissen gesammelt, nirgends in so stahlharter Begriffssprache dargelegt. Aber am Schluß erhebt sich doch der bis zur Verzweiflung gesteigerte Zweifel des ‚Wozu dies alles?'" (190)

„System der organisierten Unverantwortlichkeit".[7] Dieses System ist nicht auf einzelne Dienststellen beschränkt, sondern Kern der klassischen bürokratischen Steuerung. In diesem System ist letztlich auch der Amtsleiter nicht für die wesentlichen Entscheidungen seiner Dienststelle verantwortlich (Ellwein/Hesse 1997: 85). Die politische Verantwortung trägt der Dezernent/Beigeordnete als nächst höherer Vorgesetzter, der deshalb auch gerne selbst in die Einzelsteuerung *seiner* Dienststellen eingreift. Die Verantwortung für Personalentscheidungen und Finanzentscheidungen wiederum liegt bei mächtigen Querschnittsämtern (Personalamt und Kämmerei) bzw. deren Dezernenten. In diesem System lässt sich Verantwortung bequem hin und her schieben und es wird deutlich, warum sich auch in Fällen eklatanten Verwaltungsversagens der Schuldige oft nicht ermitteln lässt.

Ellwein, als Vertreter der eher angepassten deutschen Staats- und Verwaltungslehre, erkennt bereits 1966 zwei gegenläufige Tendenzen, die beide gegebenen Notwendigkeiten entsprechen:

> „Einerseits wird gefordert, dass die Verantwortung möglichst weit unten liegt, dort nämlich, wo tatsächlich entschieden oder sonst gehandelt wird; andererseits entzieht sich Verwaltung mehr und mehr der Führung und Kontrolle, wenn nicht eine Zentralisierung der Entscheidungsfunktionen erreicht und Verantwortung auf relativ wenige, aber greifbare Spitzen in der Hierarchie konzentriert wird." (Ellwein 1966: 187)

Als Ausweg aus diesem Dilemma nennt er funktionierende „Kooperationssysteme" in der Verwaltung, die einen notwendigen Abbau des Hierarchischen ermöglichen sollen, ohne dabei die Verwaltungsführung zu gefährden, ohne allerdings zu erläutern, was genau er darunter versteht. 1977 stellt Ellwein fest, dass das hierarchische Prinzip nicht mehr funktioniert und begründet dies vor allem mit der quantitativen Unmöglichkeit, dass der Vorgesetzte die Tätigkeit der ihm unmittelbar Untergebenen noch übersehen kann (Ellwein 1977: 369). 1994 stellt die Enthierarchisierung für Ellwein einen grundlegenden Anpassungsprozess dar, mit dem sich die „Verwaltung von dem Modell einer Problemverarbeitung, die an der Spitze der Verwaltung mit der Problemdefinition und der Aufgabenstellung beginnt und an der Basis mit der Aufgabenerledigung und der Meldung des Vollzugs oder der Rechtfertigung etwaiger Änderungen im Vollzug endet", entfernt (Ellwein 1994: 88). An Stelle der Hierarchie und des durch sie gekennzeichneten Befehlswegs soll Koordination treten, wodurch die Hierarchie nicht vollständig ersetzt, sondern diese sich in ihrem Wesen und in den unmittelbaren Wirkungen im Dienstbetrieb verändert. Der Begriff der Koordination bleibt dabei ebenso vage wie der Begriff der Kooperation aus dem Jahr 1966. 1997 ist

7 Banner 1991: 6–11. Gerhard Banner war von 1976 bis 1995 Vorstand der Kommunalen Gemeinschaftsstelle (KGSt) in Köln.

die Hierarchie im klassischen Sinne für Ellwein/Hesse vor allem eine „Last der Tradition" (Ellwein/Hesse 1997: 151–160). Verwaltungsmitarbeiter haben „keineswegs nur zu gehorchen", ihnen komme vielmehr „Selbständigkeit und Verantwortlichkeit" zu (ebd.: 152). Direkte fachliche Anweisungen seien schon aufgrund der hohen fachlichen Qualifikation der Mitarbeiter oft gar nicht mehr möglich (ebd.: 203; ähnlich Mayntz 1997a: 112; Ellwein 1994: 88). Ein „Übermaß an hierarchischem Gehabe" wird als Indiz für mangelnde Eignung der Vorgesetzten gesehen (Ellwein/Hesse 1997: 203). Aber auch hier fehlt die Beschreibung möglicher Alternativen.

Für Luhmann (1995: 98) war bereits 1964 die Bindung des Autoritätsbegriffs an den Befehl als Kommunikationsform weithin aufgegeben. In der Sprache der Systemtheorie hat Autorität alle traditionellen Begriffsqualitäten abgestreift und besteht lediglich „in der Mitteilung von Entscheidungsprämissen, deren Annahme [durch die Untergebenen] auf Umwegen, nämlich durch Systemmitgliedschaft, motiviert ist" (ebd.: 99). Führung wird als Prozess in sozialen Systemen verstanden, der je nach Art der Gruppen und Situationen ganz unterschiedliche Qualitäten verlangt. Führung muss dabei widerspruchsvolle Bedürfnisse befriedigen, die nur selten von einer einzigen Person in allen Hinsichten gleich gut geleistet werden kann. Im Zentrum steht dann die Frage, wo und wie in einem System Führungsfunktionen erfüllt werden und wodurch sie gegebenenfalls ersetzbar sind. Die Beschreibung und Verbesserung der Person des Führers hat hingegen keine wesentliche Bedeutung mehr, so dass die monokratische Prämisse, dass die Person des Führers stets eine institutionell dazu bestimmte Person ist, keine Gültigkeit mehr hat (ebd.: 207). Einstellung und Haltung des Vorgesetzten sind nicht mehr herrschaftlich motiviert, sondern „auf Transformation und Vermittlung, auf Erläuterung und Beschwichtigung abgestellt" (ebd.: 210). Der Vorgesetzte hat damit eine Mittelstellung, die mindestens zwei Netze (eins nach oben, eins nach unten) miteinander verbindet. Hinter der Fassade des hierarchischen Stellenaufbaus zeichnet sich deshalb eine Verschiebung der Vorgesetztenstellung vom Herrschaftsstatus zum Vermittlungsstatus ab (ebd.: 219).

Max Weber selbst bietet mit seinem Konzept der Chance eine Möglichkeit zur Öffnung seines starren auf Befehl und Gehorsam aufbauenden Gedankengebäudes an. Der Begriff der Chance erscheint in *Wirtschaft und Gesellschaft* an vielen Stellen. Mit ihm werden zum Beispiel Ordnungsgeltung (Weber 1980: 16), Verfassung (ebd.: 27), Macht (ebd.: 28), Herrschaft (ebd.), Legitimität (ebd.: 123), Klassenlage (ebd.: 177) und soziale Beziehung (ebd.: 13) definiert. Der Staat besteht für Weber „ausschließlich und lediglich" in der Chance, „daß bestimmte Arten von sinnhaft orientiertem Handeln ablaufen", und hört soziologisch auf zu existieren, wenn diese Chance „geschwunden ist" (ebd.: 13). Für Anter (1994: 101) wird die Chance damit zur Bedingung der Möglichkeit des Staates. Da das Zustandekommen von Staat aber keine Glückssache ist, kann mit Chance nicht Zufall, sondern eher eine von Weber selbst zur Erläuterung herangezogene Wahrscheinlichkeit (ebd.: 14) gemeint sein. Noch besser passt hier der von Luhmann (1987: 152) verwendete Begriff der Kontingenz, mit dem er einen Gestaltungsspielraum zwischen dem Unmöglichen und dem Notwendigen bezeichnet. Während der Begriff der Kontingenz die Ausfüllung des Gestaltungsspielraums mit verschiedenen Formen ermöglicht, wird mit dem Begriff Wahrscheinlichkeit eher der Grad der Erreichung eines Merkmals (z.B. von Hierarchie) auf einer linearen Skala zwischen 0 (Nichtexistenz) und 100 (Existenz) bezeichnet (Menne-Haritz 1998: 15).

Mit diesem Verständnis des Weberschen Chancenbegriffs wird es möglich, auch Bürokratie als Chance zu verstehen. Beim Verwaltungshandeln geht es dann um die Schaffung von Rahmenbedingungen und um die Gestaltung der Chance. Es geht also um die Herstellung von Handlungschancen statt um den Vollzug hierarchischer Weisungen (ebd.: 15f.). Mit dem Konzept der Chance lässt sich dann auch, wenn man unbedingt will, mit Max Weber ein neues Steuerungssystem begründen, welches auf der Selbststeuerung dezentraler Verantwortungszentren, ergänzt um ein strategisches Controlling, basiert (siehe Kapitel 6 und 8) und nicht wie bisher auf einer zentralen Planung mit begleitender Kontrolle (ebd.: 13).

Die zweite wesentliche Komponente des bürokratischen Entscheidungsfindungssystems ist seine ausgeprägte Regelgebundenheit. Dieser Ansatz geht zurück auf die Entwicklung des liberalen Rechtsstaates im 19. Jahrhundert auf der Basis des Gewaltenteilungsmodells, bei dem die Legislative verbindliche Programme (Gesetze) festlegt und die Exekutive diese ausführt. Ein wesentliches Ziel hierbei war es, den Bürger vor Willkürherrschaft zu schützen. Dies sollte u.a. durch die Bindung des Verwaltungshandelns an Gesetze erreicht werden. Zu den zentralen Prinzipien des liberalen Rechtsstaates gehört es daher, dass jeder staatliche Eingriff der gesetzlichen Ermächtigung bedarf und das jedes Gesetz nur durch ein neues Gesetz aufzuheben ist (Mayntz 1997a: 47). Webers Idealtypus[8] der rationalen legalen Herrschaft mittels bürokratisch-monokratischer Verwaltung bringt also zunächst lediglich das Rechtsstaatsprinzip zum Ausdruck. Für Weber (1980: 498–501) ist die legale Herrschaftsausübung, die auf dem Glauben an die Legalität gesatzter Ordnungen (Gesetze, Vorschriften) beruht, rechtlich begründet und damit vernünftiger als die Herrschaftsausübung durch Traditionsgeltung oder charismatische Willkürgeltung.

Luhmann (1964: 12) weist darauf hin, dass es überwiegend Konditionalprogramme sind, die in Form von Rechtsnormen formuliert werden. Als Konditio-

---

8 Dies steht nicht im Widerspruch zu Max Weber, der bewusst nur den Idealtypus der bürokratisch-monokratischen Verwaltung und nicht seine vielen Realisierungsmöglichkeiten beschreiben wollte (Weber 1980: 124 u. 126).

nalprogramm oder Routineprogramm bezeichnet er ein Entscheidungsprogramm nach folgendem Muster: „Jedesmal wenn eine Information A eintrifft, ist die Kommunikation B zu geben (tue bzw. entscheide B)“ (ebd.: 8). Die Alternative dazu sind Zweckprogramme, bei denen bestimmte Wirkungsvorstellungen (Zwecke, Ziele) durch *verschiedene* Kommunikationen (Handlungen, Entscheidungen) erreicht werden können. Mit der Zweckformel können die Ziele und Mittel konkretisiert und die Grenzen für die eigenen Entscheidungsmöglichkeiten des Handelnden festgelegt werden (ebd.). Aber auch die in Verwaltungen vorherrschenden Konditionalprogramme haben Raum für ein begrenztes Ermessen, sie ermöglichen die Koordination verschiedener Untersysteme (Beteiligung weiterer Stellen) und beinhalten das Potenzial, nichthierarchischen Kommunikationen eine abgeleitete Autorität zu verleihen. Mit dem Modell der Konditionalprogrammierung, dessen Anwendungsmöglichkeiten Luhmann bei weitem noch nicht ausgeschöpft sieht, wird also die Verwaltungswirklichkeit bereits deutlich besser abgebildet als mit dem klassischen Befehlsmodell, welches „formale Unverbindlichkeit aller horizontalen Kontakte implizierte“ (ebd.: 25).

Ein Pferdefuß dieses Modells ist die Schwerfälligkeit programmmäßig handelnder Verwaltungen. Konditionalprogrammierung schränkt methodisch bedingt das Denken der Handelnden ein, das Bemerken von Abweichungen wird vom System als Störung empfunden und eine planmäßige Beobachtung der Umwelt auf die Notwendigkeit von Programmanpassungen findet in der Regel nicht statt. Ergebnis dieser strukturellen Bedingungen ist eine übertriebene Programmtreue von Verwaltungen: „Sie bevorzugen die alten Gleise, solange es geht“ (ebd.: 28). Ein Ausweg aus diesem Dilemma ist die mit der Entwicklung der Verwaltung von der Ordnungs- zur Dienstleistungsverwaltung einhergehende zunehmende Verwendung von Zweckprogrammen.

Für Max Weber (1980: 552) ist die Anwendung von Regeln nicht nur Ausdruck der Rechtsstaatlichkeit, sondern auch bestimmend für die Arbeitsweise des Beamten: „Die Amtsführung des Beamten erfolgt nach generellen, mehr oder minder festen und mehr oder minder erschöpfenden, erlernbaren Regeln“. Damit erfolgt eine Umsetzung des Rechtsstaatsgedanken, die zum Problem wird, wenn die Orientierung an den Regeln zum beherrschenden Prinzip wird und die Orientierung am Handlungserfolg verdrängt (Mayntz 1997a: 115). Die „Tendenz zur Transformation der bloßen Regelbindung in eine dominante Regelorientierung“ wird in der Ausbildung begünstigt durch die Konzentration auf das Erlernen von Regeln (Rechtsnormen) und in der Praxis begünstigt durch die vorherrschende Richtigkeitskontrolle und die Belohnung von Gehorsam und Regeltreue (ebd.: 115f.).

Die rechtsstaatliche Tradition der deutschen Verwaltung, die sich vorwiegend auf das Prinzip der Gesetzmäßigkeit der Verwaltung (Art. 20 Abs. 3 2 HS), das Willkürverbot (Art. 3 I GG) und die Haftung für Amtspflichtverletzungen

(§ 839 Abs. 1 BGB) stützt, hat zu einer ausgeprägt legalistischen Verwaltungskultur geführt (Sommermann 1998: 296). Leistung im Kontext des herrschenden Bürokratiemodells ist dann nicht im wirtschaftlichen Sinn zu verstehen, z.B. als Arbeitsmenge pro Zeiteinheit oder Effizienz. Die Leistung eines Beamten als Bestandteil der legalen Herrschaft ist vielmehr definiert als korrekte und berechenbare Erfüllung von Ordnungsaufgaben (Röber 2006: 235). Mittelstraß nennt dies den verwaltenden Verstand:

> „Dessen Antwort ist fürchterlich. Er sieht nämlich nicht den Einzelfall und stellt ihn durch direkte Intervention ab, sondern sinnt auf neue Regeln, mit denen dann alle überzogen werden – die Missetäter wie die normalen und pflichtbewussten Bürger." (Mittelstraß 1995: 118)

Für Mayntz (1997a: 111) ist die hohe Regelgebundenheit der öffentlichen Verwaltung zudem nicht allein auf das rechtsstaatliche Prinzip zurückzuführen. Die Normierung durch Verfahrensregeln, Ausführungsbestimmungen, Handlungsvorschriften usw. entspringt auch einem innerorganisatorischen Kontrollbedürfnis.

Die feste Kompetenzverteilung[9] (viertes Strukturmerkmal) mit Zuordnung von Befehlsgewalten und Zwangsmitteln und entsprechender Bereitstellung von qualifiziertem Personal konstituiert für Max Weber (1980: 551) den Bestand einer bürokratischen Behörde. Darüber hinaus ist die Kompetenzverteilung für Max Weber das Instrument zur Verwirklichung des Taylorschen Arbeitsteilungsgedankens in der Verwaltung:

> „Vor allem aber bietet die Bürokratisierung das Optimum an Möglichkeit für die Durchführung des Prinzips der Arbeitszerlegung in der Verwaltung nach rein sachlichen Gesichtspunkten, unter Verteilung der einzelnen Arbeiten auf spezialistisch abgerichtete und in fortwährender Uebung immer weiter sich einschulende Funktionäre." (Ebd.: 562)

Damit tritt die Frage nach der Verträglichkeit der Spezialisierung mit dem Strukturmerkmal der Hierarchie in den Vordergrund. Das Verhältnis von Amtsautorität und Fachqualifikation, von Hierarchie und Spezialisten wird dabei oft als konfliktgeladen, „als Zusammenstoß diskrepanter Strukturprinzipien gesehen" (Mayntz 1971a: 17). Dabei ist jedoch zu bedenken, dass Max Weber lediglich für den von ihm beschriebenen Idealtypus der bürokratischen Verwaltung vom Zusammenfall von Amtsautorität und Qualifikation ausgeht. Inwieweit dieser Zustand zu Lebzeiten Max Webers bereits erreicht war, bleibt offen. Es ist außerdem fraglich, ob Max Weber, wenn er von Fachwissen, Fachqualifikation und Fachschulung spricht, den Spezialisten heutiger Prägung im Sinn hatte, ging es doch am Anfang des 19. Jahrhunderts vor allem darum, überhaupt qualifi-

---

9 Für Verwaltungsexterne ist die Gleichsetzung von Kompetenz mit Zuständigkeit statt mit Fähigkeit zunächst ungewohnt.

ziertes Personal zur Unterstützung der leitenden Juristen zu gewinnen. Die ‚Fachleute' von damals sind die Generalisten von heute und es stellt sich die spannende Frage, wie diese mit Amtsautorität versehenen Generalisten (Diplom-Verwaltungswirte) mit den untergeordneten Spezialisten (Kaufleute, Ingenieure, Architekten, Naturwissenschaftler, Stadtplaner, Juristen usw.) umgehen.

Parsons wies als erster darauf hin, dass Weber zwar die allgemeine Bedeutung der Sachverständigkeit für den Erfolg jedes bürokratischen Systems gewürdigt habe, doch übersehen habe, dass diese Sachverständigkeit zur Grundlage einer eigenen Art Autorität, der funktionalen Autorität (auf Sachverständigkeit beruhende Autorität) werden könnte (Hartmann 1964: 4). Hartmann konnte zeigen, dass (1) die funktionale Autorität kein Merkmal der bürokratischen Herrschaft ist (ebd.: 45), dass (2) eine reine Berücksichtigung der funktionalen Autorität zu einer labilen Hierarchie führt (ebd.: 105–107) und dass sich (3) die funktionale Autorität in der Praxis trotzdem durchsetzen konnte, weil sie in Betrieben mit einer legalen Legitimation gekoppelt wird (ebd.: 107–111). Für unser Anliegen einer kritischen Auseinandersetzung mit dem herrschenden Verwaltungsmodell ist (4) interessant, dass Organisationen, die funktionale also fachliche Autorität nutzen wollen, dezentral organisiert sein sollten (ebd.: 116). Die Untergebenen bestimmen selbstständig über die Mittel und Wege zur Erreichung des gewünschten Ziels. Die dezentrale Leitung ist dann mit Erfolgskontrolle gleichzusetzen:

> „Die Vorgesetzten behalten zwar ihre bürokratische Herrenstellung und dürfen im Notfall auf ihre Befehlsbefugnisse zurückgreifen. In der dezentralen Leitung soll diese Legitimation jedoch nach außen nicht in Erscheinung treten und der Einfluss der Vorgesetzten, wenn er sich geltend macht, funktional begründet sein. Im Falle einer Beratung zwischen Vorgesetztem und Untergebenen soll der Eindruck entstehen, als ob zwei Sachverständige miteinander sprächen und nur der sachlich bessere Vorschlag sich durchsetze." (Ebd.: 119)

Die moderne Bürokratie hingegen versucht, Spezialisierung innerhalb eines hierarchischen Gefüges unterzubringen (Thompson 1971: 217). Probleme ergeben sich dann vor allem daraus, dass der Spezialist aufgrund seiner Ausbildung mit Fachwissen, Methodenkenntnissen und verinnerlichten Kontrollmechanismen ausgestattet ist und damit im Gegensatz zum Bürokraten in der Lage ist, die gesamte Aufgabe auszuführen und auch zur Übernahme der entsprechenden Verantwortung bereit ist (Scott 1971: 204–206). Der Spezialist erwartet, dass man ihm einen maximalen Entscheidungsspielraum bei der Auswahl der Mittel zur Erreichung gewünschter Ergebnisse einräumt. Der an der Problemlösung orientierte Spezialist wird sich dabei bürokratischen Regeln, bürokratischen Standards (Leistungsniveau) und bürokratischer Überwachung möglichst entziehen, da er es gelernt hat, nach professionellen Regeln (gute Ergebnisse werden nur als Folge des genauen Befolgens richtiger Verfahren erzielt) und professionellen Standards (wissenschaftlich-theoretischer Art und noch nicht an die Praxis angepasst) zu arbeiten und über eigene verinnerlichte Erfolgskontrollmechanismen verfügt (ebd.: 205–211).

Für Ellwein (1966: 184) ist der Einsatz von Spezialisten in der Verwaltung vor allem eine Frage der rationalen Zuständigkeitsverteilung und der Kommunikationsbahnen: „Der Zug zur Spezialisierung ist so oder so unvermeidbar." In der modernen hierarchischen Verwaltung soll die Kompetenzverteilung vor allem die interne Arbeitsteilung transparent machen und Konflikte um die Aufgabenverteilung vermeiden (Mayntz 1997a: 117). Ellwein (1977: 369) weist darauf hin, dass eine Vermehrung von Zuständigkeiten zu einer Häufung von Querverbindungen und zu Zuständigkeitsüberschneidungen führen kann. Eine zu enge Zuständigkeitsverteilung leistet zudem einem starren Zuständigkeitsdenken Vorschub. Der Zuständige wird vor allem ‚seine' Belange in die Vorgangsbearbeitung einfließen lassen und verlässt sich ansonsten darauf, dass gegebenenfalls andere Gesichtspunkte auf dem Dienstweg ergänzt werden. Eine starre Zuständigkeitsverteilung erschwert die Zusammenarbeit bei Aufgaben, die gleichzeitig in mehrere Zuständigkeitsbereiche fallen und behindert eine schnelle Anpassung bei Aufgabenveränderungen (Mayntz 1997a: 117). Die Zuständigkeitsverteilung schafft zudem „Zuständige", denen durch das Hierarchieprinzip die Entscheidungsbefugnis vorenthalten wird (Ellwein 1966: 186).

In der Praxis wird das Bürokratiemodell vor allem durch vielfältige informelle Beziehungen ergänzt (Mayntz 1997a: 113; Ellwein 1977: 369; 1994: 90). Diese informellen Phänomene entstehen aus den Bedürfnissen und persönlichen Zielen der Mitarbeiter, die in ihrer jeweiligen Arbeitssituation versuchen, ihre Sicherheits- und Prestigebedürfnisse und ihre Aufstiegswünsche zu befriedigen, Schaden von sich abzuwenden und Überforderungen zu vermeiden. Mayntz (1997a: 113) nennt folgende Beispiel informeller Phänomene: horizontale Kontakte, die den Dienstweg umgehen; die Bildung von Cliquen, deren Mitglieder sich gegenseitig beim Erringen höherer Positionen unterstützen; informelle Gruppierungen auf der Grundlage politischer Überzeugung und viele Verhaltensgewohnheiten bei der Aufgabenerfüllung. Ellwein (1977: 369) hält die Einhaltung aller Regeln für umständlich und nicht immer effektiv, mit der Folge, dass sich eine „halbformale Struktur" entwickelt mit der mehr oder weniger erfolgreich versucht wird, vorhandene Defizite bürokratischer Organisationen auszugleichen. Luhmann (1995: 304ff.) wies schon früh auf das Vorhandensein nicht legitimierbaren Handelns in formalen Systemen hin und prägt dafür den Begriff der „brauchbaren Illegalität". Illegal ist danach jedes Verhalten, welches formale Erwartungen verletzt und welches gleichwohl brauchbar – also für die Organisation von Vorteil – ist. Nach Luhmann ist nicht legitimierbares Handeln in formalen Organisationen unvermeidbar, da ein System in einer wechselnden, unkontrollierbaren Umwelt mit sich widersprechenden Erwartungen konfrontiert wird, denen es nicht gleichzeitig folgen kann, wenn es nach seinen eigenen Normen leben will. Um eine Anpassung des Systems an die Umwelterwartungen zu erreichen, werden Handlungen notwendig, die nicht im Einklang mit den eigenen Normen des Systems stehen (ebd.: 305). Mayntz (1997a: 113f.) nennt folgende Beispiele für brauchbare Illegalität: die Ausfüllung von Lücken formeller Regeln; die Anpassung unzulänglicher Regeln an die Erfordernisse der jeweiligen Situation; etwas tun, was niemand offiziell verlangen kann; zeitraubende Nebenbestimmungen übersehen und die Anwendung von Verhandlungs-, Tausch- und Einschüchterungsstrategien, die offiziell weder vorgesehen noch zu rechtfertigen sind.

Dass derartiges Handeln für die Mitglieder einer Hierarchie nicht unproblematisch ist, versteht sich von selbst. Die Abweichung von einer Regel kann toleriert werden, wenn dies zum Vorteil des Systems oder des Vorgesetzten ist, die Einhaltung der Regel kann aber auch leicht als Waffe gegen den Abweichenden genutzt werden. Luhmann (1995: 311) legt deshalb dem Abweichenden nahe, sich die Tragweite des abweichenden Handelns bewusst zu machen und nach Möglichkeit zu entschärfen. Hierzu bietet er folgende Möglichkeiten an: Verstecken der Abweichung, unbeabsichtigtes Vollziehen bzw. Nichterkennen der Abweichung, Verzierung mit Hinweisen auf durchaus rechtstreue Grundeinstellung und Bagatellisierung. Informelle Systeme sind insofern keine Lösung des grundsätzlichen Problems einer übermäßigen Hierarchie, sie stellen in der Praxis der öffentlichen Verwaltung eher ein Instrument zur Stabilisierung eines veränderungsbedürftigen Zustands dar.

Die von Max Weber für den Einzelbeamten im bürokratischen Verwaltungssystem vorgenommene Charakterisierung (fünftes Strukturmerkmal) ist noch heute fester Bestandteil des öffentlichen Dienstrechts. Die Kernelemente des Beamtenrechts fanden über die Weimarer Verfassung Einzug in Artikel 33 Absatz 5 des Grundgesetzes[10] als „hergebrachte Grundsätze des Berufsbeamtentums“. Zu diesen Grundsätzen zählen u.a.:

- das Lebenszeitprinzip,
- das Laufbahnprinzip,

10 „Das Recht des öffentlichen Dienstes ist unter Berücksichtigung der hergebrachten Grundsätze des Berufsbeamtentums zu regeln und fortzuentwickeln“ (Art. 33 Abs. 5 GG). Das Bundesverfassungsgericht definiert diese Grundsätze als den „Kernbestand von Strukturprinzipien, die allgemein oder doch ganz überwiegend und während eines längeren, Tradition bildenden Zeitraums, mindestens unter der Reichsverfassung von Weimar, als verbindlich anerkannt und gewahrt worden sind (BVerfG, 1 BvL 27/55 vom 2.12.1958 = BVerfGE 8, 332).

- das Alimentationsprinzip[11],
- die volle Hingabe an den Beruf,
- die unparteiische Amtsführung und Neutralitätspflicht des Beamten sowie
- das Streikverbot.

Hinzu kommt das in Artikel 33 Absatz 2 GG enthaltene Leistungsprinzip[12] und das grundgesetzlich festgeschriebene öffentlich-rechtliche Dienstverhältnis[13] (Artikel 33 Absatz 4 GG, im Unterschied zum Arbeitsvertrag der Angestellten).

Die Kritik an dem überregelten deutschen Beamten-Dienstrecht konzentriert sich auf seine die individuelle Leistungsmotivation einschränkende Wirkung. Leistungshemmend wirken vor allem die Anstellung auf Lebenszeit (die u.a. die befristete Einstellung von Führungskräften, betriebsbedingte Änderungskündigungen und die Beendigung des Beschäftigungsverhältnisses bei andauernder gravierender schlechter Leistung erschwert), die praktisch nur nach oben mögliche Mobilität, eine fehlende Leistungsentlohnung und eine Beförderungspraxis, die noch immer Dienstaltersgesichtspunkten (Senioritätsprinzip) folgt (Riotte 2004: 95; Mayntz 1997a: 139). Hinzu kommen Friktionen, die entstehen, wenn nebeneinander, also für gleiche Tätigkeiten, Beamte und Angestellte nach unterschiedlichen Statusregelungen eingesetzt werden (Feindt 1982: 347).

Dem Problem entsprechend häufig waren die Versuche einer grundlegenden Reform des öffentlichen Dienstrechts. Ein erster Versuch durch die Berufung einer „Studienkommission für die Reform des öffentlichen Dienstrechts" durch die damalige Bundesregierung scheiterte Anfang der 1970er Jahre an dem politischen Patt zwischen dem als konservativ geltenden, dem Beamtenprinzip verbundenen politischen Kraftzentrum (CDU/CDU, Deutscher Beamtenbund) auf der einen Seite und dem progressiven, der Tarifautonomie verpflichteten Kraftzentrum (SPD, Deutscher Gewerkschaftsbund) auf der anderen Seite (ebd.: 349). Beide Lager ließen sich dabei von der Maxime leiten:

> „Jeder behält, was er hat, und bekommt hinzu, was die anderen haben. Man kann zu den Vorteilen des Beamtenstatus aber nicht einfach die Vorteile des Angestelltenstatus hinzuaddieren, ohne eine privilegierte Gruppe von Staatsdienern zu schaffen, die sich in allen Hinsichten mindestens ebenso gut stehen wie andere Berufstätige, in manchen Hinsichten aber besser; die zum Beispiel streiken dürfen, aber nicht entlassen werden können." (Luhmann 1982: 322)

---

11 Die Verpflichtung des Dienstherren, Beamten während des aktiven Dienstes, bei Krankheit und Invalidität und nach dem Ausscheiden aus dem aktiven Dienst aus Altersgründen einen angemessenen Lebensunterhalt zu bezahlen.

12 „Jeder Deutsche hat nach seiner Eignung, Befähigung und fachlichen Leistungen gleichen Zugang zu jedem öffentlichen Amte." (Art. 33 Abs. 2 GG)

13 „Die Ausübung hoheitsrechtlicher Befugnisse ist als ständige Aufgabe in der Regel Angehörigen des öffentlichen Dienstes zu übertragen, die in einem öffentlich-rechtlichen Dienst- und Treueverhältnis stehen." (Art. 33 Abs. 4 GG)

1997 erfolgte mit dem Gesetz zur Reform des öffentlichen Dienstrechts ein kleinerer Ansatz zur Verbesserung des Beamtenrechts mit den Elementen Führungsfunktionen auf Probe und Zeit, Steigerung der Mobilität durch Abordnungen und Versetzungen, Teilzeitbeschäftigung und Langzeitbeurlaubung sowie Leistungskomponenten in der Besoldung, der überwiegend als „längst nicht ausreichendes Stückwerk" betrachtet wird (Löhr 2004: 106).

Ein weiterer Versuch, eine Lösung innerhalb des bestehenden Systems, insbesondere unter Beibehaltung von Artikel 33 GG, zu finden, erfolgte im Jahr 2004 mit dem gemeinsamen Eckpunktepapier von Bundesregierung, Deutschem Beamtenbund und ver.di, dessen Inhalte sich im Dienstrechtsneuordnungsgesetz[14] vom 5. Februar 2009 wiederfinden. Kernpunkte sind hierbei eine Laufbahnreform, ein leistungsbezogenes Bezahlungssystem, eine Änderung des Beamtenversorgungssystems und eine Flexibilisierung der Arbeitszeit. Der Entwurf wurde bei einer Anhörung des Innenausschusses des Deutschen Bundestags am 7. April 2008 von den eingeladenen Experten überwiegend kritisch bewertet. Es handele sich um ein „braves Gesetz", mit dem der Gesetzgeber weiter „auf der Stelle" trete (Pechstein 2008).

Den Faden der Studienkommission griff die mit unabhängigen Fachleuten besetzte Regierungskommission ‚Zukunft des öffentlichen Dienstes – öffentlicher Dienst der Zukunft' des Landes Nordrhein-Westfalen auf (http://www.regierungskommission.nrw.de/), deren Bericht im Januar 2003 veröffentlicht wurde. Die Kommission schlug ein neues Dienstrecht mit den Elementen einheitlicher Beschäftigungsstatus auf privatrechtlicher Grundlage, leistungsorientierte Vergütung, Bestenauslese bei Führungskräften, Zulässigkeit von Arbeitskämpfen sowie eines Kündigungsschutzes entsprechend dem allgemeinen Arbeitsrecht vor (Regierungskommission 2003: Kurzfassung 8–9). Lediglich für bestimmte Gruppen hoheitlich Beschäftigter, die als Beamte im neuen Sinne bezeichnet werden, hält die Kommission Sonderregelungen, zum Beispiel einen verstärkten Kündigungsschutz, für erforderlich. Erreicht werden soll dies mit der Streichung der Artikels 33 Absatz 5 GG und einer Neuformulierung von Absatz 4 des gleichen Grundgesetz-Artikels.

Die Hoffnungen auf eine große Dienstrechtsreform sind allerdings gering, hat doch die jetzige Bundeskanzlerin Angela Merkel noch im Jahr 2004 in der Mitgliederzeitung des Deutschen Beamtenbundes erklärt: „Gäbe es unser Beamtenrecht nicht, müsste man es erfinden" (Merkel 2004: 5). Somit dürfte der Fortbestand des seit Friedrich Wilhelm I. tradierten und von Max Weber wissenschaftlich begründeten Beamtenstatus auf absehbare Zeit gesichert sein. Für Ellwein (1994: 121) ist ihre Verflechtung mit der Politik das Dilemma der Verwal-

14 Gesetz zur Neuordnung und Modernisierung des Bundesdienstrechts.

tung: „Sie bewirkt, dass Politik und Verwaltung zugleich verändert werden müßten. Da daran nicht zu denken ist, verfestigen sie wechselseitig ihre Zustände".

Für die Arbeitsweise des bürokratischen Systems ist neben dem kontinuierlichen regelgebundenen Betrieb, einer festen Kompetenzverteilung und der autoritär hierarchischen Organisation auch das Prinzip der Aktenmäßigkeit (sechstes Strukturmerkmal) von besonderer Bedeutung: „Mindestens die Vorerörterungen und Anträge und die abschließenden Entscheidungen, Verfügungen und Anordnungen aller Art sind schriftlich fixiert" (Weber 1980: 126). Für Max Weber war Verwaltung „Herrschaft kraft Wissen" (ebd.: 129). Über das Fachwissen hinaus kann die Bürokratie ihre „gewaltige Machtstellung" noch weiter steigern durch „das Dienstwissen: die durch Dienstverkehr erworbenen oder aktenkundigen Tatsachenkenntnisse" (ebd.). Damit stellt sich Max Weber gegen einen wesentlichen Inhalt der Büroreform: die Vermeidung der Schriftlichkeit und die Verringerung der Aktenführung. Die Gemeinsame Geschäftsordnung der Reichsministerien von 1927 als Ergebnis der Büroreform beinhaltete eine Abkehr von Vorgangsstrukturen. Akten waren hier nicht mehr Arbeitsmittel für die laufende Arbeit, sie sollten erst nach Abschluss des Vorgangs als eine Art Zusammenfassung der Vorgangsbearbeitung entstehen (Menne-Haritz 1998: 146, 150, 152, 194, 283f.).

Das Thema ‚Schriftlichkeit der Behördenarbeit' besitzt heute unter dem Aspekt des papierlosen Büros wieder hohe Aktualität. Interessanter ist allerdings die Frage, ob die neuen elektronischen Kommunikationsmedien zu einer Aufhebung oder Abmilderung der Hierarchie beitragen können. Durch die elektronische Datenverarbeitung tritt die Prozesshaftigkeit der Entscheidungsfindung verstärkt in den Vordergrund. Dadurch wird es möglich, zwischen der Organisationsform der Verwaltung und ihrer internen Entscheidungsorganisation zu trennen. Die funktionalen (fachlichen) Entscheidungseinheiten können sich bei jedem Problem neu und spontan – unabhängig von organisatorischen Zusammenhängen – bilden und werden bei der Lösung des Problems automatisch beendet (Menne-Haritz 1998: 18). Die Leitung wird damit freigestellt für ihre eigentliche Aufgabe – die Herstellung der Einheit der Dienststelle und der Organisation (ebd.: 410). Die Einheit der Organisation betrifft die Konkretisierung und die Verteilung der Aufgaben und die Bereitstellung der personellen wie materiellen Ressourcen auf der Grundlage der für die Dienststelle definierten Aufgaben. Die Zuständigkeit für die Einheit des Problems liegt bei der Sachbearbeitung. Moderne EDV-Systeme bieten somit eine Möglichkeit der schnellen Dezentralisierung von Entscheidungen auf die Fachebene. Sie führen aber nicht zwangsläufig zu einer Lockerung der Autoritätshierarchie. Der verwaltende Verstand presst auch den Umgang mit elektronischen Medien problemlos in das hierarchische Gefüge, was soweit gehen kann, dass man die Mitarbeiter verpflichtet, eingehende Mails bestimmter Absender oder zu bestimmten Themen auszudrucken und in den Postumlauf zu geben.

Als *Zwischenergebnis* der Auseinandersetzung mit Max Webers Bürokratiemodell können wir festhalten, dass das Ausgangsmodell mindestens in den folgenden Punkten unvollständig ist:

(1) Die Zielsetzungsprozesse und Wirtschaftlichkeitsaspekte des Verwaltungshandelns fehlen fast vollständig.
(2) Es wird auf den Beamten als Generalisten fokussiert, ohne hinreichend Aussagen zur Integration von Spezialisten in die Autoritätshierarchie zu treffen.
(3) Die Verwaltungsumwelt (Kunden) wird weitgehend ausgeklammert.
(4) Verwaltungsinterne soziale Elemente – wie informelle Beziehungen und Konflikte[15] –werden nicht berücksichtigt.

Auf das unvollständige Ausgangsmodell Max Webers wurde in den vergangenen 100 Jahren ein erheblicher Anpassungsdruck ausgeübt. Anpassungsnotwendigkeiten entstanden

(1) aus dem wirtschaftlichen und gesellschaftlichen Wandel,
(2) aus den veränderten Bedürfnisstrukturen der Menschen (Wertewandel) und
(3) dem Aufgabenwandel innerhalb des öffentlichen Dienstes.

Der wirtschaftliche und gesellschaftliche Wandel umfasst u.a. die neue internationale Arbeitsteilung, die Globalisierung der Märkte, die modernen Informations- und Kommunikationstechniken, den Kapitalverkehr, die Arbeitsmärkte und das Freizeit- und Konsumverhalten der Menschen. Gross (1992: 91f.) fasst die für die Arbeitsmotivation und Arbeitskultur bedeutsamen gesellschaftlichen Veränderungen in den folgenden sieben Trends zusammen:

(1) Trend zur Freizeitgesellschaft,
(2) Trend zur Multioptionsgesellschaft,
(3) Trend zur Miniobligationsgesellschaft,
(4) Trend zum globalen Dorf,
(5) Trend zur Technisierung und Verwissenschaftlichung,
(6) Trend zur riskanten Tempogesellschaft und
(7) Trend zur Multirisikengesellschaft.

---

15 „Die Legitimierung des Konfliktes würde mit der monokratischen Natur der Hierarchie nicht zu vereinbaren sein. Sie würde formale Verhandlungsverfahren erfordern. Moderne Organisationen erstreben durch die formale Autoritätshierarchie einen ‚verwalteten Konsensus'. Konfliktlösung muß deshalb informal durch geheime und ein wenig illegale Mittel erfolgen. Andernfalls muß Konflikt verdrängt werden, womit eine falsche Atmosphäre des Wohlwollens und der äußerlichen Harmonie geschaffen wird." (Thompson 1971: 225)

Als Folge dieses Wandels haben die Komplexität[16] und die Dynamik in hoch entwickelten Gesellschaften ständig zugenommen. Komplexität ist eine Bedingung hoch entwickelter Systeme. Jede Steigerung der Leistungsfähigkeit von Systemen führt zur Steigerung der Komplexität. Umgekehrt kann die Komplexität nur um den Preis des Verlustes der Leistungs- oder Lebensfähigkeit des jeweiligen Organismus reduziert werden (Biedenkopf 1994: 82). Die zunehmende Dynamik unserer Gesellschaft drückt sich dadurch aus, dass der durch eine gewisse Konstanz der Lebensverhältnisse gekennzeichnete Zeitraum, den wir allgemein als Gegenwart bezeichnen, ständig abnimmt. Lübbe (1993: 10) verwendet dafür den Begriff der Gegenwartsschrumpfung.

In dieser sich rapide wandelnden Verwaltungsumwelt wird es offenkundig zunehmend schwieriger, nach einfachen Regeln zu arbeiten. Es reicht nicht mehr aus, nur konditional programmiert Vorgedachtes verlässlich zu realisieren, sondern es wird heute von Verwaltungen erwartet, dass sie selbst neue Programme entwerfen und laufend Programme neu interpretieren oder an geänderte Umweltbedingungen anpassen (Reinermann 1995: 11). Um diese schnellen Anpassungen zu erreichen, werden heute in den Verwaltungen nicht mehr die regelorientierten, zuständigkeitsverhafteten Befehlsempfänger benötigt, sondern Menschen, die es gewohnt sind, in Ergebnissen, Prozessabläufen und Zusammenhängen zu denken: „Nur in einer weitgehend statischen Welt lässt sich das Trennen von denken und handeln als Fortschritt empfinden" (ebd.: 38).

Mit dem gesellschaftlichen Wandel ist ein Wertewandel der Menschen verbunden. Kern des Wertewandelschubs seit den 1960er Jahren war der Übergang von Pflicht- und Akzeptanzwerten hin zu Selbstentfaltungswerten (Klages 1988: 64). Hierzu gehören nach Klages unter anderem das Bedürfnis nach Ungezwungenheit, das Bedürfnis nach Selbstverwirklichung, das Bedürfnis nach Handlungsspielraum und das Bedürfnis nach Sinn (ebd.: 71–78). Für Reinermann (1995: 39) drückt sich der Wertewandel in der Verschiebung der Bedürfnisse von den physischen Grundbedürfnissen und der Existenzsicherung hin zu Bedürfnissen nach sozialer Anerkennung und Selbstverwirklichung aus, die insbesondere auch in der beruflichen Arbeit befriedigt werden. Anders formuliert kann man sagen, dass zwar die Arbeitsmotivation, soweit sie lediglich auf einem normativ verankerten Pflichtgefühl basiert, gesunken ist, dafür aber die Bereit-

16 Nicht zu verwechseln mit Kompliziertheit: „Je komplizierter eine Ordnung bestimmter Sachverhalte angelegt ist, um so weniger verständlich ist sie. Um so geringer ist deshalb auch die Möglichkeit, an ihrer Gestaltung mitzuwirken. Sie ist in stärkerem Maße als die einfache Ordnung des Sachverhaltes auf bürokratische Strukturen angewiesen. Die Steigerung der Kompliziertheit eines Verfahrens, eines Entscheidungsvorgangs oder eines Ordnungszusammenhangs liegt deshalb im Interesse derer, die durch bürokratische Verfahren Herrschaft ausüben und ihre eigenen Interessen sichern wollen." (Biedenkopf 1994: 82)

schaft zu einem intrinsisch motivierten Arbeitsengagement eher gestiegen ist, womit allerdings höhere Ansprüche an die Arbeit gestellt werden (Massenbach 2000: 47). Arbeitszufriedenheit ist u.a. abhängig vom Grad der beanspruchten Fähigkeiten, der Vielfalt der Tätigkeiten, dem Maß an Selbstständigkeit und der Vereinbarkeit der Arbeit mit dem Selbstbild des Individuums (Thompson 1971: 222). Diese Elemente der Arbeitszufriedenheit kollidieren mit dem herrschenden Verwaltungsmodell, in dem

(1) Vielfältigkeit durch Arbeitsteilung eingeschränkt wird,
(2) das Wissen der Mitarbeiter eher störend wirkt[17] und
(3) die Freiheitsgrade des Handelns durch vorgegebene Regeln erheblich eingeschränkt werden.

Das Bild vom Beamten als „lebender Maschine“[18], dem das Webersche Bürokratiemodell verhaftet ist, wurde längst abgelöst von der Vorstellung des Humankapitals, dessen Potenziale es durch bedürfnisgerechte Gestaltung der Arbeit zu erschließen gilt (Reinermann 1995: 39).

Während Verwaltung zur Zeit Max Webers vor allem der Herrschaftsausübung diente, ist Verwaltung heute im wesentlichen Dienstleistung (Ellwein 1977: 341). Der Aufgabenwandel in der Verwaltung von der Ordnungsverwaltung zur Leistungsverwaltung erstreckte sich über das ganze 20. Jahrhundert und setzt sich auch heute noch fort (Ellwein/Zoll 1973: 114f., 122–125 u. 129–131; Ellwein 1977: 141; Regierungskommission 2003: 62–66).

Aus der Personalstandstatistik des Statistischen Bundesamtes ergibt sich für das Jahr 2006 folgende grobe Aufteilung in Ordnungsverwaltung und Leistungsverwaltung.[19] In der (Dienst)-Leistungsverwaltung: Schulen und vorschulische Bildung (Länder: 702.000); Hochschulen (Länder: 350.000); Soziale Sicherung (Gemeinden: 228.000); Gesundheit, Sport, Erholung (Gemeinden: 185.000); Öffentliche Einrichtungen[20]; Wirtschaftsförderung, Wirtschaftliche Unternehmen (Gemeinden: 174.000); Bau-, Wohnungswesen, Verkehr (Gemeinden: 107.000); Schulen (Gemeinden: 77.000); Wissenschaft, Forschung, Kultur (Gemeinden:

17 „Schon mancher Beamte hat festgestellt, daß er sein Wissen in einem so starren System, wie es viele Behörden darstellen, nicht an den Mann bringen kann. Versucht er es dennoch, so heißt das noch lange nicht, daß er sich dadurch bei seinen Vorgesetzten und Kollegen beliebt macht.“ (Lauxmann 1971: 40)

18 „Geronnener Geist ist auch jene lebende Maschine, welche die bureaukratische Organisation mit ihrer Spezialisierung der geschulten Facharbeit, ihrer Abgrenzung der Kompetenzen, ihren Reglements und hierarchisch abgestuften Gehorsamsverhältnissen darstellt.“ (Weber 1918: 30)

19 Statistisches Bundesamt, Fachserie 14 Reihe 6, Tabellen 3.1.4, 4.1.4 und 5.1.4 (ohne mittelbare Verwaltung). Siehe dazu auch den Bericht der Regierungskommission 2003: 62f.

20 Abwasserbeseitigung, Abfallbeseitigung, Hilfsbetriebe der Verwaltung.

57.000); Gesundheit, Umwelt, Sport, Erholung (Länder: 47.000); Wirtschaftsunternehmen (Länder: 42.000); Rest Länder[21] (126.000); Bund (42.000).[22] In der Ordnungsverwaltung: Verteidigung (Bund: 282.000); Öffentliche Sicherheit und Ordnung inkl. Polizei (Länder: 270.000); Allgemeine Verwaltung (Gemeinden: 212.000); Rechtsschutz (Länder: 166.000); Finanzverwaltung (Länder: 129.000); Rest Bund[23] (127.000); Zentrale Verwaltung (Länder: 115.000); öffentliche Sicherheit und Ordnung (Gemeinden: 105.000). In der Dienstleistungsverwaltung waren damit 2006 insgesamt 2.137.000 Personen (60%) beschäftigt und in der Ordnungsverwaltung insgesamt 1.406.000 Personen (40%). Unter Berücksichtigung der mittelbaren Verwaltung (z.B. Sozialversicherungsträger, Bundesagentur für Arbeit), die im Wesentlichen der Dienstleistungsverwaltung zuzurechnen ist, sind heute also ungefähr zwei Drittel aller in der öffentlichen Verwaltung tätigen Personen der Dienstleistungsverwaltung zuzuordnen.

Dieser Aufgabenwandel führt dazu, dass Verwaltung heute nicht mehr vordringlich anordnet, sondern bestrebt ist, im Kontakt mit dem Bürger einen gerechten Interessenausgleich herbeizuführen. Ellwein (1994: 91–94) spricht hier von anpassender Verwaltung, die einen Spielraum in der Nichtanwendung von Recht hat, die Zumutbarkeitsüberlegungen anstellt und mit den Betroffenen über anstehende Entscheidungen verhandelt: „Das Gesetz zu streicheln, bis es passt, ist eine Kunst, die der Ängstliche nie erlernen wird. Der Bürger, der an den Ängstlichen gerät, hat eben Pech gehabt“ (ebd.: 47).

Mit dem Aufgabenwandel in der öffentlichen Verwaltung geht einher, dass eine vermeintliche Stärke des Weberschen Bürokratiemodells zunehmend verloren geht. Diese Stärke wird in der zuverlässigen und ausdauernden Abarbeitung von Routineprogrammen in Verwaltungsbereichen gesehen, die eine intensive Beherrschbarkeit der Organisation erfordern (Becker 1989: 556f.; Mayntz 1997a: 121; Ellwein 1994: 96; 1995: 257–261). Die Vorteilhaftigkeit des Bürokratiemodells wird von Becker (1989: 557) allerdings mit der Bedingung verknüpft, dass „keine anderen Faktoren vorliegen, die eine Abkehr von der bürokratischen Struktur erfordern“. Hierzu soll der Nachweis erbracht werden, dass keine der neoklassischen oder modernen Organisationstheorien besser geeignet ist. Dies wird schon wegen der dem Weberschen Bürokratiemodell fehlenden ‚menschlichen Komponente' in den allermeisten Verwaltungsbereichen (außer vielleicht bei Militär und Polizei) nicht gelingen. In der modernen Dienstleistungsverwal-

---

21 Soziale Sicherung, Wohnungswesen, Städtebau, Ernährung, Landwirtschaft, Energie- und Wasserwirtschaft, Verkehrs- und Nachrichtenwesen.

22 Bildung, Wissenschaft, Kultur, soziale Sicherung, Gesundheit, Sport, Umwelt, Ernährung, Landwirtschaft, Energie- und Wasserwirtschaft, Verkehrs- und Nachrichtenwesen.

23 Zentrale Verwaltung, Bundespolizei, Rechtsschutz, politische Führung, auswärtige Angelegenheiten.

tung und in der mit Planungsaufgaben befassten, d.h. nach Zweckprogrammen arbeitenden, Verwaltung ist die Webersche These von der überlegenen Zweckmäßigkeit bürokratischer Organisationen längst widerlegt.

Damit stellt sich die Frage, warum trotz des dargestellten hohen Anpassungsdrucks Veränderungen in der öffentlichen Verwaltung nur sehr langsam erfolgen oder anders gefragt, warum der Wandel in der Verwaltungsumwelt nicht zu einem Wandel der Verwaltung selbst führt. Bei der Suche nach Antworten kann zunächst ein Blick auf die Systemtheorie nützlich sein.

Danach sind Organisationen (Verwaltungen, Unternehmen) als soziale Systeme nur aus ihrer Relation zur Umwelt verstehbar. Sie konstituieren und erhalten sich durch Erzeugung und Bewahrung einer Grenze zwischen Umwelt und System (autopoietische Systeme[24]). Autopoietische Systeme sind operational geschlossene Systeme, die ihre Komponenten in einem rekursiven Prozess[25] selbst herstellen.[26] „Reproduktion heißt also nicht einfach: Wiederholung der Produktion des Gleichen" (Luhmann 1987: 79). Ihren Umweltkontakt bestimmen sie selbst.[27] Die Konstruktion von stabilisierungsfähigen Grenzen ist eine wiederholbare und steigerbare Systemleistung (ebd.: 54). Systeme sind also lernfähig, sie können z.B. durch Erfahrung und Vergleich mit anderen Systemen ihr Problemlösungspotenzial steigern und ihre Position zur Umwelt verbessern.[28] Durch Grenzziehung und Konstituierung einer Differenz von Außen und Innen entstehen Bereiche unterschiedlicher Komplexität (Luhmann 1968: 121). Die Reduktion der Komplexität ist eine zentrale Funktion von Systemen. Sie vermittelt Sinn in der Reduktion der Weltkomplexität auf ein Format, das Erleben und Handeln der Menschen ermöglicht (ebd.) und wirkt damit angstreduzierend.

---

24 Soziale Systeme produzieren und reproduzieren sich selbst (autopoietische Systeme: autos = selbst, poiein = machen). „Alles was solche Systeme als Einheit verwenden: ihre Elemente, ihre Prozesse, ihre Strukturen und sich selbst, wird durch eben solche Einheiten im System erst bestimmt." (Luhmann 1985: 403)

25 Als rekursiv bezeichnet man einen Reproduktionsprozess, der die Produkte und Ergebnisse seiner Operationen ständig als Grundlage weiterer Operationen verwendet.

26 Autopoetische Systeme sind autonom, aber nicht autark: „Natürlich bleibt alle Kommunikation qua Energiebedarf und Information von Umwelt abhängig [...]. Ein Kommunikationssystem ist deshalb nie autark, es kann aber durch eigene Konditionierung kommunikativer Synthesen Autonomie gewinnen" (Luhmann 1987: 200).

27 Luhmann 1987: 146. „Der Begriff Selbstreferenz bezeichnet die Einheit, die ein Element, ein Prozess, ein System für sich selbst ist. ‚Für sich selbst'– das heißt: unabhängig vom Zuschnitt der Beobachtung durch andere." (Ebd.: 58)

28 Steinmann/Schreyögg 1997: 129. „Die Kontingenzformel formuliert den Erziehungsprozeß als Steigerbarkeit seiner eigenen Prämisse, als Selbststeigerung. Lernfähigkeit ist also nicht einfach nur der ‚Output', nicht nur die erst am Ende fertige Leistung des Erziehungssystems, sondern die Betriebsprämisse, die durch laufende Inanspruchnahme entwickelt wird." (Luhmann/Schorr 1988: 87)

Soziale Systeme besitzen die Fähigkeit der Selbstbeobachtung (Reflexion), die eine Identität des Systems erzeugt und die gleichzeitig eine Voraussetzung für eine Veränderung selbstreferentieller Systeme ist (Luhmann 1990: 482f.). Willke (1997: 46f.) fasst die Eigenheiten derartiger Systeme folgendermaßen zusammen:

> „Das System muss sich aus sich selbst heraus reproduzieren, seine Kontinuität in der Kontinuität seiner eigenen Operationen finden, seine Identität in seiner eigenen Operationsweise wahren, oder es hört auf, als spezifisches System zu existieren."

Bei dieser Zirkularität innersystemischer Operationsweisen greift das System auf die in der Systemgeschichte aufgebauten Struktur- und Prozessmuster zurück. Diese können als kondensierte Traditionen, Lernerfahrungen und Selbstidentifikationen des Systems verstanden werden (ebd.: 57). Bei Organisationen gehören hierzu z.B. interne Anweisungen, Regeln, Vorschriften, Dienstwege, Mitzeichnungsrechte, Arbeitsplatzbeschreibungen und Zuständigkeitsregelungen, die intern durchaus Sinn machen können, aber das System nach außen von seiner Umwelt abschließen (ebd.: 58). Hieraus erklärt sich im Wesentlichen die Tendenz sozialer Systeme zur Stabilität und Resistenz gegen Wandel. Hablützel (1999: 53) spricht in diesem Zusammenhang von „gravierenden Lernpathologien der Bürokratie". Denn „Fragmentierung und Hierarchisierung als Prozessbarrieren sowie formale Regelwerke als Speichermedien organisationalen Wissens verstärken den Kreislauf des Nicht-Lernens" (ebd.).

Die Resistenz der öffentlichen Verwaltung gegen Veränderungen ist in der Verwaltungswissenschaft seit längerem unter dem Stichwort „circulus vitiosus" bekannt. In diesem bürokratischen Teufelskreis führen Dysfunktionen zu immer weiteren unpersönlichen Regeln, zur Verstärkung der Hierarchie, zu mehr Zentralisierung von Entscheidungen und vermehrten informellen Beziehungen (Crozier 1971: 284f.). Notwendige Anpassungen lassen sich nur durch relativ radikale Eingriffe verwirklichen. Die Krise wird damit zum entscheidenden und notwendigen Element im bürokratischen System (ebd.: 286). Ellwein/Hesse (1997: 156 u. 160) sprechen aufgrund der institutionellen Bedingungen und der Sozialisation der Mitarbeiter von einer Erstarrung der öffentlichen Verwaltung.

Aus der systemtheoretischen Ableitung wird dann auch verständlich, weshalb die gängigen Organisationsentwicklungsansätze nicht zum Ziel einer nachhaltigen Veränderung führen (Schreyögg/Noss 1995). Diese Ansätze begreifen den Wandelprozess als bloßes Planungsproblem, in dem ein fest umschriebenes Problem in einem überschaubaren zeitlichen Rahmen durch (meist externe) Spezialisten gelöst bzw. beherrscht werden kann. Die Organisation befindet sich hierbei in der Rolle des Klienten, die Mitarbeiter erscheinen unter dem Aspekt der verhaltensbedingten Widerstände. Zentraler Kritikpunkt an dem Basisverständnis der Organisationsentwicklungskonzepte ist die Betrachtung von organisatorischem Wandel als Sonderfall. Ausgehend von einem Gleichgewichtszustand wird nach erfolgreicher Implementierung eines geplanten Maßnahmenkatalogs ein neuer stabiler Zustand erreicht. Weick (1977: 40) stellt diesem Konzept eine Unternehmensorganisation entgegen, die er als „chronically unfrozen" bezeichnet. Also eine Organisation, die den aufgetauten Zustand als Regel und die Stabilität als notwendige Ausnahme begreift. Diese Überlegungen finden eine Entsprechung in der Systemtheorie, die autopoietische Systeme als „immanent unruhig" beschreibt (Luhmann 1987: 77):

> „Das Einzige, was für diese Theorie als schlechthin unveränderbar zu gelten hat, ist das auf einen Minizeitpunkt bezogene Ereignis. Unveränderbar ist nur das, was so schnell vergeht, dass für Änderungen keine Zeit bleibt." (Ebd.: 473)

Systemisches lernen geht davon aus, dass die Neustrukturierung der Wissensbasis des Systems zum System-Alltag gehört (Schreyögg/Noss 1995: 178). „Die Wissensbasis ist konstitutiv für das System. Ohne Wissen sind weder Kommunikation noch Handlungen vorstellbar" (ebd.: 177). Organisatorisches Lernen ist demzufolge als ständige Restrukturierung der System-Wissensbasis vorstellbar (ebd.: 177). Den Zusammenhang von Individuen und Organisation haben March/ Olsen (1975: 150) in einem einfachen Kreislauf dargestellt (siehe Abb. 1).

Abb. 1: Zusammenwirken von Individuen und Organisation

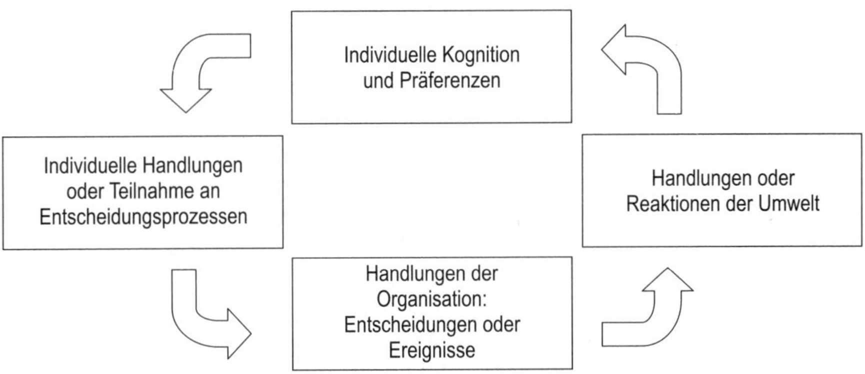

Quelle: nach March/Olsen 1975: 150

Demnach denken, handeln und lernen die Individuen, während das System die Kommunikationsmöglichkeiten bereitstellt. In den kommunikativen Untersystemen werden das gemeinsame Wissen, die geteilten Werthaltungen und die gewachsene Kultur gespeichert (Hablützel 1999: 52). Das System prägt damit die individuelle Konstruktion der Wirklichkeit, sozialisiert die Organisationsmitglieder und grenzt Nichtmitglieder aus (ebd.).

Dem konstruktivistischen Ansatz folgend ist es für das Systemlernen von zentraler Bedeutung, sich zunächst Klarheit über die Wirklichkeitsbilder der Beteiligten zu verschaffen:

> „Während autoritär-hierarchische Führungskonstellationen in der Regel bewußt in Kauf nehmen, daß die Hierarchien ihre Wirklichkeitsdeutungen zum Maßstab der Systementwicklung machen, basiert eine dialogisch-systematische Analyse der vorherrschenden Deutungsstrukturen auf der Überlegung, daß erfolgreiche Kooperation und ein Lernen von Systemen überhaupt nur möglich ist über eine Transformation der Wirklichkeitssichten aller Beteiligten." (Arnold 1996: 77f.)

Bei der Erneuerung der Wissensbasis kommt es nicht auf eine Anhäufung situationsspezifischer Kenntnisse und Fähigkeiten an, „sondern auf die dabei mitgelernte Fähigkeit, jederzeit das Gelernte als Grundlage weiteren Lernens zu verwenden (Luhmann/Schorr 1988: 86). Nach Argyris/Schön (1978: 18–28) lassen sich drei Ebenen des Lernens unterscheiden. Auf der untersten Ebene, dem so genannten Single-Loop- oder Anpassungslernen, reagieren die Organisationsmitglieder auf Abweichungen von der herrschenden Handlungstheorie (‚theory-in-use') durch die Korrektur von ‚Fehlern', um das bestehende System zu erhalten. Beim Double-Loop- oder Veränderungslernen werden die bekannten Organisationsziele und Handlungsmuster selbst in Frage gestellt und bei Bedarf verändert. Auf der höchsten Lernstufe, dem so genannten Deutero- (Lernen zweiter Ordnung) oder Prozesslernen – reflektieren die Organisationsmitglieder Erfolge bzw. Misserfolge der bisherigen Lernmuster. Der Lernprozess selbst wird zum Lerngegenstand. Charakteristisch für lernende Organisationen ist, dass ihre Mitglieder nach den beiden höheren Lernstufen lernen.

Aufbauend auf den systemtheoretischen Erkenntnissen basiert die lernende Organisation auf der Selbstabstimmungs- und Selbstverknüpfungskompetenz der Mitglieder, denen dazu die entsprechenden Handlungsmöglichkeiten eingeräumt werden müssen (Schreyögg/Noss 1995: 180). Die Steuerung des Lernens in der Organisation erfolgt indirekt durch die Schaffung der Rahmenbedingungen, unter denen organisatorisches Lernen erfolgen kann. Starre Organisationsformen wie Hierarchien, Dienstwege und Abteilungsgrenzen werden ergänzt, überlagert, durchwirkt und abgelöst von flexiblen Kooperationsmustern, die sich dann oftmals als die eigentlich tragfähigen Strukturmuster erweisen (Arnold 1996: 82f.). Projekte werden zur typischen Form der temporären Zusammenarbeit (Peters 1993: 48f., 54f. u. 63). Im Zentrum stehen Initiativen, die dazu anregen und motivieren, Änderungen selbst zu initiieren (Schreyögg/Noss 1995: 181). Irritation wird zum zentralen didaktischen Prinzip:

> „Vertrautes muß verfremdet, angeblich Bewährtes in Frage gestellt und Überliefertes neu bedacht werden, wenn Systeme, die ja in mentalen Präsentationen ihrer Mitglieder wurzeln, wandlungsbereit und lernfähig bleiben sollen." (Arnold 1996: 86)

Voraussetzung dafür ist eine schonungslose, die Missstände zuspitzende, bisweilen sogar karikierende Ist-Analyse (Hablützel 1995a: 147). Nur wenn es einen ausreichenden Konsens hinsichtlich der Defizite des bestehenden Systems gibt, wird die Entwicklung von Alternativen möglich (Sheldon 1980: 66).

Zu ganz ähnlichen Ergebnissen kommt der seit Anfang der 1980er Jahre diskutierte Unternehmenskulturansatz. Während die Organisationskultur in der Systemtheorie als Systemgeschichte (Luhmann 1987: 118; Willke 1994: 14 u. 18), Tiefenstruktur (Willke 1994: 82 u. 111) bzw. Identität (Willke 1994: 14; 1997: 57; Luhmann 1990: 482f.) eine eher untergeordnete Rolle spielt, wird sie im Unternehmenskulturansatz in den Mittelpunkt der Betrachtung gestellt (Dülfer 1991). Hierbei wird teilweise die Meinung vertreten, dass Organisationen im Sinne einer Systemvariablen eine Kultur hätten, teilweise wird vertreten, dass die Unternehmenskultur die einzige organisatorische Variable zur Erklärung von Organisationen sei, Organisationen mithin Kulturen seien (Ebers 1985: 31). Der zweiten Denkweise anhängend bezeichnet Ulrich (1984: 307) die Unternehmenskultur als das „Nicht-Systemische" im Unternehmen.

Die Definitionen von Unternehmenskultur gehen in der Regel zurück auf die grundlegende Arbeit von Schein (1985), der ein Drei-Ebenen-Modell für die kulturellen Elemente einer Organisation entwickelt hat (ebd.: 13–21). In der untersten Ebene befinden sich die grundlegenden unausgesprochenen Annahmen (unbewusste, für selbstverständlich gehaltene Überzeugungen, Wahrnehmungen, Gedanken und Gefühle). Die mittlere Ebene wird von den öffentlich propagierten Werten (Strategien, Ziele, Philosophien) gebildet. In der obersten Ebene befinden sich die Artefakte und Symbole (sichtbare Organisationsstrukturen und -prozesse). Die wichtigste Aussage dieses Modells ist, dass man vor allem die unterste Ebene aufdecken und steuern muss, wenn man eine Unternehmenskultur verstehen bzw. verändern will. Unternehmenskultur kann demnach verstanden werden

> „als die Gesamtheit der im Unternehmen bewusst oder unbewusst kultivierten, symbolisch oder sprachlich tradierten Wissensvorräte und Hintergrundüberzeugungen, Denkmuster und Weltinterpretationen, Wertvorstellungen und Verhaltensnormen, die im Laufe der erfahrungsreichen Bewältigung der Anforderungen der unternehmerischen Erfolgssicherung nach außen und der sozialen Integration nach innen entwickelt worden sind und im Denken, Sprechen und Handeln der Unternehmungsangehörigen regelmäßig zum Ausdruck kommen." (Ulrich 1984: 312)

Dieses *weiche* Fundament erfolgreicher Unternehmensführung wird immer dann problematisch, wenn die „Identitäts-, Sinn-, Konsensstiftungs-, Handlungsorientierungs- und Lernpotentiale" einer Unternehmenskultur zu einem „spürbar erfolgshemmenden oder gar existenzgefährdenden Faktor" werden (ebd.: 314). Lorsch (1986: 100) spricht von der Unternehmenskultur als der „unsichtbaren Barriere für strategische Veränderung". Die negativen Effekte der Unternehmenskultur zeigen sich am deutlichsten, wenn diese besonders stark ausgeprägt ist,

> „d.h. wenn sie (1) ein sehr prägnantes Orientierungsmuster mit klaren Handlungsanweisungen beinhaltet, (2) von vielen Organisationsmitgliedern geteilt wird und (3) zum Gegenstand tiefer Überzeugungen geworden ist." (Schreyögg 1991: 204)

Nach Shrivastava (1985: 106–108) ist der Entscheidungsprozess starker Unternehmenskulturen gekennzeichnet durch eine konservative Problemformulierung (Vereinfachung, Verzerrung), eine zu frühe konsensfähige Situationsbeschreibung (Gruppendenken, einheitliche Wahrnehmung), eine Beschränkung der Alternativenauswahl (eingegrenztes Suchfeld, Einseitigkeit) und eine Alternativenauswahl nach bekannten Mustern (Tradition, Widerstände gegen Wandel). Kets de Vries/Miller (1986: 268ff.) identifizierten fünf Kulturtypen, von denen „die Zwanghafte" recht gut die Verhältnisse in der öffentlichen Verwaltung beschreibt: *Charakteristika:* Perfektionismus und Detailbesessenheit; alles muss seine Ordnung haben; die schlimmste Bedrohung geht vom Chaos aus; Beziehungen werden nach Überlegenheit oder Unterlegenheit geordnet; Überraschungen sollen um jeden Preis vermieden werden; nichts darf dem Zufall überlassen sein; alles wird vorbedacht und geregelt; Emotionen sind völlig unerwünscht. *Leitmotiv der Unternehmensspitze:* Ich möchte nicht von irgendwelchen Zufällen abhängig sein; ich muss mein ganzes Umfeld unter Kontrolle haben. *Gefahren:* Stures Festhalten am einmal beschlossenen Plan; Regelfetischismus; Tendenz zum geschlossenen System; Initiativen werden abgeblockt; der Kommunikationsfluss ist streng hierarchisch; Innovationen stören, weil sie Unordnung bringen; die Strategie von gestern wird perfektioniert, die Strategie von morgen gar nicht ventiliert (Schreyögg 1991: 206).

Die Veränderung einer Unternehmenskultur gilt verbreitet als äußerst schwierig. Als veränderungshemmende Faktoren werden die tiefe Verankerung der Unternehmenskultur im menschlichen Unterbewusstsein, die angstreduzierende Funktion der Unternehmenskultur[29] (Veränderung wird als Bedrohung aufgefasst), der mit dem Kulturwandel verknüpfte Machtwandel und die hohe Komplexität der historisch ungeordnet gewachsenen Unternehmenskultur genannt (ebd.: 208–210). Geplante Kulturveränderungen sind deshalb als langfristige offene Prozesse auszulegen, die sich nur gemeinsam mit den Organisationsmitgliedern vollziehen lassen. Der erste und wichtigste Schritt ist die Beschreibung und die Bewusstmachung der bestehenden Kultur (ebd.: 211; Shrivastava 1985: 108; Lorsch 1986: 104). Wird das Selbstverständliche zum Gegenstand der Reflexion gemacht, wird es damit zwangsläufig seiner Selbstverständlichkeit be-

29 Siehe dazu auch oben zur Reduktion der Komplexität von Systemen.

raubt und bringt automatisch eine Veränderung mit sich (Schreyögg 1991: 203). Hierzu ist eine umfangreiche Deutungsleistung zu erbringen, die ihrerseits nur vor dem Hintergrund einer übergreifenden Deutungstheorie möglich wird (ebd.: 211; Arnold 1985: 11–99; 1996: 77f.; Dybowski/Thomssen 1982: 51–87). An dieser Stelle lässt sich erneut ein Bogen zu Max Weber spannen, der wohl als erster die Kategorie der ‚Deutungsschemata' verwendet hat.[30] Deutungsmuster sind als Produkte von geschichtlichen Prozessen kollektiv verfügbar, sie haben teilweise allgemeine Geltung und sind gleichsam Bestandteile des herrschenden Bewusstseins (Thomssen 1980: 359f.). Dem liegt die Vorstellung zugrunde, dass das Bewusstsein zwar nicht unabhängig von den objektiven gesellschaftlichen Bedingungen ist, sich aber gegenüber diesen verselbstständigt und eine eigene Logik ausbildet, die als ‚relative Autonomie' bestimmt werden kann.

> „Indem das Bewußtsein gesellschaftliche Realität wahrnimmt und verarbeitet, entwickelt es Interpretationen und Regeln der inneren Stimmigkeit dieser Interpretationen, die, nachdem sie sich zu Deutungsmustern verfestigt haben, neue Erfahrungen wiederum aufnehmen und auf objektive Handlungsprobleme antworten. [...] Bedingt durch ihre relative Autonomie verfügen kollektive Deutungsmuster über eine ausgeprägte Stabilität." (Ebd.: 359f.)

Im Zuge der Kulturentwicklung müssen Anstöße für eine Kurskorrektur gegeben werden. Hierzu zählt auch die Aufforderung von Nystrom/Starbuck (1984: 55 u. 57ff.) zum „Entlernen". Danach sind überholte Überzeugungen, Wahrnehmungen und Werte der Führungskräfte für viele Firmenkrisen und Firmenpleiten verantwortlich. Als eine effektive und praktizierte Methode des Entlernens wird der Austausch des Managements bezeichnet. Eine schonendere Methode des Entlernens ist das kontinuierliche Entlernen mit den Bausteinen

(1) Ernstnehmen von „Quenglern",
(2) Chancen erkennen und ausnutzen und
(3) Zulassen von Experimentieren (ebd.: 59ff.).

In gleicher Richtung argumentiert Simon (1997: 156): „Wo Wissen bewahrt wird, wird lernen verhindert". Danach macht Wissen dumm oder zumindest lernbehindert. Der Schlüssel zum Lernen liegt folglich darin, die Idee aufzugeben, zu wissen (ebd.: 158).

---

30 In *Die Protestantische Ethik und der Geist des Kapitalismus* stellt Weber dar, wie aus zunächst einzelnen religiösen Vorstellungen und deren Wandlungen und Verknüpfungen ein kollektives, universell geltendes Deutungsmuster entsteht (Thomssen 1980: 361). „Damit jene der Eigenart des Kapitalismus angepasste Art der Lebensführung und Berufsauffassung ‚ausgelesen' d.h.: über andere den Sieg davontragen konnte, musste sie offenbar zunächst entstanden sein, und zwar nicht in einzelnen isolierten Individuen, sondern als eine Anschauungsweise, die von Menschengruppen getragen wurde." (Weber 1978: 37)

Ein weiterer Anstoß zu einem Kulturwandel wird in dem ‚Anbieten' einer Gegenkultur gesehen (Martin/Siehl 1983: 54). Für die herrschende Kultur hat dies den Vorteil, dass ein gesicherter Raum für die Entwicklung von innovativen Ideen geschaffen wird (ebd.: 63). Dabei kommt es vor allem darauf an, die Bereitschaft zum Experimentieren zu fördern. March/Olsen (1976: 69–81) schlagen hierzu die Ergänzung der vernunftsbasierten Entscheidungsfindung durch eine ‚technology of foolishness' vor. Experimentieren setzt demnach Spielfreude voraus, die in einer Organisation gefördert werden kann, wenn man Ziele als Hypothesen, Intuition als Realität, Vorurteile als Möglichkeit, Gedächtnis als Feind und Erfahrung als Theorie zulässt (ebd.: 78f.). Das Experimentieren hat aber zwei wesentliche Voraussetzungen: die Bereitschaft, Risiken einzugehen und die Bereitschaft, das Experiment fortzusetzen, auch wenn erste Erfahrungen negativ sind (Berger/Bernhard-Mehlich 2001: 156). Der neue Kurs muss also mit einiger Entschiedenheit eingeschlagen werden. In Kuhns Systematik des Paradigmenwechsels ist die zeitweise Überlappung des alten mit dem neuen Modell eine von drei Möglichkeiten.[31] Reichard (1996a: 34) hält mehrere miteinander konkurrierende Paradigmen in der Verwaltung für möglich. Dies sind neben dem tradierten Bürokratiemodell vor allem das Unternehmensmodell (Neues Steuerungsmodell der KGSt) und das Policy-Modell (in den Politikprozess eingebundene, offene und interaktive Verwaltung). Der Frage, ob sich aktuell in der deutschen Verwaltungskultur ein Paradigmenwechsel vollzieht, werden wir in Kapitel 8 dieses Buches nachgehen.

Als besonders wirksame Maßnahme zur Unterstützung der kulturellen Veränderung wird das Vorleben der neuen Arbeits- und Verhaltensweisen durch die Führungskräfte gesehen (Stichwort: ‚walk your talk') (Speier-Werner 2006: 159; Sackmann/Bertelsmann Stiftung 2004: 37 u. 211; Sackmann 2002: 202; Grüning 2000: 376).

> „Vertrauen und Glaubwürdigkeit entscheiden letztlich darüber, ob Menschen bereit sind, sich mit jemandem auf einen unsicheren Weg zu begeben. Vertrauen setzt Vorbild, Offenheit und Ehrlichkeit sowie Glauben an die Entwicklungsfähigkeit der Mitarbeiter voraus." (Kobi 1996: 26)

Die verschiedenen theoretischen Ansätze führen hinsichtlich des Wandels von Organisationen also zu sehr ähnlichen Erkenntnissen. Systeme und Kulturen verfügen über ein erstaunliches Beharrungsvermögen, dem nur mit Beharrlichkeit begegnet werden kann. Voraussetzung für Wandel ist die kompromisslose Kritik des bestehenden Systems und die Reflexion der eigenen Einstellungen und Handlungsmuster. „Die Bereitschaft sich selbst in Frage zu stellen, steht am

---

31 Sheldon 1980: 66. Die beiden anderen Möglichkeiten sind (1) das Ersetzen eines bereits toten alten Paradigmas durch ein neues und (2) ein Supraparadigma, welches ein altes noch lebendes Paradigma schlagartig durch ein neues ersetzt.

Anfang jedes Wandels“ (ebd.: 45) oder wie es Meixner (2000: 220) ausdrückt, ist hier einige „unbequeme Gedankenarbeit“ zu leisten. Solange aber in Führungskräfte-Fortbildungen systematische Kritik unterdrückt und die Teilnehmer stattdessen auf eine „Wir sind gut und die Richtigen fürs Geschäft“-Haltung eingeschworen werden, wird sich die gewünschte Veränderung „in den Köpfen“ (Reichard 1996a: 66) der Mitarbeiter wohl nicht einstellen.

Die Folgen bürokratischer Organisation werden verbreitet in den Themen

(1) Leistungsschwäche (Unwirtschaftlichkeit),
(2) Kosten und
(3) Macht

diskutiert. Dabei stellt die Notwendigkeit zu wirtschaftlichem Handeln keine neue Anforderung an die öffentliche Verwaltung dar. Der Grundsatz der Wirtschaftlichkeit und Sparsamkeit ist sowohl verfassungsrechtlich[32] als auch einfachgesetzlich[33] verankert. Der Grundsatz der Wirtschaftlichkeit wird in Ziffer 1 der vorläufigen Verwaltungsvorschrift[34] zu § 7 BHO definiert mit der günstigsten Relation zwischen dem verfolgten Zweck (Ergebnis) und den einzusetzenden Mitteln (Ressourcen). Die Verwaltungsvorschrift nennt zwei Möglichkeiten, wie diese günstigste Relation erreicht werden kann. Entweder soll mit einem vorgegebenen Einsatz von Mitteln ein maximales Ergebnis erzielt (Maximalprinzip oder Ergiebigkeitsprinzip) oder es soll ein vorgegebenes Ergebnis mit einem minimalen Mitteleinsatz (Minimalprinzip oder Sparsamkeitsprinzip) erreicht werden. Da die Aufgaben (Ergebnisse) im Haushaltsplan festgeschrieben werden, steht in der Verwaltungspraxis das Minimalprinzip im Vordergrund. Beide Prinzipien bringen die Effizienz des Verwaltungshandelns zum Ausdruck (Effizienz gleich Verhältnis von Ertrag zu Aufwand bzw. von Output zu Input).

Nach Ziffer 2.2 der vorläufigen Verwaltungsvorschrift sind alle Maßnahmen einer abschließenden Erfolgskontrolle und alle über mehr als zwei Jahre laufenden Maßnahmen einer begleitenden Erfolgskontrolle zu unterziehen. Bestandteile der Erfolgskontrolle sind eine Zielerreichungskontrolle, eine Wirkungskontrolle und eine Wirtschaftlichkeitskontrolle. Die Wirtschaftlichkeitskontrolle besteht aus den Komponenten Vollzugswirtschaftlichkeit (ob der Vollzug der Maßnahme im Hinblick auf den Ressourcenverbrauch wirtschaftlich war) und Maßnahmenwirtschaftlichkeit (ob die Maßnahme im Hinblick auf über-

---

32 „Der Bundesrechnungshof, dessen Mitglieder richterliche Unabhängigkeit besitzen, prüft die Rechnung sowie die Wirtschaftlichkeit und Ordnungsmäßigkeit der Haushalts- und Wirtschaftsführung.“ (Art. 114 Abs. 2 S. 1 GG)

33 „Bei Aufstellung und Ausführung des Haushaltsplans sind die Grundsätze der Wirtschaftlichkeit und Sparsamkeit zu beachten“ (§ 6 Abs. 1 HGrG und § 7 Abs. 1 Satz 1 BHO gleich lautend).

34 Rundschreiben des BMF vom 31.8.1995 – II A 3 – H 1005 – 21/95.

geordnete Zielsetzungen insgesamt wirtschaftlich war). Bei der Erfolgskontrolle steht also die Effektivität des Verwaltungshandels als Verhältnis von erzielten Wirkungen (Ist-Zielwirkungen) zu angestrebten Wirkungen (Soll-Zielwirkungen) im Vordergrund.

Ulrich (1995: 153) hat die Zusammenhänge in einem 3-E-Konzept zusammengefasst (siehe Abb. 2). Sparsamkeit ist hier definiert als Verhältnis von Ist-Aufwand zu Standardaufwand, wobei sich der Standardaufwand z.B. an Marktpreisen oder an den niedrigsten Kosten im Sinne eines Benchmarking orientieren kann.

Abb. 2: Das 3-E-Konzept der Aufgabenüberprüfung

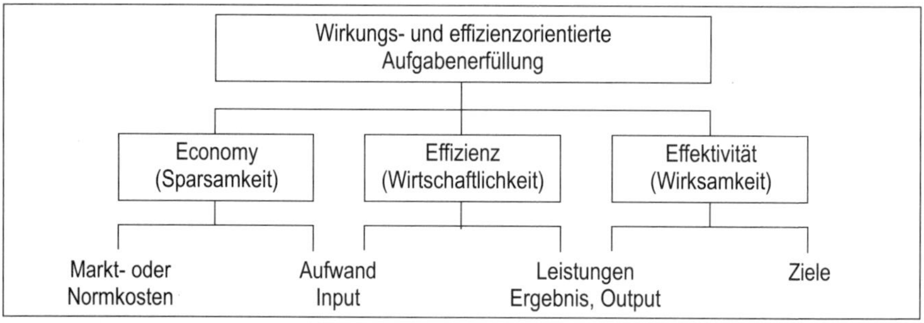

Quelle: nach Ulrich 1995:153

Nach der Formulierung in der Bundeshaushaltsordnung und den entsprechenden Haushaltsvorschriften der Länder sind die Bediensteten der öffentlichen Verwaltung verpflichtet, bei allen Verwaltungsmaßnahmen den Grundsatz der wirtschaftlichen und sparsamen Haushaltsführung zu *beachten.* Dabei bringt die Formulierung ‚beachten' zum Ausdruck, dass keine absolute Bindung an das Wirtschaftlichkeitsgebot besteht, es aber neben anderen Rechtsnormen berücksichtigt werden muss (Arnim 1988: 95). Ein Verstoß gegen das Wirtschaftlichkeitsprinzip wird wegen des weiten Beurteilungsspielraums hinsichtlich des unbestimmten Rechtsbegriffs der Wirtschaftlichkeit aber nur schwer zu führen sein (Dahm 2004: 37). Auch auf die Schwierigkeit der Messung von Effektivität und Effizienz des Verwaltungshandelns wird verbreitet hingewiesen (Ellwein 1994: 59–61; Timmermann 1995: 106; Mayntz 1997a: 131).

In der Praxis werden nur verhältnismäßig wenige Erfolgskontrollen durchgeführt (Bundesrechnungshof 1998: 22; 2007: 123). Dies liegt

(1) am fehlenden Datenmaterial, den fehlenden Vergleichszahlen und dem geringen Anreiz zum Kostensparen (z.B. weil die ersparten Mittel nicht in der sich sparsam verhaltenden Dienststelle verbleiben) (Dahm 2004: 41),

(2) am fehlenden Methodenwissen der im öffentlichen Dienst Beschäftigten (Bundesrechnungshof 2007: 127) und
(3) am fehlenden politischen Interesse an einer wirksamen Erfolgskontrolle (Mayntz 1997a: 131; Arnim 1988: 15).

Während also der Grundsatz der Gesetz- und Rechtmäßigkeit in der öffentlichen Verwaltung breiteste Anwendung erfährt, wird der Grundsatz der Wirtschaftlichkeit weniger konsequent verwirklicht (Eichhorn 1999: 117).

Als Erklärung für die Unwirtschaftlichkeit der öffentlichen Verwaltung im Vergleich zur Privatwirtschaft werden deren unterschiedliche Umwelten angeführt. Als unterscheidendes Kriterium zwischen öffentlicher Verwaltung und Privatwirtschaft gilt, „daß öffentlichen Unternehmen ihre Ziele nicht quasi-automatisch durch die Kräfte des Marktes, sondern im öffentlich-politischen Prozess vorgeschrieben werden" (Abromeit 1985: 290). Der fehlende Wettbewerb als „Motor für Innovation, Kreativität und gute Leistung" (Adamaschek 1999: 126) führt bei öffentlichen Dienstleistungen

(1) auf der Anbieterseite zu einer Unsicherheit über die Nachfrage (Kundenwünsche),
(2) zu einer Einschränkung des Kostenbewusstseins (Monopol) und
(3) häufig zu einer Unkenntnis der Produktionskosten als Folge der Entkopplung von Leistung und Gegenleistung (bei Finanzierung über Steuern).

Im öffentlich-rechtlichen Entscheidungsfindungsprozess wird die Rechtmäßigkeit des Vorgehens zudem höher veranschlagt, werden Werte wie Gleichbehandlung, des Ausgleichs und der Vermittlung stärker betont, gelten die öffentlichen Ziele als „komplexer, unbestimmter, intangibler, konfligierender" (König 2006: 32) und sind die möglichen Einflussnahmen von Wählern, Volksvertretern, organisierten Interessen und Medien größer im Vergleich zur Privatwirtschaft: „Zeithorizonte werden dort politischen Terminierungen angepasst" (ebd.: 31). Hinzu kommt, dass die öffentliche Verwaltung eher mit einem Mischkonzern als mit einem lediglich auf eine Produktfamilie ausgerichteten Unternehmen zu vergleichen ist, was zu der Notwendigkeit komplexerer Steuerungsmechanismen führt (Liesenfeld 2000: 82). Zusammenfassend kann man also zum Verhältnis zwischen öffentlicher Verwaltung und Privatwirtschaft mit Allisson (zitiert nach König 2006: 31) feststellen „Public and Private Management are fundamentally alike in all unimportant respects".

Für Luhmann (1960: 104) ist die Verschwendungssucht der öffentlichen Verwaltung in ihrer Organisation strukturell angelegt. Für ihn hat es deshalb keinen Sinn dem Prinzip der Wirtschaftlichkeit nach einer Theorie der einzig richtigen, besten Entscheidung zu folgen, sondern zu einer lebensnäheren Theorie der brauchbaren Entscheidungen überzugehen (ebd.: 105). Brauchbar ist danach jede Entscheidung, die bestimmten vorher aufgestellten Bedingungen genügt und damit eine gewisse Wunschschwelle überschreitet. Die Annahme des ersten brauchbaren Einfalls wird von Luhmann als zusätzliche Erleichterung akzeptiert (ebd.: 107). Auch im Falle mehrerer vorliegender brauchbarer Lösungen, hat die Anwendung der Theorie der brauchen Entscheidungen Vorteile:

> „Wenn die Brauchbarkeit feststeht, kann man sich getrost an fremden Verhaltenserwartungen oder an ideologischen Wertgesichtspunkten orientieren. Durch die vorweggenommene Brauchbarkeitskontrolle sind die Probleme des unsachlichen Einflusses auf die Verwaltung und der wahrheitsunfähigen Ideologie entschärft; kanalisierter Interessensdruck und gezähmter Idealismus stören die rationale Brauchbarkeit der Entscheidungen nicht mehr." (Ebd.: 108)

Luhmanns Analyse der Entscheidungsfindung im klassischen weberianischen Verwaltungssystem, die man auch als Polemik verstehen kann, beschreibt mit großer Nähe zur Realität die unzureichende fachliche und wirtschaftliche Fundierung vieler politisch-administrativer Entscheidungen. Sie blieb deshalb natürlich nicht unwidersprochen. Insbesondere gibt es zwischen der Theorie der einzig richtigen Entscheidung und der Theorie der brauchbaren Entscheidungen Varianten, die auch in der öffentlichen Verwaltung genutzt werden können:

> „Wirtschaftlichkeit verlangt vielmehr die Gewinnung brauchbarer Entscheidungen in dem Sinne, dass eindeutig unbrauchbare Entscheidungen, d.h. Entscheidungen, die eindeutig schlechter sind als andere, ausgeschieden werden. Lassen sich verschiedene Grade von Brauchbarkeit unterscheiden, so muß es aber – entgegen Luhmann – auch um die Ermittlung der relativ brauchbarsten gehen." (Arnim 1988: 46)

Edeling (2006: 67) beklagt, dass die bisherigen Leitbilder von Bedarfswirtschaft und politischer Zielfindung zunehmend abgelöst werden von der Orientierung an Markt und Wettbewerb und dem Bestreben sich von Politik und politischer Steuerung abzukoppeln. Von öffentlichen Unternehmen erwartet er, dass sie sich gerade nicht wie Unternehmen der Privatwirtschaft verhalten (ebd.: 65). Wirtschaftlichkeit sei deshalb als Formalziel öffentlichen Wirtschaftens nachrangig gegenüber den Sachzielen, nämlich der Erfüllung einer im politischen Prozess definierten öffentlichen Aufgabe (ebd.: 61). Aus den offensichtlichen Unterschieden zwischen öffentlicher Verwaltung und Privatwirtschaft, eine Nachrangigkeit des Wirtschaftlichkeitsziels in öffentlichen Verwaltungen abzuleiten, birgt aber die Gefahr des Missverständnisses, das wirtschaftliches Handeln in öffentlichen Verwaltungen weniger wichtig sein könnte als im privatwirtschaftlichen Bereich. Dies kann dann leicht als Ausrede für Unfähigkeit benutzt werden. Erkennt man Unwirtschaftlichkeit als wesentliches Problem der öffentlichen Verwaltung, scheint es passender zu sein, öffentliches Wirtschaften zu definieren als Erfüllung einer im politischen Prozess definierten öffentlichen Aufgabe, und dies mit möglichst hoher Wirtschaftlichkeit, d.h. effektiv und effizient.

Die Leistungsschwäche der Verwaltungen und damit die direkt durch unwirtschaftliches Verwaltungshandeln verursachten Kosten lassen sich nur schwer quantifizieren. Für Ellwein (1994: 61) ist auch die Summierung aller Eindrücke, die auf mangelnde Leistungsfähigkeit der öffentlichen Verwaltung verweisen, noch kein Beweis für deren Leistungsschwäche. Die Anzahl der Beweise nimmt allerdings stetig zu und stammt vor allem aus öffentlichen Leistungsbereichen, die mittlerweile dem Wettbewerb ausgesetzt wurden (Stromversorgung, Telekommunikation, Post, Bahn) oder den Wettbewerb zumindest verspüren (Abfallentsorgung, Hoch- und Tiefbau, Grünflächenpflege, Stadtreinigung, Friedhöfe). Einen Eindruck über das Ausmaß von Unwirtschaftlichkeit und Verschwendung in der öffentlichen Verwaltung geben zudem die jährlichen Berichte der Rechnungshöfe.

Die absolute Höhe der durch Leistungsschwäche der öffentlichen Verwaltung verursachten Kosten lässt sich bei einem Bruttoinlandsprodukt von ca. 2,4 Billionen € (2009; www.economic-growth.eu/Seiten/AktuelleDaten/Daten2009.html) und einer Staatsquote[35] zwischen 45 und 50% (im vergangenen Jahrzehnt) nur erahnen. Die Schwankungen der Staatsquote sagen nur wenig über die Aufgabenverlagerung in den privaten Sektor aus, sondern sind vor allem auf die restriktive Personalpolitik von Bund, Ländern und Gemeinden (Stellenstreichungen, geringe Lohnsteigerungen, Kürzung von Sonderzahlungen) in Zeiten knapper Haushaltskassen bzw. auf milliardenschwere Konjunkturprogramme, Rettungspakete für Banken oder steigende Sozialausgaben in Zeiten der wirtschaftlichen Krise zurückzuführen. Im Vergleich zu Deutschland betrug die Staatsquote im Jahr 2004 in den USA etwa 35%, in Japan 38% und in Schweden 56,7% (höchster EU-Wert).

Einen besonderen Kostenaspekt stellt die Beamtenversorgung dar. Die Versorgungsausgaben sind von 4,5 Milliarden € im Jahr 1970 auf 22 Milliarden € im Jahr 2001 angestiegen und werden bei unverändertem Fortgang im Jahr 2040 rund 90 Milliarden € betragen (Regierungskommission 2003: 42). Ursache für diese Entwicklung ist die umfangreiche Einstellung von Beamten in den 1960er und 1970er Jahren. Durch die Schaffung von vermeintlich billigeren, nicht mit Sozialversicherungsbeiträgen behafteten Beamtenstellen ohne gleichzeitigen Aufbau von Rücklagen hat „die Politik einen nicht als solchen ausgewiesenen Kredit in Multimilliardenhöhe zu Lasten der nächsten Generationen aufgenommen, der nun zur Bedienung ansteht“ (ebd.: 43). Über die Höhe seiner Kosten wird der öffentliche Dienst in Deutschland damit tatsächlich zu einer finanziellen Bedrohung (Ellwein/Hesse 1997: 158).

---

35 Staatsquote = Anteil der staatlichen und staatlich bedingten wirtschaftlichen Aktivität an der wirtschaftlichen Gesamtleistung (Bruttoinlandsprodukt) einer Volkswirtschaft.

Dritte Folge des klassischen Verwaltungsmodells ist die von der Verwaltung ausgeübte Macht. Schon Max Weber wusste: „Der Fach-Geheimrat ist dem Nichtfachmann als Minister auf die Dauer meist überlegen in der Durchsetzung seines Willens“ (Weber 1980: 129). Neben der fachlichen Überlegenheit der Verwaltung gegenüber der Politik sind weitere Gründe für die erhebliche Machtfülle der Verwaltung, ihre vorbereitende Mitwirkung bei der Willensbildung (im Gegensatz zu ihrer eigentlichen Aufgabe des Vollzugs des politisch geprägten Willens) und die mangelnde Beaufsichtigung der Verwaltung durch die Politik (Ellwein 1994: 61f.). Weber stellte 1918 die Frage, wie bei der steigenden Machtstellung des staatlichen Beamtentums Demokratie überhaupt möglich sein wird (Weber 1918: 32). Dieses Problem scheint heute gelöst. Heute stellt sich vielmehr die Frage, wie viel „Unfähigkeit, Herrschsucht und übermäßige Kosten“ (Ellwein 1994: 63) wir gewillt sind, als Preis für die Demokratie zu bezahlen. Für Ellwein ist es eine „fatale Gewissheit“, dass wir „uns in Deutschland auch weiterhin eine Verwaltung leisten [werden], die wir uns nicht leisten können“ (ebd.: 121).

Im Ergebnis ist das herrschende von Max Weber geprägte Verwaltungsmodell für alle Beteiligten – Mitarbeiter, Vorgesetzte, öffentliche Arbeitgeber und Gesellschaft – unbefriedigend.[36] Entsprechend viele Bemühungen das System zu verbessern, hat es gegeben. Der „Dauerreflex der Verwaltungspraxis“, wie Mayntz (1997b: 65) die Verwaltungsreform nennt, hat eine Vielzahl von Vorschlägen für eine Verbesserung der Situation im öffentlichen Sektor hervorgebracht, die von Einzelmaßnahmen bis hin zu Konzepten für eine grundlegende Reform der öffentlichen Verwaltung reichen. Lösungen erhofft man sich vor allem von der Übernahme bewährter Managementmethoden aus dem privatwirtschaftlichen Sektor.

Bereits 1978 hat Mayntz (1997a: 120f.) das „professionell-teamartige Organisationsmodell“ als Alternative zum bürokratischen Verwaltungsmodell vorgeschlagen. Dieses aus dem industriellen Bereich abgeleitete Organisationsmodell berücksichtigt wesentliche Erkenntnisse der Organisationspsychologie und Motivationsforschung und enthält bereits viele für erfolgreiche Unternehmen charakteristische Elemente (z.B. Sackmann 2004). Insbesondere zeichnet sich das von Mayntz vorgeschlagene Organisationsmodell durch eine Zurücknahme (nicht Abschaffung) der Hierarchie und einen Wechsel vom autoritären zum kooperativ-delegierenden Führungsstil aus:

36 „Routineprogramme werden rational entworfen im Sinne spezifischer Funktionen für ein einziges System: die organisierte Verwaltung. Sie werden daher den Bedürfnissen anderer Systeme nicht gerecht, den Bedürfnissen der routinemäßig behandelten Umwelt ebenso wenig wie den persönlichen Bedürfnissen des Handelnden selbst.“ (Luhmann 1964: 29)

(1) Die Organisationsmitglieder sind nach Ausbildung und Orientierung professionelle Spezialisten, d.h. sie verfügen über umfassende Kenntnisse und komplexe Fertigkeiten auf ihrem Arbeitsgebiet und sind motiviert, von sich aus und ohne Zwang und Aufsicht zu arbeiten.
(2) Ein geringer Grad der Regelung lässt der persönlichen Verantwortung und damit auch der Initiative und Improvisation mehr Spielraum.
(3) Der Aufgaben- und Verantwortungsbereich einzelner Mitarbeiter wird nicht starr festgelegt; anfallende Aufgaben werden vielmehr zum Teil ad hoc auf die jeweils freien und kompetenten Mitarbeiter verteilt.
(4) Die Autoritäts-, Kommunikations- und Kontrollstruktur ist weniger hierarchisch als vielmehr netzartig. An die Stelle von Weisungen tritt die gegenseitige Beratung. Dabei wird die fachliche Autorität mehr betont als die Amtsautorität.

Die in den 1970er und 1980er Jahren entwickelten Managementansätze des privaten Sektors wie z.B. das *Lean-Management* oder das *Total-Quality-Management* haben zum Ziel, die Überlebensfähigkeit der Unternehmen in einer komplexeren und dynamischeren Umwelt durch eine Anpassung der Unternehmensprozesse, -strukturen und -kulturen zu sichern. Hierbei wurde die Organisation vieler Unternehmen in Richtung flachere Hierarchien, Dezentralisierung und Aktivierung von Mitarbeiterpotenzialen teilweise radikal umgestaltet. Im Einzelnen orientierten sich die modernen Managementkonzepte an folgenden Ideen:

(1) eigenverantwortliches, teilautonomes Handeln auf Basis von Zielvereinbarungen und Standards,
(2) strikte Ausrichtung auf Markt und Kunden,
(3) ständige Qualitätssicherung und -verbesserung,
(4) Mitarbeitereinbindung und Prozessorientierung,
(5) Konzentration auf den Wertschöpfungsprozess: daher hohe Priorität der Führung für die operative bzw. die wertschöpfende Ebene,
(6) ständiger, intensiver Verbesserungs- und Innovationsprozess, der sofortige Fehlerabstellung an der Wurzel anstrebt.

Diese Entwicklungstrends wurden 1982 von Peters/Waterman mit dem Bestseller *In Search of Excellence* einem breiteren Publikum zugänglich gemacht. Das Buch löste eine intensive Management-Debatte aus, die auf die Reform der öffentlichen Verwaltung ausstrahlte. Moderne Managementkonzepte wurden zu einem wesentlichen Bestandteil der im Aufbau befindlichen internationalen New-Public-Management-Bewegung (Kapitel 6). In den USA verlief diese Entwicklung unter einem erheblichen Kostendruck eher dezentral auf lokaler Ebene. Es wurden viele innovative Ideen für eine effizientere Aufgabenerfüllung, zur Erzielung zusätzlicher Einnahmen und zu einem generell verbesserten Manage-

Max Weber – Zweitens[37]

> Stets ist die Erlösung, die der Intellektuelle sucht, eine Erlösung von ‚innerer Not'... Der Intellektuelle sucht auf Wegen, deren Kasuistik ins Unendliche geht, seiner Lebensführung einen durchgehenden ‚Sinn' zu verleihen, also ‚Einheit' mit sich selbst, mit den Menschen, mit dem Kosmos.
> (Wirtschaft und Gesellschaft, 1980: 307f.)

Das Elternhaus Max Webers in Berlin-Charlottenburg war Treffpunkt der nationalliberalen und wissenschaftlichen Prominenz der Zeit. Die ‚Gesellschaft' präsentierte sich deshalb für Weber von Anfang an nicht als abstrakte Struktur, sondern ganz konkret als Geselligkeit (25). Während seines ersten Sommersemesters in Heidelberg tritt Weber der Burschenschaft der Alemannen bei, der bereits sein Vater angehört hatte. Als er gefragt wurde, wie er sich denn davor habe retten können, ins Bordell mitgeschleift zu werden, antwortete er: „Ich focht sie alle an die Wand und soff sie alle unter den Tisch" (70). Die Mensur hielt Weber bis zum Ende seines Lebens nicht für ein feudales Relikt, sondern für einen Brauch mit Zukunft (72). In Freiburg, seiner ersten Professorenstelle, erregt seine Trinkfestigkeit ebensoviel Erstaunen, wie seine wissenschaftlichen Leistungen (207). Die alkoholisierte Männergeselligkeit auch ohne tiefere Freundschaften war für Weber offenbar die lustvolle Situation schlechthin; die einzige, in der das Gefühl des Gehetztseins vom ihm verschwand (75). Seine übermäßige Arbeitswut war für Weber zudem eine Flucht vor der Depression. Weber als Workaholic und Alkoholiker. Zeitnot entsprach dem Zeitgeist. Die rasante Industrialisierung, der Triumph der Naturwissenschaften, die Geschwindigkeit der Fortbewegung und der Kommunikation führte zu einem neuen Lebensstil, der auf den altdeutschen von Gemütlichkeit geprägten Lebensstil traf (214). Das ‚nervöse Zeitalter' wurde zum geflügelten Wort. Nach Webers Zusammenbruch im Jahr 1898 diagnostizieren die Ärzte Neurasthenie, die damals als Epidemie der Zeit galt. Bei Weber äußert sich diese Krankheit in Schlaflosigkeit, Erregung, Unruhe sowie in Sprech- und Bewegungsstörungen. Vor allem die Sprechhemmung führte zum Rückzug Webers aus der Lehrtätigkeit und schließlich zur Aufgabe seiner Professur (261). Die Bekämpfung der Schlaflosigkeit mit den verschiedensten Mitteln von Brom über Trional und Veronal bis zu Opium und Heroin führte zur Tablettensucht (269). Im Zuge seiner verschiedenen Kuraufenthalte und Rei-

37 Radkau 2005, Einzelzitate mit Seitenzahl in Klammern.

sen nach Ausbruch der Krankheit versuchte insbesondere seine Frau Marianne, seine maßlosen Essgewohnheiten und seine chronische Bewegungsarmut zu korrigieren. Im Frühling der Jahre 1913 und 1914 reiste Weber allein auf den Monte Verità bei Ascona am Lago Maggiore. Hier versammelte sich die gesamte Lebensreformbewegung der Zeit: Edelanarchisten, Hungerapostel, Neoethiker, Neumystiker und Sexualasketen. Der Monte Verità als psychopathische Internationale (589). Ob Weber hier nur Ruhe und Erholung suchte oder hoffte, eine der ‚Zauberweiber' (591) für sich zu gewinnen, kann nicht mit Sicherheit gesagt werden. Die Hoffnung mag bei ihm bestanden haben, durch sexuelle Kontakte mit Frauen Erlösung von seiner abnormen sexuellen Veranlagung (209) zu erlangen, die in ehelicher Impotenz, nächtlichen Samenergüssen (273) und masochistischer Veranlagung (797) bestand und die ihn zum Sexualneurastheniker (299) machte. Die Ehe mit seiner Frau Marianne hat Weber nie vollzogen, was ihn aber nicht davon abhielt, in seinen späteren Jahren außereheliche Kontakte mit zwei Freundinnen der Familie einzugehen. Else von Richthofen-Jaffé, seine erste Studentin aus Freiburger und Heidelberger Zeiten, von seiner Frau liebevoll Spatz gerufen, während Marianne für Else zum Schnäuzel wird (485), scheint seine wahre Leidenschaft gewesen zu sein. Nach einer kurzen Episode im Oktober 1909 in Venedig (551) entwickelte sich zunächst eine siebenjährige Hassliebe (557), bis die beiden schließlich im Oktober 1917 endgültig ein Paar wurden (794). Else war zunächst mit Webers Bruder Alfred liiert (486), heiratete dann den vermögenden Edgar Jaffé (488), kam mit der erotischen Bewegung von Otto Groß in Kontakt, bekam von diesem Guru der freien Liebe ein Kind (488), worüber die Ehe mit Edgar Jaffé zerbrach, um dann ab 1910 und wieder nach Max Webers Tod mit Alfred eine Dauerbeziehung zu führen. Max Weber selbst tröstete sich ab 1912 mit der Pianistin Mina Tobler, die bereits 1909 in den Weber-Kreis eingeführt wurde und die er nach einem zeitweiligen Doppel- und Dreifachspiel im April 1919 zugunsten von Else aufgab. Ganz in Übereinstimmung mit Wirtschaft und Gesellschaft (dort S. 402) wird Mina zur legitimen Nebenfrau (568). Wenn ‚Tobelchen' Klavier spielte, saßen Max und Marianne Hand in Hand auf dem Sofa (568). Weber, der in der Öffentlichkeit als Vorbild an Aufrichtigkeit und Ehrlichkeit galt (738), sagte von sich selbst:

> „Aber ich bin, nach genauer Prüfung weder antireligiös noch irreligiös. Ich empfinde mich auch in dieser Hinsicht als einen Krüppel, als einen verstümmelten Menschen, dessen inneres Schicksal es ist, sich dies ehrlich eingestehen zu müssen" (807).

ment entwickelt (Budäus/Grüning 1998: 6), die 1992 in einem weiteren amerikanischen Bestseller von Osborne/Gaebler *(Reinventing Government)* verarbeitet wurden. In dem Buch werden zehn Grundprinzipien für eine moderne Verwaltung entwickelt, die Reichard (1996a: 36) in den folgenden vier Elementen zusammenfasst:

1. Die Verwaltung ist katalytisch, indem sie Rahmenbedingungen schafft, die Leistungserstellung an die Bürger gewährleistet, Dritte in den Leistungsprozess einbezieht und sich auf die Steuerung konzentriert („steuern statt rudern").
2. Sie ist wettbewerbsorientiert, indem sie verwaltungsinternen Wettbewerb, Wettbewerb mit anderen Verwaltungen und Wettbewerb mit privatwirtschaftlichen Konkurrenten fördert und sucht.
3. Sie ist ziel- und ergebnisorientiert, indem sie die Leistungsprozesse über Ziele, Ergebnisvorgaben, Budgets und ein funktionierendes Controlling steuert.
4. Sie ist kunden- und bürgerorientiert, indem sie seine Handlungen und Strukturen konsequent auf den Bürger und dessen Bedürfnisse ausrichtet und eine hohe Leistungsqualität anstrebt.

Das von Reichard skizzierte neue Verwaltungsleitbild findet sich in dem von der Kommunalen Gemeinschaftsstelle für Verwaltungsmanagement in Köln (KGSt)[38] entwickelten Neuen Steuerungsmodell wieder, welches als deutsche Ausprägung des New Public Management gilt. Ob das Neue Steuerungsmodell zu dem verbreitet geforderten Paradigmenwechsel vom Bürokratiemodell hin zu einem modernen Managementmodell führt, ist Gegenstand des sechsten Kapitels.

38 Von Städten, Gemeinden und Kreisen gemeinsam getragenes Entwicklungszentrum für das kommunale Management.

4. Arbeiten in der öffentlichen Verwaltung

Zwischen Anpassung und innerer Kündigung

Max Weber hat leider kein kollektives Deutungsmuster für die Beamten bzw. die Verwaltungsmitarbeiter hinterlassen. Bekannt ist nur, dass er von dem durchschnittlichen Beamten wohl nicht allzu viel gehalten hat:

> „... noch fürchterlicher ist der Gedanke, dass die Welt mit nichts als jenen Rädchen, also mit lauter Menschen angefüllt sein soll, die an einem kleinen Pöstchen kleben und nach einem etwas größeren Pöstchen streben." (Radkau 2005: 505)

Ellwein/Hesse (1997: 156) karikieren den Verwaltungsmitarbeiter als einen jungen Menschen, der nach seiner Ausbildung in den Dienst einer Stadt tritt,

> „um dort in einem Amt so seßhaft zu werden, daß er auf dieses Amt hin seine Berufslaufbahn plant, was dann zwar relative Tüchtigkeit, aber auch das Festhalten an den von den karriereentscheidenden Vorgesetzten geprägten Verhaltensmustern und Amtsgewohnheiten ebenso erfordert wie möglichst konfliktfreie Umweltbeziehungen." (Ähnlich Scott 1971: 212)

Die Folgen davon beschreibt Thompson (1971: 223) drastisch so: „Folglich sind Arschkriecherei, Heuchelei und unangebrachte Persönlichkeitsbetonung in modernen Bürokratien heimisch."

Merton (1971: 269) weist ergänzend auf die strukturellen Gründe für die Überkonformität der Verwaltungsmitarbeiter hin, die er vor allem in der von der Bürokratie geforderten Regeltreue erkennt, die von den Mitarbeitern in absolute Werte umgeformt wird und so eine rasche Anpassung an Veränderungen verhindert.

Im Selbstverständnis der Verwaltungsmitarbeiter ist auch heute noch das Berufsethos der Beamten spürbar, wie es sich gemeinsam mit der preußischen Zentralverwaltung im 18. und 19. Jahrhundert entwickelt hat. Dieses basiert auf einem besonderen Dienst- und Treueverhältnis gegenüber dem Dienstherren, welches auf der einen Seite durch besondere Rechte und Privilegien (Lebensstellung, Versorgung in Alter und Krankheit) und auf der anderen Seite durch bestimmte Pflichten (Treue, Loyalität, vorbildlicher Lebenswandel) zum Ausdruck kommt. Diese Pflichten können zum Kern eines besonderen Ethos werden, so dass sie nicht mehr als aufgezwungene Zumutung, sondern als positiver Bestandteil der eigenen sozialen Identität wahrgenommen werden (Mayntz 1997a: 135). Durch die zunehmende Beschäftigung von Angestellten (mit Verwaltungsausbildung) und von Spezialisten (u.a. Ingenieure, Landschaftsplaner, Betriebswirte) weicht das Beamten-Berufsethos zunehmend auf. Dies wird zum

Beispiel deutlich, wenn man die Einstellungen älterer und jüngerer Verwaltungsmitarbeiter miteinander vergleicht (Luhmann/Mayntz 1973: 339–343). Hierbei zeigt sich zum einen eine Verschiebung des Selbstverständnisses der Verwaltungsmitarbeiter vom Staatsdiener zum Bürgeranwalt und zum anderen eine Stärkung des Arbeitnehmerbewusstseins verbunden mit der Abkehr von der Vorstellung eines besonderen Dienst- und Treueverhältnisses. Auch konnten zwischen Beamten und Angestellten weder ein verschiedenes Berufsethos noch signifikant unterschiedliche Einstellungen festgestellt werden (Ellwein/Zoll 1973: 157–176 u. 202–204). Der Wandel des Berufsethos ist ein Prozess, durch den im Laufe der Zeit die Vertreter des traditionellen Beamtenethos abnehmen. Dies bedeutet aber auch, dass das Berufsverständnis im öffentlichen Dienst nicht homogen ist.

> „Man findet wohl alles vor – Beamte also, die sich eher als Mitarbeiter, eher als Gesetzesdiener oder eher als Untergebene fühlen und benehmen, Beamte auch, die nur zögernd, und solche, die recht entschlossen den ihnen zugebilligten Spielraum nutzen, und Behörden, in denen es eher kooperativ zugeht und solche, denen man einen straffen Führungsstil nachsagt, dies alles ohne nennenswerte Unterschiede zwischen oben und unten.“ (Ellwein 1977: 376f.)

Von erheblicher Bedeutung für das Betriebsklima in öffentlichen Verwaltungen sind die selbstselektiven Tendenzen bei der Berufswahl junger Menschen. Selbstselektion bedeutet, dass sich Personen mit bestimmten Neigungen und Ansichten bei der Berufswahl zu bestimmten Berufen, Organisationen, Tätigkeiten oder Arbeitsbedingungen hingezogen fühlen. Eine empirische Untersuchung von Luhmann/Mayntz (1973) ergab, dass die Befragten von einer Anstellung in der öffentlichen Verwaltung im Vergleich zur Privatwirtschaft geringere Mitbestimmungsmöglichkeiten, geringere Anforderungen, ein routinemäßiges Arbeiten nach Schema F und schlechtere Verdienstmöglichkeiten erwarten. Diese Arbeitsbedingungen wirken auf diejenigen anziehend, die großen Wert auf Sicherheit, eine geordnete Tätigkeit und geregelte Arbeitszeit legen, während sich vor allem diejenigen davon abgestoßen fühlen, die gerne selbstständig arbeiten (ebd.: 56, 77–81). Eine Tätigkeit in der öffentlichen Verwaltung ist zudem für einen Menschentyp mit ganz bestimmten Persönlichkeitsmerkmalen interessant, wie aus standardisierten psychologischen Tests bekannt ist (ebd.: 38–49).

> „Eine berufliche Karriere ohne Risiko und ohne besondere Anforderungen an die persönliche Leistungsfähigkeit bei einem gleichzeitigen Höchstmaß an materieller und beruflicher Sicherheit wirkt anziehend auf einen Personentypus, der wenig Risikofreude besitzt, eher als andere zu Dogmatismus und Rigidität neigt, mit unsicheren und mehrdeutigen Situationen nicht gut fertig wird und die Gründe für Erfolg oder Mißerfolg lieber in äußeren Umständen als bei sich selbst sucht.“ (Mayntz 1997a: 161)

Gleichzeitig ist dieser Typus durchaus leistungsorientiert, woraus sich ein erhebliches Potenzial für Reformprozesse in Verwaltungen ableiten lässt.

Nagel (2001: 73) weist darauf hin, dass Personen, die aus Sicherheitsbedürfnissen in eine Organisation eintreten, sich vermutlich schnell an bestehende Abläufe und (Verhaltens-)Regeln anpassen und kaum Impulse für Veränderungen geben, da sonst das Sicherheit spendende Regelgefüge dieser Personen in Frage gestellt würde. Hierarchie, Regelungsdichte und Zuständigkeiten in der öffentlichen Verwaltung fordern von den Neueinsteigern ein rasches Lernen im Sinne von Anpassungslernen und schließen ein Reflektieren und sich Infragestellen weitgehend aus (ebd.). Mitarbeiter finden für ein Mehr an Verantwortung oder ein Mehr an Engagement und Leistung in der öffentlichen Verwaltung häufig keine soziale oder finanzielle Anerkennung; sie stoßen eher noch auf mangelnde Akzeptanz bei Kollegen und Vorgesetzten (Winter 2005: Gliederungspunkt 4.8). Daraus entsteht ein Anpassungsdruck, der die systemstabilisierende Reproduktion der tradierten Muster fördert:

> „Selbst höhere Beamte, die aus der Privatwirtschaft als Quereinsteiger mit der ausdrücklichen Absicht rekrutiert wurden, die Verwaltungsorganisation ‚in Schwung zu bringen', wehren sich nur zu Beginn gegen die demotivierende Langsamkeit und Schwerfälligkeit ihres organisatorischen Umfeldes. Auch sie werden mit der Zeit von der Rigidität des Systems erfasst. Denn sonst laufen sie Gefahr als permanente Störer und Unruhestifter aufzufallen, gegen die sich das System subtil oder offen zur Wehr setzt." (Nagel 2001: 73)

Dazu erzählen Unternehmensberater gerne die folgende Geschichte:

> „Forscher führen mit zehn Schimpansen, die in einem Käfig sitzen, ein Experiment durch. In der Mitte des Käfigs befindet sich eine Leiter. Am oberen Ende der Leiter wird eine Banane befestigt. Klettert nun ein Schimpanse hinauf, um die Banane zu holen, werden alle Schimpansen, also nicht nur der hinaufkletternde, mit einem starken Wasserstrahl nass gespritzt. Dies führt nach mehrmaliger Wiederholung dazu, dass kein Schimpanse mehr den Versuch startet, die Banane zu holen. Nun wird einer der zehn Schimpansen durch einen neuen Schimpansen ausgetauscht. Als nun am oberen Ende der Leiter wieder eine Banane befestigt wird, versucht der ‚neue' Schimpanse die Banane herunterzuholen. Daran wird er allerdings von den anderen neun Schimpansen mit großem Getöse gehindert, da diese nicht nass gespritzt werden wollen. So werden der Reihe nach alle ‚alten' Schimpansen gegen ‚neue' Schimpansen ausgetauscht. Alle ‚neuen' Schimpansen werden jeweils kräftig verprügelt, wenn sie versuchen, die Banane von der Leiter zu holen. Zum Schluss befinden sich nur noch ‚neue' Schimpansen im Käfig, die niemals nass gespritzt wurden, aber keinen Versuch mehr unternehmen, an die leckere Banane zu kommen."

Die Selbstwahrnehmung der in der öffentlichen Verwaltung Beschäftigten, ihre Alltagsrealität sowie ihre Anliegen, Wertungen und Deutungen wurden Ende der

1990er Jahre im Rahmen einer organisationskulturellen Untersuchung in der Schweizer Bundesverwaltung erfragt. Die folgende Ergebnisdarstellung wurde ausschnittweise der Dissertation von Erik Nagel (2001: 68–72) entnommen.

Danach ist die starke Regelbindung ihrer Arbeit das herausragende Thema der Angestellten der Bundesverwaltung. Als oberstes Primat gilt die Richtigkeit staatlichen Handelns, weshalb sich die Verwaltungsangestellten zu ‚höchstdetaillierten' und möglichst ‚vollständigen' Prüfungen und korrekter Regelanwendung verpflichtet sehen. Eine sinngemäße Interpretation und damit selektivere Anwendung von Regeln läuft Gefahr, dem ursprünglichen Qualitätsmerkmal der Rechtsgleichheit und Rechtssicherheit staatlichen Handelns nicht mehr zu entsprechen. Der Angestellte legitimiert sein Handeln mit der korrekten Anwendung einer Regel und nicht mit der zufriedenstellenden Lösung eines Problems, dem Erreichen von Leistungszielen oder der Entwicklung der eigenen Potenziale. Die Richtigkeit des Handelns wird vor allem dadurch sichergestellt, dass die formal vorgeschriebenen Kommunikationswege unbedingt eingehalten werden. Als Qualitätskriterium für das Verwaltungshandeln gilt aus Sicht der Verwaltungsangestellten die ‚fehlerfreie' Regelanwendung. ‚Richtiges Handeln' wird durch die Regeln abschließend definiert. Die Fokussierung auf die Fehlervermeidung schlägt sich generell im Tätigkeitsvollzug nieder und geht sogar so weit, dass die Führung sich als zuständig für die Einhaltung orthographischer oder grammatikalischer Regeln sieht. Vorrangig muss sich der Angestellte am Gegebenen und an den vorgegebenen Handlungskorridoren orientieren und nicht an dem, was möglich wäre und anders gemacht werden könnte. Spielräume werden damit als Quelle möglicher Fehler interpretiert, die das Risiko der Sanktion nach sich ziehen, oder stellen einen Unruheherd und eine Störung des geordneten Vollzugs dar. Dadurch, dass Fehler ‚auf dem Dienstweg' sanktioniert werden und Vorgesetzte für die Fehler ihrer Untergebenen zur Rechenschaft gezogen werden, versucht die Führung, möglichst alles ‚im Griff' zu haben und wirkt so der Eigen- und Selbstständigkeit der Mitarbeiter entgegen. Der Mitarbeiter sieht sich selbst nicht verantwortlich für den fehlerfreien Vollzug, denn erstens hat er die Vorgaben nicht formuliert und zweitens ist ja sein Vorgesetzter für die Richtigkeitsprüfung zuständig. Auch der Vorgesetzte ist in das Regelsystem eingebunden und legitimiert sich, indem er Bezug nimmt auf ein fest etabliertes Regelwerk und damit nicht ‚persönlich' die Verantwortung übernimmt. Die Führungskräfte sind aus Sicht der Mitarbeiter nur formal, über ihre hierarchische Position, aber nicht durch ihre tatsächlich erbrachte fachliche oder soziale Führungsleistung legitimiert, denn sie werden nicht als Unterstützung im alltäglichen Problemlösungsprozess erlebt. Die formale Organisationswirklichkeit scheint von der informalen, persönlichen Beziehungswelt entkoppelt. Dies lässt sich vor dem Hintergrund der weitgehenden Entpersönlichung der Bürokratie verstehen, die angestrebt wurde, um individuelle oder gar staatliche Willkür und Machtmissbrauch zu vermeiden. Jedoch prägen nicht nur die formalen Aspekte das Beziehungsgefüge, sondern auch ganz ausgeprägt informale Kräfte. Führungsbeziehungen werden als stark asymmetrisch erlebt. Der Mitarbeiter räumt sich keinerlei Einfluss auf den unnahbaren und machtvollen Vorgesetzten ein. Die ausgeprägt formale Strukturierung der Führungsbeziehungen kommt beispielsweise dadurch zum Ausdruck, dass hierarchische Positionsbezeichnungen kultiviert werden. Die Mitarbeiter der öffentlichen Verwaltung arbeiten für ihre Vorgesetzten, welche die Verantwortung für die fehlerfreie Anwendung des komplexen, gültigen Regelwerks tragen. Und sie arbeiten indirekt für die Politiker, die ihnen Aufträge in Form von Gesetzen erteilen, aber im Übrigen von Einmischungen abgehalten werden müssen. In der Beziehung zu den Bürgern geht es nicht darum, auf die individuellen und spezifischen Anliegen einzugehen wie gegenüber Kunden. Der fachlich ignorante Bürger muss vielmehr beruhigt oder gar beschwichtigt werden, so dass er nicht versucht, über den Weg der Politik gegen die Verwaltung vorzugehen, und dann erneut ‚bearbeitet' werden muss.

Wie das Beispiel der Schweizer Bundesverwaltung zeigt, hat sich die Verwaltungskultur in den vergangenen 30 bis 40 Jahren offenbar nur wenig verändert. Es wird vielmehr ein kollektives Deutungsmuster erkennbar, welches in wesentlichen Zügen auch auf die Beamten zu Max Webers Lebzeiten zugetroffen haben dürfte.

In der Alltagsrealität der Schweizer Bundesbediensteten spielen neben der Regelorientierung Aspekte der Führung eine zentrale Rolle. Führungsdefizite in den öffentlichen Verwaltungen werden mittlerweile als ein wesentlicher Grund für die stockende Umsetzung des Neuen Steuerungsmodells angesehen (Banner 2006: 253ff.). Banner macht in den Kommunen eine ausgesprochene Führungslücke als Normalfall aus. Führungskräfte in den Verwaltungen werden noch immer „dahin sozialisiert, in einem als prinzipiell stabil angesehen System Normabweichung zu verhindern, als in einer turbulent gewordenen Verwaltungswelt laufend für die notwendigen Anpassungen zu sorgen“ (ebd.: 255). Der Begriff Leitung (Fachbereichsleiter, Eigenbetriebsleiter) weist eher auf den herausgehobenen sozialen Status als auf seine Aufgabe hin (ebd.: 257). Die Statusbetonung wird noch deutlicher, wenn Beamte ihren beamtenrechtlichen Titel, z.B. Stadtdirektor statt Eigenbetriebsleiter, bevorzugen. Bestenfalls wird die eigene Dienststelle von solchen Personen verwaltet. Im Prinzip ist es oft nichts anderes als die eingehende Post zu bearbeiten. Für echte Führungskräfte gibt es in den öffentlichen Verwaltungen im Grunde keine Verwendung: „Es ist daher nur konsequent, daß wir, statt Führungskräfte zu entwickeln, bewährte Sachbearbeiter befördern“ (Banner 1991: 7). Wie Banner auch treffend feststellt, sind es letztlich die Mitarbeiter, welche die Schwächen ihrer Führung in ihren Flur- und Kantinengesprächen am nachhaltigsten erörtern und dabei nicht selten erstaunlich gut den Punkt treffen (Banner 2006: 258). Da Führungsfehler Hauptursache für die weiter unten ausführlich behandelte innere Kündigung von Mitarbeitern sind, scheint es lohnend, das Thema Führung an dieser Stelle zu vertiefen. Dabei wird auch nach Antworten auf die von Höhn gestellte Frage: „Wie führt man denkende Mitarbeiter in der Verwaltung?“ gesucht (Höhn 1989: 43).

Im Folgenden werden aus der umfangreichen Führungsliteratur diejenigen Führungsaspekte ausgewählt und diskutiert, die die Führungsdiskussion in der öffentlichen Verwaltung in den vergangenen Jahrzehnten maßgeblich beeinflussten und den heutigen Führungsalltag in der öffentlichen Verwaltung mit erklären können. Dies erfolgt in den Überschriften Menschenbilder, Motivationstheorien, kooperative Führung, Überlebensführungsstil, Harzburger-Modell, Management by Objectives, Fähigkeiten von Führungskräften, Führungsfehler, Führung und Persönlichkeitsstörung sowie innere Kündigung.

Menschenbilder

Alle Führungstheorien und -konzeptionen bauen explizit oder implizit auf bestimmten in der Regel zeitbedingten Menschenbildern auf, indem sie bestimmte Bedürfnisstrukturen und Werthaltungen der Mitarbeiter unterstellen (Drumm 2005: 494; Wunderer/Grunwald 1980a: 77f.). Die älteste und bekannteste Menschenbild-Typologie stammt von McGregor, der einem Menschentyp X (arbeitsscheu, erbringt eine angemessene Anstrengung zur Erreichung von Unternehmenszielen nur durch Lenkung, Kontrolle und Bedrohung, dies wiederum deckt sich mit den Bedürfnissen und Eigenschaften des Individuums nach Anleitung, Vermeidung von Verantwortung, Sicherheit und fehlenden Ambitionen) einen Menschentyp Y (zieht Befriedigung aus der Arbeit, verfolgt Organisationsziele auf der Basis von Selbststeuerung und Selbstkontrolle, strebt nach Selbstbestätigung, sucht Verantwortung, verfügt über Engagement und Kreativität) entgegenstellt.[1] Während Typ X das mechanistisch-ökonomische Menschenbild von Adam Smith und Frederick Taylor abbildet, kommen in McGregors Typ Y die Erkenntnisse der Human-Relations-Bewegung der 1930er Jahre (Arbeiter werden nicht mehr als reine Produktionseinheiten, sondern als soziale Wesen wahrgenommen) und motivationstheoretische Erkenntnisse der 1940er und 1950er Jahre (z.B. Maslow) zum Ausdruck. Differenzierter ist die Menschenbild-Typologie von Schein, der in den ersten drei Typen die historische Entwicklung vom Scientific Management über die Human-Relations-Bewegung bis zum motivations-psychologischen Ansatz der 1960er Jahre abbildet und diese in seinem Typ 4 um den komplexen Menschen ergänzt:[2]

---

1 McGregor 1960: 33f., 47f.; eine Übersicht verschiedener Klassifikationsversuche von Menschenbildern geben Wunderer/Grunwald 1980a: 80f.

2 Schein 1980: 77–101; siehe auch Wunderer/Grunwald 1980a: 89–109.

Typ 1: Der rational-ökonomische Mensch

Der rational-ökonomische Mensch von Frederick Taylor und Adam Smith berechnet all seine Handlungen im Hinblick auf eine Maximierung seines Eigeninteresses und verhält sich entsprechend. Er ist in erster Linie durch wirtschaftliche Anreize motiviert. Da diese von der Organisation vorgegeben werden, wird der Mensch als im Wesentlichen passiv begriffen. Er kann von der Organisation manipuliert, motiviert und kontrolliert werden. Die Empfindungen des homo oeconomicus sind im Wesentlichen irrational und damit eine unwägbare Komponente, die von der Organisation weitgehend neutralisiert und kontrolliert werden muss. Von den Vorgesetzten des rational-ökonomischen Menschen wird erwartet, dass sie weitgehend unabhängig von den sozialen Bedürfnissen der Mitarbeiter planen, organisieren, motivieren und kontrollieren. Der ‚irrationalen' Komponente des rational-ökonomischen Menschen wird mit einem ausgeprägten Autoritäts- und Kontrollsystem begegnet. Autorität bleibt bestimmten Ämtern und Positionen vorbehalten, und vom Angestellten wird verlangt, dass er jedem gehorcht, der eine solche Autoritätsstellung innehat – und zwar unabhängig von dessen Fachwissen oder Persönlichkeit. Der Typ X von McGregor entspricht weitgehend dem rational-ökonomischen Menschen.

Typ 2: Der Mensch als soziales Wesen

Aus der Kritik der Human-Relations-Bewegung am Taylorismus entstand das Bild vom Menschen als sozialem Wesen. Nach dieser Vorstellung wird der Mensch vorwiegend von sozialen Bedürfnissen motiviert und leitet daraus seine eigene Bedeutung und Identität ab. Als Folge von Industrieller Revolution und Arbeitsteilung ist die Arbeit sinnentleert, was der soziale Mensch durch soziale (informelle) Beziehungen in der Kollegengruppe am Arbeitsplatz kompensiert. Der soziale Mensch ist für Forderungen der Vorgesetzten in dem Maße offen, wie er von dort demokratisch-partizipatives Verhalten erlebt. Kritik der Mitarbeiter ist nicht notwendig mit objektiven Tatsachen begründet, sondern kann einen verdeckten Grund in persönlichen Problemen haben. Vom Vorgesetzten wird erwartet, dass er seine Aufmerksamkeit nicht mehr ausschließlich der zu erfüllenden Aufgabe zuwendet, sondern sich auch um die Bedürfnisse der Menschen kümmert, die für ihn arbeiten. Statt sich mit der Motivation und Kontrolle der Untergebenen zu befassen, soll sich der Vorgesetzte mit deren Empfindungen, den Gefühlen des Akzeptiertseins, der Zugehörigkeit und der Identität auseinandersetzen. Arbeitsgruppen sollen anerkannt und durch Gruppen-Anreize gefördert werden. Routineentscheidungen sollten den Mitarbeitern überlassen werden. Aus dem Vorgesetzten als Planer, Organisator, Motivator und Kontrolleur wird der Vermittler, Ermöglicher und Förderer.

Typ 3: Der Mensch, der sich selbst verwirklicht

In den 1960er Jahren wurde der Human-Relations-Ansatz durch den Human-Resources-Ansatz weiterentwickelt. Beide Ansätze gehen von der Sinnentleerung der Arbeit aus. Argyris, Maslow, McGregor und andere sehen den Grund hierfür aber nicht in der sozialen Isolierung einzelner Mitarbeiter, sondern in der Tatsache, dass die angeborenen Bedürfnisse, Kapazitäten und Fähigkeiten in einer hoch arbeitsteiligen Arbeitsumwelt nicht sinnvoll und produktiv genutzt werden können. Nach dieser Auffassung sind die menschlichen Bedürfnisse hierarchisch gegliedert:

(1) einfache Grundbedürfnisse des Lebens und Überlebens,
(2) soziale Bedürfnisse,
(3) Ego-Befriedigung und das Bedürfnis nach Selbstachtung,
(4) das Verlangen nach Autonomie und
(5) das Bedürfnis der Selbstverwirklichung im Sinne der Nutzung der eigenen Ressourcen.

Danach strebt selbst der trägste und unbegabteste Mensch nach Selbstverwirklichung, Sinngebung und Erfüllung in seiner Arbeit, sobald seine untergeordneten Bedürfnisse gestillt sind. Der sich selbst verwirklichende Mensch versucht sich in seiner Arbeit zu vervollkommnen. Dazu muss er über ein gewisses Maß an Autonomie und Unabhängigkeit verfügen, eine langfristige Lebensperspektive entwickeln, besondere Begabungen und Kenntnisse pflegen und größtmögliche Flexibilität in der Anpassung an neue Lebensumstände entwickeln. Der sich selbst verwirklichende Mensch ist in erster Linie selbst-motiviert und selbstkontrolliert. Von außen gesetzte Anreize und Kontrollen hemmen die Entfaltung seiner Persönlichkeit. Es gibt keinen natürlichen Konflikt zwischen der Selbstverwirklichung und effektiver Leistung in einer Organisation. Wenn man ihm die Chance einräumt, dann wird dieser Mensch von sich aus und freiwillig seine eigenen Ziele mit denen der Organisation synchronisieren. Der sich selbst verwirklichende Mensch stellt hohe Anforderungen an seine Vorgesetzten. Der Vorgesetzte muss die Komplexität der Motivationsprozesse seiner Mitarbeiter verstehen lernen. Er soll die Erfüllung der individuellen Ziele der Mitarbeiter zulassen und die Mitarbeiter an Entscheidungen teilhaben lassen. Aufgaben sollen so gestellt werden und Verantwortung in dem Maße delegiert werden, dass die Fähigkeiten, Kreativität und Eigeninitiative der Mitarbeiter herausgefordert werden. Die Legitimation der Autorität verschiebt sich damit von der Position (Positionsmacht) zur fachlichen Kompetenz (funktionale Autorität).

Typ 4: Der komplexe Mensch

Der komplexe Mensch ist der Versuch, den drei bisher vorgestellten Menschenbild-Typen ihren Allgemeingültigkeitsanspruch zu nehmen. Der komplexe Mensch wird von Schein als umfassendes Modell verstanden, welches alle bisher beschrieenen Menschenbilder einschließt. Danach sind die Leistungsmotive der Menschen sehr unterschiedlich. Neben der Motivation bestimmen weitere Einflussfaktoren wie die gestellte Aufgabe, die individuellen Fähigkeiten und Erfahrungen und die Persönlichkeit der Kollegen die Leistung des komplexen Menschen. Der komplexe Mensch ist zudem überaus wandlungsfähig. Seine hierarchisch geordneten Motivmuster ändern sich in Abhängigkeit von Situationen und Zeit. Der komplexe Mensch lernt aus den Erfahrungen in der Organisation. Auf die verschiedenen Führungsstrategien antwortet der komplexe Mensch situationsabhängig und zeitlich variabel. Für die Führungskräfte bedeutet dies, dass sie ausgezeichnete Diagnostiker sein müssen. Sie müssen zudem persönlich sehr flexibel sein und über eine große Variationsbreite des eigenen Verhaltens verfügen. Von den Führungskräften wird situative oder individualisierte Führung erwartet.

Dass das der Max-Weber-Welt entstammende Menschenbild vom Typ 1 nicht mehr zeitgemäß ist, hat man auch in der öffentlichen Verwaltung erkannt. Allerdings erweist es sich dort teilweise als recht schwierig, dieses Menschenbild loszuwerden. Dies liegt zum einen an den impliziten Persönlichkeitstheorien der Vorgesetzten. Hierunter werden gewachsene, verfestigte, verallgemeinerte und vereinfachte Vorausurteile (Stereotype) über Menschen (Mitarbeiter) verstanden, die als Ergebnis der ‚Lebenserfahrung' der Vorgesetzten relativ stabil sind (Wunderer/Grunwald 1980a: 84f.). Unterstellt man Mitarbeitern fälschlicherweise bestimmte Eigenschaften, z.B. des Menschenbild-Typs 1, werden Vorgesetzte diese aufgrund einer (einfachen) impliziten Persönlichkeitstheorie in der Praxis bestätigt finden (‚self-fulfilling prophecy'). In öffentlichen Verwaltungen sozialisierte Führungskräfte behandeln dadurch auch Mitarbeiter der Typen 2 oder 3 unbewusst wie Menschen vom Typ 1. Zum anderen werden durch Selbstselektion (bei Einstellungen) und Sozialisation (bei der Arbeit) immer wieder aufs Neue Mitarbeiter vom Typ 1 reproduziert.

In der öffentlichen Verwaltung relativ verbreitet ist mittlerweile die Vorstellung vom Mitarbeiter als sozialem Wesen. Regelmäßig wird deshalb von Führungskräften soziale Kompetenz gefordert. Man pflegt einen kooperativen Führungsstil und ordnet nicht mehr an, sondern trifft Zielvereinbarungen. Dies bedeutet allerdings nicht automatisch, dass die sozialen Bedürfnisse der Mitarbeiter ernst genommen werden. Teilweise erschöpft sich die ‚soziale Kompetenz' in einer freundlicheren Ansprache, hinter der sich weiterhin der autoritär-hierarchische Kern verbirgt. Teilweise führt die Einführung einer neuen Regel (Änderung des Menschenbildes von 1 nach 2) dazu, dass alle Mitarbeiter in gleicher Weise ‚sozial behandelt' werden, auch die, die weniger nach sozialen Kontakten aber eher nach Selbstverwirklichung streben.

In der Privatwirtschaft, insbesondere bei Weltmarktführern, im IT- und Kreativbereich, orientiert man sich bereits deutlich am Menschenbild vom Typ 3.

> „Gleichzeitig hat sich das Selbstverständnis der Menschen – und damit auch der Mitarbeiter im Unternehmen – grundlegend geändert. Eine Führung, die auf festen Vorschriften und dirigistischen Anordnungen beruht, wird zunehmend auf Ablehnung stoßen und schließlich eine Verweigerungshaltung hervorrufen. Führungskräfte in Unternehmen und in staatlichen Verwaltungen müssen lernen, dass Menschen heute an ihrem Arbeitsplatz ernst genommen werden wollen; sie wollen gleichermaßen mitgestalten und mitsprechen sowie sich mit ihrer Kompetenz und Kreativität in Arbeitsprozesse einbringen.“ (Mohn 2004: 5)

Wie heute in der Privatwirtschaft gedacht und gehandelt wird, machen eindrucksvoll die sechs Best-Practice-Beispiele des Carl-Bertelsmann-Preises des Jahres 2003 deutlich.[3] Das angenommene Menschenbild der Best-Practice-Beispiele drückt sich insbesondere in den Erfolgscharakteristika ‚Innovations-, Lern- und Entwicklungsorientierung', ‚partnerschaftliches und kulturkonformes Führungsverhalten' sowie ‚Unternehmertum im Unternehmen' aus. Wie Führungsgrundsätze großer Unternehmen belegen, ist heute ein Mitarbeitertypus gefragt, der Erfahrungswissen aufbaut und ausschöpft, im Rahmen seines Aufgabenfelds und zusammen mit Kollegen, Vorgesetzten, Mitarbeitern und Kunden beständig Optimierungsmöglichkeiten sucht und realisiert und der sich als abhängig Beschäftigter so engagiert wie ein Unternehmer (Wunderer 2006: 50). Voraussetzung dafür ist die Gewährung von Freiräumen, die es den Mitarbeitern ermöglichen, Veränderungen auch tatsächlich zu initiieren und umzusetzen und die es den Mitarbeitern ermöglichen, sich selbst weiter zu entwickeln (Sackmann/Bertelsmann Stiftung 2004: 207). Diese Freiräume umfassen bei den Best-Practice-Firmen zeitliche und finanzielle Freiräume, psychische Denk-Freiräume und Experimentiermöglichkeiten. Von den Mitarbeitern wird die dazu erforderliche Reife, Eigenverantwortlichkeit und die Fähigkeit zur Selbstorganisation erwartet (ebd.: 220). Das Führungsverhalten der Firmen ist geprägt vom partnerschaftlichen Umgang, der Mitwirkung erlaubt und Mitgestaltung ermöglicht (ebd.: 210f.). Die Führungskräfte erfolgreicher Firmen zeichnen sich durch erstaunliche Zurückhaltung aus. Das Führungsverhalten wird einer regelmäßigen Überprüfung unterzogen.

---

3 Sackmann/Bertelsmann Stiftung 2004: 43–181. Der Carl-Bertelsmann-Preis 2003 wurde zum Thema „Unternehmenskultur und Führungsverhalten als Erfolgsfaktoren“ nach einer europaweiten Recherche an die Hilti Aktiengesellschaft in Liechtenstein verliehen. Die anderen fünf ausführlich beschriebenen Best-Practice-Beispiele sind: BMW Group, Deutsche Lufthansa AG, Grundfos A/S, Henkel KGaA und Novo Nordisk A/S.

Motivationstheorien

Die Motivation als Wille zur Leistung gilt als Schlüsselvariable im Leistungsprozess. Die persönliche Eignung, die individuellen Fähigkeiten, die zur Verfügung gestellten Ressourcen und die vorhandenen Arbeitsbedingungen reichen alleine zur Erzeugung einer hohen Arbeitsleistung nicht aus (Drumm 2005: 459). Damit stellen sich die Fragen, wie Motivation entsteht und ob sie beeinflusst und gesteuert werden kann. Es besteht weitgehend Einigkeit darüber, dass die Motivation an den Bedürfnissen der einzelnen Mitarbeiter anknüpft. Die Bedürfnisse wiederum werden von den Werthaltungen der Mitarbeiter gesteuert. Einigkeit besteht zudem darüber, dass durch die Gewährung von materiellen oder immateriellen Anreizen zur Befriedigung der persönlichen Bedürfnisse und Werte der Mitarbeiter die Arbeitsleistung gesteigert werden kann. Motivationstheorien wollen die Entstehung von Motivation und ihre Wirkung auf das menschliche Verhalten schlüssig erklären (ebd.: 471). Dabei gehen die so genannten Inhaltstheorien eher den Fragen nach Art, Inhalt und Wirkung von Bedürfnissen nach, während die Erwartungs- oder Prozesstheorien eher erklären wollen, wie Motivation formal (losgelöst von Bedürfnissen) entsteht und wie Motivation auf das Verhalten wirkt.[4] Keine der Motivationstheorien ist jedoch in der Lage, Mitarbeiterverhalten vollständig und widerspruchsfrei zu erklären. Als Grundlage von Führungstheorien sind Motivationstheorien deshalb nur eingeschränkt tauglich. Die in der Praxis vorherrschenden einfachen Führungskonzeptionen oder Führungsmodelle enthalten in der Regel keine motivationstheoretische Begründung.

Eine wesentliche Erkenntnis der Motivationsforschung ist die Verschiebung der Anreizstrukturen von extrinsischen (materielle Leistungsanreize) zu stärker intrinsischen (Suche nach sinnvoller Tätigkeit, Möglichkeiten der persönlichen Entfaltung). Neben der Entlohnung, die weiterhin einen hohen Stellenwert besitzt, soll die Arbeit Sinn vermitteln und auch Spaß machen (Wunderer/Mittmann 1995: 21). Die Motivation ist am stärksten, wenn die Mitarbeiter sowohl einen finanziellen Anteil am Unternehmenserfolg wahrnehmen als auch einen psychologischen („Mein Beitrag ist wichtig“) (Lawler 1987: 85). Hiermit rückt die Identifikation des Mitarbeiters mit dem Unternehmen und der Arbeit in den Mittelpunkt. Wunderer/Mittmann (1995: 21) fordern deshalb eine Motivationspolitik, die auf dem Konzept der Identifikation aufbaut. Identifikation umfasst sowohl die Unternehmensidentifikation als auch die Arbeitsidentifikation. Mit Unternehmensidentifikation oder ‚(Organizational) Commitment‘ wird der Grad

4 Gute Überblicke über die verschiedenen Motivationstheorien geben z.B. Wunderer/Grunwald 1980a: 168–217; Lattmann 1982: 105–242; Hentze et al. 2005: 103–171; Drumm 2005: 168–217.

der Übereinstimmung von organisationalen und individuellen Werten und Zielen, die Bereitschaft, sich für die Organisationsziele einzusetzen und der Wunsch dazugehören zu wollen bezeichnet (ebd.: 43). Unter Arbeitsidentifikation oder ‚(Job)Involvement' wird die psychologische Identifikation des Mitarbeiters mit seiner Arbeit (Bedeutung der Arbeit für das Selbstbild und die Identität) insbesondere unter dem Aspekt der persönlichen Wertorientierungen, die man in Arbeit und Beruf attraktiv findet oder dort wiederfinden kann, verstanden (ebd.: 47). In der Unternehmensidentifikation kommt das klassische Identifikationskonzept der Bindung ‚an die Firma' zum Ausdruck. Dieses Konzept wird zunehmend ersetzt durch ein modernes Konzept der Bindung ‚in der Firma'. Nicht mehr ‚der Firma treu bleiben', sondern ‚sich selbst in der Firma treu bleiben' kennzeichnen dieses moderne Konzept. Identifikation ist dann die selbstständige Wahl von ‚Modellen' für die eigene Lebens- und Arbeitsgestaltung (ebd.: 5, 22). Je mehr die eigene Lebensgestaltung von dem Wunsch nach Selbstverwirklichung und -entfaltung beeinflusst wird, umso stärker wird der Wunsch, in Arbeit und Beruf Werte und Ziele zu finden, die man selbst teilt (ebd.: 47). Aus empirischen Untersuchungen haben Wunderer/Mittmann 19 Schlüsselfaktoren abgeleitet, die als Grundvoraussetzungen für die Identifikation des Mitarbeiters gelten können (ebd.: 111–113). Danach dürfen Mitarbeiter nicht das Gefühl haben, nur ‚Rädchen im Getriebe' zu sein. Hierfür sind interessante und verantwortungsvolle Aufgaben erforderlich, in denen der einzelne Mitarbeiter einen Sinn entsprechend seinen Wertvorstellungen erkennen kann. Sinnmachende Aufgaben erfordern Teilhabe an den betrieblichen Entscheidungsprozessen. Dies erfordert von der Führung eine Förderung von Selbstständigkeit und Verantwortungsbewusstsein. Dies wird insbesondere erreicht durch ein hohes Maß an Delegation, Konsultation und Information. Darüber hinaus sind die Umsetzung des Konzeptes der lernenden Organisation und wirklich gelebte Leitbilder wichtige Faktoren für eine Identifikation der Mitarbeiter.

Sprenger entlarvte bereits 1991 die auf extrinsischen Anreizstrukturen basierende betriebliche Motivationspolitik als Mythos. Für ihn bezeichnet Motivation die Eigensteuerung des Individuums, während Motivierung das absichtsvolle Handeln eines Vorgesetzten oder das Funktionieren von Anreizsystemen darstellt (Sprenger 1991: 20). Motivierung ist damit eine Form der Fremdsteuerung und der Manipulation der Mitarbeiter mit den Strategien der fünf großen B:

(1) Bedrohen,
(2) Bestrafen,
(3) Bestechen,
(4) Belohnen und
(5) Belobigen (ebd.: 50).

Ursprung der Motivierung ist ein negatives Menschenbild verbunden mit einer behaupteten Lücke zwischen tatsächlicher und möglicher Arbeitsleistung. Das System der Motivierung basiert damit auf Verdacht und Misstrauen (ebd.: 38).

Als Gründe für die Ineffektivität von Motivierungsstrategien führt Sprenger unter anderem an:

(1) Belohnungs- und Belobigungssysteme werden von einem Teil der Mitarbeiter (meist der Mehrheit) als ungerecht abgelehnt (ebd.: 65f.).

(2) Aus der Verhaltensforschung ist bekannt, dass intrinsische Motivation deutlich stärker ist als extrinsische (ebd.: 67f.). Drumm (2005: 491) weist darauf hin, dass intrinsische Motivation wegen des Verzichts auf materielle Belohnung und aufgrund ihrer höheren Intensität gegenüber extrinsischer Belohnung auch aus ökonomischer Sicht wünschenswert ist.

(3) Verhaltensbiologisch lässt sich nachweisen, dass Motivation durch Motivierung zerstört wird. Die Verhaltensbiologie erklärt eine Handlung aus dem Verhältnis der beiden Variablen Triebstärke (Motivation) und Reizstärke (Motivierung). Bei hoher Reizstärke ist nur noch ein geringer Eigenantrieb zur Auslösung der Handlung nötig. Da mit der Zeit eine Gewöhnung an die Reize stattfindet, müssen diese immer höher gesetzt werden, was zu einer Anspruchsinflation und zu weiter sinkendem Eigenantrieb führt (Sprenger 1991: 69).

(4) Loben in inflationärer, manipulativer, strategischer oder machtpolitischer Anwendung (ebd.: 73–86). Auch in der öffentlichen Verwaltung ist Loben ‚in'. Das Loben der Mitarbeiter gilt „als besonders humane, ‚mitmenschliche' Form des betrieblichen Miteinanderumgehens" (ebd.: 75). Zu den „überall mehr proklamierten als gelebten kooperativen Führungsstile[n]" gehört mittlerweile die richtige ‚Technik' des Lobens (ebd.: 76). Dabei ist Lob in seinem Kern eine „hierarchische Kategorie", die darauf basiert, dass es immer einen gibt „der sagen darf, was gut und richtig ist, und einen, der dieses Urteil über sich ergehen lassen muß" (ebd.: 81). Von Lobbefürwortern wird auch oft verkannt, dass Lob Exzellenz verhindert:

> „Nur wer total bei der Sache ist, wer sich in seine Aufgabe ohne Seitenblick auf mögliches Lob hineinkniet, trägt das Attribut ‚exzellent' zu Recht. Das sind jene, die sich unabhängig von Zustimmung und Ablehnung mit Elan und Entschlossenheit bewegen und es nicht nötig haben, sich loben zu lassen. Diese von ihrer Aufgabe Besessenen (und nicht die Profilierungsakrobaten) sind in Wahrheit die Stützen des Unternehmens." (Ebd.: 83)

Lob ist also bestenfalls die zweitbeste Lösung. Anzustreben ist auch im beruflichen Umfeld zunächst ein Wahrnehmen – oder besser noch – ein Ernstnehmen seiner Mitmenschen, ohne sich dabei auf konkrete zu belobigende Leistungen zu beziehen (ebd.: 86). In der öffentlichen Verwaltung wäre schon viel gewonnen, wenn die tägliche Arbeitsleistung an der Basis wahrgenommen würde. Wenn die Mitarbeiter also merken würden, dass sich jemand für ihre Arbeit interessiert, dass Anregungen aufgenommen und die täglichen Probleme gelöst werden – dass eben nicht alles egal ist.

Mitarbeiter wollen zudem nicht motiviert werden, sondern zunehmend sinnvolle Arbeitsinhalte und -beziehungen (Sprenger 1991: 68; Wunderer/Mittmann 1995: 24). Für Sievers ist ‚Motivation' deshalb lediglich eine sozialwissenschaftliche Erfindung (zitiert nach Nuber 1987: 26). Der so genannten Motivationspolitik kommt vor allem die Aufgabe zu, durch die Schaffung von Freiräumen Arbeitsbedingungen zu schaffen, die eine Selbststeuerung der Mitarbeiter und eine Identifikation der Mitarbeiter mit Aufgaben, Zielen und Gruppen begünstigt (Sprenger 1991: 203–220; Wunderer/Mittmann 1995: 25). „Motivation kann dann als eine Hilfe zur Selbstmotivation im Kontext attraktiver Optionen der Arbeitswelt verstanden werden" (Wunderer/Mittmann 1995: 25).

Das Selbstbild von Führungskräften in öffentlichen Verwaltungen wird bis heute beherrscht von der Führungskraft, „die alles im Griff hat" (Sprenger 1991: 218). Mit diesem Selbstverständnis von Verwaltungsführungskräften werden Freiräume, Entwicklungsmöglichkeiten, Experimentiermöglichkeiten, Lernmöglichkeiten, Entfaltungsmöglichkeiten, Engagement und Kreativität der Mitarbeiter systematisch verhindert. Motivation als Selbstmotivation der Mitarbeiter findet damit nicht statt. Man darf sich dann nicht wundern, wenn die Mitarbeiter diese Bedürfnisse außerhalb der Arbeit suchen und sich bei der Arbeit schonen.

Hinzu kommt der Glaube, dass es vor allem die Führungskräfte sind, die durch ihr Verhalten Mitarbeiter motivieren oder durch Führungsfehler demotivieren. Damit erhalten Führungskräfte eine Aufgabe, die sie nach den Erkenntnissen der Motivationsforschung gar nicht erfüllen können, da die Mitarbeiter letztlich ja selbst für ihre Motivation verantwortlich sind. Wie die Erfahrungen im öffentlichen Dienst zeigen, sind dort trotz Arbeitsplatzsicherheit, flexiblen Arbeitszeitregelungen, gut ausgestatteten Büroarbeitsplätzen, hochwertigen Arbeitsgeräten und -maschinen, mäßiger Arbeitsbelastung und sanftem Umgang mit den Mitarbeitern die Fehlzeiten hoch und das Betriebsklima schlecht. Dieser Gesamtzustand kann unmöglich *alleine* auf das Verhalten von Führungskräften zurückzuführen sein. Der Rückgriff auf selbststeuernde Anreizsysteme, wie ihn Sprenger als Offenbarungseid der Führungskräfte fordert (Sprenger 1991: 118), ist diesen aber im öffentlichen Dienst aufgrund der strukturellen Schranken von Hierarchie, Regelgebundenheit und Zuständigkeitsregelungen weitgehend verwehrt.[5]

Öffentliche Verwaltungen sind noch stark dem klassischen Konzept der Unternehmensidentifikation verhaftet. Als Hauptindikator für eine mangelnde Identifikation gilt die im öffentlichen Dienst auffallend hohe Fehlzeitenquote. Ab-

---

5 Führungsverhalten und Arbeitsgestaltung sind die beiden wesentlichen Gründe für die innere Kündigung (siehe dazu später in diesem Kapitel).

hilfe erhofft sich so mancher Dienststellenleiter durch die Einführung des aus dem privaten Sektor bekannten Fehlzeitenmanagements. Hierbei werden nach einem ausgeklügelten Stufenkonzept Rückkehrer- und Fehlzeitengespräche mit den Mitarbeitern geführt. Damit werden Fehlzeiten ‚bemerkt' und die Ermittlung von Ursachen wird möglich. Dieses Instrument verliert im öffentlichen Dienst nach einer kurzen Einführungsphase aufgrund der fehlenden Sanktionsmöglichkeiten allerdings schnell an Schärfe und Wirkung und verkümmert bald im Führen von Statistiken (Fehlzeiten, Anzahl von Rückkehrer- und Fehlzeitengesprächen). Stellt man dann fest, dass die Fehlzeiten nach Einführung des Fehlzeitenmanagements auf hohem Niveau stagnieren, ist man ratlos, führt die Maßnahme aber unbeirrt fort, wohl wissend, dass es im öffentlichen Dienst nicht auf den Erfolg der Maßnahme ankommt.

Teilweise wird auch versucht, die Unternehmensidentifikation durch den Aufbau einer Corporate Identity zu erzeugen. Dies scheitert in der Praxis bereits an der Formulierung eines Unternehmensleitbildes als Basis für eine Corporate Identity und noch deutlicher an der Ableitung von Unterscheidungs- oder Alleinstellungsmerkmalen wie zum Beispiel das besondere Versprechen der öffentlichen Dienstleistung als Marke. Die Einführung einer Corporate Identity im öffentlichen Dienst beschränkt sich deshalb in der Regel auf die Gestaltung eines Logos und auf eine einheitliche Gestaltung der Veröffentlichungen. Sowohl intern bei den Mitarbeitern als auch extern bei den Kunden (Bürger, Betriebe) werden Abweichungen zwischen der Solldarstellung und der Istdarstellung zudem umgehend bemerkt, so dass sich die beabsichtigten positiven Wirkungen schnell ins Gegenteil umkehren können.

Aus der Erkenntnis heraus, dass es für die Motivation von Mitarbeitern nicht ausreichend ist, deren Motive und Bedürfnisse mit Anreizen und Belohnungen in Beziehung zu setzen, wurde von Schein (1980: 23ff.) das Konzept des psychologischen Vertrags entwickelt. Danach treten sich Mitarbeiter und Organisation mit vielfältigen Erwartungen, Hoffnungen und Wünschen gegenüber, die arbeitsvertraglich nicht fixiert und rechtlich nicht durchsetzbar sind. Aus Sicht der Mitarbeiter zählen zu diesen Erwartungen z.B. die technische Ausstattung des Arbeitsplatzes, die konkreten Arbeitsbedingungen, insbesondere die Möglichkeit der Partizipation an Entscheidungen und die vorhandenen Selbstentfaltungsmöglichkeiten, der Umfang von sozialen Kontakten mit Kollegen, das Verhalten der Führungskräfte, die Anerkennung von Leistung, Schutz vor Über- und Unterforderung, Förderung durch Personalentwicklungsmaßnahmen, Berechenbarkeit des Arbeitgeberverhaltens, betrieblicher Arbeits- und Gesundheitsschutz und vieles mehr. Aus Sicht des Arbeitgebers umfassen die Erwartungen unter anderem die Leistung des Mitarbeiters, die Bereitschaft zu Überstunden, die Bereitschaft sich fortzubilden und das Ausmaß an Loyalität. Über diese vielfältigen unausgesprochenen und nicht formulierten Erwartungen, die dem Mitarbeiter beim Eintritt in eine Organisation vielleicht zunächst gar nicht voll bewusst sind, schließen beide Parteien einen psychologischen Vertrag, quasi als Zusatzvertrag zum Arbeitsvertrag, der sich häufig auf die Regelung von Arbeitszeit und Gehalt beschränkt.

Für die Organisation stellt die Unterwerfung des Mitarbeiters unter das Autoritätssystem den Kern des psychologischen Vertrags dar (ebd.: 24). Innerhalb eines bestimmten Rahmens muss der Mitarbeiter willens sein, sich dem Diktat eines Anderen oder schriftlichen Anweisungen und Regeln zu beugen, gleichzeitig muss er seine eigenen Neigungen zügeln, sofern sie den Anweisungen und Regeln entgegenlaufen. Kern des psychologischen Vertrags aus Mitarbeitersicht ist die Möglichkeit, die Autorität unmittelbar beeinflussen und die eigene Situation in der Organisation verändern und verbessern zu können (ebd.: 25). Aus Sicht des Mitarbeiters stellt sich die Situation folgendermaßen dar (Faller 1993: 38f.): Durch den Organisationseintritt begibt er sich in einen von der Autorität gestalteten Gefahren- und Einwirkungsbereich, dem er sich nur durch Austritt wieder entziehen kann. Bereits die Mitgliedschaftsentscheidung impliziert deshalb die Erwartung des Mitarbeiters, die Autorität unmittelbar beeinflussen und die Machtausübung des Vorgesetzten begrenzen zu können. Nimmt er subjektiv befriedigende Einflussmöglichkeiten auf die Autorität wahr, hält er die Machtverteilung für angemessen und billigt er die Machtausübung des Vorgesetzten, wird er dem Autoritätssystem zustimmen und innerhalb der Grenzen des akzeptierten Machtbereichs die Bereitschaft zur Annahme und Ausführung von Weisungen des Vorgesetzen und zur Erbringung einer angemessenen Arbeitsleistung aufweisen. Einverständnis mit dem System erlaubt dem Mitarbeiter gelegentlich sogar, einen unfähigen Vorgesetzten zu tolerieren und trotz dessen Unfähigkeit Weisungen von ihm entgegenzunehmen (Schein 1980: 25). Werden die angewandten Machtmittel vom Mitarbeiter nicht akzeptiert oder sind diese nicht legitimiert, zieht dies den Widerstand (Leistungsreduktion, innere Kündigung) des Mitarbeiters nach sich, damit der psychologische Vertrag, wenn auch auf niedrigerem Niveau, wieder erfüllt ist (Faller 1993: 59).

Schein (1980: 27) bezeichnet die Motivation im Rahmen des psychologischen Vertrags als einen komplexen Tauschhandel zwischen der Organisation und ihren Mitgliedern, wobei die Gegenstände des Handels u.a. die Entscheidung, ob man der Firma treu bleibt oder kündigt, die Entscheidung, wie hart man arbeitet und mit welchem Maß an Kreativität man an seinen Job herangeht, und das Ausmaß von Loyalität und Verbundenheit sind.

> „Ob eine Person effizient arbeitet, innere Beteiligung, Loyalität und Enthusiasmus für die Organisation entwickelt und Befriedigung aus ihrer Arbeit gewinnt [...] hängt weitgehend von zwei Bedingungen ab: (1) dem Maß, in dem die Erwartungen des Individuums darüber, was die Organisation ihm zu bieten hat und was es selbst der Organisation schuldig ist, mit den Erwartungen übereinstimmen,

die die Organisation in sein Geben und Nehmen setzt; (2) die zweite Bedingung [...] ist das, was ausgetauscht werden muss, nämlich Geld gegen Zeit und Arbeit, die Befriedung sozialer und Sicherheitsbedürfnisse [...] gegen Arbeit und Loyalität, das Angebot der Selbstverwirklichung und anspruchsvoller Arbeit gegen hohe Produktivität, hohe Arbeitsqualität und Kreativität.“ (Ebd.: 103)

Kooperative Führung

Die bekannteste und einfachste Klassifikation von Führungsstilen stammt von Tannenbaum/Schmidt aus dem Jahre 1958. Hierin werden sieben Führungsstile in einem Kontinuum ausschließlich nach dem Grad der Mitarbeiterbeteiligung bei Entscheidungen unterschieden (eindimensionaler Ansatz, siehe Abb. 3).

Auf die Unzulänglichkeit dieses Ansatzes, der nur einen Führungsaspekt (Entscheidungspartizipation) berücksichtigt, wird in der Literatur verbreitet hingewiesen (Wunderer/Grunwald 1980a: 225; Wunderer 2006: 209; Steinle 1978: 162f.; Drumm 2005: 439). Nach Wunderer (2006: 210) lässt sich das Führungsstilkontinuum besser in einem zweidimensionalen Konzept mit den Faktoren Partizipation (Teilhabe) und prosoziale Beziehungsgestaltung (Teilnahme) beschreiben. Demzufolge umfasst Führung eine Machtdimension, die die dem Mitarbeiter gewährte Entscheidungsbeteiligung bzw. Autonomie abbildet und eine prosoziale Dimension, die die zwischenmenschliche Qualität der Führungsbeziehung, insbesondere das Ausmaß an wechselseitigem Vertrauen, gegenseitiger Unterstützung und Akzeptanz charakterisiert. Nach diesem Konzept werden sechs Führungsstile unterschieden (Abb. 4), da der informierende und der beratende Führungsstil von Tannenbaum/Schmidt zum konsultativen Führungsstil zusammengefasst werden.

In der öffentlichen Verwaltung wird insbesondere der Ersatz der autoritären Führung durch die Einführung von kooperativer Führung diskutiert (Hoffmann 2001: 1–5). Für Klages (1993: 174) ist die ‚richtig verstandene’ kooperative Führung das einzig und allein geeignete Führungsleitbild für die Zukunft. Fraglich ist nur, wie man kooperative Führung ‚richtig’ versteht, insbesondere in welchem Umfang kooperative Führung auch delegative Anteile enthält. Wenn man wie Klages kooperative Führung daran festmacht, dass die kooperativen Vorgesetzten von ihren Mitarbeitern als äußerst kollegial bezeichnet werden, sie auf jeden einzelnen Mitarbeiter eingehen, immer ein offenes Ohr haben, den Mitarbeitern die Arbeitseinteilung überlassen, Handlungsspielraum gewähren, nie ungerechtfertigt kritisieren und auch Anerkennung aussprechen, wenn jemand gute Arbeit geleistet hat (ebd.: 176f.), dann kann man Höhn verstehen, der beklagt, dass man es vielfach schon als kooperatives Führungsverhalten betrachtet, wenn der Vorgesetzte sich konzilianterer Umgangsformen bedient und seinen Mitar-

Abb. 3: Führungsstilkontinuum

	Autorität beim Manager						Freiheitsgrad der Mitarbeiter
Charakterisierung	Vorgesetzter entscheidet und gibt bekannt	Vorgesetzter entscheidet und setzt mit Manipulation durch (verkauft)	Vorgesetzter entscheidet und versucht zu überzeugen	Vorgesetzter informiert über beabsichtigte Entscheidung und bezieht Meinungen ein	Vorgesetzter stellt Problem vor, erhält Vorschläge, entscheidet allein	Mitarbeiter entscheiden im Einzelfall im vereinbarten Rahmen	Mitarbeiter arbeiten und entscheiden weitgehend selbstgesteuert
Benennung	autoritär	patriarchalisch	informierend	beratend	kooperativ	delegativ	teilautonom

Quelle: nach Tannenbaum/Schmidt, Benennung nach Wunderer 2006: 209

beitern mit Vertrauen, Offenheit, Wohlwollen, Takt und ‚freundschaftlicher Kollegialität' gegenübertritt.[6]

Auch Wunderer/Grunwald (1980b) weisen auf die unklaren Inhalte von kooperativer Führung hin. Wie empirische Ergebnisse zeigen, lässt der Begriff kooperative Führung ein weites Interpretationsspektrum zu, welches von konsultativ bis delegativ reicht und in der Führungspraxis leicht zu Missverständnissen und Konflikten führen kann (Wunderer 1995: 1380).

Abb. 4: Führungsstiltypologie

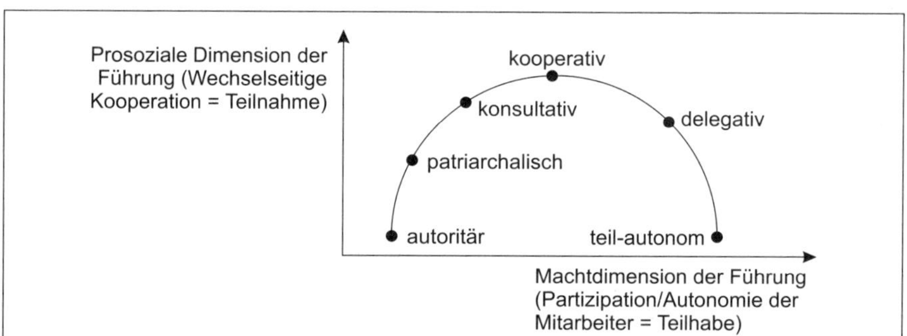

Quelle: Wunderer 2006: 210

6 (Höhn 1989: 43); auch ‚kameradschaftliche Bürokratie' oder ‚Hierarchie mit Schulterklopfen' genannt.

Kennzeichnendes Merkmal der kooperativen Führung ist die ausgesprochen hohe Interaktionsdichte zwischen Führer und Geführten, mit der höchsten Ausprägung dieses Merkmals im Kontinuum der Führungsstile (Wunderer 2006: 220). Die Entscheidungspartizipation bzw. Autonomie der Geführten erreicht dagegen bei kooperativer Führung nur mittlere Werte und ist z.B. deutlich niedriger ausgeprägt als bei der delegativen Führung. Der kooperative Führungsstil kann in bürokratischen Organisationen strukturell z.B. durch Maßnahmen der Arbeitsbereicherung (‚job enrichment'), die Einrichtung von teilautonomen Arbeitsgruppen, die Einführung von Projektmanagement und den Aufbau einer Matrixorganisation gefördert werden (Wunderer/Grunwald 1980b: 370–408). Damit stellt sich die Frage nach der Vereinbarkeit von kooperativer Führung und hierarchischer Organisation. In der Literatur wird verbreitet darauf hingewiesen, dass ein demokratisches Führungssystem wie die kooperative Führung nicht ohne Weiteres in ein hierarchisches System der Über- und Unterordnung implementiert werden kann, es sei denn, dass mit kooperativer Führung bloß eine manipulative Beeinflussung der Mitarbeiter durch das Management im Hinblick auf die Akzeptierung bereits vorgegebener Ziele bzw. Entscheidungen gemeint ist (ebd.: 107). Nimmt man kooperative Führung hingegen ernst, ist neben der Veränderung von Einstellungen und Verhaltensweisen der Organisationsmitglieder eine offiziell sanktionierte Veränderung der traditionell hierarchisch-bürokratischen Struktur erforderlich (ebd.: 304).

Kooperative Führung ist unter allen Führungsstilen das sozial anspruchsvollste und zeitintensivste Konzept. Sie erfordert

> „reife Persönlichkeiten, die sich insbesondere durch Offenheit, Toleranz, Natürlichkeit, Lernfähigkeit, Selbstsicherheit (ohne Überheblichkeit), Kritikmündigkeit, Kreativität und Freude an der eigenen Leistung sowie Vertrauen in sich selbst und die Mitmenschen auszeichnen." (Wunderer 2006: 221)

Viele in den öffentlichen Verwaltungen, die vorgeben, kooperativ zu führen, dürften von diesem Anforderungsprofil ein gutes Stück entfernt sein.

Bis in die 1980er Jahre hinein wurde kooperative Führung als idealer Führungsstil propagiert, der in vielen Führungsleitlinien und Führungsgrundsätzen auch in öffentlichen Verwaltungen verankert wurde. Vor dem Hintergrund von Wertewandel, Humanisierung der Arbeitswelt, neuen motivationswissenschaftlichen Erkenntnissen und unter dem Einfluss der Systemtheorie zeichnet sich seit mehr als 20 Jahren insbesondere bei komplexen, wenig strukturierten Aufgaben sowie bei qualifizierten und motivierten Mitarbeitern eine Entwicklung hin zu selbststeuernden, delegativen Führungskonzepten ab (ebd.: 228).

> „In diesem Kontext könnte sich kooperative Führung als ein historisches Übergangskonzept – von vorgesetztenzentrierten Einflussformen der Fremdsteuerung zu mitarbeiterzentrierten und vermehrt delegativen Konzepten der Selbstorganisation erweisen." (Ebd.: 229)

Anders ausgedrückt hat man sich außerhalb der öffentlichen Verwaltung bereits auf die Suche nach neuen Führungskonzepten begeben, während man in der öffentlichen Verwaltung verbreitet noch gar nicht begriffen hat, was kooperative Führung überhaupt bedeutet.

Überlebensführungsstil

Das Managerial-Grid-Modell (Verhaltensgitter-Modell) von Blake und Mouton (1964, 1968) sowie in der neueren Version von Blake, Mouton und McCanse (1993) ist eines der ältesten und bekanntesten Führungsmodelle (Hentze et al. 2005: 227). Es findet verbreitet Anwendung als Rahmenkonzept für kommerzielle Führungskräftetrainings, wobei die Führungskräfte sich selbst auf dem Führungsgitter einordnen, um dann einen Weg zu dem als optimal bezeichneten 9,9-Gridstil zu entwickeln.[7]

Für das Verständnis von Führung in öffentlichen Verwaltungen ist die ältere zweidimensionale Version des Verhaltensgitters hilfreich und ausreichend. Danach werden die beiden Führungsdimensionen ‚Betonung der Produktion' (Aufgabenorientierung) und ‚Betonung der Menschen' (Mitarbeiterorientierung) unterschieden. Die beiden Führungsdimensionen werden auf zwei 9-Punkte-Skalen dargestellt (9 = höchste Betonung), die im rechten Winkel zueinander stehen. Es ergibt sich dann ein Raster aus 81 Merkmalskombinationen, die durch eine Zahlenkombination (z.B. 9,1-Stil) bezeichnet werden (siehe Abb. 5). Die erste Zahl steht für die Aufgabenorientierung, die zweite Zahl für die Mitarbeiterorientierung.

Aus den beiden Führungsdimensionen Aufgabenorientierung und Mitarbeiterorientierung leiten Blake und Mouton fünf Basisführungsstile ab (Lux 1995: 2132; Hentze et al. 2005: 229–231):

9,9-Team-Management: Der 9,9-Führungsstil in der oberen rechten Ecke ist zielorientiert. Die so orientierte Führungskraft benötigt zur Lösung des Problems vor allem Fakten. Sie sucht die Beiträge der anderen und schafft ein Forum der offenen Diskussion. Zweifel und Bedenken können geäußert werden, um für die Diskussionsergebnisse größtmögliches Verständnis und Engagement zu gewährleisten (Blake et al.: 49).

9,1-Befehlsmanagement: Der 9,1-Führungsstil in der unteren rechten Ecke geht davon aus, dass Unternehmens- und Mitarbeiterziele nicht gleichzeitig erfüllt werden können. Die Sachaufgaben stehen im Vordergrund. Dazu werden die Aufgaben im Detail festgelegt und die Mitarbeiter kontrolliert. Im Konfliktfall setzt die Führungskraft die eigene Meinung durch.

---

7 Drumm 2005: 542. Zur Kritik an diesem Modell siehe auch Neuberger 1995: 188–190; Hentze et al. 2005: 234f.

1,9-Vereinsmanagement: Beim 1,9-Führungsstil in der oberen linken Ecke dominiert die Pflege positiver Gefühle anstelle der Erzielung von Leistungsergebnissen. Die Führungskraft konzentriert sich auf eine gute kollegiale Zusammenarbeit. Die Befriedigung sozialer Bedürfnisse führt zu einem gemächlichen Arbeitstempo, während Sachaufgaben und eine sachbezogene Kritik vernachlässigt werden.

5,5-Humanes Management: Der 5,5-Führungsstil in der Mitte des Gitters ist gekennzeichnet durch das Streben nach Kompromissen, dem Mitmachen und der Absicht, es sich nicht mit anderen zu verderben.

1,1-Überlebensmanagement: Beim 1,1-Führungsstil in der untern linken Ecke reicht ein minimaler Aufwand, um sich im Unternehmen zu halten. Die Aufgaben werden nur pflichtgemäß erledigt.

Abb. 5: Führungsgitter von Blake und Mouton

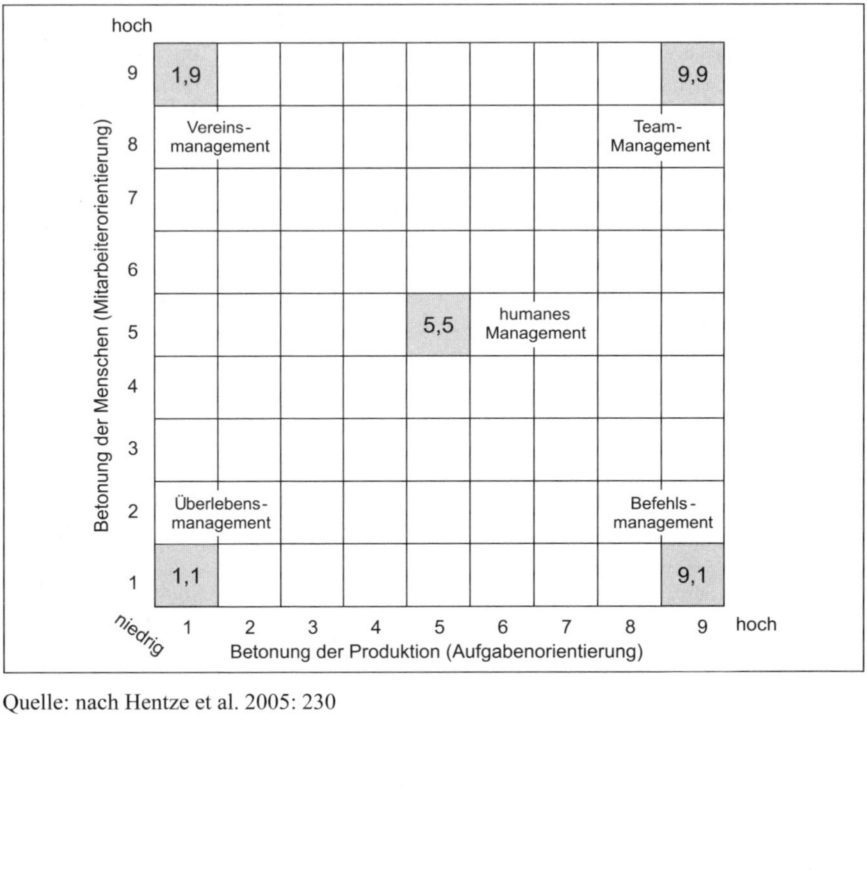

Quelle: nach Hentze et al. 2005: 230

Der 9,9-Grid-Stil wird von den Autoren als optimal angesehen. Zehn Verhaltensprinzipien, wie z.B. offene Kommunikation, direkte Konfliktlösung, Stärkung der Eigenverantwortung durch Delegation, gemeinsame Teilnahme an Problemlösung und Entscheidungsbildung, Führen mit Zielvereinbarungen, leistungsgerechte Bezahlung und positiver Umgang mit Kritik, sind die Basis für eine 9,9-orientierte Managementstrategie (Lux 1995: 2137; Hentze et al. 2005: 234). Die zehn Verhaltensprinzipien bilden die Grundlage für ein ‚gesundes Verhalten'. Auf der anderen Seite ist der Managerial-Grid-Theorie zufolge bei einer nachhaltigen Verletzung dieser vernünftigen Verhaltensweisen mit dem Zusammenbruch der Organisation zu rechnen (Lux 1995: 2137).

Führung in der öffentlichen Verwaltung bewegt sich traditionell in der unteren linken Ecke des Führungsgitters.[8] Die Aufgabenwahrnehmung (Abszisse im Grid) ist schon durch den starken Bezug auf die korrekte Regelanwendung deutlich begrenzt. Da irgendeine brauchbare Lösung oft ausreicht, kommt eine intensive Auseinandersetzung mit der Aufgabe in Form von Alternativenbewertung im Vorfeld der Entscheidung oder im Rahmen eines Projektcontrollings während und nach der Realisierung oft zu kurz. Die Mitarbeiterorientierung (Ordinate im Grid) ist in hierarchischen Systemen schon per Definition gering, wo doch die bürokratisch-monokratische Verwaltung für Max Weber (1980: 129) die „Herrschaft der formalistischen Unpersönlichkeit" darstellt.[9] Und dies gilt gleichermaßen in der Amtshierarchie (zwischen Behörden), in der personenbezogenen Hierarchie und auch gegenüber dem Bürger. Führung in der öffentlichen Verwaltung wird damit zum Überlebensmanagement. Zum Überlebenskampf der Führungskräfte in öffentlichen Verwaltungen gehört die Verschleierung von fachlichen und methodischen Defiziten nach oben, nach unten und nach außen. Während dies nach oben und nach außen teilweise gelingt, fällt es nach unten zunehmend schwer. Wie Höhn feststellt, sprengt der Spezialist den autoritären Führungsstil:

> „Ihm kann der Vorgesetzte nichts mehr ‚vormachen', täuscht er fachliche Überlegenheit vor, wo sie nicht vorhanden sein kann, so wird er unglaubwürdig und schadet sich selbst dadurch am meisten." (Höhn 1989: 41)

Um das System der (Selbst-)Täuschung aufzubauen und zu pflegen werden gegenüber den Mitarbeitern vielfältige Strategien der Manipulation und Unterdrü-

---

8 Es sei hier ausdrücklich darauf hingewiesen, dass sich viele Verwaltungen auf den Weg in die rechte obere Ecke des Führungsgitters gemacht haben. Es ist allerdings immer wieder erstaunlich, wie verankert auch in Verwaltungen moderner großer deutscher Städte ein reines Überlebensmanagement ist.

9 „[...] die Herrschaft der formalistischen *Unpersönlichkeit*: sine ira et studio, ohne Haß und Leidenschaft, daher ohne ‚Liebe' und ‚Enthusiasmus', unter dem Druck schlichter *Pflicht*begriffe." (Weber 1980: 129)

ckung angewendet. Innere und äußere Kündigung der guten Mitarbeiter sind die Folge. Stellenbesetzungen werden vorzugsweise intern vollzogen (Senioritätsprinzip), womit man sicher ausschließt, dass fachlich versierte Externe die Wissensbasis der Dienststelle erhöhen. Bei ihrem Überlebenskampf können Führungskräfte in öffentlichen Verwaltungen durchaus besondere Fähigkeiten entwickeln, die in vorzüglicher Weise durch zwei Mischformen der Grid-Stile ausgedrückt werden (Lux 1995: 2132; Hentze et al. 2005: 231). Da ist zum einen der Paternalismus, der die Mitarbeiterkontrolle des 9,1-Grid-Stils mit der Rolle des väterlichen Vorgesetzten des 1,9-Grid-Stils verbindet. Der wohlwollende Patriarch belohnt die Befolgung von Anweisungen mit Lob, während die Nichtbefolgung kritisiert und bestraft wird. Zum anderen gibt es den opportunistischen Grid-Stil, wenn mehrere Grid-Stile gezielt gleichzeitig angewendet werden: Bei Vorgesetzten und wichtigen Leuten schmeichelt man sich nach 1,9 ein, während man Kollegen oder Gleichgestellten den einen oder anderen Gefallen tut, um diese dadurch zu verpflichten; und im Umgang mit Untergebenen setzt man den 9,1-Stil, also Führung durch Herrschaft, Gewalt und Kontrolle, ein. Das bedeutet aber alles nicht, dass die Führungskraft in der öffentlichen Verwaltung nicht fleißig und viel arbeitet. Nur ist sie dabei nicht mit den klassischen Führungsaufgaben (z.B. der Strategieentwicklung, Impulsgebung, Steuerung) befasst, sondern folgt dem Weberschen Ideal vom Vorgesetzten als oberstem Sachbearbeiter.

Harzburger Modell

Das 1966 von Höhn vorgestellte und insbesondere in den 1970er Jahren in Wirtschaft und Verwaltung sehr populäre Harzburger Modell zielt auf die Veränderung des Führungsstils. Die autoritäre Führung soll durch eine *Führung im Mitarbeiterverhältnis* abgelöst werden (Höhn 1986: 1ff.). Wegen dieser Namensgebung wird es häufig mit kooperativer Führung gleichgesetzt (Wunderer/Grundwald 1980a: 288), obwohl Kern der *Führung im Mitarbeiterverhältnis* die Delegation von Verantwortung ist (Höhn 1986: 9). Dem Harzburger Modell kommt aus heutiger Sicht vor allem das Verdienst zu, im deutschsprachigen Raum eine Diskussion um den *zeitgemäßen Führungsstil* angestoßen zu haben (Guserl/Hofmann 1976: 247).

Die wesentlichen Instrumente zur Verwirklichung der *Führung im Mitarbeiterverhältnis* sind detaillierte Stellenbeschreibungen und die Allgemeine Führungsanweisung. Die Allgemeine Führungsanweisung enthält u.a. ausführliche Beschreibungen der Pflichten der Mitarbeiter und der Vorgesetzten, der zu übernehmenden Verantwortung, von Mitarbeitergespräch und Mitarbeiterbesprechung, von Dienstgespräch und Dienstbesprechung, von Dienstaufsicht und Erfolgskontrolle, zur Äußerung von Kritik und Anerkennung, zu Grundsätzen der Information, zu Einzelaufträgen, Beschwerden, Dienstweg und vielen anderen Punkten (Höhn 1986: 323) und zeigt bereits durch diesen Regelumfang und die Regeltiefe ihren reglementierenden Charakter. Sie hat als Dienstanweisung zudem sanktionierenden Charakter bis zur Entlassung von Mitarbeitern bei Fehlverhalten (ebd.: 322).

Bald nach seiner Einführung sahen sich das Harzburger Modell und sein Entwickler – Reinhard Höhn – einer starken Kritik ausgesetzt. So wurde dem Harzburger Modell u.a. vorgeworfen, dass es vor allem die heute relevanten Motive nach Selbstentfaltung sowie nach Achtung und Status nur sehr unzureichend befriedigt, während die Sicherheitsmotive überbetont werden (Steinle 1975: 250f.). Das Harzburger Modell befriedige falsche Motive und wirke damit eher demotivierend als motivierend. Außerdem wurde nachgewiesen, dass der Partizipationsgrad beim Harzburger Modell nur gering ist, da lediglich Routineentscheidungen delegiert werden und die Beteiligung beim Zielbildungsprozess nur gering ist, während gleichzeitig der Kontroll- und Kritikcharakter (Kritik im Sinne eines Verhaltensänderungsbefehls statt einer zukunftsbezogenen Problemlösung) dominiert (ebd.: 251). Aufgrund der vielen direkten und indirekten Einflussmöglichkeiten auf die Mitarbeiter, z.B. durch Anweisungen, Anregungen, Richtlinien, Einzelaufträge und die Pflicht zur Selbstinformation der Mitarbeiter ist das Harzburger Modell ausgesprochen vorgesetztenzentriert (Guserl/Hofmann 1976: 53f.). Reber (1970: 635) kommt in seiner Kritik zu dem Ergebnis, dass das Harzburger Modell wesentliche Kernpunkte des Weberschen Bürokratiemodells enthält. Im Harzburger Modell werde lediglich der „patriarchalisch-autoritäre“ Führungsstil durch einen „bürokratisch-autoritären“ Führungsstil ersetzt. Guserl/Hofmann (1976: 53) identifizierten im Harzburger Modell 315 Organisationsregeln und führen dies als Hinweis an, dass im Harzburger Modell der Patriarch durch rationale Regelungen abgelöst wird. „Letztere gelten aber gegenüber den Mitarbeitern genauso autoritär wie die Anweisungen der Patriarchen“ (Reber 1970: 633). Aufgrund der erheblichen Diskrepanz zwischen der Zielsetzung des Harzburger Modells, eine Nutzung des Mitarbeiterpotenzials durch Aktivierung von Initiative und Mitdenken der Mitarbeiter durch Delegation von Verantwortung zu erreichen, und den hierzu eingesetzten Führungsinstrumenten, wurde das Harzburger Modell als Führungsfassade entlarvt (Steinle 1975: 253). Das Ganze entbehrt nicht einer gewissen Tragik, da Höhn offensichtlich mit dem Harzburger Modell in abgewandelter Form genau das geschaffen hat, was er eigentlich z.B. in seinen Büchern zur inneren Kündigung leidenschaftlich bekämpft hat, nämlich ein autoritäres Führungsmodell. Vielleicht ist an dieser Stelle auch die Verwandlung vom Nazi mit SS-Vergangenheit zum überzeugten Demokraten nicht in jedem Punkt geglückt (Rüthers 2000: 2866–2871).

In der öffentlichen Verwaltung ist aus dem Harzburger Modell vor allem die Stellenbeschreibung übrig geblieben. Während die Stellenbeschreibung bis dato lediglich als organisatorisches Hilfsmittel angesehen wurde, ist sie im Harzburger Modell ein ausgesprochenes Führungsinstrument. Darin sieht Höhn das grundsätzlich neue und sich von den bisherigen Vorstellungen unterscheidende Element der Stellenbeschreibung (Höhn 1967: VII). In Stellenbeschreibungen werden seit Höhn „für jede Position Aufgaben, Kompetenzen und die daraus erwachsende Verantwortung festgelegt“ (Höhn 1986: 20) woraus die Stelleninhaber „ihre eigene Initiative sowie ihr selbstständiges Denken und Handeln“ (ebd.: 32) entwickeln müssen (vgl. die herrschende Meinung in Knebel/ Schneider 1997: 15). Für Steinle (1975: 252) normieren derartige Stellenbeschreibungen lediglich einen statischen Aufgabenbereich in einer Kästchenhierarchie. Nach Guserl/Hofmann (1976: 57) kann die Dogmatik der Stellenbeschreibung zur Bürokratie, zum ausgeprägten Ressortdenken und zur Überorganisation, mit der Gefahr einer organisatorischen Zementierung führen. McGregor (1973: 97) weist darauf hin, dass die Stellenbewertungen Anhaltspunkte für die Gehaltspolitik und für Neueinstellungen bzw. Stellenbesetzungen geben können, dass ihr Hauptzweck häufig aber darin bestehe,

> „(1) das Trachten der Organisationsplaner nach Ordnung und Systematik zu befriedigen und (2) dem Top-Management die Rückversicherung zu gewähren, dass jedermann ein Stück Papier besitzt, das ihm sagt, was er zu tun hat. Nur liegt eine Gefahr darin, beide Gruppen könnten den Fehler begehen anzunehmen, diese Beschreibungen würden die Wirklichkeit wiedergeben.“

Eine Stellenbeschreibung in der beschriebenen Art bestätigt und befriedigt primär das unspezifische Verlangen nach Geregeltheit (Steinle 1975: 250). Stellenbeschreibungen sind damit in besonderer Weise verwaltungskonform und werden dort auch heute noch meist unreflektiert geführt, ohne dass von ihnen Impulse für eigene Initiative sowie selbstständiges Denken und Handeln der Mitarbeiter ausgehen.

Management by Objectives (MbO)

In den 1970er Jahren wurde das Harzburger Modell vom Management by Objectives (MbO) als vorherrschendes und am meisten diskutiertes Führungsmodell abgelöst (Wild 1973: 284; Wunderer/Grunwald 1980a: 305; Rühli 1995: 762; Braunschweig et al. 2001: 80). Beim MbO stehen die (operationalen = messbaren) Ziele im Vordergrund und nicht wie beim Harzburger Modell die in Stellenbeschreibungen festgehaltenen Aufgaben. Charakteristisch für das MbO ist, dass in einem verschränkten Top-Down- und Bottom-Up-Vorgehen (Gegenstromprinzip) eine Zielhierarchie für die anstehende Planungsperiode in der

Weise festgelegt wird, dass durch die Erreichung der nachgeordneten Ziele das Erreichen der übergeordneten Unternehmensziele erreicht wird (Wild 1973: 292; Gebert 1995: 426). MbO als ‚Führung durch Zielvereinbarung' (nicht Zielvorgabe) setzt die Anwendung eines partizipativen Führungsstils voraus. Weiteres wichtiges Element des MbO ist die Delegation von Aufgaben und Verantwortungsbereichen an nachgeordnete Führungsebenen bzw. die Sachbearbeiterebene. Beim delegierenden Vorgesetzten verbleibt nur die Führungsverantwortung, während die Handlungs- und die Ergebnisverantwortung für Teilziele auf den Delegationsempfänger übergehen. Der Vorgesetzte greift nur in so genannten Ausnahmefällen ein (MbO schließt damit Management by Exception ein; Wild 1973: 290). In einem geschlossenen periodischen Kreislauf werden Planung, Zielbildung, Erfolgskontrolle und Abweichungsanalyse durchgeführt bzw. überprüft, wobei die kurzfristigen Ziele in der Regel jährlich festgelegt werden, während in kürzeren Abständen so genannte Fortschrittsbesprechungen stattfinden (ebd.: 291).

Die wesentliche Kritik am MbO betrifft die mangelnde Theoriebezogenheit und die damit verbundene „intellektuelle Schönfärberei" (Wunderer/Grunwald 1980a: 310f.), wobei Gebert (1995: 427) in den 1990er Jahren eine „erfreuliche Theorie-Renaissance" in der MbO-Literatur ausmacht. In seiner Grundorientierung ermöglicht MbO Selbststeuerungsprozesse, kontinuierliche Verbesserungen und organisationales Lernen (Wild 1973: 287). Es werden überwiegend höhere Motivklassen wie nach sozialem Kontakt, Achtung und Status und nach Entfaltung und Entwicklung angesprochen (Steinle 1978: 217; Wild 1973: 301). Damit werden Organisationen, die mit MbO führen, insbesondere für entfaltungsorientierte und leistungsergebnisbezogene Mitarbeiter interessant (Steinle 1978: 224; Banner 1975: 36). Langfristig ist eine Selbstselektion von Mitarbeitern in dieser Richtung zu erwarten. Auch für primär sicherheitsorientierte Mitarbeiter biete das MbO durch seine Entwicklungsanreize langfristig ausreichend Befriedigungsmöglichkeiten (ebd.).

Damit scheinen günstige Bedingungen für eine Anwendung von MbO auch in öffentlichen Verwaltungen vorzuliegen, um auch dort „mehr Leistung durch klare Ziele und zielorientiertes Verhalten, mehr Zufriedenheit durch Identifizierung mit den Zielen und Anerkennung und Belohnung der ‚richtigen' Leistung" zu erreichen (Wild 1973: 290). Wild hält eine Anwendung von MbO in öffentlichen Verwaltungen auch bei Berücksichtigung der dort vorherrschenden besonderen Rahmenbedingungen grundsätzlich für möglich (ebd.: 307f.). Voraussetzungen dafür sind neben der Bereitschaft aller Beteiligten zur Umsetzung des Modells aufwendige Änderungen der Strukturen z.B. in den Bereichen Dienstrecht, Personalpolitik, Organisation und insbesondere ein Ausbau des Planungssystems sowie ein jahrelanger Umstellungs- und Lernprozess (ebd.: 308 u. 313). Die „typische Motivation der Beamten" sieht Wild nicht als Hindernis für eine Einführung von MbO:

> „Hier ist sogar eher zu vermuten, daß zumindest die ursprüngliche Motivationslage der Mitarbeiter [...] günstiger als in der Wirtschaftspraxis ist, daß also Antriebsverluste, Desintegrationserscheinungen, Kompensationsverhalten u.ä. erst durch den Sozialisationsprozeß im System der öffentlichen Verwaltung auftreten" und „Einstellungen, Verhaltensweisen und Motive der Mitarbeiter [...] durch Systemänderungen und entsprechende Lernprozesse langfristig auch korrigierbar" sind (ebd.: 310).

Schwierigkeiten sieht Wild allerdings in der Zielformulierung der politischen Führungsspitze der Verwaltung, die bereit sein müsste, ihre Ziele offenzulegen und zu diskutieren, was taktische Nachteile im politischen Tagesgeschäft mit sich bringen kann (ebd.: 309; ähnlich Banner 1975: 31). Die Bürger könnten dann sogar auf den Gedanken kommen, vor den nächsten Wahlen nach dem Grad der Zielerreichung zu fragen. Oder wie Naschold (1995a: 17) es ausdrückt: „Denn Politiker setzen lieber Ziele, als dass sie Zielerreichungsgrade zu evaluieren wünschen".

In der öffentlichen Verwaltung wird Führen mit Zielen teilweise mit dem gewünschten kooperativen Führungsstil auf den mittleren und unteren Führungsebenen (die Verwaltungsspitze nimmt sich dabei gerne aus) verknüpft. Es wird dann nicht mehr angewiesen, stattdessen werden Zielvereinbarungen mit den Mitarbeitern getroffen. Herausgerissen aus einem von der Verwaltungsspitze vorgelebten strategischen Gesamtkonzept, werden Zielvereinbarungen auf der unteren Verwaltungsebene dann schnell als Kontrollinstrument missverstanden. Um derlei Ängste bei den Mitarbeitern zu zerstreuen, wird als nächstes die Operationalisierung (Messbarmachung) der Ziele aufgegeben. Zielvereinbarungen verursachen dann nur noch zusätzliche Arbeit, ohne einen konkreten Nutzen zu haben. Auch an diesem Beispiel wird die erstaunliche Fähigkeit des Verwaltungssystems deutlich, neue Instrumente an die vorhandenen Strukturen anzupassen, statt sie dafür zu nutzen, die vorhandenen Strukturen zu verändern.

Eine Wiederbelebung erfährt das MbO im Zuge der weltweiten New-Public-Management-Bewegung und dessen deutscher Variante, dem so genannten Neuen Steuerungsmodell. Die dort verfolgten output-orientierten Steuerungssysteme sind im Prinzip Weiterentwicklungen des ‚alten' MbO und werden heute auch unter der Kurzbezeichnung *Management by Results* (MbR) diskutiert (Naschold 1995a: 16; Reichard 1996b: 259; Bogumil 1997: 27; Naschold et al. 1998: 13; Schedler/Proeller 2003: 228; Schröter/Wollmann 2005: 67).

Fähigkeiten von Führungskräften

In der Führungs- und Managementliteratur findet man erstaunlich wenig Hinweise auf die Kompetenzen von Führungskräften. Der Schwerpunkt liegt dabei auf den Generalistenqualifikationen, während die Fach- oder Spezialistenqualifikationen eher am Rande thematisiert werden. Zurückgehend auf Katz (1974: 91) werden in der Führungs- und Managementliteratur technische Kompetenz, soziale Kompetenz und konzeptionelle Kompetenz als die Schlüsselqualifikationen von Managern genannt (Steinmann/Schreyögg 2005: 223–225; Hentze et al. 2005: 203). Unter technischer Kompetenz wird das Managementwissen und die Fähigkeit, theoretisches Wissen, Techniken und Methoden auf den konkreten Einzelfall anzuwenden, verstanden. Soziale Kompetenz ist die Fähigkeit, mit anderen Menschen effektiv zusammenzuarbeiten und durch andere Menschen zu wirken, während konzeptionelle Kompetenz die Fähigkeit darstellt, unübersichtliche komplexe Problemfelder zu strukturieren und in ein handhabbares Handlungskonzept umzuformen (Steinmann/Schreyögg 2005: 24). Weber (1995: 792) bezeichnet die Schlüsselqualifikationen von Managern als Fachkompetenz (fachliches Können), Sozialkompetenz (die Fähigkeit zu situationsangemessenem Verhalten) und Führungskompetenz (die Fähigkeit zur Mitarbeiterführung).

Mittlerweile wurden ganze Kompetenzkataloge entwickelt, die im Grundsatz eine Differenzierung der oben dargestellten einfachen Dreiteilung darstellen. Delhees (1995: 902) ermittelte empirisch u.a. folgende Führungseigenschaften: Dominanz, Durchsetzungsfähigkeit, Selbstvertrauen, Bedürfnis nach sozial ausgerichteter Macht, Kooperationsbereitschaft, Interaktionskompetenz, Gruppensteuerung, Initiative, Ehrgeiz, Intelligenz, Entscheidungsfähigkeit und Urteilsvermögen. Boyatzis (1982: 23 u. 229f.) ermittelte sieben unverzichtbare Basiskompetenzen von Führungskräften: logisches Denken, richtige Selbsteinschätzung, positive Orientierung, Entwicklung anderer, Spontaneität, Einsatz von einseitiger Macht und Spezialwissen. Aus einer Befragung von Spitzenführungskräften stellte Berthel (1992a: 211) folgende Rangfolge von Manager-Qualifikationen auf:

(1) interdisziplinäres Denken und Handeln,
(2) konzeptionelle Gesamtsicht,
(3) Menschenführung und Motivation,
(4) Kommunikationsfähigkeit und -bereitschaft,
(5) Marktorientierung,
(6) Sachkompetenz,
(7) wirtschaftliches Grundverständnis,
(8) Kreativität für neue Lösungen,
(9) Lernfähigkeit und Flexibilität,
(10) Entscheidungen treffen/Verantwortung übernehmen,
(11) Kooperations- und Kompromissfähigkeit,
(12) Organisationsfähigkeit,
(13) technologisches Vorausdenken sowie
(14) Methodenwissen.

Eine über 60 Länder umfassende Studie ergab, dass weltweit Integrität, Vision, Inspiration, Leistungsorientierung und Teamorientierung als Merkmale herausragender Führer gelten, während narzisstischen, autokratischen und rücksichtslosen Personen weniger Führungskompetenz zugetraut wird (Wunderer 2006: 23f.).

Solche personen- oder eigenschaftsorientierten Kataloge sind letztlich Ausdruck der Great-Man-Theorie, die davon ausgeht, dass eine begrenzte Anzahl von Menschen als Führungspersonen mit hervorstechenden, stabilen und situationsunabhängigen Führungsqualitäten geboren werden (Hentze et al. 2005: 172). Diese Theorie wird in der Praxis natürlich vor allem von denen geschätzt, die Führungspositionen innehaben (Hentze et al. 1997: 186).

Als wesentliche Fähigkeit von Führungskräften wird vereinzelt plakativ die Fähigkeit mit Menschen umzugehen genannt (Braunschweig et al. 2001: 370). Demnach basieren 85% des Erfolgs von Managern auf der Fähigkeit, mit Menschen umzugehen, während lediglich 15% des Erfolgs auf technische Fähigkeiten und Wissen zurückzuführen sind (ebd.: 360). Die fachliche Komponente im Spektrum erwarteter Managementkompetenzen scheint gegenüber den anderen Schlüsselqualifikationen, an Bedeutung zu verlieren (Weber 1995: 793). Ansoff (1976: 192) spricht in diesem Zusammenhang vom „T-shaped individual“, wobei der Stamm die Fach- oder Spezialistenqualifikationen symbolisiert, während der Querbalken die zunehmend bedeutsameren Generalistenqualifikationen (z.B. soziale Kompetenz, konzeptionelles Denken, Führungsfähigkeiten) ausdrückt. In Ansoffs Bild reicht heute ein relativ kurzer Stamm, der aber lang genug sein muss, um eine Brücke zwischen Technik und Management zu bilden (ebd.: 194).

Vielleicht ist hierdurch zu erklären, dass Führungskräfte mit Verwaltungsausbildung (Beamte, Diplom-Verwaltungswirte) häufig den Standpunkt vertreten, dass man für Führungsaufgaben kein Fachwissen benötige. Beamte wären vielmehr aufgrund ihrer breiten Ausbildung auch für die Leitung von technischen Fachbereichen (z.B. Abfallwirtschaft, Grünflächen), für betriebliche Aufgaben (z.B. Bezirksleiter, Logistik) oder für die EDV-Sachbearbeitung besonders gut geeignet. Dabei werden die fachlich-inhaltlichen Voraussetzungen für eine erfolgreiche Managementtätigkeit (vgl. Ansoffs Bild von der Fachqualifikation als Stamm) häufig übersehen.

In der privatwirtschaftlichen Praxis ist es jedoch so, dass allenfalls in ganz großen Unternehmen mit technisch kompetenten und erfahrenen Stäben und Mitarbeitern die fachlich-technischen Kompetenzen des Führers in den Hintergrund treten (Katz 1974: 101). In allen anderen Unternehmen hingegen ist es für den Unternehmenserfolg von erheblicher Bedeutung, dass der Führer etwas vom Geschäft versteht: „Er muss nicht nur die richtigen Fragen an seine Mitarbeiter richten, er benötigt außerdem genügend Branchenwissen, um die Antworten zu interpretieren“ (ebd.). In den Fokus gerät dieser Aspekt dann, wenn Fehlentscheidungen Unternehmen in kritische Situationen bringen (Weber 1995: 796).

In der privaten Wirtschaft gelten deshalb Fachkompetenz, die Erreichung wirtschaftlicher Kennzahlen und unternehmerisches Handeln als herausragende Managerfähigkeiten neben einem kulturbewussten Team- und Führungsverhalten (Sackmann 2004: 214). In der öffentlichen Verwaltung bleiben Fehlentscheidungen allerdings in der Regel unbemerkt oder bleiben ohne Konsequenz, was Führungskräfte in dem Glauben bestärken mag, ihre eigene Fachkompetenz würde für die öffentliche Verwaltung ausreichen.

Aus empirischen Untersuchungen ist zudem bekannt, dass Mitarbeiter von ihren Chefs in erheblichem Umfang Fachkompetenz erwarten. So wurde bei einer von Braunschweig durchgeführten Befragung Fachwissen als zweitwichtigste Managereigenschaft direkt nach „gutem Umgang mit Menschen“ genannt und „kompetent“ kam auf den fünften Platz von 100 möglichen Items (Braunschweig et al. 2001: 371). Aus der fachlichen Kompetenz leitet sich in erheblichem Umfang die Legitimation der Führung ab. Dies wird in hierarchischen Organisationen durch delegierte Positionsmacht erworben, „muss aber durch fachliche Autorität des Vorgesetzten im Sinn von Expertenmacht ergänzt werden“ (Drumm 2005: 493). Nach Schein (1980: 27) entsteht eines der schwierigsten und häufigsten organisatorischen Dilemmas, wenn eine Person in einer Autoritätsposition (aufgrund einer Beförderung) nicht als Experte bezüglich der Aufgaben, die diese Position mit sich bringt, anerkannt wird.

Als entscheidendes Merkmal für professionelles Berufshandeln gilt verbreitet die Anwendung professionellen (wissenschaftlichen) Wissens im Gegensatz zu Alltagswissen (Arnold 1983: 54). Hierbei geht man davon aus, dass fachwissenschaftliche Deutungssysteme in der Regel wesentlich differenzierter sind als die Alltagstheorien über den jeweiligen Betrachtungsbereich und auch in einem höheren Maße unabhängig von den individuellen lebensgeschichtlichen und lebensweltlichen Kontexten. Runkel (zitiert nach Arnold 1983: 54) beschreibt diese „reflektierten Erkenntnisweisen“ der Wissenschaft deshalb treffend als „kognitive Ablösungsprodukte vom Alltagsleben“. Für Arnold sind die unterschiedlichen Maßstäbe der Erklärbarkeit der wesentliche Unterschied zwischen den beiden Wissensformen:

> „Während für die Alltagstheorien das *Plausibilitätskriterium* im Sinne der sinnkonstituierenden interpretativen Einpassung von Situationsdeutungen in das Arsenal lebensgeschichtlich erworbener, subjektspezifischer Hintergrundserwartungen und Gewißheitsannahmen charakteristisch ist, entsprechen die wissenschaftlichen Theorien in stärkerem Maße dem *Intersubjektivitätskriterium* im Sinne einer der Komplexität des Gegenstandes adäquaten Binnendifferenzierung und maximalen Überzeugungsfähigkeit der erklärungsrelevanten Theorieelemente.“ (Ebd.: 56)

Wissenschaftliche (professionelle) Theorien wirken zudem komplexitätserweiternd in dem Sinne, dass sie Alternativen sichtbar machen und damit eine der

Bedingungen dafür schaffen, dass das Handeln und Denken freier wird, während Alltagstheorien komplexitätsreduzierend in dem Sinne wirken, dass das alltägliche Interpretieren handlungsbegleitend, handlungsabsichernd (Absicherungscharakter von Alltagstheorien) und im Rahmen individueller Betroffenheit selegierend ist und alternative Möglichkeiten damit notwendigerweise abgeschnitten werden (ebd.).

Für die Findung von ersten brauchbaren Entscheidungen (Luhmann 1960: 105) erweist sich Alltagswissen oft als ausreichend. So ist es z.B. möglich, dass ein Verwaltungsbeamter nach kurzer Recherche im Internet ein eigenes Sperrmüllkonzept entwickelt und gegen den Rat seiner Fachleute von den kommunalen Gremien beschließen lässt. Hierbei spielt auch eine Rolle, dass die Besetzung von Führungspositionen häufig unabhängig von beamtenrechtlichen oder tarifvertraglichen Regelungen (Auswahl nach Leistung) nach wie vor verbreitet nach dem Senioritätsprinzip oder nach dem Parteibuch erfolgt, sogar wenn Kandidaten ihre Unfähigkeit in langjähriger Berufstätigkeit vorher bereits eindrucksvoll unter Beweis gestellt haben. Zu Macht und Ansehen gekommen, bauen diese Führungskräfte mangels eigener Fach-, Methoden- und Führungskompetenz mit Hilfe der Autoritätshierarchie eine Führungsfassade auf. Die mittelmäßigen Ergebnisse werden weder von der Verwaltungsspitze noch von den Räten oder Parlamenten ernsthaft in Frage gestellt. Dies gilt erstaunlicherweise auch nach fast 20 Jahren New-Public-Management-Reform, bei der die Ökonomisierung der Verwaltung und die Stärkung der Managementkompetenz der Verwaltung zentrale Reformziele sind (siehe Kapitel 6 und 8). Hier klaffen die neuen Verwaltungsleitbilder, die fast überall formuliert wurden, erstaunlich weit mit der aktuellen Verwaltungswirklichkeit auseinander. Offensichtlich wird hier nach außen viel Reformrhetorik verbreitet, ohne dass sich nach innen wesentliches verändert. So gilt auch heute noch, dass

> „das Gegenstück zur Aneignung des Erfolges durch die Hierarchie [...] die in der modernen Bürokratie so weit verbreitete Herabsetzung des Intellekts, der Phantasie und des Könnens [ist]." (Thompson 1971: 224)

Für Ellwein/Hesse (1997: 156) gibt es lediglich mittlere Wege (warum eigentlich?), auf denen die einen nicht gewaltsam auf das Mittelmaß gedrückt werden und es den andern verwehrt wird, das Klima zu bestimmen. Scott (1971: 205) schließt aus dem Vorhandensein von Spezialisten mit einer „bürokratischen Orientierung", dass sich in der Praxis viele Spezialisten durch Aufgabe ihrer professionellen Bindungen den Ansprüchen der Organisation anpassen.

Aus der Äußerung von Scott könnte man schließen, dass es sich bei Beamten und Diplom-Verwaltungswirten nicht um Professionen handelt. In der Berufssoziologie bezeichnen die Begriffe Arbeit, Beruf und Profession verschiedene Entwicklungsgrade beruflichen Handelns. Der Prozess, in dem sich Arbeitszusammenhänge zu Berufen verfestigen, wird auch als Verberuflichung bezeichnet, während die Weiterentwicklung von Berufen zu Professionen als Professionalisierung bezeichnet wird (Arnold 1983: 20). Arnold nennt fünf Strukturmerkmale professioneller Berufe:

(1) Berufsverband, Zugangsregelung (kollegiale Binnenkontrolle und Kontrollinstanz für die Erreichung des professionellen Status),
(2) Sozialprestige (Ansehen, materielle Sicherheit und Aufstiegschancen),
(3) Autonomie (Entscheidungs- und Handlungsspielräume im alltäglichen Berufshandeln bei persönlicher Verantwortung),
(4) Expertenschaft (Spezialisierung und Verwissenschaftlichung von Berufswissen und Berufstechniken im Sinne eines weitgehend an universalistischen Standards messbaren Kompetenzmonopols),
(5) Berufsethos (ein die beruflichen Handlungen orientierender Normenkodex mit Zentralwertbezogenheit, dem eine berufsgruppentypische, vielfach altruistisch motivierte Dienstgesinnung entspricht).

Damit dürfte die Einstufung des Beamtenwesens als Profession bereits an dem Kriterium der Autonomie scheitern. Auch bei den Kriterien Expertenschaft und Sozialprestige sind Zweifel angebracht, ob sie von den Verwaltungsberufen im Sinne einer Professionalisierung voll erfüllt werden.

Bürokratische Führung

Der bürokratische Führer verfügt über nur geringe Fachkompetenz. Dies führt bei ihm zu der Unsicherheit, ob er den Anforderungen des Tagesgeschäftes gewachsen ist. Wesentliche Teile seines Arbeitstages verbringt er deshalb damit, sein fehlendes Wissen durch Informationsgewinnung bei den Mitarbeitern auszugleichen. Hierzu hat er eine spezielle Fragetechnik entwickelt, die den Mitarbeiter im Ungewissen über die genauen Hintergründe der Fragen lässt. Damit erhält sich der bürokratische Führer einen kleinen Informationsvorsprung und versucht, Informationen selektiv von den Mitarbeitern abzugreifen. Sein geringes Wissen führt zu einer Vielzahl von unnötigen Aufträgen, zu Mehrfachaufträgen und zum Schleifendrehen von Vorgängen. Was er nicht selbst bearbeitet, bleibt liegen. Damit seine fachliche Inkompetenz nicht gegenüber seinen Abteilungsleitern deutlich wird, wendet sich der bürokratische Führer gerne direkt an die Sachbearbeiter. Umgekehrt wird hingegen auf strikte Einhaltung der Hierarchie geachtet. Fast alles, was nach außen geht, geht über seinen Schreibtisch oder ist vorher intensiv mit ihm abgestimmt. Delegieren und Vertrauen sind nicht seine Stärke. Der bürokratische Führer ist oberster Sachbearbeiter, der misstrauisch nach potenziellen Feinden Ausschau hält. Zum Feind wird jeder, der eine andere Meinung vertritt. Er erwartet bedingungslose Unterordnung, was er Loyalität nennt. Mit den Unterwürfigen bildet er eine Seilschaft, während er die fachlich versierten, kritischen, selbstständig denkenden Mitarbeiter mit Argwohn betrachtet. Besprechungen finden in der Regel mit großer Teilnehmerzahl statt. Dies wird als offener und kooperativer Führungsstil verkauft, dient in Wahrheit aber dazu, an ein Maximum von Informationen zu gelangen. Alle Meinungen sind erwünscht und werden letztlich gleich gewichtet. Der fachliche Gehalt der Meinungen spielt keine wesentliche Rolle. Geht die Diskussion in eine bestimmte Richtung, macht der bürokratische Führer diese am Ende der Besprechung zu seiner eigenen Entscheidung. Gibt es unterschiedliche Meinungen, kann er sich entweder der Mehrheit anschließen oder die Entscheidung wird verschoben. Kann er sich zu keiner Entscheidung durchringen, wird die Entscheidung auf Andere, z.B. das Rechtsamt übertragen. In eine Rechtsanfrage verkleidet erwartet er, dass die Risiken einer bestimmten Entscheidung aufgezeigt und mit einer Empfehlung verknüpft werden. Fehlende eigene Fachkompetenz und Misstrauen gegenüber den Fachkollegen führen zu der Vergabe von externen Gutachten. Diese werden von ihm selbst begleitet, um gegenüber seinen eigenen Fachleuten einen Informationsvorsprung herauszuarbeiten. Da ihm eine eigene fachliche Beurteilung der Gutachervorschläge nicht möglich ist, muss er dem externen Gutachter folgen. Nach Vorlage des Gutachtens enden diese schnell in der Schublade. Es reicht aber allemal dazu aus, nach oben Aktivität und Fachlichkeit zu vermitteln. Vorschläge und Ergebnisse Anderer gibt er als eigene aus. Die Vertretung der Dienststelle nach außen nimmt er ausschließlich selbst wahr. Im Konfliktfall kann sich der bürokratische Führer auf den Standpunkt stellen, mit seinen Mitarbeitern nicht inhaltlich diskutieren zu wollen. Es wird nur die Lieferung von Informationen eingefordert. Jetzt entwickelt der bürokratische Führer seine Stärke. Der vermeintliche Feind wird in kürzester Zeit ins Abseits gestellt. Er wird systematisch von Informationen ferngehalten, nimmt an Besprechungen nicht mehr teil, wird mit belanglosen Aufgaben beschäftigt, während ihm interessante Aufgaben entzogen werden. Zur psychologischen Kriegsführung gehört es,

(1) das Verhalten des Störenfrieds in der Führungsgruppe und nach oben zu thematisieren,
(2) sich bewusst auf falsche, teilweise völlig unsinnige Standpunkte zu stellen, um die fachliche Autorität des Feindes zu untergraben und
(3) in der Hierarchie an dem Störer vorbei zu regieren.

Die Grenzen zum Mobbing sind fließend. Die Deckung seines (Fehl-)Verhaltens von oben ist Bestandteil des hierarchischen Systems. Dies ist in gewisser

Weise erstaunlich, da der bürokratische Führer nach oben eher selektiv informiert und mehr mit seinem eigenen Überlebenskampf beschäftigt ist, als den übergeordneten Zielen zu folgen. In der Dienststelle sind die Mitarbeiter frustriert. Fehlende Führung führt schließlich zu einer Auflösung der Organisation. Es entsteht eine ausgeprägte Egal-Mentalität. Der bürokratische Führer wirkt nachhaltig über seine Pensionierung hinaus durch falsche Stellenbesetzungen und negative Kulturbeeinflussung.

Führungsfehler

Von der Theorie abweichendes Verhalten wird in der Literatur unter dem Stichwort Führungsfehler behandelt. Dies ist insofern missverständlich, als das Verhalten der Vorgesetzten zwar intersubjektiv falsch ist, aber im autoritär-hierarchischen Verwaltungssystem nicht als Fehler sanktioniert wird. In der Literatur werden vor allem sechs auf Volk zurückgehende Führungsfehler genannt, die trotz intensiver Fortbildung zu diesem Thema bis heute die harte Wirklichkeit des Vorgesetzten-Mitarbeiter-Verhältnisses in so mancher Dienststelle beschreiben und die wesentlich zur inneren Kündigung von Mitarbeitern beitragen (Volk 1988: 124–127; 1992: 76–80; Krystek et al. 1995: 79–92; Brinkmann/Stapf 2005: 79–93).

1. Schlechtes Informationsverhalten: Mitarbeiter benötigen Informationen u.a. dazu, ihre Aufgaben bearbeiten zu können, und um die Organisationsziele und -strategien erkennen zu können. Eine umfassende Information durch den Vorgesetzten ist zudem eine wirkungsvolle Maßnahme der Vertrauensbildung (Volk 1988: 124). Geringe Informationsweitergabe systematischer Art findet sich bei autoritärer Führung aus folgenden Beweggründen:

- Zurückhaltung von Informationen, um die eigene Person zu stärken.
- Information der Mitarbeiter nach Sympathie und Antipathie, um „Seilschaften“ zu stärken bzw. vermeintliche Feinde zu schwächen.
- Umdefinieren der Informationspflicht des Vorgesetzten in eine Holschuld des Mitarbeiters, um einen „Machtabstand“ (Krystek et al. 1995: 82) aufrecht zu erhalten (Brinkmann/Stapf 2005: 85f.).

2. Einsame Entscheidungen: Die Entscheidungskompetenz der Verwaltungsspitze ist im klassischen Bürokratiemodell Ausdruck eines Herrschaftsanspruchs. Entscheidungen werden dann leicht zu Akten einsamer Machtausübung. Die Mitarbeiter werden allenfalls vor der Entscheidung ‚angehört‘. Dies endet oft in reinem Aushorchen oder es verkommt zur „bloßen Formalität“ (Höhn 1983: 21). Dabei hat die Partizipation an Entscheidungsprozessen eine besonders positive Wirkung auf die Motivation der Geführten (Brinkmann/Stapf 2005: 88).

> „Aber heute, wo doch immer offensichtlicher Selbstverwirklichung vor der Selbsterhaltung rangiert, Leitung als Wert an sich Gegenstand intensiver Diskussion ist und Karriere als ausschließliche Lebenszielsetzung zumindest in Frage gestellt wird, lässt sich Begeisterung mit der Vorgabe einsamer Entscheidungen und der Aufforderung, nun munter zur Tat zu schreiten, weder wecken noch aufrechterhalten." (Volk 1988: 124)

3. Fehlende Mitwirkungsmöglichkeiten: Vor dem Hintergrund des gesellschaftlichen Wertewandels und mit dem Ideal der lernenden Organisation vor Augen ist eine konsequente Einbeziehung der Mitarbeiter in den vielschichtigen Prozess der betrieblichen Meinungs- und Willensbildung geboten. Mitarbeiter wollen sich entfalten, sie wollen ihre Erfahrungen, ihre Vorstellungen und ihr ganz spezifisches Fachwissen einbringen. Je mehr dies geschieht, umso wahrscheinlicher wird deren Bereitschaft, sich zu engagieren und Initiative zu entwickeln, Kreativität und Risikobereitschaft zu zeigen (Volk 1988: 125).

4. Eingriffe in den Kompetenzbereich des Mitarbeiters: Unzulässige Eingriffe in den Wirkungsbereich von Mitarbeitern gehören zu den häufigsten Gründen für die innere Kündigung (Höhn 1989: 47). Hierzu zählen die Vorgabe des Weges für die Lösung eines Problems, die in öffentlichen Verwaltungen verbreiteten „Stilübungen" bei der Verfassung von Schreiben, das Durchregieren an der untergebenen Führungskraft vorbei und die Selbstinformation des Vorgesetzten auf nachgeordneten hierarchischen Ebenen. Durchregieren und Selbstinformation bergen zudem die Gefahr von Fehlschlüssen oder Fehlentscheidungen, da die Informationen einer Hierarchiestufe dabei nicht einfließen. Wie tief solche Führungspraktiken in öffentlichen Verwaltungen noch verankert sind, wird deutlich, wenn in Führungskräftefortbildungen von Fachbereichsleitern als praktizierter Führungsstil wie selbstverständlich und nicht als Scherz ein ‚Management by Walking' genannt wird.

5. Mangelnde Gesprächs- und Diskussionsbereitschaft: Mit den Mitarbeitern wird vor allem dann gesprochen, wenn Aufgaben erteilt werden und wenn Informationen beim Mitarbeiter abgerufen werden müssen. Hierarchisch geprägte Vorgesetzte begreifen zudem die durch Mitarbeitergespräche entstehende Nähe und Vertrautheit als Beeinträchtigung ihrer Autorität. Als Lösung wird von vielen Verwaltungen im Zuge der Verwaltungsmodernisierung das formalisierte Mitarbeitergespräch eingeführt, welches einmal jährlich nach bestimmten Regeln geführt und dokumentiert werden muss. In der Praxis wird von den Vorgesetzten vor allem der zusätzliche Arbeitsaufwand für das Mitarbeitergespräch gesehen. Bei den Mitarbeitern herrscht Skepsis hinsichtlich des Erfolgs vor, da man die Einstellungen seiner Vorgesetzten nur zu genau kennt. In der Führung solcher Gespräche entfalten vor allem ausgemachte Hierarchen ihre durch langjährige Verwaltungspraxis erworbenen ‚Talente'. Durch angepasste Themenwahl, gepflegten Ton, Ausschöpfung des zeitlichen Rahmens und umfassende Dokumentation führen sie ein Mitarbeitergespräch vorbildlich, d.h. regelgerecht. Verordnete Mitarbeitergespräche sind deshalb eher Ausdruck von Hilflosigkeit als ein geeignetes Instrument zur Veränderung der Verwaltungskultur.

6. Kommunikationsfehler: In der öffentlichen Verwaltung kommt zu den ‚normalen' Kommunikationsproblemen eine strukturell bedingte Verkrampfung der Gesprächskultur hinzu. Chefs, die ihre Autorität aus der Position und nicht aus der Qualifikation ableiten, haben in der Regel Probleme, offene Diskussionen zu führen. Sie tendieren dazu, ihre fachlichen Defizite hinter autoritärem Gehabe zu verstecken, ihre Spezialisten gezielt zu umgehen, Mitarbeiter punktuell auszuhorchen und Gespräche für getarnte Anweisungen (z.B. Empfehlungen oder „lautes Denken" des Vorgesetzten) zu nutzen. Engagement und Kreativität der Mitarbeiter sind hier häufig schon deshalb nicht gefragt, weil sie den fachlich unqualifizierten Hierarchen schlicht überfordern. Die Struktur der öffentlichen Verwaltung bedingt zudem eine ausgesprochene Kritikunfähigkeit. Statt Kritik als Motor für Veränderung und Fortschritt zu sehen, wird sie im Sinne eines falsch verstandenen Loyalitätsbegriffs, bei dem Loyalität mit Gehorsam gleichgesetzt wird, systematisch unterdrückt. Nicht verstummende Kritik wird von erfahrenen Hierarchen in die Nähe eines arbeitsrechtlichen Vergehens gerückt, indem dem Kritiker illoyales und betriebsschädigendes Verhalten vorgeworfen wird. Ähnlich problematisch ist in der öffentlichen Verwaltung aufgrund des unscharfen Leistungsbegriffs der Umgang mit Anerkennungen für gute Leistungen bzw. mit Kritik an schlechten Leistungen. Das regelgerechte Abarbeiten von Routinevorgängen gibt wenig Anlass für Anerkennung. Hier gilt oft schon die Nichtäußerung von Kritik als Anerkennung. Falls aber gelobt wird, wird mit der Gießkanne gelobt. Bereits für die geringsten Leistungen wird Lob ausgesprochen, während schlechte Leistungen nicht thematisiert werden. Da Verwaltungen nach eigenem Verständnis und nach der Ideologie des Zusammenhangs von Aufgabe und Organisation immer ausgelastet sind, muss dies auch für den einzelnen Mitarbeiter gelten (Ellwein 1994: 61). Entgegengesetzte Beobachtungen einzelner Vorgesetzter führen deshalb schnell zu Protest, der zudem von den Personalräten unterstützt wird, die nicht selten auch „den faulen und unbeweglichen Mitarbeiter mit allen nur erdenklichen Mitteln [...] decken" (Ellwein/Hesse 1997: 85). Es ist deshalb nur zu verständlich, dass in einem solchen Arbeitsumfeld Anerkennung und Kritik nicht rational, sondern machtpolitisch eingesetzt werden. Mitglieder bestimmter Seilschaften werden gelobt, während die Anderen ignoriert werden. Loben verkommt damit zum Herrschaftszynismus (Sprenger 1991: 73).

Führung und Persönlichkeitsstörung

Kets de Vries/Miller (1986) haben den Zusammenhang zwischen Persönlichkeitsstörungen der Führer und den strategischen und organisatorischen Orientierungen von Unternehmen untersucht.[10] Die von beiden vertretene These ist, dass sich die Neurosen von Führungspersönlichkeiten auf die Unternehmen übertragen und deren Entwicklung nachhaltig stören können. Besonders deutlich wird der Zusammenhang zwischen pathologischen Führern und pathologischen Organisationen bei der Bündelung von Entscheidungskompetenz in einer oder wenigen Händen, wie es z.B. für bürokratische Organisationen kennzeichnend ist. Kets de Vries/Miller diskutieren fünf Persönlichkeitsstörungen, denen sie jeweils eine charakteristische Unternehmenskultur zuordnen:

1. Verfolgungswahn: Die Führungskraft unterliegt der Vorstellung, dass man niemandem trauen kann. Man muss deshalb immer auf der Hut sein und jederzeit vorbereitet sein, wahrgenommenen Bedrohungen zu begegnen. Derart veranlagte Personen sind leicht beleidigt und reagieren oft im Zorn. Neid und Feindschaft sind ständig präsent. Handlungen anderer werden leicht missverstanden, Kleinigkeiten aufgebauscht. Diesem pathologischen Muster ordnen Kets de Vries/Miller eine paranoide Unternehmenskultur zu. In diesen Kulturen herrscht eine Atmosphäre von Misstrauen, Verdacht und Feindschaft. Die Macht ist ausschließlich beim Führer vereinigt, da man sonst niemandem trauen kann. Der Chef wirkt nach außen feindlich, da er sich gegen vermeintliche Angriffe verteidigen will. Im Umgang mit seinen Mitarbeitern verfolgt er zwei unterschiedliche Strategien. Entweder übt er ein Übermaß an Kontrolle aus, oder er zeigt ein deutlich aggressives Verhalten, indem er seine Mitarbeiter gezielt ausnutzt.

2. Depression: Die depressive Führungskraft hält sich selbst nicht für gut genug. Sie lässt Selbstbewusstsein und Initiative vermissen. Sie ist geprägt von Gefühlen der Schuld, Nutzlosigkeit und des Versagens. Depressive Führungspersönlichkeiten suchen nach Beschützern und warten, bis andere Initiative zeigen. Die entsprechende Unternehmenskultur wird von Kets de Vries/Miller als depressive oder Vermeidenskultur bezeichnet. Es herrscht ein negatives und lethargisches Klima vor. Unmotivierte Angestellte reduzieren ihre Beiträge auf das Minimum des Erwarteten. Die Organisation entspricht einer Maschine, die mit Routineinput gefüttert werden muss. Das Maß an Veränderung ist gering.

---

10 Ein herausragendes Beispiel für ein eklatantes Fehlverhalten von Führungskräften wird in einem anonymen Brief an den Aufsichtsratsvorsitzenden von VW deutlich. Darin heißt es: „dieses Unternehmen wird von einem Mann mit psychopathischen Zügen geführt [Anm. gemeint ist Ferdinand Piech]. Alle kreativ und selbständig arbeitenden Führungskräfte werden entweder von ihren Positionen entfernt, begeben sich in die innere Emigration oder kündigen.“ (Blüthmann 1994: 30)

3. Größenwahn: Unter Größenwahn werden theatralische und narzisstische Persönlichkeitsstrukturen zusammengefasst. Beiden ist das Bedürfnis nach Aufmerksamkeit eigen. Andere Personen sollen beeindruckt werden. Der größenwahnsinnige Führer neigt deshalb zu Übertreibungen, exzessiven Emotionen und Begeisterungsstürmen. Er verfügt über wenig Selbstdisziplin und zeigt eine Tendenz zur Überreaktion. Gegenüber anderen Menschen ist er oberflächlich warm und herzlich. Er verfügt über wenig Empathie und nutzt Mitarbeiter aus. Die entsprechende Unternehmenskultur wird als charismatisch oder dramatisch bezeichnet. In solchen Unternehmen dreht sich alles um den Führer, der von seinen Mitarbeitern idealisiert wird. Unabhängig denkende Personen verlassen solche Unternehmen über kurz oder lang. Entscheidungen werden häufig aus dem Bauch heraus ohne große vorherige Analyse getroffen. Die anderen Führungskräfte warten und vertrauen auf die Intuition des charismatischen Führers. Dramatisch geführte Unternehmen sind hyperaktiv, impulsiv und risikofreudig.

4. Zwanghaftes Handeln: Zwanghaft veranlagte Führungspersönlichkeiten sehen Beziehungen in Form von Dominanz und Unterordnung. Sie erwarten, dass Andere ihre Handlungsmuster übernehmen. Sie unterliegen einem Drang zum Perfektionismus, der sie daran hindert, das Ganze zu sehen. Sie beschäftigen sich am liebsten mit nebensächlichen Details, versuchen alles in Regeln zu kleiden und handeln dogmatisch. Ordnung, Organisation und Effektivität sind gelebte Werte. Sie lassen es an Spontaneität vermissen und können nicht entspannen. In zwanghaften oder bürokratischen Kulturen herrscht Misstrauen gegenüber Untergebenen vor. Statt auf Engagement, auf Verfolgung geteilter Ziele oder auf die Talente der Mitarbeiter zu vertrauen, wird formale Kontrolle und direkte Beaufsichtigung ausgeübt. Regeln beherrschen das Tagesgeschäft.

5. Soziale Isolation: Sozial abgekoppelte Personen ziehen aus sozialen Kontakten keinerlei Befriedigung. Sie glauben vielmehr, dass soziale Kontakte früher oder später fehlschlagen und dann zu Verletzungen führen. Es ist also sicherer, sich distanziert zu verhalten. Ein Muster des Nichtinvolviertseins und des Rückzugs bestimmt die sozialen Kontakte. Nach außen wirken sozial isolierte Personen oft kalt und abgehoben. Damit soll ein Schutzschild gegen mögliche Verletzungen aufgebaut werden. In von sozial abgekoppelten Personen geführten Unternehmen herrscht eine politisierte oder schizoide Kultur vor. Die Firmenleitung wird den Führungskräften der zweiten Garde überlassen, die das Führungsvakuum auffüllen. Rangkämpfe sind an der Tagesordnung. Strategien werden sporadisch aus unterschiedlichen Koalitionen entwickelt. Folge sind häufig Probleme der Koordination und Zusammenarbeit sowie Abteilungsstreitigkeiten.

Im Falle der öffentlichen Verwaltung könnte es verständnisfördernd sein, wenn man vom Vorhandensein einer zwanghaften, bürokratischen Kultur ausgeht und sich dazu die Auswirkungen einer persönlichkeitsgestörten Leitung vorstellt. Am häufigsten liegen bei Führungspersönlichkeiten narzisstische Persönlichkeitskonstellationen vor (Kets de Vries/Miller 1995: 1609). Narzissten geben vor, sich selbst zu genügen, in der Tiefe ihres Wesens aber verspüren sie ein Gefühl von Verlust und Leere. Um mit diesen Gefühlen fertig zu werden und als Deckmantel für ihre Unsicherheit, beschäftigen sich Narzissten vor allem damit, ihre Macht, Schönheit, ihren Status, ihr Prestige und ihre Überlegenheit nachzuweisen. Gleichzeitig erwarten Narzissten von anderen eine Bestätigung der hohen Selbsteinschätzung und dass die anderen sich um ihre Bedürfnisse kümmern. Der Narzisst ist eine unabhängige, schwer einzuschüchternde Person, deren Hauptinteresse die Selbsterhaltung ist. Wenn seine Eitelkeit verletzt wird, reagiert sie entweder mit kalter Zurückhaltung, tiefer Depression oder lebhafter Aggression.

> „Oft ist Narzissmus die treibende Kraft, die hinter dem Wunsch steht, eine Führungsposition zu erreichen. Vielleicht sind Individuen mit stark narzisstischen Persönlichkeitsmerkmalen eher gewillt, die mühsame Prozedur zur Erreichung einer Machtposition auf sich zu nehmen." (Ebd.: 1610)

Narzissmus und Führung

Kets de Vries/Miller unterscheiden drei Typen narzisstischer Orientierung (Kets de Vries/Miller 1995; 1998: 49–52), vom bösartigsten oder pathologischsten bis zum eher anpassungsfähigen oder funktionellen Typ. Die folgende Beschreibung bezieht sich vor allem auf den mittleren Typ, den so genannten selbsttäuschenden Narzissten. Dieser wurde von seinen Eltern trotz seiner offenkundigen Fehler und Defizite in dem Glauben erzogen, er sei perfekt. Die Eltern verknüpfen damit die unrealistische Hoffnung, dass die Kinder ihre eigenen unerfüllten Wünsche und Bedürfnisse befriedigen können. Die Kinder werden praktisch zu Stellvertretern ihrer Eltern erzogen, betraut mit der Mission, die unerfüllten Hoffnungen der Eltern zu erfüllen. Bei den Kindern führt dies zu Selbsttäuschungen hinsichtlich ihrer wahren Fähigkeiten. Selbsttäuschende Narzissten entwickeln Abwehrmechanismen, die auf so genanntes ‚Splitting' zurückgeführt werden können. Hiermit bezeichnet man die Eigenschaft, alles entweder als ideal (gut) oder lästig (schlecht) zu bewerten. Personen mit einer Tendenz zum ‚Splitting' besitzen affektive und kognitive Vorstellungen von sich selbst und von anderen, welche dramatische Vereinfachungen darstellen. Aus dem ‚Splitting' heraus entsteht das Bedürfnis, unrealistische, völlig gute oder allmächtige Darstellungen anderer zu schaffen (Idealisierung). Werden die Erwartungen von der idealisierten Person nicht oder nicht mehr erfüllt, schlägt die Idealisierung rasch in eine rachsüchtige Abwertung um. Eine andere Ausprägung des ‚Splittings' ist die Projektion. Der Narziss versucht sich dabei von ungewollten Aspekten des Ichs zu befreien, indem er sie veräußerlicht und auf andere projiziert. Zum Beispiel wird in Verzerrung der Realität Schuld immer einem anderen oder etwas anderem gegeben. Es besteht dadurch nie ein Gefühl persönlicher Verantwortlichkeit. Narzisstische Führer weisen eine Reihe von klinischen Indikationen für narzisstische Persönlichkeitsstörungen auf: Sie sind kalt, unbarmherzig, überheblich und exhibitionistisch. Sie zeigen den Wunsch, zu dominieren und zu kontrollieren und sind meist extreme Ausbeuter. Selbsttäuschende Narzissten sind milder, sie wollen geliebt werden und sind weniger tyrannisch. Dennoch mangelt es ihnen an Einfühlungsvermögen, da sie hauptsächlich mit ihren eigenen Bedürfnissen beschäftigt sind. Auf seine Arbeit in einer Organisation wirkt sich die narzisstische Persönlichkeit vor allem in den von ihr unterhaltenen zwischenmenschlichen Beziehungen und in ihrem Entscheidungsverhalten aus. Selbsttäuschende Narzissten bevorzugen soziale Beziehungen mit Schmeichlern. Dies entspricht ihrer großen Unsicherheit und ihrem starken Bedürfnis nach Liebe. Gegenüber Kritik reagieren sie extrem empfindlich. Kritikern gegenüber neigen sie zur Missgunst. Willensschwächere Untergebene werden gegenüber willensstärkeren bevorzugt. Wenn ein selbsttäuschender Führer Interesse an den Tätigkeiten seiner Untergebenen zum Ausdruck bringt, geschieht dies eher aus dem Wunsch, einfühlsam zu erscheinen als aus einem echten Gefühl der Anteilnahme. Dieses Verhalten fördert Unterwürfigkeit und passive Abhängigkeit. Ein selbsttäuschender Narziss ist sehr bemüht, Chancen und besonders Gefahren in seiner Umwelt zu entdecken. Er ist unsicher und wird daher viel für die Untersuchung der inneren und äußeren Umwelt tun, um Gefahren zu neutralisieren und Fehler zu vermeiden. Es wird soviel für Analyse und Beurteilung getan, dass manchmal die Handlungsfähigkeit gelähmt wird. Bei strategischen Entscheidungen zeigt der selbsttäuschende Führer Vollzugsangst. Er möchte für seine Arbeit Anerkennung und Bewunderung finden, ist aber von Zweifeln geplagt, ob seine Fähigkeiten ausreichen. Er fürchtet sich vor dem Versagen. Aus dieser Unsicherheit heraus bittet er um Meinungen anderer. Entscheidungen werden dann als Ausfluss vielfältiger und langwieriger Meinungsabwägungen getroffen. Für narzisstische Führer sind Macht und Ansehen wichtiger als die tatsächliche Leistung. Sie konzentrieren ihre Energie eher auf Projekte, die politisch vorteilhaft erscheinen, als auf langfristige Ziele. Ihre Selbstgerechtigkeit, Arroganz, Unaufmerksamkeit gegenüber Strukturen und Prozessen in der Organisation, sowie ihre Unfähigkeit, sich auf einen echten Gedankenaustausch einzulassen, beeinträchtigen das Funktionieren des Unternehmens und verhindern dessen

Anpassung an Veränderungen. Da solche Führungskräfte andere von Entscheidungsprozessen ausschließen, Kritik nicht tolerieren und keinerlei Kompromisse schließen können, sind gravierende negative Folgen für die Organisation unvermeidlich. Die einfachste Möglichkeit der Schadensabwehr für Organisationen besteht darin, narzisstische Führer nicht einzustellen. Wurde dies versäumt und ist eine Entlassung nicht möglich, muss versucht werden, ihren Einfluss zu reduzieren. Hierzu kann Macht in der Organisation insbesondere auf starke, zuversichtliche und fachlich versierte Persönlichkeiten verlagert werden, die sich nicht fürchten, ihre Meinung zu sagen, und die dazu beitragen, mehr Realität in den Prozess der Entscheidungsfindung einzubringen.

Die von Peters/Waterman in ihrem Bestseller *Auf der Suche nach Spitzenleistungen* aus der Analyse von exzellenten Unternehmen aufgestellten Gebote

(1) ‚Achte auf den Einzelnen',
(2) ‚Lass die Menschen Erfolg haben',
(3) ‚Lass sie sich hervortun' und
(4) ‚Behandle Menschen als Erwachsene'

haben noch keinen verbreiteten Eingang in die öffentliche Verwaltung gefunden (Peters/Waterman 1991: 318). Die monistische Führungsauffassung lässt im Gegenteil Praktiken und Beziehungen entstehen, die in einem erheblichen Maße die Kindheit kopieren: „Dieses leugnen des Erwachsenseins ist zweifellos eine der quälendsten Seiten der modernen Organisation" (Thompson 1971: 223). Wie *Die Zeit* in einem Artikel zu dem französischen Bestseller *Notre état* (doppeldeutig ‚Unser Staat' oder ‚Der Zustand', in dem wir uns befinden) schreibt, langweilen sich viele Staatsdiener am Schreibtisch und leiden an der Entmündigung durch die Hierarchie (Hénard 2001: 7). Nach Ulrich erkennt man eine kranke Unternehmenskultur am subjektiven Unbehagen oder Leiden der Unternehmungsangehörigen, was sich in Gefühlen der Frustration, der Ohnmacht, der Entfremdung und der Sinnlosigkeit äußert:

> „Neu ist heute wohl nur, dass ganz analoge Ohnmachts-, Frustrations- und Leidenserfahrungen zunehmend auch für mittlere Führungskräfte [...] authentisch an sich selbst spürbar werden." (Ulrich 1984: 314)

Innere Kündigung

Die „Entartungsmöglichkeiten" der „durchgängig hierarchisch gegliederten Verwaltung" (Ellwein 1977: 346) führen in der Praxis zu Unzufriedenheit und Frustration mit der möglichen Folge der inneren Kündigung. Der Begriff der inneren

Kündigung wurde 1982 von Höhn geprägt, der in einem Artikel in der *Frankfurter Allgemeinen Zeitung* über ein Seminar der Akademie für Führungskräfte der Wirtschaft berichtete. Darin hatte ein Teilnehmer erklärt, er habe seinem Chef die innere Kündigung ausgesprochen. Auf die Nachfrage, was dies zu bedeuten habe, erklärte er:

> „Das ist sehr einfach. Ich werde die täglich anfallende Routinearbeit erledigen, mich nicht mehr aufregen über das, was im Unternehmen geschieht, pünktlich erscheinen, vor allem aber pünktlich nach Hause gehen und mich meiner Familie und meinem Hobby widmen."

Auf die Frage, warum er nicht kündige, antwortete er:

> „Der Job wird anständig bezahlt, das Unternehmen ist gut situiert, für die nächsten acht bis zehn Jahre bis zu meiner Pension bin ich gesichert. Es besteht daher kein Grund zum Ausscheiden."

Als Begründung für sein Verhalten gab der Seminarteilnehmer das Führungsverhalten seines unmittelbaren Vorgesetzten an. Dieser griff ständig in den Zuständigkeitsbereich seines Mitarbeiters ein, diskutierte mit seinem Mitarbeiter nicht in der Sache und fällte einsame Entscheidungen. Sogar Spielregeln für die innere Kündigung konnte der Seminarteilnehmer angeben. Zu diesen Spielregeln gehört,

(1) keinesfalls dem Chef sofort zustimmen, sondern ihm die Genugtuung verschaffen, dass er die besseren Argumente hat,
(2) kein offener Konformismus nach dem Motto: „ In Zukunft werde ich nur nach Ihren Weisungen handeln",
(3) gezielt die Meinung des Chefs ermitteln und vorsichtig darauf einschwenken,
(4) Kritik des Chefs mit mäßigem Widerspruch entgegen nehmen,
(5) Zurückhaltung im Auftreten als Ausdruck von ‚Bescheidenheit' (Höhn 1983: 34–36).

Hält man diese Spielregeln ein, ist für den innerlich Gekündigten sogar eine Beförderung möglich. So kann man vom Chef in den Beurteilungen des innerlich Gekündigten z.B. lesen:

> „Herr X hat in den letzten zwei Jahren einen bedeutsamen, äußerst positiv zu wertenden Entwicklungsprozeß durchgemacht. Sein starres Festhalten an einer einmal gefassten Meinung und die darin oft zur Schau getragene innere Widersetzlichkeit, wenn man seiner Meinung nicht folgte, hat er abgelegt. Er ist damit für mich zu einem recht angenehmen Gesprächspartner geworden. Die gleiche Haltung hat er im Übrigen auch seinen Kollegen gegenüber gezeigt. Die oft zweifellos in bester Absicht geführten heftigen Auseinandersetzungen haben aufgehört. Er lässt die Meinung seiner Kollegen gelten. Das Klima hat sich dadurch entschieden gebessert. Während ich früher häufig angerufen wurde, um Streitig-

> keiten zwischen ihm und den Kollegen zu schlichten, hat dies jetzt fast gänzlich aufgehört. Hält Herr X an dieser Einstellung weiterhin fest, woran ich keinen Zweifel habe, so steht seinem Aufrücken in eine Vorgesetztenposition nichts mehr im Wege." (Ebd.: 39f.)

Höhn leitet aus dem geschilderten Fall folgende allgemeine Definition von innerer Kündigung ab:

> „Die innere Kündigung eines Mitarbeiters ist der bewusste Verzicht auf Engagement und Eigeninitiative im Unternehmen und damit die Ablehnung einer der wichtigsten Anforderungen, die an einen Mitarbeiter zu stellen sind. Der Mitarbeiter will zwar seine Stellung im Unternehmen behalten, beabsichtigt aber, sich in keiner Weise mehr zu engagieren. Er distanziert sich vielmehr innerlich vom Betriebsgeschehen und verhält sich soweit wie möglich passiv." (Ebd.: 17)

Die Beschreibung der inneren Kündigung durch Höhn wirkte Anfang der 1980er Jahre alarmierend, hatte man sich doch bisher fast ausschließlich um die offen ausgesprochenen Kündigungen gekümmert. Die Fluktuationsrate galt als Maßstab für die Qualität des Betriebsklimas und für die Führungsfähigkeiten der Vorgesetzten (Brinkmann/Stapf 2005: 14; Hilb 1992a: 6; Raidt 1989: 68). Geradezu provozierend musste es wirken, wenn das Gehalt von dem innerlich Gekündigten als eine Art Bußgeld betrachtet wurde, welches das Unternehmen dafür zahlt, dass er sich nicht richtig entfalten kann (Höhn 1983: 46).

Als Ursache für die Entstehung von innerer Kündigung werden in der älteren Literatur vor allem Führungsfehler genannt (Höhn 1983: 20–34; 1989: 46–103; Raidt 1988: 7; Volk 1988: 124–126). Raidt (1989: 75) fasst in einer Checkliste die folgenden Führungsfehler als Ergebnis „teilnehmender Beobachtung" zusammen und liefert damit eine herrliche Kurzbeschreibung von autoritärem Führungsverhalten: Eingriffe in den Aufgabenbereich der unterstellten Mitarbeiter, permanentes Durch- und am Mitarbeiter Vorbeiregieren, Abweisung und Nichtinanspruchnahme von Mitarbeiterberatung, Nicht-Existenz von Sinngebung und Erklärung von Chefentscheidungen, für Erfolge ist nur der Chef zuständig, Fehlentscheidungen müssen Mitarbeiter ausbügeln und abfangen, fehlende oder unzureichende Übertragung von Kompetenzen, autoritäres Verhalten bei Ziel- und Sollvorgaben, fehlende oder unzureichende Information, demotivierende Kontrolle, verletzende Form der Beurteilung in Form von charakterologischen Werturteilen, keinerlei Vertrauensvorschuss, Ungerechtigkeiten bei Lob und Tadel, Bevorzugung Einzelner, Launenhaftigkeit, Willkür, Schikane.

Die herausragende Rolle des Führungsverhaltens für die Entstehung von innerer Kündigung bestätigten Krystek et al. (1995: 68) in einer Befragung von 92 Personalverantwortlichen aus Unternehmen unterschiedlicher Branche und Größe. Danach sind Fehler im Führungsverhalten mit 81% die Hauptursache für die Entstehung von innerer Kündigung gefolgt von den Ursachenbereichen Gesamtunternehmung (65%) und Arbeitsgruppe (64%). Mit deutlichem Abstand folgen die Ursachenbereiche privater/persönlicher Bereich (55%) und Gesellschaft (52%). Brinkmann/Stapf (2005: 89) ermittelten in einer Befragung von 651 Mitarbeitern aus Kreditinstituten und Behörden das ‚Treffen von Entscheidungen über den Kopf des Mitarbeiters' mit 88% der Nennungen als für die Entstehung von innerer Kündigung wesentlichsten Führungsfehler. ‚Unzureichende Information des Mitarbeiters durch den Vorgesetzten' und ‚mangelnde Bereitschaft des Vorgesetzen zu einer offenen und sachlichen Diskussion' folgen in der Rangfolge der Führungsfehler fast gleichauf mit 80,9% bzw. 80,6% der Nennungen.

Raidt (1988: 11; 1989: 76) wies als erster auf Ursachen für die innere Kündigung hin, die dem Unternehmen als Organisation zuzurechnen sind. Diese können in die drei großen Bereiche

(1) Misstrauenskultur und überkommenes Management,
(2) Visionslosigkeit und mangelnde Sinnstiftung sowie
(3) starre bürokratische Organisation (Palastorganisation)

zusammengefasst werden (Hilb 1992a: 12f.; Krystek et al. 1995: 103–113).

Aus Sicht der von Krystek et al. (1995: 116f.) befragten Personalverantwortlichen sind aus dem Ursachenbereich der Gesamtunternehmung vor allem die bürokratischen Organisations- und Führungsstrukturen (71%), die mangelnde Vermittlung der Sinnhaftigkeit des Handelns (71%) und die mangelnden Freiräume zur Kreativitätsentfaltung (70%) Auslöser für die innere Kündigung. Nach den Ergebnissen einer empirischen Untersuchung (Massenbach 2000: 250), bei der 478 Mitarbeiter aus den Bereichen Dienstleistung und Verwaltung befragt wurden, ist der Einfluss der Arbeitsgestaltung auf die Entstehung von innerer Kündigung sogar höher einzuschätzen als der Einfluss des Vorgesetzten. Eine Arbeit, die zur Zufriedenheit beiträgt, ist nach dieser Untersuchung

> „ganzheitlich in dem Sinn, dass eine Aufgabe von Beginn bis zum Ende vollständig erledigt wird. Die zu erledigende Aufgabe ist vielfältig, so dass nicht immer das Gleiche getan wird. Die Erfüllung der Aufgabe schließlich erfordert eine Qualifikation in der Art, dass eine besondere Ausbildung, spezielle Fähigkeiten und Fertigkeiten oder auch selbstständige Planung und Entscheidungen verlangt werden. Die Stelle verlangt nicht nur Qualifikation, sondern trägt auch zur weiteren Entwicklung der Qualifikation bei, indem sie Lernmöglichkeiten bei der Arbeit bietet, die auch als berufliche Zukunftschance begriffen werden können." (Ebd.: XVf.)

Dem Vorgesetzten kommt dann die Rolle eines *Gatekeepers* zu, der kontrolliert,

> „wann sich das Tor öffnet oder schließt, welche Anträge oder Wünsche berücksichtigt bzw. weitergeleitet werden und wer zu welchen Arbeiten oder Gremien zugelassen wird. Dem Vorgesetzten wird aber teilweise durch die Unternehmens-

> politik, die übliche Praxis und Kontrollmechanismen vorgeschrieben, wann er das Tor öffnen soll und wann nicht." (Ebd.: 251)

Der Einfluss des Vorgesetzten wirkt sich dann auf das Arbeitsklima eher so aus, dass ein unterstützender Vorgesetzter die Veränderungswünsche von Mitarbeitern senken kann. „Sehr vereinfacht könnte man sagen, dass sich in einem guten Arbeitsklima abstumpfende Arbeit besser ertragen lässt" (ebd.).

Für Gross resultieren die in der Organisation liegenden Ursachen der inneren Kündigung (Misstrauenskultur, Visionslosigkeit und Palastorganisation) aus der Inkohärenz zwischen den Anforderungen draußen in der Lebenswirklichkeit und den Anforderungen drinnen im Betrieb und aus der Blindheit der Führungsebene gegenüber dieser Inkohärenz:

> „Es gibt keine Überkleider, in die man die Mitarbeiter bei Eintritt in den Betrieb stecken kann und die den Austritt von Widerstand verhindern, schon gar nicht, wenn an der betrieblichen Garderobe Kinderkleidchen für Erwachsene hängen." (Gross 1992: 94)

Bemerkenswert ist zudem, dass bei den gesellschaftlichen Ursachen aus Sicht der Personalverantwortlichen die Perspektivlosigkeit (der Mitarbeiter) an erster Stelle liegt (Krystek et al. 1995: 127), während aus Sicht der Mitarbeiter der Trend zur Leistungsgesellschaft mit deutlichem Abstand zuerst genannt wird (Brinkmann/Stapf 2005: 58).

Während die ersten Versuche zur Erklärung der inneren Kündigung (Höhn 1983, 1989; Raidt 1988, 1989; Volk 1992) zunächst rein deskriptiver Art waren, versucht man seit Beginn der 1990er Jahre verstärkt eine verhaltenswissenschaftliche Theorie der Entstehung von innerer Kündigung zu entwickeln (Löhnert 1990; Faller 1993; Massenbach 2000). Hierbei wird auf die Erkenntnisse u.a. der Identifikations- und Entfremdungsforschung, der Arbeitszufriedenheitsforschung, der Handlungsforschung, der Hilflosigkeitsforschung, der Burnout-Forschung, der Gerechtigkeitsforschung und der Stressforschung zurückgegriffen. Einige wesentliche Aspekte der Theoriebildung werden im Folgenden etwas ausführlicher erläutert.

In seinem handlungstheoretischen Ansatz geht Oesterreich davon aus, dass das Kontrollstreben eine höhere Form des Überlebensstrebens ist:

> „Soll also das Leben fortgesetzt werden, müssen immer wieder Möglichkeiten für unterschiedliches ‚Handeln' bestehen, das ‚Handeln' muss also darauf ausgerichtet werden, unterschiedliches ‚Handeln' auch in der Zukunft möglich zu machen. Die Überlebenschancen werden erhöht, wenn Lebewesen einer Gattung ihr ‚Handeln' so regulieren können, dass sich ihre Möglichkeiten zum unterschiedlichen ‚Handeln' nicht nur erhalten, sondern auch erweitern. Erst dies entspricht dann dem Kontrollstreben als Streben nach Erhaltung und Ausweitung der Kontrolle. Für lernfähige Lebewesen muss dieses Streben ein Streben nach der Erkundung

> von Möglichkeiten des ‚Handelns' implizieren – entsprechend dem Streben nach Kontrollkompetenz als Teil des Kontrollstrebens." (Oesterreich 1981: 211)

Das Kontrollstreben der Lebewesen richtet sich demnach darauf,

(1) die Regulierbarkeit von Handlungsbereichen zu erhalten und zu erhöhen,
(2) die Kontrollkompetenz zu erhalten und zu erhöhen und
(3) Handlungsfertigkeiten auszubilden, mit denen die Regulierbarkeit erhöht werden kann (ebd.: 136).

Kontrolle im Sinne von Regulierbarkeit von Handlungsbereichen steht in enger Beziehung zu den Begriffen ‚Handlungsspielraum' und ‚Freiheitsgrade' (ebd.: 124–129). Alle drei Konstrukte zielen darauf ab, das Ausmaß der Möglichkeiten zu erfassen, mit denen an bestimmten Stellen der Arbeitstätigkeit zwischen unterschiedlichen Handlungen entschieden werden kann. Als persönlichkeitsförderlich und befriedigend wird eine Tätigkeit dann wahrgenommen, wenn die Handlungsspielräume groß bzw. das Maß an (Selbst-)Kontrolle hoch sind. In diesem Falle wird auch die Bildung von (autonomen) Zielen bzw. Teilzielen in der Ausführung der Arbeitstätigkeit erleichtert, was als besonders motivierend erlebt wird (ebd.: 129). Ein Vergleich mit verschiedenen Motivations- bzw. Bedürfnistheorien zeigt zudem, dass das Konzept des ‚Kontrollstrebens als Regulierbarkeit' durch seine Merkmale des ‚Erhaltens' und des ‚Ausweitens' sowohl die primären Bedürfnisse (physiologische Bedürfnisse) als auch die übergeordneten Bedürfnisse (Selbstverwirklichung, Exploration) umfasst (ebd.: 223–226).

Das Konzept der Kontrolle durch Regulierbarkeit ist mit dem der Sozialpsychologie entstammenden Konzept der erlernten Hilflosigkeit verwandt. Der Begriff der erlernten Hilflosigkeit wurde 1967 von Seligman/Maier (1967: 1) als Ergebnis von Tierexperimenten eingeführt. Bei diesen Experimenten wurden Hunde unausweichlichen Elektroschocks ausgesetzt (siehe auch Seligman 1995: 19f.). Dabei wurde beobachtet, dass diese Hunde bei einem späteren Experiment, bei dem sie den Schocks hätten ausweichen können, nicht versuchten, den Schocks zu entkommen, im Gegensatz zu anderen Hunden, die zuvor keine Erfahrung mit Unkontrollierbarkeit gemacht hatten. Die Hunde hatten offensichtlich in den ersten Versuchen Hilflosigkeit erlernt. In späteren Experimenten wurde die erlernte Hilflosigkeit auch an Menschen bestätigt (Herkner 1983: 138f.; Hiroto/Seligman 1975: 313–321). Dabei wurden den Probanden z.B. nicht lösbare Aufgaben vorgelegt, ohne die Unlösbarkeit bekannt zu geben. Anschließend sollten die Versuchspersonen lösbare Aufgaben bearbeiten. Es zeigte sich, dass Personen, die sich zunächst mit den unlösbaren Aufgaben beschäftigt hatten, schlechter abschnitten als Vergleichspersonen ohne Hilflosigkeitserfahrung. Nach Seligman (1995: 52) führt die erlernte Hilflosigkeit zu motivationalen, kognitiven und emotionalen Störungen:

> „die Erwartung, daß eine Konsequenz von den eigenen willentlichen Reaktionen unabhängig ist, senkt (a) die Motivation, diese Konsequenz kontrollieren zu wollen, interferiert (b) mit der Fähigkeit zu lernen, dass die eigenen Reaktionen die Konsequenz tatsächlich kontrollieren, und – wenn die Konsequenz traumatisch ist – löst (c) diese Erwartung solange Furcht aus, wie das Individuum sich der Unkontrollierbarkeit der Konsequenz nicht sicher ist; danach führt sie zur Depression."

Die Theorie von Seligmann wurde später von Kuhl (1981: 158f.; 1983: 255–260 u. 278–298) um das Konzept der Handlungs- bzw. Lageorientierung erweitert. Bei handlungsorientierten Personen sind die Gedanken auf die Ausführung einer Handlung gerichtet, während sie bei lageorientierten Personen eher um die Analyse von Misserfolgen, die aktuelle Situation und die Planung von Verhalten kreisen. Kuhl führt die „generalisierten Leistungsdefizite"[11] nach massiven Misserfolgserfahrungen bei vorliegender Lageorientierung nicht auf ein motivationales Defizit (wie Seligman) zurück, sondern auf eine defizitäre Handlungskontrolle und bezeichnet diesen Fall als funktionale Hilflosigkeit. Mit steigender Erfahrung von Unkontrollierbarkeit nimmt die Lageorientierung auch bei eigentlich Handlungsorientierten zu (Stiensmeier-Pelster 1988: 41f. u. 46-51), womit die Gedanken mehr und mehr auf die Analyse der Misserfolge und die Planung von alternativen Verhaltensstrategien gelenkt werden.[12]

---

11 Generalisierung der Hilflosigkeit beinhaltet die Übertragung der Leistungsdefizite aus erlernter Hilflosigkeit auf eine andere Situation. Diese Generalisierung wird damit begründet, dass die Erklärung des Versagens in einer Situation (z.B. fehlende Begabung, Person des Versuchsleiters) der Hilflosigkeit bei der Person zu einer Erwartung für ein weiteres Versagen wird, weshalb weniger Anstrengung in der anderen Situation erbracht wird (Seligman 1995: 33f.; Stiensmeier-Pelster 1988: 42).

12 Mit der Theorie der erlernten Hilflosigkeit von Seligman bzw. der Theorie der Handlungskontrolle von Kuhl lässt sich auch die Niederlage von Jürgen Hingsen gegen Daley Thompson beim olympischen Zehnkampf 1984 in Los Angeles erklären. Hingsen hatte von der ersten Übung an immer wieder kleine Misserfolge einstecken müssen und in der siebten Übung, dem Stabhochsprung, dann einen gravierenden Leistungseinbruch gezeigt. Hingsen beschrieb Harry Valerien seinen damaligen Zustand wie folgt: „Ich habe mich unter den Sonnenschirm gelegt, und plötzlich habe ich mich gefühlt, als habe ich einen Hammer vor den Kopf bekommen. [...] Ich nahm den Stab in die Hand und wusste gar nicht mehr, was ich damit machen sollte." Diese Selbstbeschreibung deutet auf einen lageorientierten Zustand und nicht auf eine motivationale Störung hin. Mann kann somit davon ausgehen, dass Hingsen durch eine funktionale Störung (Beschäftigung mit der Situation und der bisherigen Misserfolge) in seiner Leistung beeinträchtigt war. Diese Einschätzung wird unterstützt durch die sehr gute Leistung von Hingsen im abschließenden 1.500 m Lauf, die ebenfalls gegen ein Motivationsdefizit spricht (Stiensmeier-Pelster 1988: 49f.).

Interessant ist auch die Kombination der erlernten Hilflosigkeit von Seligman mit der Reaktanztheorie von Brehm. Die Reaktanztheorie geht davon aus, dass eine Person auf die Einschränkung oder die Bedrohung von angenommenen oder erwarteten Freiheitsspielräumen mit einer gesteigerten verhaltenswirksamen Motivation reagiert (Brehm 1966: 9; Brehm/Brehm 1981: 98). Reaktanz kann dann verstanden werden als „ein Erregungs- oder Motivationszustand, der darauf abzielt, die bedrohte, eingeengte oder blockierte Freiheit wieder herzustellen" (Herkner 1983: 129). Die Erfahrung von Unkontrollierbarkeit und der Einschränkung von Freiheit führt bei gelernter Hilflosigkeit zu Passivität und Absinken der Motivation, während die Folgen von Reaktanz Aktivität und gesteigerte Motivation sind. Diesen scheinbaren Widerspruch erklären Wortman/Brehm (1975: 307f.) mit den unterschiedlichen Erwartungen von Kontrollierbarkeit, die sich aufgrund von Vorerfahrungen gebildet haben. Erfährt eine Person Unkontrollierbarkeit, wird sie solange reaktantes Verhalten zeigen, wie Kontrollerwartung besteht. Mit andauernder Unkontrollierbarkeitserfahrung wird sich dann die Überzeugung bilden, dass Kontrollierbarkeit nicht erreichbar ist. Besteht keine Kontrollerwartung mehr, kommt es im Anschluss an die Reaktanz zu hilflosem Verhalten.

Aus systemtheoretischer Sicht wird mit der Entscheidung Systemmitglied zu werden (Teilnahmeentscheidung) zunächst nur ein Rahmenkontrakt (ganz ähnlich dem psychologischen Vertrag von Schein, den wir schon früher in diesem Kapitel kennengelernt haben) abgeschlossen (Luhmann 1995: 89–108). Mit der Teilnahmeentscheidung werden einerseits die formalen Erwartungen des Systems, insbesondere die Unterwerfung unter die formale Autorität der Vorgesetzten anerkannt, wobei die konkrete Ausübung der Autorität offen bleibt. Andererseits berechtigt die Teilnahmeentscheidung zum Genuss gewisser Systemvorteile, insbesondere zum Bezug eines Geldgehaltes. Mit der Systemteilnahme ist ein bestimmtes Kapital an Motivation verbunden, über das später je nach den spezifischen Umständen innerhalb des Rahmenkontraktes verfügt werden kann. Damit ist verbunden, dass sich Unterschiede in der konkreten Arbeitsgestaltung bis zu einer gewissen Schwelle nicht auf die Motivation auswirken. Das Systemmitglied wird ein gewisses Maß an Veränderungen, Enttäuschungen und Belastungen ertragen, bevor es die Mitgliedschaftsfrage stellt. Es wird zunächst umfassend Bilanz ziehen, die Vor- und Nachteile einer weiteren Systemmitgliedschaft sorgfältig miteinander abwägen und sich nur bei Ereignissen von erheblichem Gewicht zum Austritt entschließen. Bei weniger gravierenden Ereignissen versucht sich das Mitglied mit den gegebenen Umständen im Rahmen seines Rahmenkontraktes zu arrangieren, indem es z.B. folgende Verhaltensweisen entwickelt:

> „Konformismus im offenen Handeln und persönliche Distanz zum eigenen Verhalten, künstliche Indifferenz und Freundlichkeit, Maskierung der eigentlichen Meinungen zur Schonung fortlaufender Kontakte, Verzicht auf das, was einem das Liebste wäre, zugunsten akzeptabler Lösungen." (Ebd.: 95)

Durch den Rahmenkontrakt wird nach Luhmann lediglich die Teilnahmemotivation sichergestellt, während zur Erreichung einer möglichst hohen Leistungsmotivation zusätzliche Bedingungen vorliegen müssen. Hierbei spielen vor allem intrinsische Motivationsanreize eine Rolle wie z.B. „sachliches Interesse, persönliche Identifikation mit einer gewissen fachlichen Perfektheit der abgelieferten Arbeit, Aufstiegswünsche oder das Bedürfnis, sich vor Kollegen hervorzutun" (105). Die Unterscheidung zwischen Teilnahmemotivation und Leistungsmotivation hilft auch zu einem besseren Verständnis des Klimas der „kalkulierten Leistungsbereitschaft", das man in öffentlichen Verwaltungen häufig vorfindet:

> „Der typische Bedienstete sieht, was von ihm als Bedingung seiner Mitgliedschaft verlangt wird. Er kennt die Kontaktflächen, an denen seine Arbeit auf diese Anforderungen hin kontrolliert wird. Er weiß, wie wenig er tun muss, um seine Mitgliedschaft zu erhalten, was genügt, um nicht aufzufallen. Darüber besteht auch kollegiales Einverständnis, in das der Neuling rasch hineinwächst." (Ebd.)

Eine darüber hinaus gehende Leistungsbereitschaft wird von den Mitgliedern als freie Zugabe oder als Sonderleistung empfunden. Hiermit werden dann häufig Erwartungen verbunden, die vom System in der Regel nicht honoriert werden und beim Mitglied dann zu enttäuschter Unzufriedenheit führen. „Die naive Hoffnung auf Dankbarkeit des Systems ist, weil deplaciert, gefährlich" (ebd.).

Im Zusammenhang mit den Konzepten des psychologischen Vertrags und des Rahmenvertrags soll hier noch kurz auf die Equity- oder Gerechtigkeitstheorien eingegangen werden, die in ähnlicher Richtung argumentieren. Diese sind Ausdruck des universellen Reziprozitätsprinzips, welches in der Soziologie die gegenseitige Abhängigkeit der Menschen bezeichnet. Die einfachste Ausdrucksform des Reziprozitätsprinzips ist das „tit for tat" oder auf Deutsch „wie du mir, so ich dir" (Stegbauer 2002: 37). Mauss (1990: 91–103) hat dieses Prinzip in sehr empfindsamer Weise für den Gabentausch in archaischen Gesellschaften untersucht und in folgende Regeln gefasst:

(1) Es kommt zu einer Eröffnungsgabe,
(2) die Gabe muss angenommen werden (oft unter Beachtung diverser Formalitäten) und
(3) es muss eine Gegengabe erfolgen.

Bei einer reziproken Interaktion besteht die Bereitschaft eines Partners zur Erbringung einer Vorleistung, die der andere Partner gegebenenfalls mit einer zeitlichen Verzögerung mit einer Rückzahlung beantwortet. Während der Wartezeit besteht eine Ungewissheitsphase, welche für die Beziehung besonders wichtig ist. In dieser Zeit ist die Beziehung von beiden Seiten durch Erwartungen geprägt. Verstöße gegen das Reziprozitätsprinzip führen in der Regel zu Ungerechtigkeitserfahrungen. Adams (1963, 1965) geht in seiner Equity-Theorie davon aus, dass Arbeitssituationen von den Arbeitenden als Tauschverhältnis zwischen Arbeitgeber und Arbeitnehmer verstanden werden. Dabei steht das wahrgenommene (nicht tatsächliche) Verhältnis zwischen Outcomes (z.B. Entlohnung, intrinsische Bedürfnisbefriedigung aus der Tätigkeit, befriedigende Führung) und Inputs (hauptsächlich die Arbeitsleistung) im Mittelpunkt der Betrachtung. Ist das eigene wahrgenommene Verhältnis von Outcomes und Inputs (O_{ich}/I_{ich}) gleich hoch wie das wahrgenommene Verhältnis von Outcomes und Inputs einer Vergleichsperson oder -gruppe (O_{andere}/I_{andere}) liegt Equity oder Gerechtigkeit vor. Ist O_{ich}/I_{ich} kleiner oder größer als O_{andere}/I_{andere} wird Inequity oder Ungerechtigkeit empfunden. Das Vorliegen von Inequity führt zu einem Spannungszustand (Unzufriedenheit), dessen Größe zum Ausmaß der Inequity proportional ist. Das Verhalten der betroffenen Person ist nun auf die Wiederherstellung von Equity gerichtet. Dies ist einmal möglich durch die Neubewertung (kognitive Verzerrung) der vier möglichen Komponenten (O_{ich}, I_{ich}, O_{andere}, I_{andere}), was zur Herstellung von psychologischer Equity führt, oder durch die tatsächliche Veränderung einer oder mehrerer der vier Komponenten (O_{ich}, I_{ich}, O_{andere}, I_{andere}), was zu Wiederherstellung tatsächlicher *Equity* führt (Walster et al. 1973: 154). Als weitere Handlungsmöglichkeit kommt ‚Flucht aus dem Felde', also Kündigung, hinzu. Für Adams sind die genannten Handlungsmöglichkeiten nicht in gleicher Weise geeignet, die soziale Situation des Individuums zu verbessern. Insbesondere stellt die Reduktion von I_{ich} (Leistungszurückhaltung) in Arbeitssituationen keine dauerhaft befriedigende Lösung dar (Adams 1963: 429; 1965: 295f.).

Zusammenfassend kann heute als weitgehend gesichert die Erkenntnis gelten, dass innere Kündigung eine Folge von zunehmendem Kontrollverlust in einer anhaltend als frustrierend und negativ erlebten Arbeitssituation ist (Faller 1993: 199). Vor dem Hintergrund des gesellschaftlichen Wertewandels wird in der Arbeitswelt vor allem die Einschränkung von Freiheitsgraden und Autonomie als negativ erlebt (Massenbach 2000: 32–46). Andauernd fehlschlagende Versuche, eine Verbesserung der Arbeitssituation im Sinne von mehr Autonomie und einer höheren Anzahl von Freiheitsgraden zu erreichen, führen schließlich zu einem Gefühl von Kontrollverlust und von Hilflosigkeit.

Die Versuche, aus den theoretischen Erkenntnissen zur Genese der inneren Kündigung ein allgemeingültiges Modell der inneren Kündigung abzuleiten (Löhnert 1990: 191–200; Faller 1993: 214–216; Hilb 1992a: 9; Massenbach 2000: 148f.; Brinkmann/Stapf 2005: 25), vermögen bisher nicht zu überzeugen, da sich die Modelle immer nur auf einige ausgewählte theoretische Erklärungsansätze beziehen (unvollständiger Theoriebezug) und die vielen unterschiedlichen Ausprägungen von innerer Kündigung in der Praxis nur unzureichend abgebildet werden (in der Regel werden nur zwei Formen der inneren Kündigung unterschieden). Die Modelle eignen sich allerdings gut für die Präzisierung der Definition von innerer Kündigung und die Abgrenzung zu anderen leistungsmindernden Verhaltensweisen und ermöglichen zudem eine Betonung des Prozesscharakters der inneren Kündigung. Im Folgenden werden die Modelle in vereinfachter Weise zusammengefasst:

1. Prophase: Diese Phase deckt die gesamte Lebenszeit des von innerer Kündigung Betroffenen bis zum Auftreten der ersten als aversiv erlebten Arbeitssituationen ab. In dieser Phase entwickeln sich die individuellen Werte, Bedürfnisse, Motive, Anreizstrukturen und das Gerechtigkeitsempfinden. Außerdem wird in dieser Phase die individuelle Handlungskontrolle in dem Kontinuum zwischen Handlungsorientierung und Lageorientierung festgelegt, es wird Kontrollkompetenz erworben und es bilden sich unterschiedliche Erwartungen von Kontrollierbarkeit.

2. Phase vor vollzogener inneren Kündigung: In dieser Phase werden erste Erfahrungen mit aversiv erlebten Arbeitssituationen und Misserfolgen gemacht. Es stellen sich erste Gefühle von Kontrollverlust, von Hilflosigkeit und von Ungerechtigkeit ein. In Abhängigkeit von den in der Prophase erworbenen Fähigkeiten beginnt ein mehr oder weniger harter Kampf (abhängig z.B. von der Stärke der individuellen Handlungsorientierung) um die Wiedererlangung von Kontrolle, den Abbau der Hilflosigkeit und die Wiederherstellung von Gerechtigkeit.

3. Entscheidung zur inneren Kündigung: Bleiben die zusätzlichen Anstrengungen zur Verbesserung der Situation ohne Erfolg, scheitern z.B. Versuche, Handlungsspielräume und Freiheitsgrade zu erhalten (Konzept des Kontrollstrebens als Regulierbarkeit von Oesterreich), oder können bedrohte Freiheiten nicht durch reaktantes Verhalten erhalten werden (Reaktanztheorie von Brehm) oder lassen sich die eigenen Bedürfnisse (z.B. auf Selbstentfaltung) nicht mit denen der Organisation in Einklang bringen (Psychologischer Vertrag von Schein, Rahmenvertrag von Luhmann) oder kann eine Erhöhung des eigenen Outcomes (z.B. Entlohnung, intrinsische Bedürfnisbefriedigung aus der Tätigkeit, befriedigende Führung) nicht erreicht werden (Equity-Theorie von Adams), stellt sich schließlich funktionale oder motivationale Hilflosigkeit ein. In der intensiven Befassung mit der eigenen Situation werden umfassende Soll-/Ist-Vergleiche durchgeführt, die schließlich zu der bewussten Entscheidung für die innere Kündigung führen.

4. Phase nach vollzogener innerer Kündigung: Nach vollzogener innerer Kündigung sind unterschiedliche Entwicklungen möglich. Im günstigsten Fall führt die innere Kündigung zu einer geglückten Anpassung zwischen Selbstaufgabe in der Hilflosigkeit und der Überlastung durch dauernde Anstrengung, die zur Erschöpfung (Burnout) führt (Massenbach 2000: 150). Dies ist noch am ehesten möglich, wenn es den Betroffenen gelingt, eine Neuorientierung der Ziele innerhalb oder außerhalb des betrieblichen Kontextes zu erreichen. Folge davon ist, dass sich die Betroffenen bei der Arbeit gezielt für das Leben nach der Arbeit schonen. Oder es werden private Dinge wie Sprachen lernen, Zusatzqualifikationen erwerben oder Nebentätigkeiten während der Arbeitszeit erledigt. Wahrscheinlicher ist jedoch, dass das Leiden auch nach erfolgter innerer Kündigung weitergeht (Massenbach 2000: 242; Höhn 1983: 43f.; 1989: 119). Dies kann sich äußern in weiteren Anstrengungen, die Situation zu verbessern, was dann schließlich doch in Erschöpfung bzw. Burnout mündet. Möglich ist auch ein Abfinden mit der Situation bzw. ein Verharren in der Hilflosigkeit, was schließlich zu einer Verkümmerung von beruflichen Fähigkeiten führt (Krystek et al. 1995: 138; Löhnert 1990: 39). Letztlich ist auch nach beschlossener innerer Kündigung noch eine Kündigung des Arbeitsvertrags möglich.

Das charakteristische Merkmal der inneren Kündigung ist damit die bewusste Entscheidung der Betroffenen (anders Massenbach 2000: 9). Hilflosigkeit und Burnout sind auch ohne den Entschluss zur inneren Kündigung möglich. In der Praxis ist es teilweise schwierig zwischen Mitarbeitern zu unterscheiden, die bewusst ihr Arbeitsengagement verweigern und solchen Mitarbeitern, die aufgrund von in der Arbeitssituation gelernter Hilflosigkeit resignatives, passives Verhalten zeigen (Löhnert 1990: 183). Eine Variante der inneren Kündigung ist die von Höhn (1983: 89–97) beschriebene Selbst-Pensionierung. Hiermit ist die bewusste Reduktion der Arbeitsleistung zur Schonung der eigenen Gesundheit und zur Erhöhung der Lebensqualität außerhalb des Berufs gemeint. Die Selbst-Pensionierung ist damit nicht auf negativ erlebte Arbeitssituationen zurückzuführen, sondern wird mit der bereits in der Vergangenheit erbrachten und aus Sicht der Betroffenen hohen Arbeitsleistung begründet. Das Rentner-Dasein sei damit ‚ehrlich' verdient.

Die Folgen der inneren Kündigung betreffen den Mitarbeiter, seine Arbeitsbeziehungen zu Vorgesetzten und Kollegen, die Organisation und die Gesellschaft. Für den Mitarbeiter bedeuten lang anhaltende Arbeitsunzufriedenheit und Unkontrollierbarkeit der Situation psychischen Stress, der die psychische Gesundheit beeinträchtigen kann (Faller 1993: 161). Da die innere Kündigung weniger eine unmittelbar problemlösende Funktion hat, bedeutet dies eine Fortdauer der aversiv erlebten Arbeitssituation. Die innere Kündigung wird damit zu einem pathogenen Bewältigungsmuster, welches selbst zur Beeinträchtigung der Gesundheit beiträgt.[13] Der innere Emigrant geht nicht den Weg aktiver, direkter Stressbewältigung, sondern versucht über emotionsregulierende, intrapsychische Prozesse die erlebten Spannungen und Emotionen an den Rand der Wahrneh-

---

13 Faller 1993: 166. Ähnlich Höhn 1989: 119, der als Folge der inneren Kündigung einen schizophrenen Zustand sieht, der für einen gesunden, normal veranlagten Menschen auf Dauer schwer zu ertragen ist.

mung zu drängen oder zu leugnen. Erweisen sich die Stressoren aufgrund ihrer Qualität, Intensität oder aufgrund ihres chronischen Auftretens als schwer verdrängungsfähig, so führt dies zu Dauerstress und entsprechenden physiologischen Verschleißsymptomen sowie psychosomatischen Beschwerden:

> „Depression, Abbau der kognitiven Leistungsfähigkeit, der Motivation, der Kreativität, Verflachung des Lebens in allen Bereichen, Verzweiflung und Apathie charakterisieren die Konsequenzen, die aus dauerhaftem Verharren in der inneren Kündigung resultieren können." (Ebd.: 104)

Ernst (1987: Editorial) spricht in diesem Zusammenhang provozierend von „struktureller Gewalt".

Ein interessantes Ergebnis der Stressforschung ist zudem, dass sowohl Über- als auch Unterforderung einen negativen Einfluss auf die psychische Gesundheit haben, wobei die Gruppe der Unterforderten deutlich größer ist (Faller 1993: 163). Unerwarteterweise tritt Unterforderung vor allem bei Tätigkeiten auf, bei denen bereits Verantwortung ausgeübt wird. Subjektive Ansprüche an Verantwortung bei der Arbeit werden also umso stärker entwickelt, je größer die objektiven Möglichkeiten ihrer Realisierung sind und umso mehr reduziert, je weniger reale Möglichkeiten zur Übernahme von Verantwortung bestehen (ebd.). Trauen wir unseren Mitarbeitern also etwas zu!

Folgen für die Organisation sind vor allem mangelnde Kreativität und Innovationsbereitschaft (Raidt 1988: 7). Höhn (1983: 65) spricht von einem *Kreativitätskonkurs* eines Unternehmens, der von der Unternehmensführung selbst verschuldet ist. Die *stillen Kosten* der inneren Kündigung als Folge von hohen Fehlzeiten, sinkender Arbeitsleistung und schlechter Qualität lassen sich nicht berechnen, allenfalls erahnen (Raidt 1987: 19; Krystek et al. 1995: 142).

Zum *Kreativitätskonkurs* einer Organisation tragen im Einzelnen u.a. folgende Aspekte bei, die sich vor allem aus der gestörten Zusammenarbeit des inneren Emigranten mit seinem Vorgesetzten, mit seinen Kollegen oder mit seinen Mitarbeitern ergeben (Faller 1993: 106–109; Raidt 1989: 73; Höhn 1983: 50-59; Brinkmann/Stapf 2005: 42):

(1) Erlahmendes und letztlich eingestelltes Interesse an irgendeiner Form sachlicher und kritischer Auseinandersetzung mit dem Vorgesetzten. Der innere Emigrant wird zum typischen Ja-Sager und ist in Mitarbeiterbesprechungen stets bei der Mehrheit zu finden.
(2) Weitgehend passives Verhalten bei auftretenden betrieblichen Problemen.
(3) Die mit der Stelle verbundene Kompetenz wird nicht mehr ausgeschöpft. Übertragene Verantwortung wird gezielt rückdelegiert.
(4) Beschränkung der Leistungsbereitschaft auf die rechtliche Verpflichtung, z.B. werden Termine außerhalb der Dienstzeit abgelehnt.

(5) Die Selbstkoordination mit den Kollegen leidet. Insbesondere finden Auseinandersetzungen mit den Kollegen, die ein Ausdruck des ernsthaften Ringens um das bestmögliche Ergebnis sind, also im Interesse der Sache gut und notwendig sind, nicht mehr statt (Höhn 1983: 51).
(6) Ein innerer Emigrant mit Vorgesetztenfunktion übersieht fachliche Fehler seiner Mitarbeiter, kritisiert nur sehr zurückhaltend, korrigiert Fehler nicht mit der notwendigen Klarheit, führt Kontrollen nur spärlich und oberflächlich durch, mischt sich nicht in Konflikte seiner Mitarbeiter ein und kommt Urlaubswünschen schnell nach. Er praktiziert den Laisser-faire-Führungsstil.

> „Äußerlich kann sich das Klima der kollegialen Zusammenarbeit nach der inneren Kündigung eines Mitarbeiters scheinbar verbessern. Dies ist insbesondere dann der Fall, wenn dieser bisher durch sein engagiertes Vertreten des eigenen Standpunktes Auseinandersetzungen ausgelöst hat, die sich auch auf das persönliche Verhältnis zwischen den Kollegen auswirkten. Es herrscht Frieden, aber sehr zum Schaden des Unternehmens." (Höhn 1983: 51)

Unter anderem weisen folgende Indizien auf die Ausbreitung von innerer Kündigung in einer Organisation hin, die zudem auch für Außenstehende gut erkennbar sind (Raidt 1987: 21; 1988: 11; Nuber 1987: 23; Gross 1992: 88):

(1) am Umgangston am Empfang, in der Telefonzentrale und im Vorzimmer,
(2) an den Gesprächen mit dem Fahrer,
(3) an der (kritiklosen) Gestaltung von Hauszeitschriften,
(4) an der Art wie Mitarbeiter vor Dritten über ihren Arbeitgeber und ihre Arbeit sprechen,
(5) an der Qualität und Quantität der Kundenreklamation,
(6) an den Fehlzeiten,
(7) an der Qualität und Quantität der Wortmeldungen bei Personalversammlungen,
(8) an einem Klima der Distanz, der Unterkühlung, der Pseudoharmonie.

Die gesellschaftlichen Folgen von innerer Kündigung ergeben sich direkt aus der Hochrechnung von nachlassender Wettbewerbsfähigkeit einzelner Unternehmen auf die Volkswirtschaft. Berth hält die organisierte Verhinderung kreativer Ideen für eine der Hauptursachen für die nachlassende Innovationsfähigkeit in Deutschland (Berke et al. 1993: 103). Indirekt zeigen sich die Folgen von innerer Kündigung im verringerten Engagement des einzelnen Bürgers am Gemeinwesen, was sich in rückläufigen Wahlbeteiligungen und in Parteienverdrossenheit ausdrückt. Nicht selten werden die am Arbeitsplatz erlebten Frustrationen abgebaut, indem man dafür die anonyme Gesellschaft durch Aggression bestraft, z.B. gegenüber betrieblichem oder öffentlichem Eigentum, Ausschreitungen bei Massenveranstaltungen oder im Straßenverkehr (Krystek et al. 1995: 146). Eine sozialpsychologische Untersuchung über die Motivation von Mitarbeitern in der Metallindustrie kam zu dem Ergebnis, dass die Mitarbeiter umso systemkonformer sind, je ausgeprägter die Arbeitszufriedenheit ist (ebd.). Eine Befragung ostdeutscher Arbeitnehmer zu Eigeninitiative und Fremdenfeindlichkeit durch die Universität Gießen ergab u.a., dass Fremdenfeindlichkeit einhergeht mit geringer Bereitschaft, sich auf Neues einzustellen, was sich am Arbeitsplatz durch die mangelnde Entwicklung von Eigeninitiative ausdrückt (Böhmer 1993: 48). Innere Kündigung ist damit ein nicht zu unterschätzender Nährboden für eine zunehmende Radikalisierung (Krystek et al. 1995: 146).

Trotz mittlerweile intensiver Beschäftigung mit dem Phänomen der inneren Kündigung liegen bisher überraschend wenig gesicherte Erkenntnisse zu ihrer Verbreitung vor. Kennzahlen des Personalwesens sind zur Bestimmung des Ausmaßes von innerer Kündigung wenig geeignet. Zur Berechnung einer „psychologisch gehaltvollen Fluktuationsrate" beispielsweise wären nur die Abgänge zugrunde zu legen, die auf eine Kündigung der Mitarbeiter aufgrund autonomer Entscheidung als Folge von Arbeitsunzufriedenheit zurückgeführt werden können (Faller 1993: 114). Das ist aber praktisch nicht möglich. Die ‚psychologische Fluktuationsrate' wäre zudem von der konjunkturellen Lage abhängig. Bei schlechter Konjunktur würden nur wenige Arbeitnehmer die Risiken einer äußeren Kündigung auf sich nehmen und es vermutlich vorziehen, zunächst weiter in der inneren Kündigung zu verharren (Krystek et al. 1995: 50f.). Im öffentlichen Dienst ist der Schritt von der inneren zur äußeren Kündigung ohnehin größer als im privaten Sektor (Hablützel 1992: 33). Dies liegt zum einen an dem größeren Sicherheitsbedürfnis der im öffentlichen Dienst Beschäftigten nach dem Motto ‚Sicherheit gegen Einkommensverzicht' und zum anderen an einer eingeschränkten Vermittelbarkeit, da man nach einer längeren Tätigkeit im öffentlichen Dienst für Unternehmen der Privatwirtschaft nur noch in Ausnahmefällen (z.B. wenn ‚hoheitliche Kenntnisse' aus dem Genehmigungs- oder Vergabebereich benötigt werden) interessant ist.

Ähnlich verhält es sich mit den Fehlzeiten. Subtrahiert man von den Fehlzeiten alle bezahlten Fehlzeiten und den Krankenstand, erhält man die Kennzahl Absentismus, die eine motivational bedingte Entscheidung des Mitarbeiters zur Abwesenheit ausdrückt und damit ein guter Indikator für Arbeitsunzufriedenheit und innere Kündigung wäre (Faller 1993: 115). Der überwiegende Anteil von motivationsbedingten Fehlzeiten verbirgt sich allerdings in durch ärztliche Atteste legitimierten Abwesenheiten, so dass der tatsächliche Absentismus nicht eindeutig isoliert werden kann.[14] Durch eine Kategorisierung der ärztlich attestierten Fehlzeiten in:

---

14 Nieder 1983: 339. Nieder verwendet auf S. 338 eine andere Definition von Fehlzeiten als Faller.

(1) die physische Unmöglichkeit zu arbeiten,
(2) die physische Bedingtheit (Unpässlichkeit infolge leichter Krankheit) und
(3) psychosoziale Gründe,

kann die Wahrscheinlichkeit des tatsächlichen Absentismus, der sich in den beiden letzten Gruppen verbirgt, lediglich erahnt werden.

Verfahren zur direkten Befragung der Beschäftigten wurden zwar entwickelt, lieferten bisher aber noch keine verlässlichen Erkenntnisse zur Ausbreitung von innerer Kündigung (Hilb 1992b: 53ff.; Massenbach 2000: 163ff.). Dies liegt an vielen offensichtlichen Gründen, wie z.B.

(1) an der hohen Anzahl von erforderlichen Fragen aus den Bereichen Persönlichkeit, Einstellungen, Bewertung der Arbeitssituation und zu Verhaltensmerkmalen und der damit verbundenen Notwendigkeit der Beschränkung,
(2) an der Tendenz der Befragten, ihre wahren Einstellungen nicht zu offenbaren, was sich sowohl in fehlerhaften Antworten als auch im Nichtausfüllen von Fragebögen äußern kann, und
(3) an der Schwierigkeit, aus den Antworten verlässlich auf das Vorliegen von innerer Kündigung zu schlussfolgern.

Viele Äußerungen zur Ausbreitung von innerer Kündigung sind deshalb nicht mehr als ideologisch gefärbte Schätzungen der Autoren. Schätzungen dieser Art liegen zwischen 5% (Seyler 1992: 4) und 50% (Volk 1989a: 322) und geben einen breiten Rahmen ab, in dem die Wahrheit vermutlich zu finden ist.

Krystek et al. (1995: 22) ermittelten in einer Befragung von 92 Personalverantwortlichen für Deutschland einen vermuteten Anteil innerlich Gekündigter von 24%. In den eigenen Unternehmen vermuteten diese Personalverantwortlichen einen Anteil innerlich Gekündigter von nur 17% (ebd.: 23). In der gleichen Größenordnung liegen die Ergebnisse aus einer Befragung in Schweizer Großbetrieben (Hilb 1992a: 4). Eine Befragung von 651 Mitarbeitern von Banken und Behörden ergab für Deutschland einen Anteil innerlich Gekündigter von 35% und im eigenen Unternehmen von 32% (Brinkmann/Stapf 2005: 35).

Tendenziell scheint die innere Kündigung bei gewerblichen Mitarbeitern und am unteren Ende der Hierarchie verbreiteter zu sein als im höheren Management (Krystek et al. 1995: 25; Brinkmann/Stapf 2005: 33).

Hilb (1992a: 4) weist darauf hin, dass es in Abhängigkeit vom Bürokratisierungsgrad auch branchenspezifische Unterschiede gibt. So ist die innere Kündigung in Banken und Versicherungen im Durchschnitt häufiger anzutreffen als in Industrie und Handel. Krystek et al. (1995: 37) ermittelten in Dienstleistungsbetrieben und im Handel höhere Werte für die innere Kündigung als in der Industrie. Der höchste Anteil innerlich Gekündigter wurde in der Befragung von Brinkmann/Stapf (2005: 35f.) mit 41,2% für Behörden in den alten Bundesländern festgestellt. Interessant ist zudem, dass hier ausnahmsweise die Bewertung für die eigene Organisation (41,2%) höher liegt als die Einschätzung vergleichbarer Organisationen in Deutschland (36,8%). Offenbar gehen die befragten Behördenmitarbeiter davon aus, dass es sich bei ihrer unbefriedigenden Arbeitssituation um eine Ausnahme handelt.

Hablützel (1992: 31) stellt dazu die Frage, ob ein Mitarbeiter, der kein Interesse mehr an Auseinandersetzungen hat, der zum typischen Ja-Sager geworden ist, der sich stets bei der Mehrheit befindet, der keine Vorschläge und keine Kritik mehr bringt, der zum angepassten Konformisten geworden ist, der Entscheidungen des Chefs kommentarlos akzeptiert, der seine Kompetenzen nicht mehr völlig ausschöpft und der Eingriffe in seinen Delegationsbereich hinnimmt, nicht genau dem Wunschbild des traditionellen Beamten entspricht und stellt dazu die These auf, dass man in der öffentlichen Verwaltung erst dann systemkonform arbeiten kann, wenn man die innere Kündigung bereits vollzogen hat.

Lösungsvorschläge für die Vermeidung von innerer Kündigung gibt es viele. Sie reichen von der eher plakativen Forderung nach mehr Gefühl in der Führung (Volk 1988: 126; 1989b: 85) und ausformulierte Verhaltensvorschläge mit guten Ratschlägen auf der einen Seite (Volk 1989a: 328f.) bis zur Aufforderung zum metatheoretischen Denken mit der Erkenntnis, dass die innere Kündigung auf der anderen Seite „sogar ein großartiges Mittel der Konsensherstellung und Konsensfindung“ sein kann – quasi als „Geschäftsgrundlage für die unabwendbaren Fragen nach dem Sinn der Arbeit“ (Gross 1992: 96).

Im Kern lassen sich alle Vorschläge zur Vermeidung von innerer Kündigung zurückführen auf Scheins „Organisationsbedingungen für wirkungsvolle Anpassung“ (1980: 164), die als Voraussetzung dafür gelten, dass eine Organisation effektiv in ihrem Umfeld bestehen kann. Hierzu gehören Integration und Einverständnis hinsichtlich der Organisationsziele, von denen die Bereitschaft zur Veränderung ausgehen muss:

> „Hat die Organisation keine klar formulierten Ziele und kann deshalb kein Identitätsbewußtsein entwickeln, dann gibt es auch nichts, wofür man sich engagieren, und nichts, was einen verbinden könnte.“ (Ebd.: 167)

Des Weiteren werden von der Organisation interne Flexibilität und Kreativität gefordert. Um von den Mitarbeitern Kreativität, Flexibilität und Engagement zu erhalten, genügt es keineswegs, ein gutes Gehalt zu bezahlen:

> „Die Organisation muß nicht-ökonomische Belohnungen wie Autonomie, Eigenverantwortung, Gelegenheiten zum Messen der Kräfte und zur psychologischen Entfaltung bieten.“ (Ebd.: 165)

Schließlich erfordert erfolgreiche Organisationsanpassung ein

> „internes Klima der Bestätigung und der Angstfreiheit; das Gefühl, bedroht zu sein, untergräbt bekanntlich gute Kommunikation, verringert die Flexibilität und

stimuliert eher Selbstschutz-Verhalten als Engagement für das Gesamtsystem." (Ebd.: 164).

Löhnert (1990: 231–250), der sich als erster theoriebildend mit der inneren Kündigung auseinandergesetzt hat, leitet folgende Grundsätze zu deren Eindämmung ab:

(1) Flexibilisierung von Unternehmensstrukturen,
(2) Anpassung des Führungsverhaltens,
(3) arbeitsimmanente Qualifizierung von Mitarbeitern.

Dies käme in der öffentlichen Verwaltung einer Veränderung der gesamten Organisationsstruktur gleich.

Hilb (1992a: 18–25) sieht Lösungsansätze auf den Ebenen Gesellschaft, Unternehmen, Arbeitsteam und Mitarbeiter. Auf gesellschaftlicher Ebene fordert er die Formulierung von ganzheitlichen Leitbildern. Gesellschaftliches Anliegen soll es zudem sein, möglichst vielen Arbeitnehmern so genannte 3S-Arbeitsplätze anzubieten, die Sinn, Spaß und Spielraum ermöglichen (ebd.: 12). Auf betrieblicher Ebene sieht er im Sinnmanagement mit den drei Komponenten

(1) ganzheitliche Unternehmensvision,
(2) föderalistische Netz-Struktur und
(3) innovative Vertrauenskultur

die Lösung zur Vermeidung von innerer Kündigung.

Auf Arbeitsteamebene sieht Hilb die Zukunft in überschaubaren, überlappenden Tätigkeits- und Innovationsteams, die in Eigenverantwortung unternehmerisch tätig werden. Auf Mitarbeiterebene wird zur Verhinderung von innerer Kündigung ein Ansatz des lebenslangen Lernens verfolgt.

Massenbach (2000: 257–264) gibt folgende Empfehlungen für die Praxis:

(1) mehr Eigeninitiative und Autonomie im Rahmen der Veränderung der Unternehmenskultur,
(2) vorbeugende Mitarbeiterselektion und kontinuierliche Mitarbeiterentwicklung,
(3) eine inhaltlich anspruchsvolle Gestaltung der Arbeit mit Spielräumen und Entwicklungsmöglichkeiten,
(4) die Umstellung auf einen delegativen Führungsstil.

Im Falle der Realisierung dieser Empfehlungen sieht er die Gefahr, dass es schwierig werden kann, wenn die Mitarbeiter tatsächlich eine eigene Meinung haben (ebd.: 257). In die gleiche Richtung zielt eine Geschichte, die Hablützel (1992: 31f.) von Altbundesrat Schaffner erzählt, der im Schweizer Parlament einmal gesagt haben soll, der ideale Beamte sei zwar nicht dumm, aber faul, jedenfalls nicht initiativ. Denn die initiativen Beamten würden ihm in der Politik nur Schwierigkeiten bereiten.

Hablützel (1992: 34f.) sieht zur Bekämpfung der inneren Kündigung die Ansatzpunkte Mensch, Strukturen und Prozesse. Für den Menschen fordert er die Anerkennung von Wertewandel und Individualisierung mit der Konsequenz des Anbietens von Entwicklungs- und Entfaltungsmöglichkeiten. Hinsichtlich der Strukturen fordert er Dezentralisierung, Kompetenzdelegation und Verkürzung der Entscheidungswege. Von den Prozessen erwartet er eine Aktivierung von Lernprozessen, eine bessere politische Zielabstimmung und die Abkopplung von Teilen der Verwaltung, die dann mit Leistungsaufträgen geführt werden.

5. Ausbildung in der öffentlichen Verwaltung

Fachwissen oder Dilettantismus?

Für die Reform der Verwaltung stellt das Personal den entscheidenden Engpassfaktor dar, aber auch das dominante Leistungspotenzial (Budäus 1994: 76; ähnlich Klages 1997: 522). Schon für Max Weber (1980: 127) war Fachqualifikation, die durch Prüfung ermittelt und durch Diplom beglaubigt ist, *ein* – wenn nicht *das* – herausragende Merkmal des Einzelbeamten:

> „Man hat nur die Wahl zwischen ‚Bureaukratisierung' und ‚Dilettantisierung' der Verwaltung, und das große Mittel der Ueberlegenheit der bureaukratischen Verwaltung ist: *Fachwissen*, dessen völlige Unentbehrlichkeit durch die moderne Technik und Oekonomik der Güterbeschaffung bedingt wird." (Ebd.: 128)

In der Tradition Max Webers ist die Arbeit des Beamten primär Erfüllung der legalen Herrschaft: also die korrekte und berechenbare Ausführung von Ordnungsaufgaben. Die Verwaltungsausbildung ist demzufolge historisch bedingt sehr stark juristisch geprägt und orientiert sich bis heute an dem Leitbild des loyalen und auf dauerhafte Pflichterfüllung ausgerichteten Staatsdieners (Reichard 2005: 230). Das unauffällige loyale Verhalten des Beamten wird durch das Beamtenrecht gesteuert und vom Dienstherrn mit einer sicheren Arbeitsstelle, einem angemessenen Entgelt und guten Sozialleistungen belohnt (Röber 2006: 236). Das gesamte Arbeitsleben des Beamten, von der Ausbildung, über die Ernennung und den Aufstieg in festen Laufbahnen bis zur Entlassung aus dem Dienst, wird durch die verfahrensorientierten Regelungen des Beamtenrechts in engen Bahnen gelenkt. Von einem echten Personalmanagement oder gar einem Human Resource Management als instrumentell-methodisch begründetem Konzept der Bereitstellung, des Einsatzes, der Förderung und der Entwicklung von Personal kann bisher nicht die Rede sein (Reichard 2005: 230; siehe dazu auch Kapitel 8).

Als wesentliche Bedingung für den Erfolg der derzeit laufenden Verwaltungsreform (Neues Steuerungsmodell seit Anfang der 1990er Jahre) gilt eine Veränderung der Verwaltungsmitarbeiter – insbesondere der Führungskräfte – von reaktiven Rechtsanwendern zu proaktiven, dynamischen ‚Public Managern' (Reichard 2001: 35). Dieser Kulturwandel wird aber nicht von alleine stattfinden, sondern muss durch entsprechende Aus- und Fortbildung des Personals herbeigeführt werden.

Die heutigen strukturellen Probleme der öffentlichen Verwaltung können in erheblichem Umfang auf die – wie Ellwein/Hesse (1997: 151) es prosaisch ausgedrückt haben – „Last der Tradition" zurückgeführt werden. Zu dieser Last gehört das deutsche Berufsbeamtentum mit seinen hergebrachten Grundsätzen, dessen noch heute geltenden Grundstrukturen sich im 19. Jahrhundert als Folge der revolutionären Veränderungen in Europa herausbildeten und festigten.[1] Am Beginn dieser Entwicklung stand der Wechsel vom Fürsten- zum Staatsdiener, der sich als Folge der französischen Revolution am Ende des 18. und Anfang des 19. Jahrhunderts vollzog. Der Staatsdiener jener Zeit war Akademiker, in der Regel Jurist, der als Richter, Landrat oder Regierungsrat in der Zoll- oder Postverwaltung, in der Wirtschaftsförderung oder im Steuerwesen arbeitete. Diesen Akademikern waren zunächst nur wenige Hilfskräfte, die so genannten ‚Unterbedienten', zur Seite gestellt, die als Schreiber, Buchhalter, Bürodiener oder Kutscher tätig waren und teilweise von den eigentlichen Beamten wie private Dienstkräfte (schlecht) bezahlt wurden. Im Verlauf des 19. Jahrhunderts waren es dann vor allem zwei bis heute andauernde Entwicklungen, die zu den Besonderheiten des deutschen Berufsbeamtentums geführt haben: (1) die Höherqualifizierung der Hilfskräfte und (2) die Spezialisierung.

Die Höherqualifizierung der Hilfskräfte führte zu einer ausgeprägten Gruppenbildung von oben nach unten, „soziologisch betrachtet als Annäherung nach oben" (Ellwein/Hesse 1997: 153). Prototypen der neuen Beamtengruppe waren Mitarbeiter in den Ministerien, Mittel- und Unterbehörden, die mit einer Vorbildung aus der Militärzeit oder durch den Besuch einer weiterführenden Schule recht ordentlich qualifiziert waren und sich dann in der Verwaltung ein- und hocharbeiteten. Beispiele für diese Beamtengruppe sind die Kreissekretäre in den preußischen Landratsämtern und die Sekretäre in den Regierungspräsidien sowie später die Kanzlei- oder Rechnungsräte in den Regierungspräsidien und Ministerien. Diese Gruppe von Beamten, die den gehobenen Dienst bildete, wurde bald zum Rückgrat oder Korsett der Verwaltung:

> „Sie bildeten in ihr den bürokratischen Kern, waren sehr auf Titel, Orden, Förmlichkeiten und Einhaltung der Regeln bedacht und erhielten bald ein Gehalt, das sie in die Nähe zum höheren Dienst rückte und drastisch von den wirklichen Subalternbeamten und Bürodienern unterschied." (Ellwein 1994: 30)

Der gehobene Dienst rückte dem höheren Dienst also immer näher und der mittlere Dienst folgte nach, ohne aber ähnlich bedeutsam und typisch zu werden.

Der gehobene Dienst „füllte die Hierarchie mit Leben und trieb die Spezialisierung voran" (Ellwein 1994: 30). Die Kompetenz des gehobenen Dienstes war angelernte Kompetenz, die auf Erfahrung und Gedächtnis beruhte, also nicht auf konzeptionellem, analytischem oder lösungsorientiertem Denken und auch nicht auf methodischen Fähigkeiten der Rechtsanwendung. Weil es ihnen an einer um-

---

1 Die folgenden Ausführungen zur historischen Entwicklung des deutschen Beamtenwesens wurden im Wesentlichen übernommen aus Ellwein/Hesse 1997: 151–155 und Ellwein 1994: 28–30.

fassenden Ausbildung fehlte, wurde ihr Arbeitsfeld begrenzt und engmaschig geregelt. Der gehobene Dienst wurde deshalb lange Zeit auf Ausführung, Vollzug und Gehorsam verpflichtet, während man den Akademikern noch größere Spielräume ließ:

> „Das Formular, das den jeweiligen ‚Fall' auf einige wenige Merkmale reduzierte, auf die sich die Aufmerksamkeit des Bearbeiters zu konzentrieren hatte, wurde typisch für die bürokratische Verwaltung und durchaus auch für ihre Leistungsfähigkeit. Gleichzeitig bringt das eine recht eindeutige Spezialisierung mit sich, die tätigkeitsbedingt, aber häufig auch mental erwünscht ist." (Ellwein/Hesse 1997: 155)

Thieme (1995: 116) spricht vom gehobenen Dienst als einer Klasse, die vielleicht das bürokratische Element mit seinen Vorzügen und Nachteilen am reinsten verkörpert: „Nur wenige bringen die geistige Beweglichkeit und Unabhängigkeit mit, die ein akademisches Studium [Anm.: normalerweise] verschafft" (ebd.: 115). Aus der historischen Entwicklung heraus lassen sich dann auch die in der öffentlichen Verwaltung feststellbaren „Eigentümlichkeiten juristischen Denkens" besser verstehen, die man „in Deutschland bis heute am besten im gehobenen Dienst studieren [kann], weil sie hier oft karikaturhaft übersteigert erscheinen. Das gilt z.B. für den starren Rechtspositivismus" (Ellwein 1966: 179).

Von der Spezialisierung ist auch der höhere Dienst betroffen. Schon früh waren neben dem juristisch und staatswissenschaftlich gebildeten Staatsdiener Forstmänner, Mediziner, Ingenieure und Philologen in den Verwaltungen tätig. Mit der Zeit kamen immer mehr akademische Studienrichtungen hinzu, deren Absolventen man auch im Staatsdienst für begrenzte Verwendungen benötigte. Für Ellwein ist deshalb das oft diskutierte Juristenmonopol in den Verwaltungen eher Ausdruck der qualitativen Dominanz als der quantitativen. Juristen besetzen auch heute noch die entscheidenden Positionen in den Ministerien und den Mittelbehörden und prägen damit Sprache und Verfahren der Verwaltung: „Über die Juristen wurden die ‚Generalisten' rekrutiert, derer die Verwaltung umso mehr bedarf, je mehr sie sich im übrigen qualitativ spezialisiert" (Ellwein 1994: 29).

Püttner (2007: 161) hält den verbreiteten Einsatz von Juristen im höheren Dienst schon wegen ihrer grundsätzlichen Geeignetheit „für zähe und emsige Aktenarbeit" für gerechtfertigt. Die von den Juristen gepflegte Rationalität der Entscheidungstechnik und Denkweise stellen für Püttner eine solide Grundlage für die Verwaltungsarbeit dar, die später im Beruf durch das Lernen des Fehlenden ergänzt wird (ebd.: 162). Für Luhmann (1966: 14) sind es allerdings gerade die juristischen Entscheidungsprämissen und die dogmatisch-exegetische Technik der Fallbearbeitung, die dem Juristen die Einarbeitung in den Denkstil anderer Wissenschaften verbauen:

> „Die Zweck/Mittel-Logik wirtschaftlicher Planung, die statistischen Methoden der Informationsgewinnung und -verdichtung, die psychologische oder soziologische Aufhellung latenter Systemfunktionen ruhen auf gänzlich andersartigen Grundorientierungen, die im Rahmen juristischer Entscheidungsbegründungen weder fruchtbar gemacht noch dargestellt werden können."

Die rechtsanwendende Tätigkeit eines Juristen ist unter den Systembedingungen positiven Rechts vor allem Routinearbeit (Luhmann 1964: 12). Allen Entscheidungen, die zwingendes Recht anwenden, liegt eine Routineprogrammierung (Konditionalprogrammierung) zugrunde, die als Entscheidungsprogramm regelt, welcher Tatbestand welche Entscheidung auslöst. Daraus ergeben sich für Luhmann (1964: 12) Hinweise auf die typischen Entscheidungsschwierigkeiten von Juristen. Nach Thieme (1995: 116) ist die Zahl der juristischen Beamten, die entscheidungsschwach sind, bedauerlich groß. Er führt dies zurück auf die juristische Ausbildung, die dazu geeignet ist, den Juristen zum Bedenkenträger zu machen: „Im Mittelpunkt des Denkens des Juristen steht das Recht mit seinen vielen, vielen Paragraphen, die die Verwaltungsjuristen von der Wirklichkeit trennen".

In der aktuellen Situation der Implementierung eines neuen Steuerungsmodells wird den Juristen vor allem ein Defizit an ökonomischer Analyse und Bewertung vorgeworfen:

> „Ökonomie und Management findet – überspitzt formuliert – in öffentlichen Verwaltungen trotz aller formaler Forderungen, etwa des Haushaltsrechts, nur dort statt, wo sich der Jurist für diesen Bereich ernsthaft interessiert und auch entsprechend qualifiziert ist oder mehr oder minder zufällig ein Ökonom eine Führungsposition in der öffentlichen Verwaltung einnimmt." (Budäus 1994: 31)

Für Thieme (1995: 116) liegt dies vor allem an der Ausbildung der Juristen, in der es am Management-Denken fehlt und in der wirtschaftliche, auf Effektivität gerichtete Gesichtspunkte nur eine untergeordnete Rolle spielen. Püttner (2007: 162) erkennt zwar an, dass die konkurrierenden Disziplinen „weitaus theoretischer, grundsätzlich-kritischer und analysierender angelegt sind", bemängelt jedoch das Fehlen einer „gediegenen juristischen Zusatzausbildung". Hauschild (1997: 581) weist darauf hin, dass sogar im Wirtschaftsministerium des Bundes der Anteil der Juristen im höheren Dienst noch etwa 40% beträgt und damit etwa gleich hoch ist wie der Anteil der Betriebswirte, der Anteil der Juristen bei den oberen Führungskräften aber noch deutlich höher ist. Er führt dies unter anderem auch darauf zurück, dass bei der Personalauswahl die Tendenz besteht, dass die Auswählenden die freien Stellen mit Vertretern ihrer eigenen Profession besetzen.

Die Ausbildung für den gehobenen Dienst wurde im Laufe der 1970er Jahre von der klassischen Berufsausbildung, bestehend aus praxisbezogener Unterweisung am Arbeitsplatz mit berufsbegleitendem Unterricht, umgestellt auf ein Studium an einer Fachhochschule. Das Studium sollte aber nicht wie für Beamte des höheren Dienstes üblich an einer allgemeinen Hochschule des tertiären Bildungssystems erfolgen, sondern an neu gegründeten internen Fachhochschulen für den öffentlichen Dienst (FHöD). Diese Beamtenfachhochschulen wurden in der Regel den für die Beamtenausbildung zuständigen Innenverwaltungen (Ausnahme Baden-Württemberg) unterstellt und nicht den für Hochschulen zuständigen Wissenschaftsministerien (Bischoff 1994: 13). Die Rechtsstellung der Beamtenfachhochschulen wurde beschränkt und ihre Selbstverwaltungsrechte durch eine Vielzahl von Eingriffsrechten der Aufsichtsbehörden erheblich beschnitten (ebd.: 13 u. 16; Richthofen 1994: 148). In einigen Bundesländern wurde den Lehrenden kein Professorenstatus zugestanden. Die Auswahl der Studenten erfolgt nicht durch die Fachhochschulen, sondern durch den jeweiligen Dienstherren (z.B. Städte und Gemeinden). Wer für das Studium ausgewählt wird, kann sich begründete Aussicht auf einen gesicherten Arbeitsplatz nach Abschluss des Studiums machen, auch dann, wenn es keine offizielle Übernahmegarantie gibt (Bischoff 1994: 17). Als Beamtenanwärter verfügen die Studenten über einen Beamtenstatus und erhalten eine nicht unbeträchtliche Besoldung. Die Studiendauer beträgt in der Regel drei Jahre inklusive eines zwölf- bis 18-monatigen Praktikums beim Dienstherren (ebd.: 13).

Die Hebung der Ausbildung der Inspektorenanwärter auf Fachhochschulniveau entsprach der allgemeinen bildungspolitischen Entwicklung in den 1970er Jahren: Wenn die im öffentlichen Dienst beschäftigten Ingenieure und Sozialarbeiter an dem neuen Hochschultypus der Fachhochschule ausgebildet wurden, sollte dies auch für die vergleichbaren Laufbahnen der Verwaltungsbeamten gelten (ebd.: 12). Für die restriktive Umsetzung dieses bildungspolitischen Ziels werden vor allem zwei Gründe angeführt. Zum einen wurde die Ausbildungsreform von den Verwaltungspraktikern argwöhnisch beobachtet und sollte in engen Grenzen gehalten werden. Dazu schien die Schaffung einer „dem gesellschaftlichen hochschulpolitischen Zeitgeist entrückte, gewissermaßen ‚keimfreie', interne staatliche Ausbildungsstätte" besonders geeignet zu sein (Bischoff 1994: 14; ähnlich Quambusch 1991: 161). Zum anderen wurde unter dem Eindruck der Studentenbewegung eine Lösung bevorzugt, die ein Höchstmaß an Kontrolle über Lehrende und Lernende versprach (Bischoff 1994: 16).

Die massiven Eingriffe in die Hochschulautonomie der Fachhochschulen für den öffentlichen Dienst führte zwangsläufig zu einer allgemeinen Ächtung durch die ‚richtigen Hochschulen', was auch darin zum Ausdruck kam, dass die Beamtenfachhochschulen nicht in die Westdeutsche Rektorenkonferenz (WRK jetzt HRK) aufgenommen wurden (Bischoff 1994: 16; Quambusch 1991: 167). Auch die Fachhochschulrektorenkonferenz tut sich mit den als „Schmuddelkindern" des deutschen Hochschulwesens angesehenen Beamtenfachhochschulen schwer (Bischoff 1994: 16f.).

Konsens besteht darüber, dass die Fachhochschulausbildung des gehobenen nichttechnischen Verwaltungsdienstes zu einem messbar höheren Qualifikationsniveau geführt hat (Hauschild 1997: 583). Dies wird vor allem auf die Erweiterung des fachtheoretischen Anteils der Ausbildung und dem damit verbundenen größeren Kenntnisstand der Absolventen zurückgeführt (Quambusch 1991: 161). Für Ellwein (1995: 259) sind die Beamtenfachhochschulen gar „ein Segen für die Verwalteten". Diese Aussage ist aber vermutlich nicht absolut, sondern im Vergleich zum Zustand vorher zu verstehen. Wenn man die heutigen Ausbildungsverhältnisse an den Beamtenfachhochschulen kennt, drängt sich einem unweigerlich die Frage auf, wie schlimm es wohl vorher war.

Eine ausreichende Ausbildungsqualität wird den Beamtenfachhochschulen heute fast nur noch von Vertretern der Ministerien bescheinigt (Rothemund 1991; Hauschild 1997; Schmidt 1994), die dafür bezahlt werden und von den Praktikern aus den Verwaltungen, die überwiegend diese Ausbildungsstätten selbst besucht haben. Massive Kritik an der Ausbildungsqualität kommt hingegen aus dem Kreis der Fachhochschul-Professoren und aus den Kreisen der Wissenschaft, die den Umbau der Verwaltung im Zuge der Umsetzung des neuen Steuerungsmodells kritisch begleiten (z.B. Reichard 1994a: 47; Röber 2006: 238f.; Quambusch 1991: 165; Ilbertz 1994: 71).

Die Kritik betrifft die Ausbildungsziele (Laufbahnbefähigung, Kontrolle über Studenten), die Ausbildungsorganisation (Verschulung, Praktika), die Ausbildungsinhalte (keine Schlüsselqualifikationen, überwiegend juristische Fächer), die Auswahl und Qualität der Auszubildenden (Zeitpunkt, Qualität), den Status und die Qualität der Lehrenden (Lehrbeauftragte, Forschung) sowie die Ausbildungskosten.

Primäres Ausbildungsziel der Beamtenfachhochschulen ist die Laufbahnbefähigung der Absolventen (Rothemund 1991: 171). Die Inspektorenanwärter sollen während des Studiums fachliche Kenntnisse, Methoden und berufspraktische Fähigkeiten erlernen, die sie in die Lage versetzen, nach der Ausbildung ohne lange Einarbeitungszeit in allen Feldern der Laufbahn des gehobenen Dienstes tätig werden zu können (ebd.; Röber 2006: 245; Richthofen 1994: 149). Die Vielfalt der dazu notwendigen Lehrfächer und die sich daraus ergebende enorme Stofffülle führt an den FHöD zu einer fast vollständigen Verschulung der Ausbildung mit einem in der Regel sechsstündigen täglichen Stundenplan und Anwesenheitspflicht der Beamtenanwärter (Quambusch 1991: 162).

Die Verschulung erzieht aber nur selten zur Selbstständigkeit (Thieme 1995: 115). Die Ausbildung ist auf Wissensvermittlung angelegt und stark rezeptiv (Reichard 1998a: 117). Die Studierenden sehen sich vor die Aufgabe gestellt, eine Fülle unterschiedlichster Regeln und Merksätze abrufbereit zu speichern, ohne dabei Zeit auf die Ergründung ihres Sinngehalts zu verschwenden (Quambusch 1991: 161). Weniger als 10% der Lerninhalte sind auf problemlösendes Denken gerichtet, im Vordergrund steht nachvollziehendes Lernen (ebd.).

> „Wenn die Lehre zum Unterricht verkümmert und die Studierenden ihre Hochschule schlicht als ‚Schule' bezeichnen, ohne damit den besonderen angelsächsischen Anspruch einer ‚School of Public Administration' zu verbinden, dann zeigt dies die beamtenrechtlich dominierte Realität der Verwaltungsfachhochschulen ohne verklärenden Mythos." (Schulz zur Wiesch 1994: 105)

Die Verschulung an den Beamtenfachhochschulen kontrastiert mit den sonst hochschultypischen Bedingungen, die unter dem Prinzip der Lernfreiheit Freiräume zur eigenverantwortlichen Gestaltung des Studiums und zur Entwicklung von eigenen Standpunkten ermöglichen. Zu diesen sonst hochschultypischen Bedingungen gehört neben der freien Wahl der Lehrveranstaltungen, der Vertiefung in Seminaren und Projekten und der Verfassung von Studien- und Diplomarbeiten vor allem auch ein umfangreiches Selbststudium, zur Aufarbeitung des Vorlesungsstoffs. Bei einem Wochenstundenvergleich zwischen ‚normalen' Studenten und Beamtenanwärtern zeigt sich dann, dass Letztere durchaus nicht die Fleißigeren sind (Quambusch 1991: 162). Quambusch vermutet deshalb andere Motive für die Beschneidung der Lern- und Handlungsfreiheit an den Beamtenfachhochschulen:

> „Indem ihnen weitgehend versagt wird, ihr Studium eigenverantwortlich einzurichten, vermitteln sich ihnen bereits in einem frühen Stadium die spezifischen Unterordnungstendenzen des hierarchischen Systems. Was Fächervielfalt, Stofffülle und eine sechsstündige kontinuierliche und pflichtweise Anwesenheit im Laufe der Zeit auch an Unterwerfungseffekten hervorbringen, muß eigenständiges Denken und kreativem Verhalten entgegenstehen. Demnach ist generell auch die Annahme illusionär, aus dem Studium könnten Absolventen hervorgehen, die zu [...] Eigenverantwortung befähigt wären." (Ebd.: 162)

Durch die Ausbildungsorganisation an den FHöD werden vielmehr die folgenden Lerngegenstände nachdrücklich vermittelt:

> „(1) Untergeordnet zu werden und unterordnen zu können sind elementare Handlungsorientierungen in der öffentlichen Verwaltung.
> (2) Selbstverleugnung und Anpassung sind für die Erreichung beruflicher Ziele unverzichtbar.
> (3) Die Sehnsucht nach Selbstverwirklichung muss vertagt oder in die außerberufliche Sphäre verlagert werden." (Ebd.: 163)

Damit leisten die Beamtenfachhochschulen „Eingliederungshilfe zur Integration in die soziale Wirklichkeit des öffentlichen Dienstes" (ebd.: 162), die „allgemein so gewollt ist, zumindest aber billigend in Kauf genommen wird" (ebd.: 163). Die Sicherstellung der Kontrolle über die Studierenden durch ihre frühzeitige und bezahlte Einbindung in das System des öffentlichen Dienstes folgt der Logik der Gründungsphase der Fachhochschulen für den öffentlichen Dienst (Bischoff 1994: 19). Damit wird Anpassung zum Ausbildungsziel.

Merton (1971: 271) spricht in diesem Zusammenhang von der geschulten Unfähigkeit des Bürokraten:

> „Unzureichende Flexibilität in der Anwendung von Fähigkeiten führt in einem sich wandelnden Milieu zu mehr oder weniger ernsten Fehlanpassungen. So können etwa [...] Hühner leicht dazu konditioniert werden, den Ton einer Glocke als Signal für die Fütterung zu deuten. Dieselbe Glocke kann dann dazu benutzt werden, die ‚geschulten' Hühner zu ihrem eigenen Untergang herbeizurufen, wenn man sie nämlich schlachten will. [...] Noch einmal, in der fast echohaften Wendung von Burke: ‚Menschen können ungeeignet sein dadurch, dass sie geeignet sind in einer ungeeigneten Geeignetheit'; ihre Ausbildung kann sie unfähig machen." (Ebd.: 267f.)

Eine fast vollständige Sozialisation der Beamtenanwärter, auch als Stallgeruch bezeichnet (Reichard 1998a: 117), wird durch den umfangreichen Praxisteil des Studiums erreicht. Die Kritik an den Praxiseinsätzen der Studenten bezieht sich auf

(1) den häufigen Einsatz der Beamtenanwärter für einfache Hilfs- und Routinetätigkeiten,
(2) die fehlende pädagogische Qualifikation der Ausbilder,
(3) die mangelnde Vor- und Nachbereitung sowie die fehlende Verzahnung mit dem Studienteil und
(4) die Durchführung des praxisbegleitenden Unterrichts in den Ausbildungsstätten für den mittleren Dienst durch das Praktiker-Potenzial der Einstellungsbehörden (Reichard 1994a: 48).

Der Doppelstatus der Studierenden als Beamte und Studenten führt zu einer bürokratischen Sozialisation, die sich nach wie vor sehr stark an den traditionellen Grundsätzen des Berufsbeamtentums orientiert und sich dadurch als wirkungsvolle Barriere gegen tiefgreifende Verwaltungsreformen erweist (Röber 2006: 239). Banner (2003: 15) bezeichnet die internen Verwaltungsfachhochschulen deshalb als einen „die Verwaltungsmodernisierung behindernden Faktor der Starrheit". Die Absolventen der Beamtenfachhochschulen stellen eher ein Anpassungsals ein Verwaltungsreformpotenzial dar. Aus dieser Erkenntnis entsteht die Forderung, dass die Fachhochschulen für den öffentlichen Dienst in eine größere Distanz zur Praxis gehen und dadurch die Praxis selbst verändern (Steckmeister 1994: 78). Reichard (2005: 233) nennt dies „Abbau von Inzuchteffekten". Damit qualifizierte ‚Andersdenkende' nicht wie Fremdkörper von der bürokratischen Verwaltungskultur abgestoßen werden, wird zudem das Vorhandensein einer ‚kritischen Masse' an solchen ‚Andersdenken' für erforderlich gehalten, die sich wechselseitig helfen und unterstützen kann (Reichard 1998a: 129f.).

Die Kritik an den Ausbildungsinhalten betrifft zum einen das Defizit bei der Vermittlung von so genannten Schlüsselqualifikationen und zum anderen die

Dominanz der juristischen Lehrinhalte. Im Spektrum der zukünftig auch vom gehobenen Dienst erwarteten Managementkompetenzen tritt die fachliche Komponente gegenüber den so genannten Schlüsselqualifikationen zurück (Weber 2004: 793). Zu den Schlüsselqualifikationen zählen z.B. die Fähigkeit zur Theoriebildung, zu konzeptionellem, systematischem und vernetztem Denken, zu kritischer Urteilsfähigkeit, zu lösungs- bzw. ergebnisorientiertem Arbeiten und zum Denken in Alternativen mit der Notwendigkeit von Entscheidungen. Näher an der Ausbildungspraxis des gehobenen Dienstes formuliert zählen zu den Schlüsselqualifikationen die Fähigkeit zum analytischen Denken, wie sie traditionell im Umgang mit dem Zivilrecht entwickelt wird, außerdem methodische Fähigkeiten der Rechtsanwendung sowie die Fähigkeit, wirtschafts- und sozialwissenschaftliche Bewertungen in die Rechtsanwendung einfließen zu lassen (Quambusch 1991: 166). Es muss also juristisches Denken statt z.B. Details des Reisekostenrechts und ökonomisches Denken statt einer Vielzahl von Verfahren der Investitionsrechnung gelernt werden (Fischer 1996: 172). Gemeint sind mit Schlüsselqualifikationen also Lerngegenstände, deren Beherrschung eine solide Basis für die unterschiedlichen und wechselnden Aufgaben der öffentlichen Verwaltung bilden und die verinnerlicht sein müssen, wenn sie das gesamte Arbeitsverhalten einschließlich des Problemlösungsverhaltens steuern sollen. Im öffentlichen Dienst kommt zu den genannten Schlüsselqualifikationen in besonderem Maße noch so genanntes Kontextwissen hinzu (Schedler 1998: 149). Hierunter versteht man z.B. das Verständnis der Spezifität des öffentlichen Sektors, Kenntnisse der organisationssoziologischen Zusammenhänge, das Management von Transformationsprozessen, das Management im Verhältnis zur Politik (politische Kompetenz) und ethische Kompetenz (ebd.; Finger/Uebelhart 1998: 30). Einigkeit besteht darüber, dass die genannten Fähigkeiten im Normalfall durch ständiges Training während eines Hochschulstudiums erworben werden (Weber 2004: 794f.). Für die Ausbildung an den Beamtenfachhochschulen bedeutet dies, dass während des Studiums auf einen Teil des für Prüfungen auswendig gelernten Detailwissens verzichtet werden muss (Fischer 1996: 172). Da die benötigten Schlüsselkenntnisse vor allem in den allgemeinen Lehren zu finden sind, müsste insbesondere die Lehre des besonderen Verwaltungsrechts in der Weise umgestaltet werden, dass nicht mehr die einzelnen Fächer aneinander gereiht werden, sondern vornehmlich zur exemplarischen Untermauerung des allgemeinen Verwaltungsrechts gelehrt wird (Quambusch 1991: 166f.).

Juristische Lehrinhalte stehen mit 50 bis 70% der Gesamtinhalte im Mittelpunkt der Ausbildung der Diplom-Verwaltungswirte während wirtschaftswissenschaftliche Lehrveranstaltungen durchschnittlich nur ca. 28% der Ausbildung ausmachen (Reichard 1998a: 117; Oechsler/Vaanholt 1998: 176). Wie bereits dargestellt, wird bei der juristischen Ausbildung der Diplom-Verwaltungswirte zu wenig Wert auf das Erlernen der juristischen Methodik bzw. von juristischem

Denken gelegt. Ihnen hängt deshalb der Ruf von „Schmalspurjuristen" an (Bals 1994: 62), die während ihrer Ausbildung „juristisches Sightseeing" betrieben haben (Quambusch 1991: 161), bei dem der Stoff quasi nur als Fassade gesichtet wurde. Was hinter der Fassade passieren könnte, wurde hingegen kaum gelehrt. Diese Einschätzung der juristischen Fähigkeiten von Diplom-Verwaltungswirten steht im Gegensatz zur verbreiteten Selbsteinschätzung der angehenden Beamten, die leider von den lehrenden Volljuristen in dem Glauben angeleitet und gehalten werden, sie wären wegen ihrer breiten verwaltungsrechtlichen Ausbildung sogar besser als Volljuristen.

Im Zusammenhang mit der Einführung des Neuen Steuerungsmodells wird verbreitet die Überarbeitung der Curricula an den Beamtenfachhochschulen gefordert. Das mit dem Neuen Steuerungsmodell verbundene Konzept der Kommune als konzernähnlich organisiertem und nach betriebswirtschaftlichen Standards geführtem Dienstleistungsunternehmen verlangt zunehmend nach betriebswirtschaftlich vorgebildeten Mitarbeitern (Bals 1994: 62; Budäus 1994: 31; Reichard 1994a: 51). Dabei geht man davon aus, dass ein Einsatz von Betriebswirten mit einer spezifisch öffentlichen Ausrichtung gegenüber rein privatwirtschaftlich geschultem Personal zu bevorzugen ist (Reichard 1994a: 51). Dazu wurden Ziele und Ausbildungskonzepte der öffentlichen Betriebswirtschaftslehre von der wissenschaftlichen Kommission (1987: 3–15) ‚Öffentliche Unternehmen und Verwaltungen' im Verband der Hochschullehrer für Betriebswirtschaft entwickelt.

Die Schwierigkeiten, qualifizierte Bewerber für die Ausbildung des gehobenen Dienstes zu gewinnen, werden auf die mangelnde Attraktivität des öffentlichen Dienstes (Reichard 1994a: 44), die mangelnde Attraktivität der Ausbildung an einem als minderwertig geltenden Hochschultyp und die mangelnde Attraktivität der Eingangsgehälter in der Laufbahn des gehobenen Dienstes zurückgeführt (Bischoff 1994: 20). Durch den Lockruf der Anwärterbezüge und die anschließende Unkündbarkeit als Beamte werden vor allem sicherheitsorientierte und eher leistungsschwache Bewerber angezogen, aber zunehmend weniger die kreativen und dynamischen Persönlichkeiten (Bischoff 1994: 20; Richthofen 1994: 149; Reichard 1998a: 118, 1994a: 44; Schulz zur Wiesch 1994: 105). Hierzu trägt auch bei, dass sich die Studienmöglichkeiten an externen Hochschulen durch einen Rückgang der Numerus-clausus-Beschränkungen deutlich verbessert haben, so dass die Beamtenfachhochschulen nicht mehr als Auffangbecken für Studierwillige dienen, die eigentlich ein normales Hochschulstudium absolvieren wollten (Reichard 1994a: 43). Reichard hält deshalb das traditionelle Bewerberpotenzial, „das auf dem Wege der bürokratischen Selbstrekrutierung und -selektion bisher in den gehoben Dienst gekommen ist und das möglicherweise ohnehin nicht mehr den für die Zukunft erwünschten Mitarbeitertypus darstellt," für völlig unzureichend:

> „Ein angemessenes Nachwuchsreservoir wird man sich aber nur über ein radikal verändertes personalpolitisches Konzept, das mehr als bloße Ausbildungsretuschen und leichte Anhebungen der Eingangsbesoldung aufweist, erschließen können.“ (Ebd.: 45)

An den Fachhochschulen selbst unterbleibt eine kritische Reflexion der Verhältnisse durch die Studenten; eine allgemeine Schweigsamkeit ist vorherrschend (Quambusch 1991: 163). Die Studierenden machen eher den Eindruck von „Beamten mit Spuren-Studien-Appeal“ (Steckmeister 1994: 78) als von echten Studenten: „Wenige Studierende treibt etwas um, wollen wirklich etwas wissen, und wollen es wissen, um später Berufspraxis verändern zu können“ (ebd.). Symptomatisch für die Arbeitsweise und die Motivation der ‚Studenten' ist die fast vollständige Missachtung der Bibliotheken.[2] Während es z.B. an der Mannheimer Universität in den Bibliotheken nur so von arbeitswütigen Studenten wimmelt, herrscht an der FH Kehl auch vor den Prüfungen gähnende Lehre. Vermutlich bleibt den meisten Studenten der FH Kehl bis zum Ende ihres Studiums verschlossen, wie man in Bibliotheken recherchiert oder auch nur Bücher ausleiht. Den ‚Studenten' muss man allerdings zugestehen, dass sie durch das Austeilen von Handouts in den Lehrveranstaltungen, teilweise mit einer anhängenden Frageliste zu den Inhalten der Handouts und den in den Handouts dazu bereits markierten Antwortstellen, auch nicht gerade an ein eigenes Literaturstudium herangeführt werden.

Die bereits bei den Studenten ausgeprägte ‚Beamtenmentalität' wird auch dadurch deutlich, dass man die wenigen Teilnehmer an den wenigen freiwilligen Veranstaltungen (eventuell einer zusätzlichen Statistikvertiefung) für ‚verrückt' hält, während man die gleichen Studenten unter Hinweis auf ihren Beamtenstatus rügt, wenn sie ausnahmsweise eine Lehrveranstaltung vorzeitig verlassen. Seltene abendliche Veranstaltungen, z.B. Vortragsreihen, die eine Gelegenheit bieten, einmal ‚über den Tellerrand hinaus zu blicken' werden nur pflichtgemäß am Anfang des Semesters besucht, während man im Verlauf des Semesters doch lieber interessierte Kommilitonen damit beauftragt, den Namen in die Anwesenheitsliste einzutragen. Ähnliches weiß Quambusch (1991: 163) zu berichten.

Den erfolgreichen Abschluss des Fachhochschulstudiums haben viele Beamtenanwärter dann vor allem der Prüfungsvorsorge ihrer Professoren zu verdanken. Diese Vorsorge kann man damit erklären, dass sich die Professoren dem System anpassen und den umfangreichen Stoff gleich prüfungsgerecht präsentieren und unter Umständen sogar den einen oder anderen fürsorglichen Prüfungshinweis geben (ebd.: 165). Dieses Verhalten der Professoren ist durchaus auch im Sinne der zukünftigen Arbeitgeber der FH-Absolventen, da es die Rentabili-

---

2 Die geringe Zahl der Bibliotheksbenutzer wurde auch von Quambusch (1991: 163) festgestellt.

tät der Beamtenausbildung – die ja bereits vor Beginn des Studiums ausgewählt wurden und für deren Ausbildung die zukünftigen Arbeitgeber die Kosten tragen – sichert (Röber 2006: 246). Aus dieser Finanzierungssituation entsteht für die Verwaltungen – auch ohne ausdrückliche Einstellungsgarantie für die Beamtenanwärter – zusätzlich der Druck, auch die Masse der Absolventen mit schlechten Noten (bzw. wenigen Punkten) einzustellen. Würde man bei der Rentabilitätsberechnung auch die lebenslangen Arbeitsleistungen berücksichtigen, wären die Verwaltungen allerdings besser beraten, nur noch Absolventen der FHöD mit einer Mindestanzahl von z.B. zehn Punkten in feste Anstellungsverhältnisse zu übernehmen.

Hinsichtlich der an den Beamtenfachhochschulen Lehrenden wird deren ungünstige Personalstruktur mit immer noch hohen Anteilen von hauptamtlichen Dozenten und Lehrbeauftragten und den daraus folgenden wissenschaftlichen und didaktischen Schwächen kritisiert (Bals 1998: 75; Quambusch 1991: 167; Schulz zur Wiesch 1994: 107; Richthofen 1994: 158). Hinzu kommen die eingeschränkten Selbstverwaltungsmöglichkeiten (Richthofen 1994: 150) und die auch von den allgemeinen Fachhochschulen bekannten Probleme der eingeschränkten Forschungsmöglichkeiten, des fehlenden Mittelbaus und der fehlenden Promotionsmöglichkeiten (Schmidt 1994: 29). Teilweise wird die Demotivation der hauptamtlich Lehrenden beklagt, die das Potenzial für Innovationen verschütte (Richthofen 1994: 150). Quambusch stellt dazu sarkastisch fest:

> „Störend aber wirken die Professoren, weil ihr Tun schwer berechenbar erscheint und sie Kenntnisse und Haltungen zu vermitteln vermögen, die neu, akademisch geprägt und nicht ohne weiteres einzuordnen sind, mithin die Praxis in einem unvorhersehbaren Ausmaß hinterfragen können.“ (Quambusch 1991: 165)

Zur geringen Motivation der Professoren scheinen aber auch die Studenten beizutragen:

> „Die Lehrenden absolvieren ihre Lehre eher mit großer intellektueller und motivationaler Unbehaglichkeit. Die Herausforderung durch die Studierenden fehlt offenkundig. [...] Diese HochschullehrerInnen-, Lehrbeauftragten- und Studierenden-Konstellation ist fatal – wenige sind zufrieden, die meisten entmotiviert. Ein gigantischer Verschleiß von menschlichen Ressourcen.“ (Steckmeister 1994: 78)

Den Fachhochschulen für den öffentlichen Dienst wird nachgesagt, dass sie sich aufgrund der Zusammensetzung des Lehrkörpers flexibel an den wechselnden Ausbildungsbedarf der öffentlichen Arbeitgeber anpassen können und es sich insofern bei ihnen um sehr wirtschaftliche Einrichtungen handelt (Bischoff 1994: 18). Setzt man die Kosten für die Ausbildung eines Studenten an Universitäten (ohne Kliniken) gleich eins oder 100%, verursachen Fachhochschulstudenten lediglich 60% dieser Kosten und Absolventen der Verwaltungsfachhochschulen gar nur 35%.[3] Bezieht man allerdings die nicht unerheblichen Bezüge der Beamtenanwärter in die Rechnung ein, verfünffachen sich die Kosten der Beamtenausbildung in etwa (ebd.: 18f.). Die Ausbildung eines Beamten für den gehobenen Dienst ist dann mehr als doppelt so teuer wie die Ausbildung eines Studenten an einer Universität.

Auch der direkte Kostenvergleich zwischen interner Ausbildung (FHöD) und einer externen Ausbildung an einer ‚normalen' Fachhochschule zeigt deutliche Kostenvorteile für die externe Ausbildung. Die wesentlichen hierbei zu betrachtenden Kostenblöcke sind neben den Beamtenbezügen bei interner Ausbildung die Kosten für die Ausbildungsförderung (BAföG) und zusätzliche Kosten für die Hochschulausstattung bei der externen Lösung (Bischoff 1994: 21f.; Richthofen 1994: 156). Die externe Lösung würde zudem finanzielle Spielräume für eine Anhebung der Eingangsvergütung für die Absolventen der Fachhochschulen von jetzt A 9 auf beispielsweise A 11 geben.[4] Damit könnte die Attraktivität einer Tätigkeit im öffentlichen Dienst insgesamt verbessert werden, zumal damit zu rechnen ist,

> „daß immer weniger Bewerber auf den ‚Schwindel' hereinfallen, dass sie zwar während der Ausbildung eine vergleichsweise attraktive Bezahlung via Anwärterbezüge erhalten, aber danach während ihrer gesamten Berufslaufbahn vergleichsweise schlecht bezahlt werden." (Reichard 1994a: 45)

Auch würde die Externalisierung der Beamtenausbildung zu einer besseren Teilhabe der öffentlichen Organisationen an der staatlichen Wissenschaftsförderung führen:

> „Der Staat finanziert für die Qualifikation von Nachwuchskräften im privaten Unternehmensbereich und damit für die Effizienz privatwirtschaftlicher Entscheidungsprozesse eine Vielzahl wissenschaftlicher Institutionen in Form von betriebswirtschaftlichen Lehrstühlen, Instituten und Fakultäten. Vergleicht man diese Bereitstellung öffentlicher Finanzmittel mit jenen, die für die Qualifizierung von Nachwuchskräften und damit für die Effizienz der Entscheidungsprozesse in öffentlichen Verwaltungen bereit gestellt werden, so wird eine nicht verantwortbare Diskrepanz erkennbar." (Budäus 2006: 184)

Auch aus volkswirtschaftlicher Sicht sind interne Arbeitsmärkte nur selten vorteilhaft. Im Falle des öffentlichen Dienstes ist der interne Arbeitsmarkt für den nichttechnischen gehobenen Verwaltungsdienst ausgerichtet auf eine hohe Spezifität der Ausbildung in Bezug auf die zu erfüllenden öffentlichen Aufgaben,

---

3 Bischoff 1994: 18. Bischoff hält die Zahlen zwar selbst nicht für ganz vertrauenswürdig, zur Ableitung von Größenordnungen sind sie jedoch allemal ausreichend.

4 Rein rechnerisch könnte die Anhebung der Eingangsvergütung um zwei Stufen 102 Monate oder 8,5 Jahre aus den eingesparten Anwärterbezügen kostenneutral gestaltet werden (Bischoff 1994: 21).

bei denen es bisher hauptsächlich um die Anwendung von Recht ging (Röber 2006: 246). Durch die Wandlung des Aufgabenspektrums in der öffentlichen Verwaltung von Ordnungsaufgaben hin zu Dienstleistungs- und Planungsaufgaben wird die spezifische, nur vom öffentlichen Arbeitgeber zu nutzende Ressource ‚Personal' in größerem Umfang überflüssig. Die Entspezifizierung der internen Ausbildung durch eine Ausweitung der Ausbildungsinhalte auf betriebswirtschaftliche und Managementkenntnisse würde dazu führen, dass die Absolventen nun auch für andere Arbeitgeber interessant würden und die Rentabilität der Ausbildung für die öffentlichen Arbeitgeber nicht mehr gegeben wäre (ebd.). Eine Externalisierung der Ausbildung bei weitgehender Beibehaltung der Ausbildungsinhalte wäre unverantwortlich gegenüber den Auszubildenden, weil diejenigen, die nicht in den öffentlichen Dienst übernommen werden, auf dem allgemeinen Arbeitsmarkt nicht konkurrenzfähig wären (ebd.: 246f.).

Es ist deshalb auch nicht überraschend, dass es in keinem der Länder, die seit über 20 Jahren Verwaltungsreformen unter dem Stichwort ‚New Public Management' betreiben, ein ähnlich „spezifisches Verfahren der Personalausbildung und -rekrutierung [gibt] wie in Deutschland" (Naschold et al. 1999: 44). In diesen Ländern (z.B. USA, Neuseeland, Großbritannien, Niederlande und Schweden) werden die öffentlich Bediensteten weitgehend aus dem allgemeinen Bildungssystem angeworben und nach der Einstellung in berufsbegleitenden Fortbildungsprogrammen auf ihre Aufgaben vorbereitet. Ein solches Einstellungskonzept führt auch zu einer deutlich größeren sektorübergreifenden Mobilität, zumal auch die Fortbildungen im späteren Berufsleben oft gemeinsam von öffentlich Bediensteten und den Beschäftigten des privaten Sektors besucht werden (Naschold et al. 1999: 44; Röber 2006: 245). Die Externalisierung der Ausbildung für den gehobenen nichttechnischen Dienst würde damit auch wesentlich zur Normalisierung des öffentlichen Dienstes in Deutschland beitragen (Naschold et al. 1999: 40; Röber 2006: 244). Gleichzeitig würde man damit der alten Forderung nach einer „Verwaltungsreform durch Ausbildungsreform" entsprechen (Reichard et al. 1977: 130), da die fast 100-prozentige Sozialisation während der internen Ausbildung entfallen würde.

Die Externalisierung der Ausbildung für den nichttechnischen gehobenen Verwaltungsdienst würde automatisch zu einem erheblichen Wettbewerb der Fachhochschulen führen, der die Qualität der Ausbildung weiter befördern sollte. Zum einen würden die ehemaligen Fachhochschulen für den öffentlichen Dienst verstärkt untereinander konkurrieren, zum anderen würden die ehemaligen Beamtenfachhochschulen mit innovativen betriebswirtschaftlich orientierten Studiengängen an den bisher schon externen Fachhochschulen konfrontiert werden (Bals 1994: 56; Reichard 1994a: 49; 1998: 70; Richthofen 1994: 152f.). Auch Kooperationsmodelle sind vorstellbar und werden bereits praktiziert (Clemens-Ziegler 1994).

Dabei sind von beiden Seiten (internen und externen Fachhochschulen) Anpassungen der Curricula erforderlich. Während es bei den internen Fachhochschulen vor allem um die verstärkte Vermittlung von Schlüsselkompetenzen, betriebswirtschaftlichem Wissen und Managementfähigkeiten bei gleichzeitiger Reduktion von juristischem Detailwissen geht, müssen die betriebswirtschaftlichen Fachbereiche externer Fachhochschulen vor allem juristische Defizite ausgleichen und Wissen zu den besonderen Arbeitsbedingungen im öffentlichen Dienst – von Schedler (1998: 149) als Kontextwissen bezeichnet – vermitteln.[5] Die berufspraktischen Kenntnisse und Fähigkeiten könnten in beiden Fällen durch Praktika oder Praxissemester vermittelt werden, die in das Studium integriert werden (Richthofen 1994: 155).

Als Folge der Externalisierung der Verwaltungsausbildung für den gehobenen Dienst würde es zu einer Bereinigung und Konzentration von Einrichtungen und Standorten kommen, die man zweckmäßigerweise steuert, um eine unwirtschaftliche Zersplitterung der Ausbildung zu vermeiden (Bals 1998: 77–79). In diesem Zusammenhang wäre es auch geboten, das derzeitige unklare Anforderungsprofil für den gehobenen Dienst zu überprüfen, „welches bei vielen Studenten und Absolventen den Eindruck entstehen lässt, für die von ihnen wahrzunehmende Tätigkeit durch ein Studium überqualifiziert zu sein" (Bischoff 1994: 24). Reichard (1994a: 43) empfiehlt deshalb die Einführung eines gehobenen Dienstes neuen Zuschnitts (etwa die Besoldungsgruppen A 11 bis A 15) für Aufgaben des mittleren Managements und die Verschiebung der routinemäßigen rechtsanwendenden Sachbearbeitertätigkeiten in einen mittleren Dienst neuen Zuschnitts (etwa die Besoldungsgruppen A 6 bis A 10). Für die Ausbildung des mittleren Dienstes würde dann eine Ausbildung unterhalb des Fachhochschulniveaus etwa an Verwaltungsschulen, Studieninstituten und Berufsakademien ausreichen (Bals 1994: 64; 1998: 84; Reichard 1994a: 43). Die Integration der Ausbildung des mittleren Dienstes in ein Gesamtkonzept würde somit (1) die Konzentration auf wenige große externe Ausbildungsstandorte für den gehobenen Dienst befördern und (2) die Möglichkeit für eine inhaltliche Verbesserung der Ausbildung für den mittleren Dienst eröffnen, die gegebenenfalls dann an den nicht mehr benötigten Standorten der Fachhochschulen für den öffentlichen Dienst durchgeführt werden könnte.

Es wäre allerdings äußerst verwunderlich, wenn ein solches ganzheitliches Ausbildungskonzept realisiert würde. Bereits 1991 wies Quambusch auf einen ansteigenden Druck auf die traditionsgebundene interne Ausbildungskonzeption hin (Quambusch 1991: 161). 15 Jahre später stellte Budäus im Zuge der Bewertung des Umsetzungsstandes von Public-Management-Strategien in Deutschland fest:

5 Zum spezifischen Wissen für die Arbeit in öffentlichen Organisationen siehe auch Clemens-Ziegler 1994: 179 und Bals 1994: 59f.

> „So hat sich auch nicht grundlegend in Deutschland das System der Qualifizierung des Personals geändert, ein Aspekt, der sehr deutlich an der Diskussion und ihren ausgebliebenen praktischen Konsequenzen um die Externalisierung der internen Verwaltungsfachhochschulen deutlich wird." (Budäus 2006: 176; ähnlich Banner 2003: 15)

Bleiben die Fachhochschulen für den öffentlichen Dienst aber wie sie sind, „passen sie sich der ‚Praxis' von gestern immer mehr an. Sie werden immer überflüssiger, weil man das billiger *on the job* haben kann" (Nöth 1994: 131). Es ist gar vom „Ausbluten" der Fachhochschulen für den öffentlichen Dienst die Rede mit der Folge, dass sie zu „Rest-Fachhochschulen für Grenzanbieter von Arbeitskraft" verkümmern (Reichard 1994a: 49):

> „Man wird dann vermutlich mittelfristig nicht umhin kommen, die Verwaltungsfachhochschulen in Verwaltungsschulen ‚rückzugründen' oder aus ihnen Berufsakademien zu machen, um den bislang stattgefundenen ‚Etikettenschwindel' zu beenden." (Ebd.)

Da Reformen mit dem vorhandenen und nicht mit dem zukünftigen Personal durchgeführt werden, kommt der Fortbildung eine besondere Bedeutung für den Erfolg von Verwaltungsreformen zu. Als Einstieg in das Thema Fortbildung wollen wir zunächst den Überlegungen von Geißler (1999) folgen, der die Alternative „lebendig sein oder funktionieren" an den Anfang seiner Auseinandersetzung mit dem Thema des betrieblichen Lernens gestellt hat. Die provokante Alternative knüpft an das neuhumanistische Bildungsverständnis an, welches die allseitige Entfaltung menschlicher Fähigkeiten zur pädagogischen Norm erhebt und das Zwangskorsett wirtschaftlicher Notwendigkeiten als eine Beschneidung humaner Möglichkeiten geißelt. Bildung setzt demnach Lebendigkeit voraus, denn nur aus der Kraft des Lebendigen heraus können die positiven Möglichkeiten des Menschen zur Entfaltung kommen.

Gegenstand betrieblicher Fortbildung ist aber bis heute nicht Bildung, sondern Qualifikation der Mitarbeiter. Dabei werden Bildung und Qualifikation als zwei gegensätzliche, sich einander ausschließende Formen von Kompetenz verstanden (Versus-Paradigma) (Arnold 1996: 62). Qualifikation hat für die Betriebe vor allem eine funktionale Bedeutung (funktionieren in der Geißler-Alternative): „Selbständigkeit, Selbsttätigkeit und kritisches Denken werden demgegenüber als subjektive Fähigkeiten konzeptualisiert, die sich mit der Logik betrieblicher Qualifizierungspolitik nicht in Einklang bringen ließen" (ebd.). In der betrieblichen Qualifizierungspraxis ergibt sich nun zunehmend die Paradoxie, dass die Betriebe zwar nach wie vor in erster Linie ein funktionales Interesse an den Qualifizierungen ihrer Mitarbeiter haben, dieses funktionale Interesse allerdings nur realisiert werden kann,

> „wenn die Subjekte über Qualifikationsvoraussetzungen verfügen, um selbstorganisierte betriebliche Prozesse in Gang zu setzen oder in Gang halten zu können. Dies bedeutet aber gleichzeitig auch, daß es für die Betriebe heute geradezu ein ‚Qualifikationsrisiko' gibt, weil diese übergreifenden Fähigkeiten auch zur Wahrnehmung eigener Interessen oder zur Gestaltung von Situationen eingesetzt werden können. Auf diese Möglichkeiten müssen sich die Betriebe jedoch notgedrungen im wohlverstandenen Eigeninteresse einlassen, wenn sie die für sie funktionale Seite der Qualifikation nutzen wollen. Im Unterschied zu den Ideologien der autoritären Betriebspädagogik, die mit Harmonisierungs- und Familialisierungsmodellen darum bemüht war, Interessensgegensätze im Betrieb zu verschleiern und eine Ideologie der ‚Betriebsgemeinschaft' zu kultivieren, befinden sich viele Betriebe heute in der Situation, daß sie sich mit einer exaltierenden Komplexität konfrontiert sehen, deren strategisch-produktive Gestaltung nur möglich ist, wenn auch die Qualifizierung eine entsprechende Komplexität in den Potentialen der Mitarbeiter aufbaut und diese zum ‚Gestaltungshandeln' befähigt." (Arnold 1996: 63)

Geißler (2000: 136f.) vertritt die These, dass die Lebendigkeit von Organisationen abhängig ist von der Ausbalancierung folgender sieben möglicher sozialer Gemeinschaften:

- *Wertegemeinschaft:* Orientierung erfolgt an übergeordneten Werten und Idealen.
- *Zwangsgemeinschaft:* Orientierung an einer bestimmten Ordnung, d.h. bestimmten Regeln und Geboten, deren Verletzung sanktioniert wird.
- *Kampfgemeinschaft:* Die Mitglieder bekämpfen sich mit dem Ziel, Macht auszuüben,
- *Tauschgemeinschaft:* Die Mitglieder tauschen gegenseitig Leistungen aus.
- *Sympathiegemeinschaft:* Die Mitglieder binden sich emotional aneinander, so dass das Verhalten des anderen berechenbar wird.
- *Spielgemeinschaft:* Hier werden spielerisch und unverbindlich neue Möglichkeiten des Miteinanders ausprobiert.
- *Diskursgemeinschaft:* Motivation für die Zusammenarbeit ist der Gewinn neuer Erkenntnisse.

In hierarchisch und arbeitsteilig aufgebauten Systemen, wie sie verbreitet privatwirtschaftlich organisierte Unternehmen und öffentliche Verwaltungen darstellen, überwiegt die Zwangsgemeinschaft. Diese Komponente ist oft so stark ausgebildet, dass sie die Lebendigkeit dieser Organisationen mindert oder gar erstickt. Solche Organisationen

> „zeichnen sich durch eine Praxis aus,
>
> - in der nicht mehr oder viel zu wenig gefragt wird, auf welche gelebten Werte sich die vorliegende Ordnung begründet,

- in der der einzelne keine oder nur eine sehr schlechte Chance hat, sich gegenüber der vorherrschenden Ordnung zu behaupten und eine eigenständige Identität zu leben,
- in der die Frage verpönt ist, welche Gegenleistung man erwarten kann, wenn man sich für eine Aufgabe engagiert und Belastungen auf sich nimmt,
- in der emotionale Wärme und moralische Bindungen nur in den Nischen gedeihen können, die das Ordnungssystem noch frei lässt,
- in der kein oder nicht genügend Raum bleibt für einen auch spielerischen Umgang, weil alles zwanghaft geregelt ist,
- und in der es suspekt ist, in den eigenen Spiegel schauen zu wollen, d.h., sich gemeinsam ein Bild davon machen zu wollen, was eigentlich los ist, weil dabei herauskommen könnte, dass die vorliegende Wirklichkeit nicht so ist, wie es die vorherrschende Ordnung vorschreibt." (Geißler 2000: 143)

Eine Organisation wird dann lebendig, wenn es ihr gelingt, die traditionell vorherrschende Ordnungskomponente in eine gut ausbalancierte Beziehung zu den anderen sechs Komponenten zu setzen. Für die Lebendigkeit des Lernens sind vor allem der Ausbau und die Pflege der Werte-, Spiel- und Diskursgemeinschaften von Bedeutung. Auf der anderen Seite muss betriebliches Lernen so organisiert werden, dass die Elemente der Zwangsgemeinschaft deutlich reduziert werden.

> „Denn Lernen in Zwangsgemeinschaften kann nicht mehr hervorbringen als totes Wissen, d.h. Wissen, das nur oberflächlich angelernt ist, das wenig bzw. schlecht in den Bestand des Gesamtwissens integriert ist und deshalb in praktischen Handlungssituationen nur schwer angewandt werden kann." (Ebd.: 146)

Für den Erfolg von Fortbildungsmaßnahmen kommt es also darauf an, sich von so genannten „Mehr-desselben-Konzepten" zu lösen, wie der Betrunkene in dem bekannten Beispiel von Watzlawick (2000: 27):

> „Unter einer Straßenlaterne steht ein Betrunkener und sucht und sucht. Ein Polizist kommt daher, fragt ihn, was er verloren habe, und der Mann antwortet: Meinen Schlüssel. Nun suchen beide. Schließlich will der Polizist wissen, ob der Mann sicher ist, den Schlüssel gerade hier verloren zu haben, und jener antwortet: Nein, nicht hier, sondern dort hinten – aber dort ist es viel zu finster."

„Finden Sie das absurd?" fragt Watzlawick nun den Leser. „Wenn ja, suchen auch Sie am falschen Ort. Der Vorteil ist nämlich, dass eine solche Suche zu nichts führt, außer mehr desselben, nämlich nichts". Auch die Lösungen für eine erfolgreiche Personalentwicklung, die als entscheidender Erfolgsfaktor für die Implementierung von Verwaltungsreformen gilt, müssen wir „woanders" suchen, „nämlich dort, wo es hell ist, und nicht dort, wo wir unseren alten Problemlösungs-Schlüssel verloren haben oder verloren zu haben glauben" (Arnold 1996: 92).

Das Neue der betrieblichen Fortbildung liegt

(1) im systemischen Lernen, was Offenheit und Vertrauen in die Selbststeuerungs- und Selbstorganisationsfähigkeiten der Mitglieder voraussetzt,
(2) in der Idee der lernenden Organisation, wofür die organisatorischen Voraussetzungen geschaffen werden müssen,
(3) in der Kulturentwicklung, was die Entwicklung eines neuen Leitbildes (neues Bürokratiemodell) erfordert und
(4) in der Auseinandersetzung mit den vorhandenen Deutungsmustern, was in erheblichem Maße Selbstreflexion erfordert (vgl. Kapitel 3).[6]

Eine „neue Personalarbeit" in den öffentlichen Verwaltungen ist aber nur gegen Widerstände durchzusetzen, die sich ausdrücken in

(1) ‚es war schon immer so',
(2) ‚es geht nicht' und
(3) ‚da könnte ja jeder kommen' (Oechsler/Vaanholt 1998: 152).

Da Systeme über eine starke Tendenz verfügen, Vorhandenes zu reproduzieren, kann unterstellt werden, dass sich auch im Bereich der Personalverwaltung durch eine Filterung und selektive Nutzung von Fortbildungsangeboten ein Eigeninteresse der Verwaltung realisiert (Dieckmann 1980: 295 u. 300f.). Indizien dafür sind z.B., dass die Adressaten der Fortbildung in die Gestaltung der Fortbildungsangebote nicht einbezogen sind und dass ungefilterte Informationen von Externen häufig den oberen Hierarchiestufen vorbehalten sind. Das Ergebnis ist

> „eine Partialisierung verwaltungsinterner Weiterbildung, die nur in Phasen unabweisbarer Innovationen, und dann auch nur für kleine, privilegierte Bereiche ein Weiterbildungsangebot ermöglicht, das den komplexen Erfordernissen gewandelter Aufgabenstrukturen und gewandelter Kooperationsstrukturen gerecht zu werden vermag." (Ebd.: 305)

---

6 Einen guten Überblick über die Prinzipien einer fortschrittlichen Personalentwicklung gibt Rolf Arnold in seinem Buch *Das Santiago-Prinzip*, in welchem er einen Pilgerpfad zur lernenden Organisation beschreibt: *S*tellvertretende Führung (Führung zur Selbstführung), *A*utopoiesis (systemisches Denken), *N*achhaltigkeit, *T*ransformation (von Deutungsmustern), *I*nterpretation (Unternehmenskulturen), *A*rrangement (Lernvoraussetzungen), *G*elassenheit, *O*rganisationslernen.

6. New Public Management

Mit oder ohne Deutschland?

In den entwickelten Ländern (OECD-Länder) wird seit Ende der 1970er Jahre eine grundlegende Umstrukturierung und Erneuerung des öffentlichen Sektors unter dem Label des New Public Management (NPM) betrieben. Die Namensgebung für diese Reformbewegung erfolgte ex post – vermutlich Anfang der 1990er Jahre. U.a. wird die Ehre der Namensgebung Aucoin (1990; vgl. Neisser et al. 1998: 20), Caiden (1991; vgl. Naschold 1995: 31; Naschold/Bogumil 1998: 13), der OECD (1990; vgl. Budäus 1998: 1) – die den Begriff allerdings gar nicht verwendeten – sowie Rhodes (1991; vgl. Schedler 2006: 95) und Hood (1991; vgl. Budäus 2004: 941) zugesprochen. Den größten Beitrag von den Genannten hat vermutlich Hood, der die Bezeichnung New Public Management bereits 1990 verwendete (Hood 1990: 205) und 1991 zusammen mit Rhodes im Frühjahrsheft der Zeitschrift *Public Administration*, die mit *The New Public Management* betitelt war, in den Mittelpunkt stellte (Hood 1991: 3; Rhodes 1991: 1).

Hood selbst bezeichnet NPM als einen ‚loose term', dessen Nützlichkeit er vor allem in der Bequemlichkeit eines Schlagwortes für eine neue Verwaltungsdoktrin sieht, die in weitgehend ähnlicher Form die Verwaltungsreform vieler OECD-Länder seit den späten 1970er Jahren prägte (1991: 3). In der auf Hood folgenden Literatur besteht dann eher Einigkeit darüber, was NPM nicht ist, als darüber, was es ist. Danach handelt es sich beim NPM nicht um ein geschlossenes theoretisches Konzept, sondern um eine weltweite Bewegung (Budäus 2004: 942), ein ‚belief system' (Wollmann 1996: 20), ein Leitbild (Schröter/Wollmann 2005: 63), einen Sammelbegriff (ebd.), eine programmatische Debatte (Naschold et al. 1994: 1) oder um Organisationsmaximen (Wollmann 1996: 19). Weitere Umschreibungsversuche finden sich bei Neisser et al. (1998: 36f.).

Die Unsicherheit hinsichtlich des NPM setzt sich bei der Beschreibung seiner Inhalte fort, die in Leitsätzen oder einer Doktrin (Hood 1991: 4), Bausteinen (Reichard 1996b: 250), zentralen Merkmalen (Budäus/Grüning 1998: 7), Charakteristika (Borins/Grüning 1998: 14), Kernthemen (Naschold 1995a: 14) oder Reformansätzen (Budäus 1994: 46) zusammengefasst werden. Deren Anzahl schwankt zwischen sieben und 13 und die verwendeten Begriffe lassen häufig die notwendige definitorische Präzision vermissen. Ohne hier zu einer begrifflichen Klärung beitragen zu wollen, ergeben sich aus den genannten Auflistungen in etwa die folgenden Inhalte des New Public Management:

(1) genereller Abbau der Staatstätigkeit durch Verzicht auf Aufgabenwahrnehmung und Beschränkung auf Kernaufgaben,
(2) Privatisierung durch Leistungstiefendiskussion, Outsourcing, Contracting-Out und Gewährleistungsverwaltung,
(3) Aufgabenverlagerung auf den ‚Dritten Sektor',
(4) Markt- und Wettbewerbsorientierung,
(5) Disaggregation, Verselbstständigung, Autonomie und Dezentralisierung von Staat und Verwaltung,
(6) privatwirtschaftlich erprobte Managementtechniken und mehr Freiheitsgrade für Manager,
(7) Outputorientierung, neues Finanz- und Haushaltswesen,
(8) verändertes Personalmanagement und Führungsstil,
(9) Kundenorientierung, Bürgerbeteiligung und Demokratisierung,
(10) geändertes Politikverständnis, Verhältnis von Politik/Verwaltung und strategischem Management,
(11) Abbau der Regelungsflut, generelle Deregulierung und Entbürokratisierung.

Wie wir später sehen werden, fehlen die ersten fünf Punkte in der deutschen Variante des NPM weitgehend, so dass es geboten erscheint, dann besser von Public Management als Teilbereich des New Public Management zu sprechen (Budäus 1994: 47).

Als Folge seiner relativen Unbestimmtheit und seiner sendungsbewussten Verbreitung wurde dem New Public Management vorgeworfen, es verbreite

(1) mit viel Rhetorik altbekannte Rezepte (Reichard 1996b: 248; Laux 1994: 169f.; König 1995: 356f.; Grunow 1996: 65f.),
(2) es preise eine Ökonomisierung der Verwaltung an, beabsichtige aber in Wahrheit Leistungsverdichtung und Entpolitisierung und betreibe damit Etikettenschwindel und
(3) es handle sich beim NPM lediglich um ein Potpourri aus relativ zusammenhangslosen Einzelmaßnahmen (Pollitt 1990: 46), was zu theoretischem Eklektizismus führe (Neisser et al. 1998: 37).

Aus Sicht der Reformbefürworter sind diese Vorwürfe nicht nur ungerechtfertigt (insbesondere der zweite), sondern stellen überwiegend sogar die Erfolgsfaktoren des New Public Management dar. Danach handelt es sich beim NPM um eine geglückte Mischung aus alten und neuen Instrumenten der Verwaltungsmodernisierung, die aufgrund der guten „Verpackung" die notwenige Akzeptanz findet und sehr gut den „Zeitgeist" trifft (Naschold et al. 1994: 1; Reichard 1996b: 248; 2001: 16; Neisser et al. 1998: 38f.).

Die Debatte kulminiert in der Frage, ob das NPM die Grundpfeiler des bisherigen Staatssystems wie rechtsstaatliche Regelbindung, Gewaltenteilung, politisch-demokratische Legitimierung und Gleichheitsgrundsatz aushöhlt (Neisser et al. 1998: 47f.). Dabei kann man sich des Eindrucks nicht erwehren, dass hier zumindest von einigen Diskutanten akademische Scheingefechte geführt werden, bei denen man sich auf höchstem Niveau „gemäßigt kritisch bis verschmitzt kokett“[1] gibt, auf historische Kontexte und nationale Besonderheiten hinweist, die unterschiedlichen Prinzipien des ökonomischen und administrativen Systems thematisiert – als ob jemand diesen Unterschied in Frage gestellt hätte –, so tut, als ob der „Imperativ des Wandels“ (König 1995: 356) dem deutschen Verwaltungssystem immanent sei und auf die eine oder andere mit dem NPM verbundene Gefahr hinweist (ebd.: 354–358). Dabei wird dem NPM unterstellt, es überspiele den Unterschied zwischen Markt und Staat rhetorisch und bedient sich dann aber einige Sätze weiter selbst der Rhetorik, indem man die „Umwidmung zum Kunden“ am Beispiel der Verhaftung Krimineller lächerlich macht (ebd.: 356). Im Kern sind aber auch die NPM-Kritiker der Meinung, dass die zentrale Modernisierungsfrage lautet, „wie der Wirtschaftlichkeit in der öffentlichen Verwaltung ein höherer Stellenwert gegeben werden kann“ (ebd.: 358). Unterschiedlicher Auffassung ist man aber offensichtlich hinsichtlich der Größe des Problems und der Radikalität und Geschwindigkeit der notwendigen Veränderungen. Hier fehlt dem einen oder anderen NPM-Kritiker eventuell auch ein realistisches Bild der derzeitigen deutschen Verwaltungspraxis. Solange die Funktionstüchtigkeit der deutschen Verwaltung in Frage gestellt ist, sollte jedenfalls gelten: „Nicht die Einführung moderner Management- und Steuerungsmethoden ist zu rechtfertigen, sondern deren Ablehnung“ (Jann 1995: 160).

Das ‚Auftauchen' des NPM Ende der 1970er, Anfang der 1980er Jahre fällt in eine Zeit der ökonomischen Krise, eines gesellschaftlichen Wertewandels, von wachsender Politik- und Bürokratieverdrossenheit und der zunehmenden Manifestierung von Ineffizienzen und Leistungsmängeln des Verwaltungssystems (Reichard 2001: 13f.; Budäus/Grüning 1998: 4f.; Schröter/Wollmann 2005: 63f). Als Folge des Ölpreisschocks kam es zu anhaltenden Wirtschaftskrisen, die zu sinkenden Steuereinnahmen bei gleichzeitiger Aufrechterhaltung der sozialen Sicherungssysteme führten. Hieraus ergaben sich Finanzierungsengpässe in den öffentlichen Haushalten, die es erschwerten, die übliche Strategie des ‚additiven Ressourcenmanagements', bei der auftretende Probleme mit zusätzlichen Personal- und Finanzmitteln gelöst werden, aufrechtzuerhalten (Schröter/Wollmann 2005: 64). Der Wertewandel in den westlichen Industrieländern weg von den tradierten Pflicht- und Akzeptanzwerten hin zu Partizipationswünschen und individualistischen Selbstentfaltungswerten führte (1) zu anspruchsvolleren Bürgern, denen gegenüber sich die öffentliche Verwaltung zunehmend durch die Qualität der Dienstleistung rechtfertigen musste und (2) zu anspruchsvolleren Verwaltungsmitarbeitern, die zunehmend nach herausfordernden und interessan-

---

1 BAP 1985 in dem Lied *Pardong* auf der CD *affjetaut*.

ten Arbeitsinhalten verlangten (Schröter/Wollmann 2005: 64; Budäus/Grüning 1998: 5). Die Lösung der wirtschaftlichen und gesellschaftlichen Probleme traute man als Folge von Korruption und Missmanagement immer weniger den Politikern und Bürokraten zu, was sich u.a. in zurückgehender Wahlbeteiligung und zunehmender Gewaltbereitschaft in der Gesellschaft ausdrückte. Das mangelhafte Verwaltungsmanagement und der Modernisierungsrückstand der Verwaltung wurden angesichts der Krisenlage zudem weitaus kritischer beurteilt als noch zu Beginn der 1970er Jahre (Budäus/Grüning 1998: 5).

Folge dieser Entwicklungen war, dass in vielen OECD-Ländern zunehmend das Staatsverständnis, die Aufgaben, Strukturen und Handlungsmuster des öffentlichen Sektors auch von politischer Seite in Frage gestellt wurden (ebd.). Hier sammelten sich zunächst neo-konservative und wirtschaftsliberale Strömungen in der New Right mit den Aushängeschildern Thatcher (‚Thatcherism') und Reagan (‚Reagonomics'), die den öffentlichen Sektor und seine Bürokratien als ‚Teil des Problems' betrachteten und neben dem Staatsumbau in erheblichem Umfang auch Staatsabbau betrieben (Schröter/Wollmann 2005: 65; Budäus/Grüning 1998: 5). Zu den Protagonisten des New Public Management gehörten jedoch von Anfang an auch die Labour-Regierungen in Neuseeland und Australien (ab 1983; Reichard 1996b: 245), so dass das einfache Links-Rechts-Schema hier versagt (Wollmann 1996: 19; Schröter/Wollmann 2005: 65). Die politische Farbskala drückt sich in der NPM-Diskussion eher in unterschiedlichen verwaltungspolitischen Akzentuierungen aus (Wollmann 2002: 519).

Dass allein der finanzielle Druck den Antrieb für die umfangreichen Reformbestrebungen in vielen OECD-Ländern darstellte, dürfte damit zum „Allgemeingut der politischen Folklore in Deutschland" gehören (Naschold et al. 1998: 12). Wahrscheinlicher ist, dass die geänderten gesellschaftlichen Rahmenbedingungen in Kombination mit einer latent vorhandenen generellen Unzufriedenheit mit den Leistungen des öffentlichen Sektors ein Reformfenster (‚window of opportunity') öffneten, welches von einer Reformkoalition (‚Advocacy Coalition') besetzt wurde, die mit dem neoklassischen Politik- und Wirtschaftsverständnis und dem Vertrauen in privatwirtschaftlich erprobte Managementkonzepte und -techniken zwei aktuelle Grundströmungen (‚belief systems') mit breitem Konsenspotenzial verband (Wollmann 1996: 21–24; Neisser et al. 1998: 22f.; Reichard 1996b: 252).

Die theoretische Fundierung des New Public Management wurde bald werbewirksam in die Kurzformel *NPM = Public Choice + Managerialism* gekleidet (Vogel 2006: 59f.). Dabei betont der erste Theoriestrang (Public Choice) die Wiederherstellung der Vorherrschaft der repräsentativen Demokratie über die Bürokratie (‚free to choose'), während der zweite Theoriestrang (‚Managerialism') die Überlegenheit bewährter Management-Prinzipien gegenüber der Bürokratie (‚free to manage') in den Mittelpunkt der Betrachtung stellt (Hood 1991:

6; Aucoin 1990: 115). Der gemeinsame Kern von Public-Choice-Theorie und ‚Managerialism' ist somit „die scharfe Kritik an jeder Form von bürokratischer Regulation" (Vogel 2006: 61; ähnlich Naschold et al. 1994: 8).

Von Kritikern des NPM wird zuweilen eingeworfen, bei der Verbindung von Public Choice und ‚Managerialism' handele es sich um eine „marriage of opposites", die zu Spannungen und Konflikten führt (Hood 1991: 5; ähnlich Aucoin 1990: 115). Begründet wird dies vor allem damit, dass die Public-Choice-Theorie von der Annahme ausgeht, dass die demokratisch gewählten politischen Führer zu viel Macht an die Bürokratie verloren haben, was zu der Forderung nach mehr Zentralisierung, Koordination und Kontrolle führt, während die anerkannten Managementpraktiken mit den Forderungen nach Dezentralisierung, Deregulation und Delegation eher auf das Gegenteil abzielen (Aucoin 1990: 119 u. 122; ähnlich König 1998: 152f.; Wollmann 2002: 491). Diese Ansicht stellt allerdings eine unzulässige Vereinfachung insbesondere der Public-Choice-Theorie dar und darf als widerlegt gelten (Borins/Grüning 1998).

Seine Vagheit und hohe Variabilität werden heute eher als besonderer Vorteil des NPM hervorgehoben, durch die erst die pragmatische und kontextspezifische Anwendung und Ausgestaltung ermöglicht wird.[2] NPM erfüllt so die Funktion eines Orientierungsrahmens, innerhalb dessen jedes Land und jede Verwaltung passend zu den politisch-institutionellen Rahmenbedingungen und der historisch entwickelten Verwaltungskultur seine eigene Reformstrategie entwickeln kann. Wollmann plädiert deshalb für einen verwaltungspolitisch pragmatischen Eklektizismus, der am Leitbild des modernen Sozial- und Bürgerstaates orientiert sowohl die bewährten Modernisierungsansätze vorantreibt als auch neue Elemente des NPM erprobt (Wollmann 1996: 1 u. 31).

Unterstützung findet diese Denkweise durch internationale Erfahrungen, die zeigen, dass es weniger auf die ‚Richtigkeit' der jeweiligen Modernisierungskonzeption ankommt, sondern vielmehr auf die interne Konsistenz (der einzelnen Maßnahmen zueinander und zu dem jeweiligen kulturellen Kontext), die Persistenz (langer Atem) sowie das Commitment insbesondere der Meinungsführer und Entscheidungsträger (Naschold et al. 1998: 102). Kennzeichnend für erfolgreiche Reformkonzepte ist zudem ein „hochpragmatischer Mix aus Innovation und Imitation" (ebd.: 103). Es versteht sich von selbst, dass Imitation immer auch eine kritische Bewertung der externen Erfahrungen und die Anpassung an den nationalen oder kommunalen Kontext mit einschließt. In der deutschen Reformdebatte wird allerdings immer größter Wert auf „genuine Eigenentwicklungen anstelle simpler Imitationen" gelegt:

> „Dieses zunächst doch so einleuchtende Motto – ‚kapieren, nicht kopieren' – ist der typische Ausdruck des Non-Invented-Here-Syndroms. Es stellt allerdings

---

2 Neisser et al. 1998: 39. Zum Kontextbezug des NPM siehe auch Löffler 1997: 145–161.

letztlich nur die halbe Wahrheit dar und bildet somit zugleich – als akkumulierter Ausdruck defensiver Mechanismen – ein erhebliches Reformhindernis.“ (Naschold et al. 1997: 46)

Teilweise wird bemängelt, dass es sich beim NPM um eine Praktikerbewegung mit deutlich zu dünner theoretischer Fundierung handele (Knorr 1997: 44; Grunow 1996: 53; Borins/Grüning 1998: 14, 1998: 7; Neisser et al. 1998: 23). Darüber hinaus würden angesichts des Reformeifers der Praktiker theoretische Diskussionen als störend empfunden und vielfach „der Fortschritt dem Verstehen und praktische Handlungen der Reflexion und Analyse vorgezogen“ (Neisser et al. 1998: 23). König (1998: 153) stellt dazu etwas herablassend fest:

> „Solche Paradoxien [Anm.: zwischen den unterschiedlichen Theoriesträngen] pflegen Praktiker der Verwaltungsmodernisierung nicht zu bekümmern. Man kann das als ‚theoretisch’ beiseite schieben. Oder man kann, wenn man auf eine konzeptionelle Fundierung Wert legt, die Aspekte auswählen, die ‚passen’.“

Hier muss sich König dann allerdings fragen lassen, warum die Hochschule für Verwaltung in Speyer als deutsche Denkfabrik (‚think tank’) nicht die notwendige theoretische Fundierung des NPM bereitstellt. Auffallend an der deutschen NPM-Diskussion ist ohnehin, welche geringe Rolle dabei die neuen – auf rationalen Wahlhandlungen und einer stärkeren Wahrnehmung von Institutionen fußenden – betriebswirtschaftlichen Theorien spielen, die nicht nur zu den wichtigsten und dynamischsten betriebswirtschaftlichen Theoriesträngen zählen, was z.B. auch an den vielen für diese Arbeiten verliehenen Nobelpreisen erkennbar ist,[3] sondern mittlerweile auch in der Politik- und Sozialwissenschaft heftig diskutiert werden (Braun 1999: 17f.; Mayntz/Scharpf 1995). Hier mag zum einen eine Rolle spielen, dass die deutsche Betriebswirtschaft von der internationalen, meist amerikanischen Entwicklung längst abgehängt ist und zum anderen, dass wir uns im kontinentaleuropäischen Bereich mit der Annahme eines rationalen, nutzenmaximierenden, egoistischen Menschen eher schwer tun.

Im Folgenden wird die Theorie nur insoweit erläutert, wie es für das Verständnis des politisch-bürokratischen Willensbildungs- und Entscheidungsprozesses und der im Rahmen des New Public Management diskutierten Reformmaßnahmen erforderlich ist. Dabei wird im Wesentlichen auf das Buch *Neue politische Ökonomie* von Sylke Behrends, welches einen sehr schönen Überblick über die historische Entwicklung und die wesentlichen Inhalte der verschiedenen Theoriestränge gibt, und auf die Dissertation von Gernod Grüning, die den theoretischen Grundlagen des NPM nachspürt, zurückgegriffen.

3 Ohne Anspruch auf Vollständigkeit: Kenneth Arrow (1972), Friedrich Hayek (1974), Herbert Simon (1978), George Stigler (1982), James M. Buchanan (1986), Ronald Coase (1991), Gary Becker (1992), Douglass North (1993).

Die Public-Choice-Theorie oder auf deutsch die Neue Politische Ökonomie ist ein Sammelbegriff für Theorien, die das Instrumentarium der modernen neoklassischen Wirtschaftstheorie, wie insbesondere den methodologischen Individualismus, das Rationalverhalten sowie das Eigeninteresse für die Erklärung politischer Strukturen und Prozesse anwenden (Behrends 2001: 1). Im Mittelpunkt der Betrachtung stehen dabei das Wählerverhalten, die Parteipolitik, Regierungskoalitionen, die Verwaltung, die effiziente und gerechte Verteilung von öffentlichen Gütern und das Problem der Aggregation individueller Präferenzen (soziale Wohlfahrtsfunktion) (Braun 1999: 17).

Methodologischer Individualismus, Rationalverhalten und Eigeninteresse bilden neben den sozialen Tauschbeziehungen und dem Gleichgewichtskonzept die methodischen Prinzipien der neoklassischen Wirtschaftsanalyse (Behrends 2001: 4). Der methodologische Individualismus geht von der Perspektive des Individuums als kleinste und einzige Analyseeinheit aus.[4] Dem österreichischen Sozialphilosophen Karl Popper (2003: 116) folgend handelt es sich beim methodologischen Individualismus um eine Lehre, derzufolge „alle sozialen Phänomene, insbesondere das Funktionieren aller sozialen Institutionen, immer als das Resultat der Entscheidungen, Handlungen und Einstellungen menschlicher Individuen verstanden werden sollten", woraus Popper dann u.a. folgert, „daß wir nie mit einer Erklärung aufgrund sogenannter ‚Kollektive' (Staaten, Nationen, Rassen usw.) zufrieden sein dürfen". Basis für die individuellen menschlichen Entscheidungen ist das Rationalverhalten. Ein rationaler Mensch

(1) ist stets in der Lage, eine Entscheidung zu treffen,
(2) ordnet Alternativen nach seinen Präferenzen, wobei
(3) die Präferenzordnung immer in sich konsistent ist,
(4) entscheidet sich immer für die Alternative auf dem höchsten Rang der Präferenzordnung
(5) und trifft bei gleichen Alternativen immer die gleiche Entscheidung (Downs 1968: 6).

Die Präferenzen werden von den Individuen nach deren Eigeninteresse gebildet. Die Erkenntnis von Adam Smith, wonach das Eigeninteresse die Triebkraft für das menschliche und somit auch für das wirtschaftliche Handeln bildet, fand als Eigennutzaxiom (Fähigkeit zur subjektiven Nutzenbewertung) Eingang in die wirtschaftswissenschaftliche Lehre (Behrends 2001: 6). Rationalverhalten ist dann ein Mittel zur Zielerreichung des Eigeninteresses.

Die Modellbildung folgt damit einer Makro-Mikro-Mikro-Makro-Betrachtung. Danach setzt die gesellschaftliche Situation (Makro) den Rahmen für die

---

4 Dieser Gedanke lässt sich auf Niccolò Machiavelli (1469–1527) und Thomas Hobbes (1588–1679) zurückführen. Siehe dazu Braun 1999: 18.

Handlungsmöglichkeiten (Mikro) der Individuen, die nach dem Kriterium der persönlichen Nutzenmaximierung eine Alternative auswählen (Mikro). Die Aggregation der Wahlhandlungen der Individuen erfolgt dann wieder auf der Makroebene (Grüning 2000: 123).

Von der Neuen Politischen Ökonomie (Public- oder Rational-Choice-Theorie) wird der beschriebene mikroökonomische Ansatz zur Erklärung der Verhaltensweisen von politischen Entscheidungsträgern (Regierung, Parlament, Parteien, Bürokraten), Wählern und Interessengruppen übernommen. Die Analogiebildung zwischen dem wirtschaftlichen und politischen System stellt dem ökonomischen Markt einen politischen Markt gegenüber (Behrends 2001: 27f.). Auf der Nachfragerseite entspricht der nutzenmaximierende Wähler des politischen Marktes dem nutzenmaximierenden Konsumenten auf dem wirtschaftlichen Markt. Auf der Anbieterseite entspricht der stimmenmaximierende Politiker dem gewinnmaximierenden Unternehmer. Während auf dem ökonomischen Markt Güter und Geld getauscht werden, werden auf dem politischen Markt Wählerstimmen gegen wirtschafts- und sozialpolitische Maßnahmen getauscht. Der ökonomische Markt ist im Normalfall durch viele Anbieter (Unternehmer) und Nachfrager gekennzeichnet, während der politische Markt aus wenigen Anbietern (Parteien), aber vielen Nachfragern (Wählern) besteht. Auf beiden Märkten herrscht nur beschränkte Markttransparenz aufgrund unvollkommener Informationen der einzelnen Akteure.

Auf der Basis der beschriebenen Annahmen wurden eine Reihe von Theorien zur Erklärung des politisch-adiminstrativen Handelns entwickelt, von denen vor allem die Folgenden zu den theoretischen Grundlagen des New Public Management gezählt werden können.

(1) Ökonomische Theorie des politischen Handelns in der Demokratie (Anthony Downs)

Downs steht das Verdienst zu, als erster die wirtschaftswissenschaftliche Methodik auf den politischen Bereich übertragen zu haben. 1957, das Erscheinungsjahr von Downs' Buch *An Economic Theory of Democracy*, gilt deshalb auch als die Geburtsstunde der Neuen Politischen Ökonomie. Downs greift dabei auf viele Vorläufer der Neuen Politischen Ökonomie zurück, von denen hier nur Joseph Schumpeter genannt werden soll, der einen der wenigen deutschen[5] Beiträge zur Public-Choice-Theorie geleistet hat. Downs (1968: 29, Anm. 11) selbst schreibt: „Schumpeters tiefschürfende Analyse der Demokratie war für unsere gesamte Abhandlung Anregung und Grundlage. Wir stehen sehr in seiner Schuld und

5 Schumpeter war eigentlich Österreicher, was wir an dieser Stelle aber nicht so genau nehmen wollen.

empfinden ihm gegenüber große Dankbarkeit". Dass Downs Schumpeter nur zweimal zitiert und Schumpeters Einfluss ansonsten in der Public-Choice-Literatur kaum erwähnt wird, entbehrt dann nicht einer gewissen Kuriosität (Müller 1976: 395).

In seinem Buch *Capitalism, Socialism and Democracy* entwickelt Schumpeter im Jahr 1942 eine neue – der Wirklichkeit entsprechendere – Theorie des demokratischen Prozesses, die er der klassischen Demokratiedefinition gegenüberstellt (Behrends 2001: 13). Nach klassischer Auffassung ist

> „die demokratische Methode [...] jene institutionelle Ordnung zur Erzielung politischer Entscheide, die das Gemeinwohl dadurch verwirklicht, daß sie das Volk selbst die Streitfragen entscheiden läßt und zwar durch die Wahl von Personen, die zusammenzutreten haben, um seinen Willen auszuführen." (Schumpeter 1950: 397)

Schumpeter hingegen definiert Demokratie als

> „diejenige Ordnung der Institutionen zur Erreichung politischer Entscheidungen, bei welcher einzelne die Entscheidungsbefugnis vermittels eines Konkurrenzkampfes um die Stimme des Volkes erwerben." (Ebd.: 428)

Auch nach diesem Demokratieverständnis ist die Realisierung des Gemeinwohls ein wichtiges Anliegen der Politik, allerdings weniger als handlungsleitender Antrieb, sondern vielmehr als Mittel zum Zweck wie Schumpeter in einem ökonomischen Analogieschluss darlegt:

> „In ähnlicher Weise ist der soziale Sinn oder die soziale Funktion der parlamentarischen Tätigkeit ohne Zweifel die, Gesetze und teilweise auch Verwaltungsmaßnahmen hervorzubringen. Aber um zu verstehen, wie die demokratische Politik diesem sozialen Ziele dient, müssen wir vom Konkurrenzkampf um Macht und Amt ausgehen und uns klar werden, dass die soziale Funktion, so wie die Dinge nun einmal liegen, nur nebenher erfüllt wird – im gleichen Sinne wie die Produktion eine Nebenerscheinung beim Erzielen von Profiten ist." (Ebd.: 448)

Aufbauend auf Schumpeter entwickelt Downs ein Modell des politischen Wettbewerbs. Darin agieren auf der einen Seite Regierungen, zumeist als politische Parteien, und auf der anderen Seite Bürger und Interessengruppen als Wähler. Dem Eigennutzaxiom folgend handeln die Parteimitglieder, um Einkommen, Prestige und Macht zu erlangen:

> „Daher streben in unserem Modell die Politiker niemals ein öffentliches Amt an, weil es ihnen ermöglicht, bestimmte politische Konzepte zu verwirklichen; ihr einziges Ziel ist, die Vorteile zu genießen, die ein öffentliches Amt an sich bietet. Die Politiker verwenden politische Konzepte und Aktionen einzig und allein als Mittel zur Verfolgung ihrer privaten Ziele, die sie nur dadurch erreichen können, daß sie gewählt werden." (Downs 1968: 27)

Um in den Genuss der mit einem staatlichen Amt verbundenen Vorteile zu gelangen, müssen die Parteien gewählt werden. Um dies zu erreichen, wird jede Partei versuchen, „die Zahl der für sie abgegebenen Stimmen zu maximieren, und sie behandelt ihr politisches Programm lediglich als Mittel zu diesem Zweck" (ebd.: 34). Unter anderem gewinnt Downs aus seiner Analyse des politischen Geschehens folgende Erkenntnisse:

(1) Bei einer eingipfligen Verteilung der Wählerpräferenzen (Gaußsche Normalverteilung) konvergieren die Parteiprogramme gegen das Zentrum, da dort mehr Wählerstimmen zu holen sind (ebd.: 114).

(2) Um möglichst viele Grundeinstellungen (Präferenzen) der Wähler zu erreichen, tendieren die Parteien zur inhaltlichen Streuung ihrer politischen Stellungnahmen (ebd.: 137).

(3) In Mehrparteiensystemen ist es möglich, dass der rationale Wähler seine Stimme einer Partei gibt, die nicht die höchste Präferenz bezüglich seines Nutzeneinkommens hat (ebd.: 46). Dies wird dann passieren, wenn er bei Berücksichtigung der Präferenzen der anderen Wähler davon ausgehen muss, dass die von ihm präferierte Partei nicht an der Regierung beteiligt sein wird.

(4) Das Ziel der Interessengruppen ist es, wirtschaftliche, politische und/oder soziale Vorteile zu erlangen. Deshalb versuchen sie „die Regierung zur Verwirklichung einer bestimmten, für sie vorteilhaften Politik zu bewegen, indem sie behaupten, Wähler zu repräsentieren. Auch versuchen sie, den Wählern ihre eigenen Ansichten einzuflößen, so daß sie am Ende tatsächlich Wähler vertreten" (ebd.: 86). Als Grund für die Neigung von Wählern politischen Führern bzw. Interessengruppen zu folgen, nennt Downs die Ungewissheit der Wähler bzw. die unvollkommene Markttransparenz.

   > „Infolgedessen wird im Ungewißheitsmodell die Rationalität die Regierung zu politischen Maßnahmen veranlassen, die oft mehr auf das Wohl einiger Wähler als auf das Wohl aller ausgerichtet sind, ja oft noch nicht einmal auf das Wohl einer Mehrheit." (Ebd.: 90f.)

(5) Hinsichtlich Umverteilungsmaßnahmen neigen stimmenmaximierende Regierungen dazu, hohe Einkommensgruppen (= wenige Wähler) gegenüber niedrigen Einkommensgruppen (= viele Wähler) zu benachteiligen (ebd.: 198).

(6) Bei wirtschaftspolitischen Maßnahmen bevorzugen rational handelnde Regierungen die Produzenten gegenüber den Konsumenten. Dies begründet Downs mit den Kosten für die wirtschaftspolitische Beeinflussung, die nur von den Produzenten aufgebracht und kompensiert werden können (ebd.: 249). In einer unvollkommen informierten Welt, in der es für die meisten Wähler rational ist, politisch uninformiert zu bleiben (ebd.: 253), kann es

für Regierungen rational sein, bestimmte, gutinformierte Wählergruppen politisch zu begünstigen. „Lobbyisten haben also in einer Demokratie deshalb Erfolg, weil sich alle Handelnden, die Ausbeuter, die Ausgebeuteten und die Regierung rational verhalten" (Downs 1974b: 138).

(2) Ökonomische Theorie der Verfassung (James M. Buchanan, Gordon Tullock)

Im Mittelpunkt der ökonomischen Theorie der Verfassung stehen die Abstimmungsregeln, nach denen soziale Austauschbeziehungen gestaltet werden. Für Buchanan und Tullock stellt der Tausch am Markt die Grundlage für die Freiheit in der Gesellschaft dar:

> „In einem sozialen System, in dem die Rechte des Individuums zu handeln genau festgelegt und anerkannt sind, bietet der freie Markt maximalen Spielraum für private oder persönliche Exzentrizitäten, für individuelle Freiheit in ihrer elementarsten Bedeutung." (Buchanan 1984: 25)

Ausgehend von einem Zwei-Personen-Modell – beide leben als Robinson Crusoe auf einer Insel ohne Gesetze und Eigentumsrechte – ist es für nutzenmaximierende Individuen vorteilhaft, Raub- und Verteidigungsaktivitäten durch freiwillige Vereinbarungen über die gegenseitigen Tauschbeziehungen zu ersetzen und die Eigentumsrechte des Anderen anzuerkennen (ebd.: 80–94). Anders verhält es sich in Großgruppen. Hier

> „handelt jedes Individuum vernünftigerweise so, als ob sein Verhalten ohne Einfluß auf das der anderen bliebe. Es betrachtet das Verhalten der anderen als einen Teil seiner natürlichen Umwelt und passt seine eigenen Verhaltensweisen entsprechend an." (Ebd.: 94)

Wenn alle sich an die Regelung halten, man selbst jedoch hin und wieder stiehlt, dann hat man einen Vorteil gegenüber den anderen errungen (sog. Schwarzfahrer-Problem; Grüning 2000: 137).

> „Jeder hat einen rationalen Grund zur Vertragsverletzung. Es ist daher zu vermuten, daß viele ihren Pflichten nicht nachkommen werden und daß die ganze Vereinbarung wertlos wird, sofern nicht die Bedingungen für das individuelle Verhalten in irgendeiner Weise abgeändert werden." (Buchanan 1984: 94)

Als Institution zur Sicherung der Eigentumsansprüche ist deshalb der Rechtsschutzstaat (‚protective state') erforderlich. In seiner Funktion als Rechtsschutzstaat degeneriert er nicht zu einem Instrument zur Durchsetzung der Interessen einzelner oder bestimmter Gruppen, sondern steht den Individuen und Gruppen als unbeteiligter Dritter gegenüber und ist von ihnen völlig getrennt (Behrends 2001: 41).

Im Falle von öffentlichen Gütern (z.B. Infrastruktur, Verteidigung) ist die Ergänzung des Rechtsschutzstaates durch einen Leistungsstaat (‚productive state') erforderlich, der die öffentlichen Güter bereitstellt. Buchanan und Tullock leiten u.a. folgende Grundsätze ab, nach denen die Bereitstellung öffentlicher Güter vom Leistungsstaat erfolgen soll, bzw. wie Kollektiventscheidungen über öffentliche Güter getroffen werden sollen:

(1) Idealerweise werden kollektive Entscheidungen einstimmig getroffen. Nur die Einstimmigkeitsregel stellt sicher, dass kollektive Entscheidungen genauso freiwillig getroffen werden, wie Tauschgeschäfte am Markt abgeschlossen werden (Buchanan/Tullock 1997: 96).
(2) Aufgrund der hohen Entscheidungsfindungskosten sind auch Abstimmungen mit qualifizierter Mehrheit erforderlich. Die einfache Mehrheitsregel wird eher als notwendiges Übel angesehen, das es zu vermeiden gilt. Letztlich hängt die Abstimmungsregel von der Bedeutung der zu entscheidenden Frage ab. Größere Abweichungen von der Einstimmigkeitsregel sind dann möglich, wenn die Bürger von den Folgen der Entscheidung nur wenig betroffen sind (ebd.: 82).
(3) Mit jeder Abweichung von der Einstimmigkeitsregel wird die Freiheit des Einzelnen beschnitten. Um dies zu verhindern, sollten Mehrheitsentscheidungen in der Verfassung eingeschränkt werden (Buchanan 1984: 215). Auch sollten in der Verfassung Regelungen zur Abgrenzung von privaten und öffentlichen Angelegenheiten und zur Finanzierung öffentlicher Leistungen getroffen werden (ebd.: 103).
(4) Die Entscheidungen über öffentliche Güter sollten möglichst dort getroffen werden, wo sie produziert werden bzw. ihren Nutzen erbringen. In einem solchen dezentralisierten bzw. lokalisierten System sind die Bürger an den Entscheidungen über öffentliche Güter und deren Finanzierung einbezogen (Grüning 2000: 142).

Mit diesen Grundsätzen soll ein unbeschränkter Staat, der sich immer weiter ausdehnt, verhindert werden. Die Tendenz zu einem unbeschränkten Staat besteht,

(1) weil sich einzelne Wählergruppen durch einen Stimmentausch im Sinne gegenseitiger Unterstützung (‚logrolling') bei einzelnen Projekten zu Mehrheiten zusammenschließen und so eine Budgetexpansion herbeiführen (Buchanan 1984: 221),
(2) aufgrund der Eigeninteressen der politischen Entscheidungsträger, die dazu tendieren, einzelne Wählergruppen mit Ausgabenprojekten zu begünstigen (ebd.: 223) und
(3) aufgrund der budgetvermehrenden Handlungsweise der Bürokraten im hierarchischen System (ebd.: 229).

Der Staat kann so zum Leviathan[6] als Inbegriff des Bösen werden (ebd.: 230). Mit dem von Buchanan und Tullock entwickelten Verfassungsverständnis wäre der Schutzstaat aber in die Lage versetzt, den Leistungsstaat und seine Tendenz zum Leviathan in Ketten zu legen und die individuelle Freiheit zu schützen (Grüning 2000: 144).

(3) Ökonomische Theorie der Bürokratie (Anthony Downs)

Die Ökonomische Theorie der Bürokratie untersucht den Einfluss der (Staats-) Bürokraten auf den politischen Willensbildungs- und Entscheidungsprozess. Downs (1974a: 199) stellt dazu fest, dass Bürokraten Entscheidungen treffen, „die das ökonomische, politische, soziale und sogar moralische Leben von beinahe jedem Bürger der Erde beeinflussen", dies bisher aber von den Wirtschafts- und Politikwissenschaftlern „bei der Konstruktion ihrer Theorien über den Lauf der Welt weitgehend ignoriert" wurde. Downs definiert in seiner Theorie bürokratischer Entscheidungsprozesse Bürokratien vor allem über das Merkmal der Nichtmarktorientierung. Downs rückt also in den Mittelpunkt seiner Betrachtung, dass der Output von Bürokratien

> „weder direkt noch indirekt einer Bewertung [unterliegt], die sich auf irgendwelchen außerhalb der Organisation liegenden Märkten durch freiwillige und gegenseitige Tauschakte ergibt." (Ebd.: 200)

Aus der Public-Choice-Perspektive handelt es sich also nur bei öffentlichen Organisationen um Bürokratien (Verwaltungen, Büros, Ämter).[7]

Die Leistungen von Büros (Ämtern) werden von politischen Auftraggebern in der Legislative bewertet, die über die Verausgabung des Steueraufkommens der Wähler entscheiden. In der Regel werden Büros mit der Erledigung bestimmter Aufgaben, die die Legislative für bedeutend hält, betraut und bekommen dann jedes Jahr Geld zugewiesen, das der Erfüllung dieser Aufgaben dienen soll. Das charakteristische Merkmal von Bürokratien besteht nun darin, dass zwischen den Einnahmen eines Büros und den Ausgaben nicht wie bei Wirtschaftsunternehmen ein innerer Zusammenhang besteht, sondern dass Finanzierung und Leistung nur über den (unvollkommenen) politischen Entscheidungsmechanismus verknüpft sind (Downs 1967: 30, zit. nach Grüning 2000: 156).

Wie alle anderen in der Public-Choice-Theorie Handelnden sind auch die Bürokraten (Amtsinhaber) Nutzenmaximierer.[8] Sie verfolgen z.B. die Ziele Macht,

---

6 In Anlehnung an das gleichnamige Buch von Thomas Hobbes aus dem Jahr 1651.

7 Im Gegensatz zu Max Webers Definition von Bürokratie (1980: 127), die sowohl auf öffentliche als auch auf private Organisationen ausgerichtet ist.

Einkommen, Prestige, Sicherheit, Bequemlichkeit, Loyalität, Stolz auf geleistete Arbeit und ‚dem Gemeinwohl dienen'. In Abhängigkeit von ihrer Motivation unterscheidet Downs (1974: 201f.) fünf Typen von Bürokraten. Zu den rein eigennützigen Amtsinhabern gehören die Aufsteiger und die Bewahrer. Während die Aufsteiger versuchen, ihre Macht, ihr Einkommen und/oder ihr Prestige zu maximieren, streben die Bewahrer nach Sicherheit (im Sinne von bewahren des bestehenden Zustandes) und Bequemlichkeit. Zu den Amtsinhabern mit gemischter Motivation (Eigennutz und altruistische Motive) gehören die Eiferer, die Anwälte und die Staatsmänner. Die Eiferer verfolgen relativ enge politische Vorstellungen oder Konzepte. Sie streben nach Macht um ihrer selbst willen und um die heiligen Konzepte, denen sie anhängen, verwirklichen zu können. Die Anwälte verfolgen größere politische Linien. Sie sind unparteiisch bei der Beurteilung verschiedener Vorschläge innerhalb der Organisation, der gegenüber sie loyal sind, sie sind aber zutiefst parteilich, wenn sie ihre Organisation bei Konflikten mit Außenstehenden verteidigen. Die Loyalität der Staatsmänner gilt der gesamten Gesellschaft. Sie kommen damit der Vorstellung vom idealen Amtsinhaber am nächsten. Aber auch bei ihnen besteht ein Teil des Antriebs aus persönlichem Macht- und Prestigestreben.

Auf die Staatsmänner wird in den Büros zudem ein stetiger Druck ausgeübt, sich wie Anwälte zu verhalten, die loyal zum Büro, den Bürointeressen und den Vorgesetzten stehen. Das Einnehmen übergeordneter Standpunkte wird in den Büros als störend empfunden und erschwert Beförderungen erheblich. Downs (1967: 111) ironische Schlussfolgerung ist, dass es in Bürokratien deshalb nur wenige loyal zur Gesellschaft stehende Beamte (Staatsmänner) gibt.

Zu den Gesetzen oder Hypothesen, die Downs aus seiner Analyse bürokratischer Entscheidungsprozesse ableitet, zählen u.a. die Folgenden (Downs 1974a: 204-207):

(1) Unbeherrschte Konflikte auf jeder Ebene einer hierarchischen Struktur verschieben die Macht nach oben.
(2) Jeder Versuch, eine komplexe Organisation zu überwachen, zeigt die Tendenz, eine neue Organisation hervorzubringen.
(3) Es entstehen immer Forderungen nach freien Leistungen, um die Kapazität der sie produzierenden Stelle auszuschöpfen. Die produzierende Stelle reagiert darauf mit „Quasipreisen" (z.B. lange Verzögerungen, Forderung nach Gefälligkeiten, Ausfüllen langer Formulare), um die Zahl der Anforderungen zu senken.
(4) Amtsinhaber verzerren unweigerlich die Informationen zu ihrem eigenen Vorteil, die sie in der Hierarchie nach oben weitergeben. Wenn die Hierar-

---

8 Ganz im Gegensatz zur Vorstellung Max Webers vom bedingungslos loyalen Beamten.

chie viele Stufen aufweist, können die Amtsinhaber an der Spitze ein sehr ungenaues Bild dessen erhalten, was sich auf der untersten Ebene abspielt.

(5) Amtsinhaber verzerren auch die Anweisungen, die sie von ihren Vorgesetzen erhalten und interpretieren sie zu ihrem Vorteil. In einer vielstufigen Hierarchie kann es deshalb sein, dass das Verhalten niedriger Amtsinhaber weitgehend aus Handlungen besteht, die in keinerlei Beziehung zu den Zielen der Verwaltungsspitze stehen.

(6) Aufgrund der Neigung zu Verzerrungen bei den Amtsinhabern wählen diese Entscheidungen, die einfacher, konservativer, in ihrer Wirkung enger und eher sicherheitsbetont sind, als wenn die Neigung zur Verzerrung nicht bestünde.

(7) Es ist leichter und billiger ein Amt zu führen, wenn seine Mitglieder ein hohes Maß an Zielgleichgerichtetheit haben. Ämter setzen daher selektive Rekrutierung, Indoktrination und Ideologien ein, um die Zielgleichgerichtetheit unter ihren Mitgliedern zu steigern.

(8) Amtsleitern ist die persönliche Loyalität ihrer unmittelbar Untergebenen wichtig. Grund dafür ist, dass jeder hohe Amtsinhaber Handlungen ausführen muss, die, wenn sie an die Öffentlichkeit dringen würden, sehr peinlich wären.

(9) Es besteht ein enger Zusammenhang zwischen der Wachstumsrate bzw. dem Verfallsgrad eines Amtes und der Qualität seines Personals.

(4) Ökonomische Theorie der Bürokratie (William A. Niskanen)

Auch Niskanen (1974: 209) geht in seinem Bürokratiemodell von dem nutzenmaximierenden Bürokraten aus, in dessen Nutzenfunktion eine Vielzahl von egoistischen (z.B. Gehalt, Nebenbezüge, Macht, Patronatentum) und altruistischen (z.B. Einfachheit der Verwaltung, Herbeiführung von Veränderungen) Variablen eingehen. Für Niskanen sind diese Variablen allerdings überwiegend „eine positive monotone Funktion des Gesamtbudgets des Amtes" (1971: 38). Je größer das Budget ist, desto eher können sämtliche Typen von Beamten (siehe Downs' Bürokratietheorie) ihre Ziele verfolgen:

> „Das Einkommen, das Prestige, die Macht, die Bequemlichkeit, die Erreichung der Organisationsziele zu gewährleisten und interne Konflikte zu schlichten, sowie die Möglichkeit, die eigene Vision des ‚öffentlichen Interesses' zu verwirklichen, werden durch ein größeres Budget gefördert." (Grüning 2000: 158)

Die Budgetmaximierung als Verhaltensmotivation bürokratischer Entscheidungsträger dient damit in erster Linie der indirekten Befriedigung ihrer Eigeninteressen (Behrends 2001: 49). Die Budgetmaximierungsannahme stellt für Niskanen

(1974: 209) aber auch eine gute Annäherung dar, „für jene Bürokraten mit relativ geringer pekuniärer Motivation und relativ hoher Motivation, im öffentlichen Interesse Veränderungen durchzuführen". Wobei es sich bei der zweiten Gruppe wohl um eine verschwindend kleine Minderheit handeln muss, da Niskanen aus eigenen ernüchternden Erfahrungen in der US-amerikanischen Administration zu der Erkenntnis gekommen ist, dass

> „der öffentlichen Verwaltung und den politischen Institutionen nichts inhärent ist, was die Bürokraten zum Erkennen, Auswählen oder Verfolgen des öffentlichen Interesses befähigen könnte." (Niskanen 1971: vi)

Das budgetmaximierende Verhalten der Büroleiter (Dienststellenleiter) hat u.a. folgende Konsequenzen:

(1) Ein Büro (eine Dienststelle) hat für die Öffentlichkeit keinen Nettonutzen in Form von ‚Renten' (oder Überschüssen), da diese möglichen Überschüsse immer vollständig in der Vergrößerung des Budgets aufgehen (Grüning 2000: 161).

(2) Derselbe Output könnte mit einem niedrigeren Budget erreicht werden:

> „Eine Kooperation von seiten des Amtes jedoch kann nicht erwartet werden, denn es besteht keinerlei Anreiz für das Amt, seine minimale Kostenfunktion zu kennen oder bekanntzugeben." (Niskanen 1974: 212)

(3) Bei der Abstimmung des Budgets zwischen Büroleiter und Finanzierungsagentur (Legislative) stehen sich zwei Monopolisten gegenüber (bilaterales Monopol). Aufgrund der besseren Informationen des Büroleiters und der stärkeren Motivation (da er direkt betroffen ist) wird sich in der Regel der Büroleiter durchsetzen (Niskanen 1971: 30). Der Finanzierungsagentur bleibt nur übrig, den gesamten Output des Amtes zu den genannten Konditionen anzunehmen.

(4) Da dem Büroleiter in der Regel nur ein Ausschuss der Legislative gegenübersitzt, der mit Personen besetzt ist, die bestimmte Interessen vertreten (z.B. von Wählergruppen oder Beschäftigten), kommt es bei den Budgetverhandlungen zu Verschiebungen zum Vor- oder Nachteil bestimmter gesellschaftlicher Gruppen. Gewerkschaftsnahe Abgeordnete haben z.B. ein Interesse an der Erbringung möglichst vieler Leistungen, denn dadurch werden mehr Arbeitskräfte im Bereich des Amtes benötigt (Grüning 2000: 162f.).

(5) Ein Amt wird ebenso wie ein privates Monopol versuchen, seine Nachfragefunktion nach oben zu verschieben. Hierzu führen Bürokraten Werbekampagnen durch, indem sie „von öffentlichen ‚Erfordernissen' und militärischen ‚Notwendigkeiten' [...] sprechen, denen ungeachtet der Kosten stattgegeben werden müsse" (Niskanen 1974: 217).

(6) Die monopolistische Verhaltensstrategie eines budgetmaximierenden Amtes ist durch eine Überproduktion gekennzeichnet. Ein gewinnmaximierendes Unternehmen tendiert hingegen zur Unterproduktion mit dem Ziel, durch eine Angebotsverknappung einen höheren Preis zu erzielen (Behrends 2001: 50).

Niskanens Bürokratiemodell zufolge ist das eigeninteressierte Verhalten der Politiker dafür verantwortlich, dass die politischen Prozesse nicht zu einem gesellschaftlichen Optimum führen. Dies liegt vor allem daran, dass die Anreize für Politiker so strukturiert sind, dass ein uneigennütziges Verhalten nicht honoriert wird. Diese Situation wird durch die Komplexität des Budgetierungsprozesses und das eigeninteressierte Verhalten der Bürokraten noch verschärft (Grüning 2000: 163). Niskanens grundlegende Schlussfolgerung ist deshalb: „that a better government would be a smaller government" (Niskanen 1971: 227). Auch für Ellwein/Hesse (1997: 185) ist die Zurücknahme des Staates das Gebot der Stunde:

> „Nicht die systematische Aufgabenkritik wird dabei zum Ziel führen – deshalb wird sie auch von der Verwaltung favorisiert –, sondern nur das bei allen denkbaren Gelegenheiten erkennbare Bemühen, im konkreten Zusammenhang die Überprüfung der Notwendigkeit vorzunehmen."

(5) Ökonomische Theorie der Interessengruppen (Mancur Olson)

Den Schwerpunkt von Olsons Analyse kollektiven Handelns bei der Erstellung von Kollektivgütern bildet die Untersuchung des Zusammenhangs zwischen dem rationalen Verhalten der einzelnen Gruppenmitglieder und der Gruppengröße. Um kollektive Güter handelt es sich, wenn der Einzelne das Kollektivgut auch ohne individuellen Beitrag nutzen kann (Nichtausschließbarkeitsprinzip) und die produzierte Menge von vielen, im Extremfall von allen gleichzeitig genutzt werden kann (Nicht-Rivalität des Konsums).[9] Beispiele für solche Güter sind die Landesverteidigung und die Lohnerhöhungen als Ergebnis von Tarifverhandlungen.

Wie Olson gezeigt hat, werden sich kleine Gruppen relativ problemlos mit einem kollektiven Gut versorgen. Aber auch bei kleinen Gruppen, die relativ inhomogen zusammengesetzt sind (‚große' Mitglieder mit starkem Interesse an dem Gut und entsprechend hohem finanziellen Beitrag und ‚kleine' Mitglieder mit entsprechend geringerem Interesse und finanziellem Beitrag) besteht bereits

9 Für eine differenzierte Abgrenzung von Gütern siehe Grüning 2000: 132f. Den privaten Gütern stehen hier drei Arten von kollektiven Gütern gegenüber: Allmende-Güter, Gebührengüter und echte öffentliche Güter.

die Tendenz, dass die ‚kleinen' Mitglieder eine Free-rider-Position (Schwarzfahrer, Trittbrettfahrer) einnehmen. Deshalb besteht in kleinen Gruppen mit gemeinsamen Interessen eine „systematische Tendenz zur Ausbeutung der ‚Großen' durch die ‚Kleinen'" (Olson 2004: 27f., 33f.)

Mit zunehmender Gruppengröße nimmt die Tendenz zur Erstellung von Kollektivgütern ab. Während es für mittelgroße Gruppen unbestimmt ist, ob eine Übereinkunft zur gemeinsamen Erstellung des Kollektivgutes erzielt wird, dies aber noch möglich ist, besteht bei großen Gruppen kein Anreiz mehr für die Erstellung von Kollektivgütern (ebd.: 49). Dies liegt daran, dass bei großen Gruppen „kein Mitglied fühlbar betroffen wird, wenn irgendein Mitglied zur Bereitstellung des Gutes beiträgt oder nicht beiträgt, und deshalb niemand einen Grund hat, darauf zu reagieren" (ebd.). In großen Gruppen, oder latenten Gruppen,[10] wie sie Olson bezeichnet (ebd.: 50), ist es deshalb für die Gruppenmitglieder rational, wenn sie eine Free-rider-Position einnehmen.

Als Ausweg aus diesem Dilemma nennt Olson die Schaffung von positiven oder negativen Anreizen (ebd.: 50) sowie die Bildung kleiner Untergruppen (ebd.: 61). Am Beispiel der Gewerkschaften stellen zusätzliche Gewerkschaftsleistungen (Rechtsberatung, Weiterbildung, Freizeitprogramm) positive selektive Anreize für ein gemeinsames Gruppenhandeln dar (ebd.: 72f.), während die Zwangsmitgliedschaft einen negativen selektiven Anreiz zur Beteiligung an dem kollektiven Gut der Gewerkschaftsleistung darstellen würde (ebd.: 68f.). Als Beispiel für die Bildung kleiner Untergruppen führt Olson die Unternehmer an, die in ihrer Gesamtheit eine große, latente Gruppe darstellen. Erst durch die Aufteilung in Gewerbe- und Wirtschaftszweige entstehen kleine oder mittlere Gruppen, die eine wirksame Lobby aufbauen, mit der sie ihre spezifischen Unternehmerinteressen gegenüber der Politik durchsetzen (ebd.: 141).

Olsons Ausbeutungsthese gilt vor allem dort, wo kleine, gut organisierte und privilegierte Gruppen den latenten, nichtorganisierten Gesellschaftsgruppen gegenüberstehen (Widmaier 1974: 19). Als Beispiele für unorganisierte Gruppen, „die keine Lobbies unterhalten und keinen Druck ausüben", nennt er u.a. die Steuerzahler, die Konsumenten und die Friedensfreunde (Olson 2004: 163). Die Existenz dieser „vergessenen Gruppen – die schweigend leiden" (ebd.: 163) ist mit Olsons Argumentation nicht nur vereinbar, sondern liefert zugleich den Beweis für deren Richtigkeit. Mehr noch: „Sie tragen den Schaden, wenn es richtig ist" (Olson 1968: 164, zit. nach Widmaier 1974: 19).

10 Große Gruppen haben eine latente Macht oder Fähigkeit zum Handeln, können diese jedoch nur mit Hilfe von selektiven Anreizen realisieren oder mobilisieren.

(6) Ökonomische Theorie des Rent-Seeking (Gordon Tullock, James M. Buchanan)

Für Tullock (1980a: 17) und Buchanan (1980: 3f.) stellt Rent-Seeking in Abgrenzung zum Profit-Seeking eine Verhaltensweise dar, bei der eine Person eine Investition nicht zu dem üblichen Zweck der Rentabilitätssteigerung tätigt, sondern um eine Monopol- oder Machtposition zwecks Erhöhung des Einkommens zu erreichen, wobei die Rente das aus der Sonderposition resultierende Einkommen ist.[11] Das nutzenmaximierende Individuum wird sich solange rentensuchend verhalten wie der Grenzertrag des Rent-Seeking gerade noch größer ist als der Grenzertrag des Profit-Seeking. Die Rent-Seeking-Kosten, z.B. für die Organisation von Interessengruppen, die Information von Öffentlichkeit und Politik oder die Beeinflussung des politischen Willensbildungs- und Entscheidungsprozesses, fließen in die Rentabilitätsberechnung ein (Behrends 2001: 86). Aus Sicht der Theorie des Rent-Seeking ist das rationale Handeln der Individuen in den Strukturen der Mehrheitsdemokratie und der Bürokratie also darauf gerichtet, möglichst viele (kostenlose) Leistungen des Staates zu erhalten (Grüning 2000: 174).

Auf der anderen Seite werden Politiker bestimmten Gruppen Sondervorteile einräumen, wenn sie sich dadurch besser stellen können, z.B. durch Parteispenden, das Versprechen, sich für die Wiederwahl der Politiker einzusetzen oder auch Bestechungsgelder (Voigt 2002: 123). Die Politiker ‚verkaufen' demnach öffentliche Wohltaten, um durch Stimmen und Wahlkampfspenden ihr politisches Einkommen zu sichern (Grüning 2000: 174).

Aus Sicht der Public-Choice-Theoretiker sind die Nutznießer des politischen Systems alle diejenigen, die Sonderpositionen für sich in Anspruch nehmen, wie z.B. die Spitzenbeamten, die die Vorteile höherer Budgets genießen, die Mitarbeiter, die von den ‚besonderen Arbeitsbedingungen' in der öffentlichen Verwaltung profitieren und die politischen Vertreter all dieser Gruppen:

> „Diese Gruppen kombinieren demnach ihren Einfluß auf den politischen Entscheidungsprozeß, um ökonomische ‚Renten' zu erlangen, die sie besserstellen, als wenn es kein öffentlich betriebenes ‚natürliches Monopol' gäbe: es werden höhere Löhne gezahlt, mehr Arbeitskräfte eingesetzt als nötig, die Absatzmengen der Zulieferer erhöhen sich über ein optimales Maß hinaus, Politiker erhalten Diäten, Kontrolle und politische Macht." (Borins/Grüning 1998: 34)

Auf der anderen Seite erleiden diejenigen, die von den Rent-Seeking-Aktivitäten negativ betroffen sind (Nichtnutzer, Steuerzahler) erhebliche Verluste:

---

11 Der Begriff *Rent-Seeking* stammt von Anne O. Krueger (1980: 51ff.) aus dem Jahr 1974, während der theoretische Ansatz auf Gordon Tullock (1980b: 39ff.) aus dem Jahr 1967 zurückgeht.

> „Sie verzichten auf den Konsum eines Teiles der Güter, die sie unter Marktbedingungen erwerben würden, sie zahlen Steuern für öffentliche Leistungen, deren Art und Umfang sie nicht schätzen. Und die Verhaltensanreize für den Einzelnen werden durch derartige Strukturen ‚pervertiert': Anstatt zu arbeiten werden viel Zeit und Energie in die Suche nach ‚Steuerschlupflöchern' gesteckt, Gelder werden in Bereichen investiert, in denen sie nicht produktiv sind, und Anreize zum Arbeiten werden insgesamt gemildert, zum Beispiel wenn der Sozialhilfesatz den Einzelnen besser stellt als die Tätigkeit in einer unteren Lohngruppe." (Grüning 2000: 174)

Da auch die durch Interessengruppenbeeinflussung und staatliche Regulierung Benachteiligten unter den angenommen Modellprämissen (methodologischer Individualismus, Rationalverhalten, Eigennutzaxiom) am Rent-Seeking-Prozess partizipieren wollen, nehmen derlei Aktivitäten immer mehr zu, so das sich die Gesellschaft schließlich zu einer Rent-Seeking-Society entwickelt.[12]

Denkt man die Rent-Seeking-Theorie zu Ende, kann man ironischerweise zu der Feststellung kommen, dass der politische Prozess unter Umständen weitaus effizienter ist, als es zunächst den Anschein hat:

> „Wenn man sich laut Gary S. Becker von der Vorstellung verabschiedet, daß der politische Prozeß irgendein Gemeinwohl oder bestimmte politische Ziele, wie sie oftmals in Gesetzesbegründungen auftauchen, erreichen soll, und sich der Vorstellung zuwendet, daß der politische Prozeß ein Instrument zur Erzielung von Renten durch diejenigen, die politisch stark sind, ist, dann erscheint der politische Prozeß ausgesprochen effektiv: Dieses Ziel, die Umverteilung von Renten, wird ja durchaus erreicht." (Grüning 2000: 175; vgl. Becker 1988: 95)

Unter diesem Gesichtspunkt ist der gesamte öffentliche Dienst ein gewaltiges Monopol, welches vor allem dazu dient, eine beträchtliche ökonomische Rente einzufahren (Mueller 1997: 243). Unterstützt wird diese Ansicht von der Regulierungstheorie Stiglers. Diese geht von der These aus, dass Regulierungen Errungenschaften von Wirtschaftsbranchen sind, die grundsätzlich zum wirtschaftlichen Vorteil dieser Branchen gestaltet und angewendet werden (Stigler 1988: 209). Nach Regulierung strebende Branchen müssen dafür mit zwei Dingen bezahlen, die politische Parteien benötigen: Wählerstimmen und Geld (ebd.: 220).

Übertragen auf den öffentlichen Dienst und seine Gewerkschaften bedeutet dies, dass die gewerkschaftlichen Aktivitäten vor allem darauf abzielen, mehr Arbeitskräfte zu beschäftigen, als benötigt werden, die Gehälter (zumindest in den unteren und mittleren Lohngruppen) oberhalb eines wettbewerblichen Arbeitsmarktniveaus zu halten und erleichterte Arbeitsbedingungen durchzusetzen (Borins/Grüning 1998: 39). Schlendrian, schlechtes Management und widersin-

---

12 Behrends 2001: 86. Kernaussage des Buchs *Toward a Theory of the Rent-Seeking Society* (1980) von James M. Buchanan, Robert D. Tollison, und Gordon Tullock (Hg.).

nige Regeln sind dann in vielen Fällen effiziente Mittel, um die Beschäftigten besser zu stellen (ebd.). Vor diesem Hintergrund scheint Kritik am NPM, wonach „die Konsolidierung der Kostenstrukturen zu Lasten von Beschäftigten“ und die Verbesserung der Dienstleistungen auf dem Rücken der Beschäftigten“ weder „legitimierbar noch realisierbar“ sind (Naschold et al. 1998: 58), doch deutlich überzogen. Denn es geht nicht darum, den Beschäftigten des öffentlichen Dienstes Anerkennung und Lohn für ihre Leistung vorzuenthalten, sondern lediglich um die Beseitigung von teilweise eklatanten Missständen.

Das System von repräsentativer Demokratie und einfacher Mehrheitsentscheidung im Wohlfahrtsstaat ist aus Sicht der Neuen Politischen Ökonomie für den Bürger suboptimal. Der Umstand,

> „daß es keine Massenauswanderungen, separatistische Bewegungen und Revolutionen gibt, [ist] lediglich Ausdruck der Tatsache [...], daß man das System gerade so ertragen kann und daß fast alle Länder der Welt ähnlich (oder schlechter) strukturiert sind.“ (Niskanen 1971: 135, zit. nach Grüning 2000: 176)

Als Folge der herrschenden politischen Zustände stellt sich bei den Bürgern Resignation und Politikverdrossenheit ein:

> „Daß viele Bürger durch den Status quo frustriert sind, räumen Politiker und die ‚Diener der Allgemeinheit’ ein, die sich tatsächlich nur selbst dienen oder es gerne täten. Vorschläge zur Lösung ‚sozialer Probleme’ werden beinahe am Fließband produziert. Sie führen aber zwangsläufig eher zu einer Verstärkung als zu einer Einschränkung jener strukturellen Elemente, welche die Übel erzeugen.“ (Buchanan 1984: 130)

> „Der Einzelne fühlt sich zunehmend einer anonymen, niemandem verantwortlichen Bürokratie ausgeliefert, er sieht sich als Objekt plötzlicher, unvorhersehbarer Veränderungen und Umorganisationen, die seine Erwartungen zerstören und verzerren. Gleichzeitig besteht wenig Hoffnung auf eine Besserung der Verhältnisse.“ (Ebd.: 19)

Die Vertreter der Neuen Politischen Ökonomie üben damit radikale Gesellschaftskritik, wie man sie eher von linken Träumern als von rechten Realisten erwarten könnte. Bei den Vorschlägen zur Lösung der Probleme hören die Gemeinsamkeiten dann aber schnell auf.

Zum Lösungspotenzial der Neuen Politischen Ökonomie, das überwiegend auch Eingang in das New Public Management gefunden hat, gehören die Einführung der Zwei-Drittel-Mehrheitsregel zumindest bei wichtigen Entscheidungen, die Leitung von Regulierungsbehörden durch Kollegien, weniger staatliche Regulierung, Privatisierung (Outsourcing, Einschränkung des Umfangs staatlicher Tätigkeit, Haushaltskürzungen, gesetzliche Ausgabenbegrenzungen), die Erbringung öffentlicher Leistungen im Gewährleistungsmodell (Contracting Out), das Anbieten von öffentlichen Leistungen im Wettbewerb, die Dezentralisierung und Lokalisierung von Entscheidungen und Produktion, die Finanzierung von Dienststellen stärker über Leistungsgebühren, die Schaffung von Anreizen für effizientes Verhalten der Bürokraten (z.B. freie Verwendung eines Teils der eingesparten Beträge) und ein verbessertes Personalmanagement (im Sinne von Leistungsmessung und -beurteilung sowie Schaffung finanzieller Anreize) (Grüning 2000: 177–179, 405–413).

Einen weiteren wichtigen Beitrag zur theoretischen Fundierung des New Public Management leistet die Neue Institutionenökonomik. Hierbei handelt es sich um eine Erweiterung der klassischen Volkswirtschaftslehre um die Gedanken der *Transaktionskosten,* der *Prinzipal-Agenten-Beziehung* und der *Verfügungsrechte.* Die Theorie geht zurück auf Ronald Coase, der 1937 die Frage, warum es überhaupt Unternehmen gibt, mit dem Vorhandensein von Kosten der Marktbenutzung und der daraus folgenden Notwendigkeit der unternehmerischen Koordination beantwortete (Erlei et al. 2007: 41). Der Begriff *Transaktionskosten* wurde später von Kenneth Arrow (1969) eingeführt, während der Begriff *Neue Institutionenökonomik* auf Oliver Williamson (1975) zurückgeht (Behrends 2001: 88). Die Neue Institutionenökonomik verfolgt zwei Entwicklungsstränge: Erstens die genaue Analyse der Institutionen im Markt (z.B. durch Berücksichtigung von Transaktionskosten, Prinzipal-Agenten-Beziehungen und Verfügungsrechten) und zweitens die Ausdehnung ökonomischer Analysen bzw. des ökonomischen Instrumentariums auf Untersuchungsgegenstände außerhalb der reinen Markttransaktionen (Erlei et al. 2007: 41).

Hieraus ergibt sich in der Literatur eine unterschiedliche Verwendung des Begriffs *Neue Institutionenökonomik,* der in der engen Fassung nur die Institutionen der Wirtschaft umfasst (Behrends 2001: 88) und in der weiten Fassung auch die Institutionen des Rechts und der Politik einschließt (Erlei et al. 2007: 43). Teilweise wird die Neue Institutionenökonomik auch – wie z.B. bei der Kurzdefinition von *NPM (= Public Choice + Managerialism)* als Erweiterung des Public Choice (der Neuen Politischen Ökonomie) um den Gedanken der Institutionen gesehen (Vogel 2006: 64). Im Folgenden wird verbunden mit der Hoffnung nach mehr Übersichtlichkeit der Oberbegriff der Modernen Institutionenökonomik (Richter/Furubotn 1999: V; Thom/Ritz 2008: 15) verwendet, dem die Neue Politische Ökonomie (Public Choice) für die Institutionen der Politik (inklusive Verfassung und Bürokratie) und die Neue Institutionenökonomik für die Institutionen der Wirtschaft (inklusive der Theorie der Verfügungsrechte als Ausdruck der Institutionen des Rechts) untergeordnet sind. Wir können damit die Definition von NPM folgendermaßen erweitern: *NPM = Moderne Institutionenökonomik + Managerialism.*

(1) Transaktionskostentheorie (Ronald H. Coase, Oliver E. Williamson)

Transaktionskosten können nach Coase folgendermaßen beschrieben werden:

> „Um eine Markttransaktion durchzuführen, muß man herausfinden, wer derjenige ist, mit dem man zu tun haben will; Leute informieren, daß und unter welchen Bedingungen man mit ihnen zu tun haben will; Verhandlungen führen, die zu einem Abschluß führen; den Vertrag aufsetzen; die erforderlichen Kontrollen durchführen, um sicher sein zu können, daß die Vertragsbedingungen eingehalten werden; usw." (Coase 1960: 15)

In seiner vollen Tragweite wurde dieser einfache und offenkundige Sachverhalt erst in den 1970er Jahren durch die Arbeiten von Oliver E. Williamson zur Kenntnis genommen (Behrends 2001: 89). Die Einführung von Transaktionskosten in das neoklassische ökonomische Produktions- und Tauschmodell hat mittlerweile zu einem fundamentalen Umdenken in den Wirtschaftswissenschaften geführt, mit der Erkenntnis, dass friktionslose Konkurrenzmodelle, bei vollständiger individueller Rationalität der Handelnden und exogen vorgegebener Institutionenstruktur heute nicht mehr aufrechterhalten werden können (Richter/Furubotn 1999: V).

Williamson untersuchte Anfang der 1970er Jahre in seiner Transaktionskostentheorie vor allem, wann die Koordination der Leistungserbringung besser über Hierarchien (‚make') oder über Märkte (‚buy') erfolgt. Dabei geht er von der Grundannahme aus, dass jeder Austausch von Gütern oder Leistungen zusätzlich zu den Produktionskosten auch Transaktionskosten verursacht, die in unmittelbarem Zusammenhang mit dem Abschluss von Verträgen stehen. Ex-ante-Transaktionskosten sind zum einen Such- und Informationskosten und zum anderen Verhandlungs- und Entscheidungskosten, während sich Ex-post-Transaktionskosten durch die Überwachung und Durchsetzung von Verträgen ergeben (Vogel 2006: 64).

Die Höhe der Transaktionskosten wird durch Verhaltensannahmen und durch Umweltannahmen bestimmt (Behrends 2001: 89). Das Verhalten der Handelnden wird in Williamsons Modell erstens durch eine nur begrenzte Rationalität aufgrund unvollständiger Informationen und zweitens durch Opportunismus bestimmt. Unter Opportunismus versteht Williamson (1990: 54)

> „die Verfolgung des Eigeninteresses unter Zuhilfenahme von List. Das schließt krassere Formen ein wie Lügen, Stehlen, Betrügen, beschränkt sich aber keineswegs auf diese. Häufiger bedient sich der Opportunismus raffinierterer Formen der Täuschung."

Begrenzte Rationalität und hohes Ausmaß an Opportunismus führen zu hohen Transaktionskosten.

Im Vordergrund der Umweltannahmen steht die Faktorspezifität, oder einfach Spezifität, der betrachteten Transaktion. Hiermit ist gemeint, in welchem Umfang spezifische Inputfaktoren (Produktionsfaktoren) wie z.B. bestimmte Maschinen, Werkzeuge, Know-how, Personalqualifikation und Qualität für die Herstellung und den Handel des Produkts oder der Leistung erforderlich sind (Vogel 2006: 64; Behrends 2001: 90). Mit zunehmender Spezifität erhöhen sich die gegenseitigen Abhängigkeiten und Sicherungsbedürfnisse zwischen den Vertragspartnern, da im Extremfall nur noch ein Anbieter der spezifischen Leistung einem Abnehmer gegenübersteht (Vogel 2006: 64; Picot/Wolff 1994: 60). Spezifität einer Leistung und Anzahl der möglichen Vertragspartner (Wettbewerb) stehen also in einem engen Zusammenhang (Grüning 2000: 199). Weitere Umweltfaktoren mit Einfluss auf die Transaktionskosten sind die Unsicherheit und die Häufigkeit. Die Unsicherheit einer Transaktion resultiert sowohl aus der begrenzten Rationalität (begrenzte Information) als auch aus dem unbekannten Opportunismus des Vertragspartners. Große Unsicherheit bedeutet hohe Transaktionskosten wegen des hohen Aufwands der zusätzlichen Informationsbeschaffung. Häufigkeit bezieht sich auf die Anzahl der Transaktionen. Es ist naheliegend, dass die spezifischen Transaktionskosten mit größerer Häufigkeit abnehmen.

Für die Entscheidung zwischen ‚make or buy' bzw. ‚Markt oder Hierarchie' kommt es nun darauf an, wie sich (1) die Differenz aus eigenen Produktionskosten und Einkaufspreis (ΔC) und (2) die Differenz aus Organisationskosten (Kosten für die interne Koordination) und Transaktionskosten (ΔG) jeweils in Abhängigkeit von der Spezifität darstellen. Bei unspezifischen Gütern oder Leistungen wird ΔC deutlich positiv sein und bei zunehmender Spezifität asymptotisch gegen 0 verlaufen. ΔG wird bei unspezifischen Gütern oder Leistungen ebenfalls positiv sein, bei ansteigender Spezifität aber wegen der dann stark ansteigenden Transaktionskosten in den negativen Bereich rutschen. In Williamsons Modell wird solange extern eingekauft, wie die Summe aus ΔC und ΔG positiv ist. Bei einer negativen Summe wird eine eigene Produktionsstätte geschaffen, oder der Lieferant wird aufgekauft (Grüning 2000: 200).

Die interne Leistungserstellung wird also mit steigender Spezifität immer attraktiver: teilweise weil ΔC kleiner wird, vor allem aber weil mit steigender Spezifität die Transaktionskosten deutlich zunehmen. Für Transaktionen mit geringer oder keiner Spezifität sorgt der Markt als effizienter Koordinationsmechanismus für eine Minimierung der Transaktionskosten. Die Marktalternativen schützen auch vor dem Opportunismus des Vertragspartners, da es jederzeit möglich ist, den Transaktionspartner zu wechseln (Behrends 2001: 90). Bei interner Produktion hingegen bestehen deutlich geringere Anreize für opportunistisches Verhalten, da sich die beteiligten Personen kennen und langfristige Beziehungen bestehen. Außerdem sorgen die Hierarchie und die informellen Beziehungen für die Bildung gemeinsamer Erwartungen, für eine bessere Kontrolle der Akteure und eine vereinfachte Schlichtung bei Konflikten (Grüning 2000: 201).

Nach Williamson werden die Vorteile hierarchischer Organisation allerdings erst bei substanziellen Schwierigkeiten als Folge von Spezifität spürbar. Im Normalfall wiegen die Kosten bürokratischer Organisation in Form von Dysfunktionen und organisationalem ‚slack' schwerer (ebd.). Vor einer bürokratischen Organisation sind zunächst auch die Möglichkeiten einer Optimierung der privaten Produktion zu prüfen. Hierzu bietet nach Williamson z.B. die Umstellung von einer traditionell, funktional gegliederten Organisation hin zu einer Spartenorganisation (Profit Center, Dezentralisation) eine gute Möglichkeit. Hierbei haben die Spartenleiter relativ freie Hand für wirtschaftliches Handeln, während die Konzernspitze von der Detailsteuerung entlastet wird. Dieses Führungsinstrument in Verbindung mit einem leistungsorientierten Anreizsystem kann laut Williamson opportunistische und bürokratische Verhaltensweisen begrenzen und erweitert dadurch die ‚Grenzen' der Organisation (ebd.: 202).

Der externe Bezug von öffentlichen Leistungen wird aus Sicht der Transaktionskostentheorie also durchaus zurückhaltender bewertet als aus Sicht der Public-Choice-Theorie. Insbesondere kommt es bei der Transaktionskostenbetrachtung auf das jeweilige institutionelle Arrangement (Vogel 2006: 64) bzw. die Charakteristik (Grüning 2000: 198) der jeweiligen Transaktion an, so dass eine differenzierte Betrachtung der Make-or-buy-Entscheidung möglich wird. Allgemeine Kriterien, die für eine interne Leistungserstellung der öffentlichen Hand sprechen, sind aus Sicht der Transaktionskostentheorie z.B.

(1) sehr hohe Kosten der Messung der externen Leistungserstellung,
(2) hohe Investitionen, die langfristig zu nur einem Anbieter führen und
(3) hohe Unsicherheit, die es unmöglich macht, vollständig spezifizierte, langfristig gültige klassische Verträge zu formulieren (ebd.: 204).

Eine Anwendung der Transaktionskostentheorie im deutschsprachigen Raum wurde von Picot/Wolff (1994: 56–66) vorgelegt. Als Analysekriterium für die Make-or-buy-Entscheidung wird hier neben der Spezifität der Leistung deren strategische Bedeutung eingeführt; Unsicherheit und Häufigkeit werden zu Hilfskriterien (ebd.: 60).

Strategische Relevanz einer Leistung oder Teilleistung soll immer dann vorliegen,

> „wenn die Auslagerung das Risiko des Gewährleistungsträgers, politisch definierte strategische Ziele zu erreichen, erheblich erhöht, wenn also die Steuerbarkeit öffentlicher Leistungen im Hinblick auf strategische Ziele nicht mehr gegeben ist." (Naschold et al. 1996: 58)

Dabei wird durchaus die Problematik der Abstimmung von politischen Zielen gesehen, wenn „die Definition und Verbindung von Zielen und Leistungen" als

„das entscheidende Problem der Politik" gesehen wird und festgestellt wird, „daß sich öffentliche Institutionen lieber über allgemeine öffentliche Aufgaben unterhalten als über konkrete strategische Ziele" (ebd.: 57). Es darf allerdings angezweifelt werden, ob die Anforderung an strategische Ziele, dass sie „von der jeweils zuständigen politischen Vertretungskörperschaft dazu erklärt wurden" (ebd.: 58, siehe auch 51f.), eine Lösung dieses Problems darstellt.

Vorsorglich weisen Naschold et al. darauf hin, dass Leistungen, die als strategisch relevant erkannt werden, nicht automatisch in eigener Kompetenz erstellt werden müssen (ebd.: 59). Sobald die Steuerbarkeit gefährdet ist, müssen zunächst andere Steuerungsinstrumente oder andere Formen der Leistungsbeschaffung geprüft werden. Es ist zudem so, dass sich in einigen Leistungsbereichen private Unternehmer beim Erfüllen ihrer Aufgaben besser überwachen lassen als in öffentliche Hierarchien eingebundene Einheiten (ebd.).

Der Ansatz von Picot/Wolff geht davon aus, dass aufgrund der damit verbundenen Schwierigkeiten die Höhe der Transaktionskosten nicht direkt ermittelt werden muss, sondern dass es ausreicht, „Eigenschaften und Merkmale" der jeweiligen Leistung zu betrachten (ebd.: 45):

> „Da bekannt ist, dass die Transaktionskosten einerseits mit den *Eigenschaften der zu erstellenden Leistung und sonstiger Kontextfaktoren* und andererseits mit der gewählten *Organisationsform* in bestimmter Weise zusammenhängen, kann von den Eigenschaften der Leistung und den Kontextfaktoren direkt auf die geeignete Organisationsform geschlossen werden." (Picot/Wolff 1994: 60)

Als Ergebnis ihres Ansatzes halten Picot/Wolff dann fest:

> „Leistungen mit niedrigem Spezifitätsgrad und geringer strategischer Bedeutung sollten also tendenziell fremdbezogen werden, während hochspezifische und strategisch wichtige Leistungen eher selbst zu erstellen sind." (Ebd.: 61)

Die beispielhafte Übertragung des Ansatzes auf den kommunalen Umweltschutz am Ende des Aufsatzes von Picot/Wolff ist dann allerdings wenig ergiebig und führt insbesondere nicht zu der erwarteten Zuordnung von möglichen Organisationsformen zu den einzelnen Umweltschutzaufgaben. Dies ist insofern überraschend als sich aus der Transaktionskostentheorie eine Reihe guter Argumente ergeben, die zumindest für den Bereich der so genannten ‚technischen Ämter' (Tiefbau, Hochbau, Grünflächen, Abfall, Vermessung, Friedhöfe) die Überlegenheit der privatwirtschaftlichen Aufgabenerledigung nahelegen. Die meisten Leistungen dieser ‚Ämter' verfügen nämlich über keine hohe Spezifität, es existiert in der Regel eine hohe Anzahl möglicher Vertragspartner, die strategische Relevanz dürfte in der Regel gering sein bzw. dürften sich die Leistungen gegebenenfalls über eine schlagkräftige kommunale Planungs- und Vergabeeinheit sehr gut steuern lassen und es herrscht in den genannten Fällen keine außergewöhnliche Unsicherheit. Insofern könnte die Privatisierung der meisten technischen Leistungen der Kommunen ein guter Einstieg in eine differenzierte Leistungstiefendiskussion auf kommunaler Ebene sein.

Will man diesem einfachen Weg nicht folgen, wäre schon viel geholfen, wenn man bei Privatisierungsentscheidungen zunächst möglichst ehrlich (Naschold et al. 1996: 61f. sprechen in diesem Zusammenhang von Transparenz) versuchen würde, das ΔC zu bestimmen, indem man die möglichen Vergabekosten (z.B. aktuelle Ausschreibungsergebnisse aus anderen Gebietskörperschaften oder konkrete Angebote) mit den Kosten der Eigenproduktion vergleicht. Es ist ja durchaus nicht so, dass – wie von Picot/Wolff unterstellt (ebd.: 61f.) – aufgrund des kameralen Rechnungswesens Informationen über die Höhe der Produktionskosten überhaupt nicht vorliegen. In kostenrechnenden Einheiten (Gebührenhaushalte z.B. Abfallwirtschaft und Entwässerung) liegen diese Daten sehr wohl vor, in den anderen Bereichen können sie hinreichend genau aus dem Haushaltsplan und den Daten der Fachbereiche/Eigenbetriebe abgeleitet werden. Erschwert wird der Vergleich von ‚make or buy' durch die unterschiedliche steuerliche Behandlung (Ertrags- und Umsatzsteuer) von öffentlichen und privaten Unternehmen (EUWID 2010: 1f.) sowie durch die Berücksichtigung so genannter Remanenzkosten (Kosten, die bei Vergabe von Leistungen nicht direkt entfallen, z.B. Personalkosten). Die unterschiedliche steuerliche Behandlung verteuert die private Leistungserbringung. Im Fall einer möglichen Vergabe der bisher eigenen kommunalen Leistung wird deshalb ΔC kleiner.[13] Durch hohe Remanenzkosten kann ΔC schnell negativ werden. Es sind deshalb Strategien zu verfolgen, die zu niedrigen Remanenzkosten führen (möglichst viel Personal wechselt zum privaten Unternehmer, Beamte werden abgeordnet, Personalwechsel in andere kommunale Aufgabenbereiche, die Privatisierung wird zeitlich gestreckt). Auch bei Berücksichtigung der genannten Aspekte müsste sich in aller Regel bei den technischen kommunalen Leistungen eine Überlegenheit der privaten Aufgabenerledigung zeigen.

(2) Property-Rights-Theorie (Ronald H. Coase, Armen A. Alchian, Harold Demsetz)

Bei wirtschaftlichen Transaktionen spielen u.a. Verfügungs- und Eigentumsrechte (Property Rights) eine wichtige Rolle. Diese Rechte werden z.B. beim

13 Im umgekehrten Fall – der Rekommunalisierung einer bisher privat erbrachten Leistung – kann die unterschiedliche steuerliche Behandlung von privater und öffentlicher Leistungserbringung folgendermaßen von den Kommunen genutzt werden: In der Gründungsphase mit hohen Investitionen wird eine GmbH gegründet, um vom Vorsteuerabzug zu profitieren. Später wird der Betrieb als Eigenbetrieb oder Anstalt des öffentlichen Rechts weitergeführt, um den Umsatzsteuervorteil zu nutzen.

Austausch von Gütern und Leistungen übertragen und ihre Ausübung verursacht in der Regel Transaktionskosten. Im Geschäftsverkehr zwischen Institutionen entstehen also Transaktionskosten, deren Höhe u.a. von der Struktur der Eigentums- und Verfügungsrechte beeinflusst wird (Behrends 2001: 90f.). Mit dieser Thematik befasst sich die Property-Rights-Theorie, die ebenfalls auf die frühen Arbeiten von Coase zurückgehen und später von Alchian (1965) und Demsetz (1967) weiterentwickelt wurden.

Der allgemeinen Rechtstradition folgend, können die Property Rights in vier Einzelrechte unterteilt werden (Behrends 2001: 91; Picot/Wolff 1994: 67):

(1) das Recht zur Nutzung des Gutes (ius usus),
(2) das Recht zur Veränderung des Gutes (ius abusus),
(3) das Recht zur Einbehaltung von Erträgen (ius fructus) und
(4) das Recht zur Veräußerung des Gutes (ius successionis).

Bezogen auf Unternehmen, werden die beiden ersten Rechte zum Koordinations- und Leitungsrecht zusammengefasst (Picot/Wolff 1994: 67). Daneben stehen auch in Unternehmen das Recht auf Gewinnaneignung und das Liquidations- bzw. Veräußerungsrecht. Innerhalb des Unternehmens können diese Rechte durch organisatorische Regelungen so verteilt und zugeordnet werden, wie es zur Erreichung einer optimalen Effizienz erforderlich erscheint (ebd.).

Mit dem Property-Rights-Ansatz werden nun Verfügungsrechtsstrukturen gesucht, die zur Optimierung des Wirtschaftsprozesses beitragen. Ausgehend von der Vermutung, dass „die ökonomischen Anreize des Privateigentums im allgemeinen zu effizientem, nicht verschwenderischem Einsatz knapper Ressourcen und somit zur gesamtwirtschaftlichen Wohlfahrt bei[tragen]“ (Richter/ Furubotn 1999: 81f.) und von den Modellannahmen der Neuen Institutionenökonomik (methodologischer Individualismus, Rationalverhalten, Eigennutzoptimierung) geht die Property-Rights-Theorie dabei von folgendem leicht nachvollziehbarem Axiom aus:

> „Je vollständiger die Rechte an einem Gut dem Handelnden zugeordnet sind, desto effizienter ist dessen Umgang mit diesem Gut. Mit andere Worten: Je vollständiger der Handelnde von den Auswirkungen seines Umgangs mit Ressourcen profitiert, desto größer ist sein Anreiz, sie optimal zu pflegen und zu verwenden.“ (Picot/Wolff 1994: 66)

Sind die Verfügungs- und Eigentumsrechte nicht konzentriert, sondern verstreut oder nicht eindeutig zugeordnet, kommt es zur Verdünnung der Property Rights. Unter diesen Bedingungen kann es zu individuellen Freiräumen z.B. für Manager kommen, die aufgrund opportunistischen Verhaltens auch gegen Eigentümerinteressen genutzt werden können (ebd.: 67). In der Folge steigen die Transaktionskosten.

Im öffentlich-rechtlichen Bereich liegen die Verfügungs- und Eigentumsrechte eigentlich bei den einzelnen Gesellschaftsmitgliedern, die ihre Rechte an den Staat übertragen haben, der wiederum durch Politiker bzw. staatliche Bürokraten vertreten wird (Behrends 2001: 92). Hier handelt es sich also um eine extreme Form der Verdünnung von Property Rights, die mit dazu beiträgt, dass Politiker ihre „Gruppenbegünstigungspolitik und Rent-Seeking-Aktivitäten zu Lasten des Allgemeinwohls verfolgen“ (ebd.).

Um der Verdünnung der Property Rights entgegenzuwirken, können so genannte Eigentumssurrogate eingesetzt werden, die die direkte Eigentümerkontrolle teilweise ersetzen. Im privaten Sektor stellen vor allem Märkte und leistungsabhängige Entlohnungssysteme solche Eigentumssurrogate dar (Picot/Wolff 1994: 69; Neisser et al. 1998: 26). So lassen sich der Erfolg des Unternehmens und des Managements relativ leicht an den Kapital- und Gütermärkten ablesen und der Erfolg von Managern zusätzlich am Arbeitsmarkt. Beide Marktmechanismen stehen im öffentlichen Sektor jedoch nicht zur Verfügung. Als Kapitalgeber steht praktisch unbegrenzt der Steuerzahler zur Verfügung (Picot/Wolff 1994: 69) und die Karrierewege in der öffentlichen Verwaltung verlaufen weitgehend leistungsindifferent in relativ starren Bahnen (Vogel 2006: 70). Leistungsabhängige Entlohnungssysteme scheitern in der öffentlichen Verwaltung oft schon an dem Problem der Leistungsmessung und -bewertung und dem Alimentationsprinzip. Weitergehende Eigentumssurrogate wie z.B. Mitarbeiterbeteiligungsmodelle und ertragsabhängige Prämiensysteme lassen sich im öffentlichen Sektor nicht realisieren, da Eigentumsrechte nicht handelbar sind, insbesondere da das besonders attraktive Gewinnaneignungsrecht kaum übertragbar ist und der öffentliche Sektor per se nicht gewinnorientiert arbeitet (Picot/Wolff 1994: 70).

Interessant für den öffentlichen Dienst ist allerdings die Übertragung von property-rights-theoretischen Überlegungen auf die interne Gestaltung von Kompetenzen. Danach erhöht eine vollständigere Zuordnung von aufgabenbezogenen Kompetenzen (vergleichbar den Eigentumsrechten) auf Aufgabenträger bei gleichzeitiger Reduzierung von Spezialisierung und Arbeitsteilung die Motivation und Verantwortung für eine wirtschaftliche Aufgabenerfüllung (ebd.). Hier führt also der Property-Rights-Ansatz erstaunlicherweise zum gleichen Ergebnis wie die in Kapitel 3 dargestellten organisationspsychologischen Theorien.

Während also im Transaktionskostenansatz die Effizienz verschiedener Organisationsvarianten anhand von Eigenschaften und Merkmalen der zu erstellenden Leistung ermittelt wird und eine grundsätzliche Entscheidung über Eigenerstellung oder Fremdbezug möglich wird, können mit dem Property-Rights-Ansatz die Anreizprobleme der Beteiligten verdeutlicht werden (ebd.: 66, 69). Hohe Anreize für effizientes wirtschaftliches Handeln sind dort gegeben, wo die Konzentration und Transferierbarkeit der Verfügungsrechte hoch sind. Dies ist konstitutionsbedingt bei privaten Unternehmen eher der Fall als im Falle der öffentlichen Verwaltung (Vogel 2006: 70).

(3) Prinzipal-Agent-Theorie (Stephen A. Ross, Michael C. Jensen, William H. Meckling, Eugene F. Fama)

Ein weiterer wichtiger Teilbereich der Neuen Institutionenökonomik befasst sich mit der Untersuchung des Verhältnisses zwischen einem Auftraggeber (Prinzipal) und einem Auftragnehmer (Agent), der im Sinne des Prinzipals tätig werden soll (Ross 1973: 134). Solche Beziehungen sind in ökonomischen Austauschbeziehungen allgegenwärtig und betreffen z.B. die Verhältnisse zwischen Eigentümer und Geschäftsführer/Manager, zwischen Aktionären und Management, zwischen Arbeitgeber und Arbeitnehmer und zwischen Vorgesetztem und Mitarbeiter. Im öffentlichen-rechtlichen Bereich gehört z.B. die Beziehung zwischen Legislative (Politik) und Exekutive (Verwaltung) zu den Prinzipal-Agenten-Verhältnissen und auch das Verhältnis zwischen Bürger und Politiker, der den Wählerauftrag des Bürgers erfüllen soll, kann unter dem Aspekt des Prinzipal-Agenten-Verhältnisses betrachtet werden. Da es sich bei beiden Akteuren in einem Prinzipal-Agenten-Verhältnis um eigennutzoptimierende Individuen handelt, sind Zielkonflikte nicht ausgeschlossen. Gegenstand der Prinzipal-Agent-Theorie sind die Untersuchung dieser Agency-Probleme und mögliche Vertragsgestaltungen zwischen Prinzipal und Agent, mit denen diese Probleme gemildert werden können (Erlei et al. 2007: 41).

Die Untersuchung der mit der Aufgabenteilung und Delegation verbundenen Informationsasymmetrien stellt den Ausgangspunkt der Prinzipal-Agent-Theorie dar (Picot/Wolff 1994: 72). Üblicherweise werden drei Formen von Informationsasymmetrien unterschieden: ‚hidden characteristics', ‚hidden action' und ‚hidden intention' (Picot/Wolff 1994: 72; Vogel 2006: 66; Behrends 2001: 93; Grüning 2000: 208). ‚Hidden characteristics' bezeichnet das Problem, dass dem Prinzipal vor Vertragsabschluss bestimmte vorhandene oder nicht vorhandene Eigenschaften, Qualitäten oder Fähigkeiten des Agenten nicht vollständig bekannt sind. Es besteht für den Prinzipal also das Risiko der Auswahl eines ungeeigneten Vertragspartners (‚adverse selection'). Vor allem bei langfristig angelegten, schwer kündbaren Beschäftigungsverhältnissen, wie sie im öffentlichen Dienst üblich sind, entsteht hieraus eine Gefahr für die Erreichung der Ziele des Prinzipals (Picot/Wolff 1994: 72). Mit ‚hidden intention' ist gemeint, dass der Prinzipal bei Vertragsabschluss nicht weiß, wie sich der Agent im Laufe der Leistungsbeziehungen verhalten wird. So ist es z.B. möglich, dass der Agent nach Vertragsabschluss eigene Ziele, z.B. eine andere Unternehmensstrategie verfolgt als abgesprochen. Der Prinzipal kennt die Absichten des Agenten nicht, kann sie aber beobachten. ‚Hidden intention' wird vor allem dann zur Gefahr für den Prinzipal, wenn er aufgrund von speziellen Fähigkeiten, Ressourcen oder Know-how des Agenten von dessen Leistungen abhängig ist und ihn deshalb nach Vertragsabschluss nicht mehr zu zielkonformem Verhalten bewegen kann. Es entsteht dann die Gefahr des ‚hold up' (Überfall, Ausrauben). Auch dieses Verhalten von Agenten ist im öffentlichen Dienst beobachtbar, wenn z.B. die Fluglotsen oder die städtische Müllabfuhr streiken (ebd.: 74). Im Falle von ‚hidden action' schließlich kann der Prinzipal die Handlungen des Agenten nach Vertragsabschluss nicht beobachten oder beurteilen. Es besteht dann die Gefahr, dass der Agent vorhandene Handlungsspielräume opportunistisch zum Nachteil des Prinzipals nutzt (‚moral hazard'). Diese Gefahr ist umso größer, je größer die Handlungsspielräume des Agenten und je schlechter die Überwachungsmöglichkeiten sind. Bei den langfristigen, teilweise unkündbaren Arbeitsverhältnissen im öffentlichen Dienst besteht z.B. die Gefahr, dass mangelhaftes Engagement oder private Beschäftigung am Arbeitsplatz nur schwer erkennbar und sanktionierbar sind (ebd.).

In Analogie zu den Transaktionskosten werden in der Prizipal-Agent-Theorie die Agency-Kosten als Effizienzkriterium für das Auftraggeber-/Auftragnehmerverhältnis verwendet. Jensen und Meckling unterscheiden drei Arten von Agency-Kosten (Jensen/Meckling 1976: 308). Zusätzliche Vertragskosten entstehen z.B. durch die Notwendigkeit der Informationsbeschaffung im Vorfeld des Vertragsabschlusses und durch die Berücksichtigung spezieller Konditionen, die Agency-Probleme verhindern sollen (z.B. finanzielle Anreize). Kontroll- und Überwachungskosten entstehen, wenn der Prinzipal die Handlungen des Agenten kontrolliert. Ergibt sich trotz vorbeugender Vertragsregelungen und Kontrolle für den Prinzipal ein Verlust, schlagen diese als Residualkosten zu Buche. Die Agency-Kosten sind quasi der ‚Preis' dafür, dass die Welt nicht perfekt ist (Grüning 2000: 208).

Zur Eindämmung der Agency-Probleme bzw. zur Minimierung der Agency-Kosten stehen eine ganze Reihe von Möglichkeiten zur Verfügung, die zum einen auf die Beeinflussung des Verhaltens des Agenten und zum anderen auf die Angleichung der Interessen von Prinzipal und Agent abzielen (Picot/Wolff 1994: 75f.). In die erste Maßnahmengruppe gehören die verstärkte Informationsbeschaffung, die Verbesserung der Kontrollsysteme und die Vereinbarung von Anreizen für Wohlverhalten wie z.B. leistungsabhängige Entlohnung, Aufstiegschancen und Zusatzleistungen (z.B. Dienstwagen). In die zweite Maßnahmengruppe gehören der Erwerb von Miteigentum durch die Agenten, eine direkte Ergebnisbeteiligung und die Verknüpfung der Tätigkeit des Agenten mit seinem guten Ruf (Behrends 2001: 93; Grüning 2000: 209). Die konkrete Ausgestaltung von Kontroll- und Anreizsystemen erfolgt nach einfachen Kosten-Nutzen-Überlegungen. Hierbei muss ein Optimum gefunden werden zwischen den zusätzlichen Informationsbeschaffungs-, Kontroll- und Anreizkosten auf der einen Seite und dem zusätzlichen Effizienzgewinn für das Unternehmen auf der anderen Seite (Picot/Wolff 1994: 76).

Zusammenfassend kann man feststellen, dass die Neue Institutionenökonomik eine theoretische Fundierung insbesondere für die folgenden innerhalb des New Public Management diskutierten Einzelmaßnahmen bietet: Leistungstiefenbeurteilung (Make-or-buy-Entscheidungen), Privatisierung (Outsourcing, Einschränkung des Umfangs staatlicher Tätigkeit), die Erbringung öffentlicher Leistungen im Gewährleistungsmodell (Contracting Out), die Dezentralisierung der Verwaltung, Delegation von Verantwortung, ein verbessertes Personalmanagement (im Sinne von Leistungsmessung und -beurteilung, Schaffung finanzieller Anreize), Abkehr vom Prinzip lebenslanger Beschäftigung sowie eine verbesserte staatliche Regulierung (Grüning 2000: 405–412).

Die verschiedenen Ansätze und Theorien, die unter der Überschrift Moderne Institutionenökonomik zusammengefasst werden, haben in ihrer Gesamtheit den Charakter einer Universaltheorie (‚grand theory') mit umfassendem Erklärungsanspruch (Neisser et al. 1998: 23–25). Sie ergänzen damit die neuere Systemtheorie, die in den 1970er und 1980er Jahren die theoretische Diskussion beherrschte und die auch in der heutigen NPM-Diskussion durch ihren System/Umwelt-Bezug die Denkweise vorgibt. Nach ‚systemischer Denkweise' bedingen die globalen Herausforderungen an den öffentlichen Sektor gleichartige Problemlösungsmuster (Löffler 1997: 146), die nur zu Systemveränderungen führen, wenn sie ganzheitlich an verschiedenen Funktionsbereichen bzw. Steuerungsdimensionen ansetzen (Neisser et al. 1998: 41). Die Erweiterung durch den institutionalistischen Ansatz führt zu einer Fokussierung auf die institutionelle und historische Bedingtheit von Reformkonzepten (Löffler 1997: 157) und zu der Berücksichtigung eines mehr individualistischen Menschenbildes (Neisser et al. 1998: 41).

Auf der Suche nach der wissenschaftlichen Fundierung des New Public Management können wir uns nun dem zweiten Summanden der Kurzformel *(NPM = Moderne Institutionenökonomik + Managerialism)* zuwenden. Der Begriff ‚Managerialism' geht zurück auf einen Disput zum Thema ‚Übertragbarkeit von Management-Konzepten des privaten Sektors in den öffentlichen Sektor' im *Australian Journal of Public Administration* im Jahr 1988 (Grüning 2000: 379–381). Eingeleitet wurde die Debatte durch Beiträge des Herausgebers Martin Painter und von Mark Considine im ersten Heft des Jahres, die Unterstützung durch Peter Wilenski im dritten Heft fanden (Painter 1988; Cousidine 1988; Wilenski 1988). Wilenski benutzte in seinem Beitrag den Begriff ‚Managerialism' als Verballhornung von Management und rückte damit Management in die Nähe von Imperialismus und Kapitalismus. In Heft 4 verteidigte dann John Paterson das neue Managementverständnis der australischen Regierung in einem Artikel, den er in Anlehnung an die Star-Wars-Trilogie *A Managerialist Strikes Back* betitelte (Paterson 1988).

Der Begriff ‚Managerialism' erfuhr später verschiedene Erweiterungen oder Umdeutungen, die aber alle in irgendeiner Weise ‚ideologisch eingefärbt' waren (Borins/Grüning 1998: 19–21). So auch in dem Buch *Managerialism and the Public Services* von Christopher Pollitt, welches gerne als theoretischer Bezugspunkt für den ‚Managerialism' angegeben wird (z.B. Vogel 2006: 71; Thom/ Ritz 2008: 22). Für Pollitt (1990: 1) stellt ‚Managerialism' eine Sammlung von Glaubenssätzen und Praktiken dar, die von der selten überprüften Annahme ausgehen, dass besseres Management zu einer effektiven Lösung einer Vielzahl ökonomischer und sozialer Problemstellungen führt. Den Glaubensinhalt beschreibt er wie folgt (ebd.: 2):

(1) Sozialer Fortschritt ist hauptsächlich durch kontinuierliche Steigerungen ökonomisch definierter Produktivität erreichbar.
(2) Diese Produktivitätssteigerungen sind in erster Linie die Folge der Anwendung immer höher entwickelter Technologien.
(3) Die Anwendung dieser Technologien setzt die Disziplinierung und Ausrichtung der Arbeitskräfte am Produktivitätsideal voraus.
(4) Management ist eine eigenständige organisationale Funktion, die bei der Planung, Umsetzung und Messung des notwendigen Produktivitätsfortschritts die entscheidende Rolle spielt. Hierbei ist die Professionalität der Manager besonders wichtig.
(5) Um in dieser Rolle erfolgreich zu sein, müssen Manager über einen angemessenen Handlungsspielraum verfügen (‚right to manage').

Die Summe der Glaubenssätze und die daraus abgeleiteten Empfehlungen werden von Pollitt als Ideologie (ebd.: 6) und von anderen als Management-Mythos in Frage gestellt (Vogel 2006: 73).

Pollitt bringt den ‚Managerialism' zudem in einen direkten Zusammenhang mit der Politik der neuen Rechten in Großbritannien (‚Thatcherism') und den USA (‚Reagonomics'). Dieser Ansicht folgend kommt dem Managerialismus die Rolle zu, die sich aus der Neuen Politischen Ökonomie und der Neuen Institutionenökonomik ergebenden einfachen aber radikalen Programme dem Wahlvolk zu vermitteln (Pollitt 1990: 43 u. 48f.):

> „Managerialismus ist das ‚akzeptable Gesicht' der neuen Rechten hinsichtlich dessen Staatsverständnisses. Es ist eine Zutat im Maßnahmen-Potpourri, die Unterstützung auch außerhalb der neuen Rechten finden kann. Für diese weitere Anhängerschaft klingt ‚besseres Management' sachlich, neutral; sozusagen eine Tugend an sich." (Ebd.: 49)

Zur ablehnenden Haltung der öffentlichen Verwaltung gegenüber dem Managerialismus haben vermutlich auch die Management-Bestseller von Peters/Waterman (1982, *In Search of Excellence*) und Osborne/Gaebler (1993, *Reinventing Government*) beigetragen, die im bewährten Schnittmuster der amerikanischen Bestsellerliteratur ohne fundierte Kritik des bestehenden bürokratischen Systems griffige Handlungsempfehlungen geben, die bei Vorliegen entsprechender Managementfähigkeiten beim Personal auch leicht zu realisieren seien. Dieser Ansatz kann natürlich bei Verwaltungsmitarbeitern – auch bei denen, die sich für eine bessere Verwaltung engagieren, aber immer wieder am System scheitern – leicht zu dem Gedanken führen, man würde sie für unfähig halten.

Der Begriff Managerialismus wird heute in einer erheblichen Bedeutungsbreite verwendet, die vom Synonym für ‚mehr und besseres Management' bis zum Schimpfwort für managementorientierte Reformen reicht (Grüning 2000: 383). Die Begriffsverwirrung geht so weit, dass teilweise die Befürworter neuer Managementkonzepte das ehemalige Schimpfwort als ‚Ehrenbezeichnung' verwenden und sich als ‚Managerialisten' bezeichnen, vergleichbar den Soldaten der Nordstaaten im amerikanischen Bürgerkrieg, die sich selbst als ‚Yankees' bezeichneten (ebd.: 381). Der Begriff Managerialismus erfüllt damit „sicherlich nicht die Anforderungen an eine nützliche Definition [...] und [scheint] daher kaum geeignet [...], um als definitorischer Bestandteil des NPM zu dienen" (ebd.: 383).

Der dogmatisch und ideologisch geprägte Begriff Managerialismus geht zudem an der Praxis der öffentlichen Verwaltung vorbei. Hier geht es nicht darum, den öffentlichen Sektor komplett nach privatwirtschaftlichen Grundsätzen zu führen. Das wollen wahrscheinlich nicht einmal die Managerialisten. Ziel ist es lediglich, die postulierte Managementlücke (Budäus 1994: 21) durch Modernisierung der Strukturen (Stichwort: Dezentralisierung), der Verfahren (Stichwort: Outputorientierung) und ein geändertes Personalmanagement (Stichwort: Kultur, Führungsstil) zu schließen. Hierzu ist die vermehrte Anwendung von (im privaten Sektor) erprobten Managementmethoden eine notwendige Voraussetzung.

Wir können damit die Kurzdefinition von New Public Management folgendermaßen erweitern: *NPM = Moderne Institutionenökonomik + moderne Managementmethoden.*

Mit dieser Definition im Hintergrund können wir uns nun noch kurz der Frage zuwenden, was unter Management und seinen Methoden überhaupt zu verstehen ist. Für den ‚Managerpapst' Peter Drucker (1964: 13) ist Management ein Organ der Gesellschaft, „das besonders mit der Aufgabe betraut ist, die Produktionsmittel produktiv einzusetzen [und] das die Verantwortung für den organisierten wirtschaftlichen Fortschritt trägt". Die Steigerung der Produktivität lenkt den Fokus auf die drei ‚E': *Economy* (Sparsamkeit), *Effectiveness* (Wirksamkeit), *Efficiency* (Wirtschaftlichkeit) (Rhodes 1991: 1). Der zweite Teil von Druckers Formulierung führt zu der Definition, wonach Management die Lehre von der Steuerung komplexer Organisationen ist (Budäus 1994: 45). Damit sind z.B. Fragen der Organisation, Planung, Entscheidung und Entscheidungstechniken, Managementinformationssysteme, Personalverwaltung und -führung, Motivation, Kommunikation, Budgetierung, Prüfung und Marketing angesprochen (Grüning 2000: 347). Pollitt (1990: 4) verweist hier mit ähnlichem Ergebnis darauf, dass das ‚right to manage' vor allem die POSDCORB-Aufgaben beinhaltet: *Planning, Organizing, Staffing, Directing, Co-ordinating, Reporting* und *Budgeting*. Manager bedienen sich bei der Erledigung ihrer Aufgaben dann einer Arbeitsweise, die auch als Managementzirkel bezeichnet wird: Problem erkennen, Lösung suchen, entscheiden, implementieren und evaluieren (Grüning 2000: 358). Die Managementlehre nimmt dabei die Perspektive des Managers und *seiner* Organisation ein (ebd.: 347). Der Manager soll also dafür sorgen, dass *seine* Organisation überlebt und erfolgreich ist. Dies ist ein Gedanke, der der öffentlichen Verwaltung zunächst fremd ist.

Hier deutet sich bereits ein Dissens an, der entsteht, wenn wir dem Management das Präfix *Public* hinzufügen. Die Frage, was denn das Besondere des *Public* im Public Management darstellt, ist nämlich heftig umstritten (Grüning 2000: 349–352). Während die Anhänger des generischen Managementverständnisses die Übertragung von Managementkonzepten aus dem privaten Sektor in den öffentlichen Sektor für relativ problemlos halten, weisen Verwaltungswissenschaftler und -praktiker insbesondere auf die Einschränkungen der Möglichkeiten des Managements im öffentlichen Sektor hin. Öffentliche Manager haben demnach weniger Spielraum bei der Steuerung ihrer Organisationen als ihre Kollegen im privaten Sektor:

> „Ein bürokratischer Manager wird nur dort tätig, wo es ihm ausdrücklich erlaubt ist, er orientiert sich in seinem Handeln und seinen Anweisungen ausschließlich an festen Regeln, und eines seiner wichtigsten Managementinstrumente ist das Budget, das festlegt, wieviel Gelder zur Verausgabung durch seine Behörde bewilligt worden sind." (Ebd.: 353)

Die mittlere Position lautet dann: Die Managementtechniken im privaten und im öffentlichen Sektor weisen gewisse strukturelle Ähnlichkeiten auf; bei der Übertragung erfolgreicher Konzepte ist es aber nötig, diese sorgfältig an die institutionellen Besonderheiten des öffentlichen Sektors anzupassen. Aus dieser Perspektive ist das Entscheidende, dass man die Einschränkungen kennt und lernt, mit ihnen umzugehen – genau das ist dann der wesentliche Aspekt, der das ‚öffentliche' am Public Management ausmacht (ebd.: 352).

Peter Drucker kritisierte bereits 1969, dass der Staat „viel kostet, aber nicht viel leistet" (ebd.: 270), und dass er „führungslos, aber überverwaltet" sei (ebd.: 278). Dies führte er darauf zurück, dass sich (1) der Staat aufgrund seiner Größe nicht mehr regieren lässt und (2) die Organisation des Staates zu einer Vereinigung der Rollen des ‚Regierens' (Steuerns) und des ‚Handelns' führe (ebd.: 280, 291 u. 296). Ganz dem generischen Managementverständnis verhaftet schlug Drucker zur Lösung des Problems die Trennung von Steuern und Handeln (von

Politik und Verwaltung), eine Dezentralisierung der Verwaltung und die Reprivatisierung von Aufgaben und Institutionen der öffentlichen Verwaltung vor (ebd.: 296f.), wobei er darauf hinwies, dass es dabei nicht auf das Eigentum an sich ankommt, sondern darauf, dass die Institutionen nicht vom Staat geführt, sondern autonom handeln können (ebd.: 299). Alles Themen, die heute auf der Agenda des New Public Management stehen. Ebenfalls eine Fundierung in der Managementlehre haben die folgenden innerhalb des New Public Management diskutierten Maßnahmen: Rationalisierung, Wettbewerb, mehr Spielräume für Führungskräfte (‚free to manage') verbunden mit Ergebnisverantwortung, Dezentralisierung, Kundenorientierung, Leistungsmessung, verbessertes Rechnungswesen und Finanzmanagement, strategische Planung, anderer Führungsstil und ein verbessertes Personalmanagement (Grüning 2000: 405–412). Bei der Verknüpfung dieser Managementmethoden orientiert man sich heute besonders an den Managementmodellen des Lean Management und des Total Quality Management (König 1995: 351; Budäus/Grüning 1998: 6).

Die Gliederung und übersichtliche Darstellung der Komponenten des NPM bereitet einige Schwierigkeiten. Dafür sind vor allem drei Gründe ausschlaggebend:

(1) Die „verwirrende Vielfalt von Einzelmaßnahmen" (Naschold et al. 1997: 20), die innerhalb des NPM bisher in den OECD-Ländern verwirklicht wurden,
(2) die Schwierigkeit der Übertragung von Reformkonzepten aus dem Englischen, wobei der landesspezifische Verwaltungshintergrund verloren geht und einzelne Elemente des Konzepts isoliert werden (so ist z.B. die englische ‚Agencification' oder das ‚Compulsory Competitive Tendering' ohne Kenntnis des britischen Verwaltungssystems und ohne Kenntnis des dortigen Gesamtreformkonzeptes kaum verständlich) und
(3) die uneinheitliche Verwendung der Begriffe im Deutschen.

Hinzu kommt

(4) das Problem der Glaubwürdigkeit einiger internationaler Darstellungen als Folge der Tendenz zur positiven Selbstdarstellung der Entwicklung in den eigenen Ländern (Schedler/Proeller 2003: 281).

Man kann den Eindruck gewinnen, dass jeder Autor seine eigene kleine Geschichte über den internationalen Kontext der Verwaltungsreform schreibt, mit eigenen Begriffen, Systematiken und inhaltlichen Schwerpunktsetzungen.

In der Literatur werden die Komponenten des NPM in der Regel in zwei unterschiedlichen Reformperspektiven zusammengefasst: (1) Innenperspektive[14]

---

14 Reichard 2001: 15. Binnenstrukturelle Dimension (Schröter/Wollmann 2005: 63), Mikro-Dimension (ebd.), Binnenmodernisierung (Neisser et al. 1998: 42; Bogumil 1997: 22), Binnenreform (Budäus/Grüning 1998: 4).

und (2) Außenperspektive[15]. Die Außenperspektive wird theoretisch eher von der Neuen Politischen Ökonomie (‚Public Choice') legitimiert, während die Innenperspektive ihre theoretische Fundierung eher in der Neuen Institutionenökonomik und modernen Managementmethoden findet (Schröter/Wollmann 2005: 65).

Die einfache Zweiteilung wird in der Literatur in einigen Fällen sinnvoll erweitert. So differenziert Budäus (2004: 942–944; 1998: 3f.) in der Außenperspektive zwischen einem gewandelten Rollen- und Funktionsverständnis von Staat und Verwaltung (Aufgaben) und der externen Strukturreform (Wettbewerb). Der erste Aspekt beinhaltet die Beschränkung des Staates auf seine Kernaufgaben im Sinne der Konzepte vom ‚schlanken', ‚aktivierenden' oder ‚ermöglichenden' Staat. Hierbei kommt dem Staat vor allem eine Gewährleistungsfunktion zu, während die Leistungen selbst vor allem über Marktmechanismen, entweder innerhalb oder außerhalb des öffentlichen Sektors oder durch Kooperation zwischen den Sektoren, erbracht werden. Im Vordergrund steht hierbei nicht der Wechsel vom öffentlichen zum privaten Eigentum, sondern eine differenzierte Leistungstiefenanalyse, in deren Ergebnis der optimale Aufgabenträger aus einer vielfältigen Institutionenlandschaft ermittelt wird (Schröter/Wollmann 2005: 68). Mögliche institutionelle Arrangements, die im Rahmen der Gewährleistungsverwaltung genutzt werden können, sind z.B.

(1) Transfer der Aufgabe an private Anbieter (materielle Privatisierung),
(2) die Schaffung von ‚Profit Centers' (Leistungszentren) entweder in der althergebrachten Form des Regiebetriebs oder etwas moderner als Eigenbetrieb,
(3) die Überführung von öffentlichen Unternehmen in die private Rechtsform der GmbH,
(4) private Beteiligung an öffentlichen Unternehmen (z.B. Public Privat Partnership) und
(5) die verstärkte Einbeziehung des Dritten Sektors (Wohlfahrtsverbände, Non-Profit-Organisationen).

Wird die bisher öffentlich erstellte Leistung an einen dritten vergeben, der diese Leistung dann für den öffentlichen Sektor erbringt, wird dies im internationalen Sprachgebrauch als Outsourcing bezeichnet (also ein Teilbereich der materiellen Privatisierung). Die Schaffung von Organisationseinheiten, die im Verhältnis zur Zentralverwaltung weitgehend unabhängig, flexibel und zielorientiert agieren, nennt man im Jargon des NPM ‚Agencification' (Agenturbildung) (Naschold et al. 1999: 32).

15 Reichard 2001: 15; Neisser et al. 1998: 41. Ordnungspolitische Dimension (Schröter/Wollmann 2005: 63), Makro-Dimension (ebd.), Außenverhältnis (ebd.), Public Governance (ebd.), Strukturreform (Budäus/Grüning 1998: 4).

Der zweite Aspekt der Außenperspektive, die Strukturreform, umfasst den Wandel von monopolartigen Strukturen zu Wettbewerbsstrukturen. Wettbewerb gilt sowohl von der theoretischen Fundierung (Schröter/Wollmann 2005: 67) als auch von der Erfahrungsseite (Naschold et al. 1998: 20) als zentrale Triebfeder oder Motor für Veränderungen. Realisiert wird Wettbewerb im hoheitlichen Bereich vor allem durch verschiedene Formen des Contracting Out. Voraussetzung hierfür ist die Durchführung von wettbewerblichen Ausschreibungsverfahren (‚compulsory competitive tendering'), an denen sich alle Institutionen, also auch die geschaffenen hoheitlichen Agenturen, beteiligen können. Ergebnis ist in der Regel ein Vertrag (englisch ‚contract') zwischen der Verwaltung und einem Auftragnehmer.[16] Nicht zu verwechseln sind diese ‚Verträge' mit den Kontrakten als zentralem Instrument der Outputsteuerung in der Innenperspektive des Verwaltungsumbaus (Naschold et al. 1998: 16–20). Diese Kontrakte, z.B. zwischen Stadtrat und Verwaltung oder zwischen Verwaltungsspitze und Fachbereichen, sind nicht rechtsverbindlich und haben eher den Charakter von Absichtserklärungen (Kontaktsteuerung statt Kontraktsteuerung) (Naschold et al. 1999: 32). Berücksichtigt man neben der Gewährleistungs- und der Durchführungsverantwortung auch noch die Finanzierungsverantwortung als Teil der Aufgabenverantwortung, dann kann der Wettbewerb auch durch die Vergabe von Konzessionen (auch die Finanzierung geht auf den nicht-öffentlichen Auftragnehmer über), durch die vermehrte öffentliche Leistungserbringung gegen Gebühren und durch die Ausgabe von Vouchers (Gutscheinen), bei denen der Bürger die freie Auswahl des Leistungserbringers behält, erfolgen (Schröter/Wollmann 2005: 69).

Falls die marktliche Leistungserbringung politisch nicht erwünscht ist oder es keine ausreichende Anzahl von potenziellen Bietern gibt, können marktähnliche Wettbewerbe (Markttests) durchgeführt werden (Naschold et al. 1998: 25). Hierbei werden häufig Preis und Qualität gleichzeitig erfasst. Ziel ist die Schaffung von Wahlmöglichkeiten für die Nutzer durch die Profilbildung von verschiedenen kommunalen Einrichtungen (z.B. Kitas, Schulen). Wie beim nichtmarktlichen Wettbewerb (z.B. interkommunale Leistungsvergleiche) gilt hier aber, dass der Vergleich allein nicht zu Verbesserungen führt (ebd.: 26).

Als dritter eigenständiger Bereich der Außenperspektive wird in der Literatur vereinzelt ein effektiveres Regulierungsmanagement und Rechtsbereinigung genannt (Buchwitz 1998: 174–179; Schröter/Wollmann 2005: 69). Hierunter fallen vor allem Programme zur Gesetzesfolgenabschätzung und zur Streichung überflüssiger Gesetze (z.B. durch sog. Guillotine-Gesetze) mit den Zielen der Deregulierung und Entbürokratisierung. Zur kontinuierlichen und systematischen

16 Bei der Übertragung der internationalen Erfahrungen auf das deutsche Rechtssystem ergeben sich allerdings Fragen hinsichtlich der Beteiligungsmöglichkeit von Verwaltungseinheiten an öffentlichen Ausschreibungen.

Verbesserung und Anpassung des Rechtssystems werden in einigen Ländern integrierte Regulierungs-Management-Systeme (RMS) eingesetzt.

Die Außenperspektive des NPM deutet an, dass sich die klassische ordnungspolitisch geprägte Dichotomie von Staat und Markt überlebt hat (Budäus 2004: 943; Naschold/Bogumil 1998: 26). Zukünftig wird es vermehrt um die Entwicklung komplexer Regelungsstrukturen im Spannungsfeld zwischen staatlicher Regulierung, ökonomischem Wettbewerb und gesellschaftlicher Teilhabe gehen (Naschold/Bogumil 1998: 26). Dabei spielen Kooperationen, strategische Allianzen und Hybridformen (Mischstrukturen) eine besondere Rolle. Die Gegensätze zwischen Wahlfreiheit und Wettbewerb auf der einen Seite und Universalismus der Teilhabe auf der anderen Seite (ebd.: 53) sowie zwischen Dezentralisierung und Autonomie auf der einen Seite und Einheit der Verwaltung auf der anderen Seite lösen sich zunehmend auf bzw. werden zu komplementären Strategien verknüpft.

Hinweise in der Literatur zur Differenzierung der Innenperspektive des NPM betreffen die politische Steuerung und das Personalmanagement. Stellt man diese beiden Reformbereiche gesondert dar, bleibt das neue Steuerungskonzept (verbunden mit einigen zusätzlichen Managementtechniken) als zentrales Thema der Innenperspektive sozusagen übrig. Die Diskussion der Innenperspektive des NPM erfolgt im folgenden Kapitel dieses Buches, in dem die deutsche Variante des NPM vorgestellt wird.

Bezieht man noch die Bürgerorientierung als übergeordnetes Ziel allen staatlichen Handelns mit ein, ergibt sich die in Abbildung 6 (S. 190) dargestellte inhaltliche Struktur des NPM.[17] Zur Vollständigkeit soll noch erwähnt werden, dass die einzelnen Reformbereiche wechselseitig voneinander abhängig (‚interdependent') sind (Budäus 2004: 941).

Die Attraktivität internationaler Vergleichsstudien liegt im Falle des New Public Managements (1) in der Bestimmung der Best Practice als Orientierungsrahmen für die eigene Konzeptentwicklung und (2) in der Ermittlung von Engpässen und Schwachstellen in der eigenen Konzeptimplementierung (Naschold 1995a: 33). Auf die methodischen Probleme der internationalen komparativen Implementationsforschung hat vor allem Löffler hingewiesen (Löffler 1997; einfacher Naschold/Bogumil 1998: 27). Hierzu gehören

(1) auf der Organisationsebene, die Probleme der Messung von Beobachtungswerten und des Nachweises von Kausalitäten zwischen diesen Beobachtungswerten und den erzeugten Wirkungen (Löffler 1997: 145),

17 Die Auflistung der Einzelmaßnahmen erhebt keinen Anspruch auf Vollständigkeit oder eindeutige Abgrenzung und Zuordnung, was im Übrigen auch in der Standardliteratur nicht der Fall und hier nicht leistbar ist.

Abb. 6: Inhaltliche Struktur des New-Public-Management-Konzepts

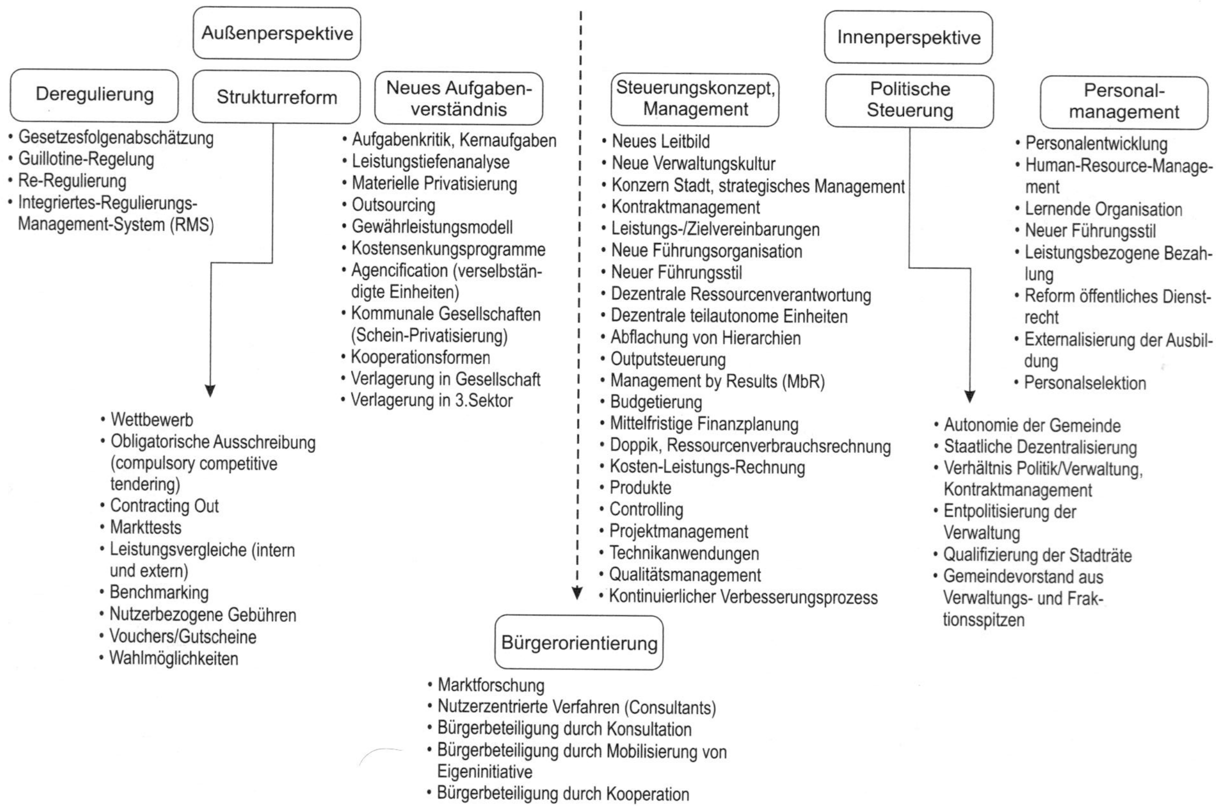

(2) auf der Kontextebene die erforderliche (aber oft vernachlässigte) Berücksichtigung des institutionellen und historischen Hintergrunds der Untersuchungseinheiten (ebd.: 157) und
(3) das statistische Problem einer hohen Anzahl möglicher Erklärungsfaktoren im Vergleich zur Zahl der Untersuchungseinheiten (ebd.: 152).

Mit dem Wissen um die Grenzen der vergleichenden Forschung im Hinterkopf wollen wir uns zunächst der Länderebene zuwenden. Hierbei müssen wir uns wegen der Vielzahl der Länder und der Fülle der dort realisierten und erprobten Einzelmaßnahmen auf eine zusammenfassende Darstellung beschränken, wobei schwerpunktmäßig Spitzeninnovationen (Naschold et al. 1998: 9) bzw. so genannte Durchbruchsinnovationen (Naschold et al. 1997: 39) aufgezeigt werden sollen. Die im deutschsprachigen Raum wohl bekannteste und umfangreichste vergleichende Analyse der internationalen Entwicklung stammt von Pollitt/ Bouckaert (2000: 93f.), die zu einer Ländertypisierung in ‚marketizers', ‚modernizers' und ‚maintainer' führt. Die Gruppe der ‚marketizers' wird von Großbritannien, Neuseeland und Australien und teilweise auch von den USA gebildet, deren ausgesprochen privatwirtschaftsnahe Reformstrategien in der Außenperspektive starke Tendenzen zu Privatisierung, Wettbewerb, Schaffung von Quasi-Märkten, Durchführung von Markttests und Kontraktmanagement aufweisen und in der Innenperspektive umfangreiches Management Know-how aus dem privaten Sektor übernehmen. Zu den ‚modernizers' zählen Belgien, Finnland, Frankreich, Italien, Niederlande und Schweden, wobei Pollitt/Bouckaert hier noch zwischen den mehr teilhabeorientierten Nordeuropäern (Finnland, Schweden, Niederlande) und den eher managementorientierten Zentraleuropäern (Belgien, Frankreich, Italien) unterscheiden. Gemeinsamkeit der ‚modernizers' ist, dass sie von einer auch zukünftig bedeutenden Staatsrolle ausgehen, aber fundamentale Änderungen der Verwaltungsorganisation für erforderlich halten. Zu den Reformelementen dieser Länder gehören unter anderem eine deutliche Dezentralisierung, Outputsteuerung, ein verändertes Personalmanagement, eine stärkere Qualitätsorientierung und eine Verbesserung des strategischen Managements. Deutschland nimmt im internationalen Vergleich die Rolle eines ‚maintainers' ein, wobei im Vordergrund steht, möglichst viel vom Status quo zu erhalten und Korrekturen am bestehenden System eher graduell vorzunehmen.[18]

18 Die zweite Auflage von Pollitt/Bouckaert 2004 differenziert im Falle Deutschlands stärker zwischen Bundesebene und kommunaler Ebene, wobei der kommunalen Ebene der Status eines ‚modernizers' zuerkannt wird (ebd.: 97). Hierin drückt sich die zum Jahrtausendwechsel vorhandene Erwartung aus, dass das Neue Steuerungsmodell mit Nachdruck weiterverfolgt und zu einer tatsächlichen Reform der deutschen Verwaltung führen könnte. Siehe hierzu im nächsten Kapitel.

Diese Sonderrolle Deutschlands im internationalen Vergleich ist zum Teil auf ein „spezifisch deutsches Perzeptionsdefizit" zurückzuführen, aufgrund dessen die politischen Verantwortungsträger „immer noch von der Annahme aus-[gehen], dass das Staats- und Verwaltungsgefüge in seinen Strukturen auch im internationalen Vergleich relativ effektiv und effizient ist" (Naschold et al. 1999: 13f.). Zu dieser „von Selbstgefälligkeit nicht freien Einschätzung" (Wollmann 1996: 20) mag beigetragen haben, dass Deutschland hinsichtlich des Anteils der staatlichen Gesamtausgaben und hinsichtlich des Anteils der im öffentlichen Dienst Beschäftigten im internationalen Vergleich nicht negativ auffällt (Naschold/Bogumil 1998: 21–23) und durch seinen föderalen Staats- und Verwaltungsaufbau inklusive des kommunalen Selbstverwaltungsrechts gegenüber klassischen Zentralstaaten über eher günstige institutionelle Rahmenbedingungen verfügt (Wollmann 1996: 3–9 u. 20). Diese Außenansicht des deutschen Verwaltungssystems überdeckt dann leicht seine Schwachpunkte im Inneren, die eine Folge der „hartnäckigen Dominanz des juristisch-bürokratischen Verwaltungsmodells" und seiner „obrigkeitsstaatlichen Ausprägung" sind (ebd.: 20).

Ausgangspunkt für die vergleichende Bewertung von NPM-Reformen auf kommunaler Ebene stellt im deutschsprachigen Raum der Carl-Bertelsmann-Preis des Jahres 1993 dar (Bertelsmann Stiftung 1993; 1994). Unter dem Auslobungsmotto ‚Demokratie und Effizienz in der Kommunalverwaltung' wurden weltweit zehn Städte ausgewählt und von einer internationalen Jury anhand von sieben Kriterien einer intensiven Prüfung unterzogen. Zum Erstaunen und Erschrecken der deutschen ‚Verwaltungsszene' erhielten Phoenix (USA) und Christchurch (Neuseeland) mit großem Abstand die besten Bewertungen und teilten sich den Preis (Pröhl 1993: 20f.), während der deutsche Teilnehmer Duisburg, wie man inoffiziell hörte, auf dem letzten Platz landete.[19] Der hartnäckig kultivierte Nimbus, dass Deutschland die beste Kommunalverwaltung der Welt habe (Reichard 1994b: 15), war damit endgültig zerstört. Der Rückstand der deutschen Verwaltungsentwicklung wurde in anschließenden Städtevergleichen immer wieder bestätigt (Naschold et al. 1997: 15–18; Naschold et al. 1998: 7–12).

Vor allem aus den vielen vergleichenden Arbeiten von Naschold – die von dem Bemühen getragen werden, jeweils Konzeption, Umsetzung und Wirkungsweise der untersuchten Praxisbeispiele zu erfassen – können eine Reihe von Spitzen- oder Durchbruchsinnovationen abgeleitet werden, die auch als Vorbild für die deutsche Entwicklung dienen könnten, wenn man hier Verwaltungsreform nicht nur als ‚Hygienefaktor' betrachten würde, der zwar sachlich erforderlich ist, aber kaum direkten politischen Nutzen in Form von Wählerstimmen abwirft (Naschold et al. 1999: 13). Für die im Folgenden aufgeführten *Durch-*

---

19 Bogumil 2003: 224. Im Interesse der Teilnehmer wurden die weiteren Platzierungen nicht offiziell bekannt gegeben.

bruchsinnovationen gilt die allgemeine Erkenntnis aus den internationalen Erfahrungen, dass es aufgrund der ausgeprägten Verwaltungs-Heterogenität keine ‚single best practice' gibt, die man sozusagen eins zu eins übertragen kann (ebd.: 93f.). Es werden im Vergleich der internationalen Erfahrungen in vielen Reformfeldern aber „relativ klar umrissene Grundprinzipien" deutlich, die den „dominanten Entwicklungstrend" anzeigen (ebd.: 94).

Privatisierung

Am Anfang der Auflistung steht mit der Privatisierung ein Reformfeld, welches nicht zu den Durchbruchsinnovationen gehört. Zwar werden zum Thema Privatisierung die härtesten ideologisch gefärbten Schlachten in der NPM-Diskussion geführt (Naschold et al.: 1997: 28; Borins/Grüning 1998: 31), allerdings konnte eine überzeugende Beziehung zwischen mikroökonomischer Leistungsfähigkeit und der Eigentumsform in den internationalen Vergleichen nicht nachgewiesen werden (Naschold/Bogumil 1998: 44). Dies ist wenig überraschend, da auch überzeugte Marktwirtschaftler die Überlegenheit des Marktes nicht an der Eigentumsform, sondern an den bestehenden Freiheitsgraden für die Handelnden festmachen (Drucker 1969: 299). Vor einer abschließenden Beurteilung von Privatisierungsmaßnahmen wäre somit zu untersuchen, ob die sich aus Neuer Politischer Ökonomie und Neuer Institutionenökonomik ergebenden theoretischen Voraussetzungen für eine erfolgreiche Privatisierung in den Praxisbeispielen vorgelegen haben (Borins/Grüning 1998: 31–35). Insofern ist es dann auch leicht verständlich, dass teilweise naive Hoffnungen in eine Flexibilisierung der Verwaltung allein durch die Rechtsformänderung (in der Regel die Gründung einer kommunalen GmbH) durch internationale Erfahrungen nicht bestätigt werden (Naschold et al. 1997: 30).

Neues Steuerungsmodell

Ein neues Steuerungsmodell basierend auf Kontrakten, Budgetierung und Berichten (Controlling), flankiert von personalwirtschaftlichen Maßnahmen zählt zu den häufigsten und am besten dokumentierten NPM-Reformfeldern (Naschold et al. 1999: 30; Naschold/Bogumil 1998: 45). Voraussetzung für den Erfolg dieses Kontraktmanagements ist die Schaffung weitgehend autonomer dezentraler Verwaltungseinheiten (‚Agencification', Verselbstständigung) (Naschold et al. 1999: 16; Naschold/Bogumil 1998: 45) und die Kompetenzbildung (Naschold et al. 1999: 92) in den dezentralen Einheiten. Im Mittelpunkt der personalwirtschaftlichen Maßnahmen steht die Reform der Managementfunktion der öffentlichen Verwaltung:

> „Diese Akzentuierung des ‚Managerialismus' wird auch nirgendwo ernsthaft in Frage gestellt, da doch die Managementfunktion im öffentlichen Sektor [...] deutlich unterentwickelt ist." (Naschold 1995a: 17)

Zentrales und wichtigstes Ergebnis der neuen Steuerungslogik ist ein erheblicher Kulturwandel in den Organisationen:

> „Einstellungen und Verhalten der Beschäftigten werden ergebnisorientierter, wirtschaftlicher, externer ausgerichtet, sicherlich auch management-orientierter [...] und gleichzeitig selbstbewusster." (Naschold et al. 1999: 31)

Wettbewerb

Vom Kontraktmanagement ist der Schritt zum Wettbewerb relativ klein, aber eine der größten Herausforderungen für die öffentliche Verwaltung (Naschold et al. 1998: 20). Im internationalen Vergleich werden unterschiedliche Wettbewerbsstrategien angewendet, die von der verpflichtenden öffentlichen Ausschreibung der Leistung (an denen sich die staatlichen Agenturen beteiligen können) über Markttests und Benchmarking bis zu einfachen Kundenbefragungen reichen (Naschold et al. 1998: 20–26; Naschold et al. 1997: 28–30; Neisser et al. 1998: 45). Dabei kann der ‚echte' Wettbewerb zu drastischen Härten für die Mitarbeiter führen, wenn ein Teil der Aufträge durch die erfolglose Ausschreibungsteilnahme verloren geht (Naschold et al. 1998: 22f.). Eine wichtige Voraussetzung für die Teilnahme am ‚echten' Wettbewerb ist demnach die Angleichung des Arbeitsrechts des öffentlichen Dienstes an das Arbeitsrecht der Privatwirtschaft und die Akzeptierung von erheblicher Personalfluktuation im öffentlichen Sektor. Insgesamt zeigen die internationalen Erfahrungen, dass ein wettbewerbsförderndes Umfeld eine wichtige Voraussetzung für eine effiziente und kundenorientierte Erfüllung öffentlicher Aufgaben ist (Naschold/Bogumil 1998: 51). In Deutschland wird Wettbewerb allerdings immer noch mit Privatisierung und Rechtsformwandel übersetzt, was letztlich bedeutet, dass Potenziale und Herausforderungen des Wettbewerbs noch nicht differenziert genug erfasst worden sind (Naschold et al. 1998: 20).

Finanzmanagement

Im Finanzmanagement und Rechnungswesen wird ein Durchbruch erst durch die Realisierung eines ganzen Maßnahmenbündels erreicht (Naschold et al. 1999: 49–62; Buchwitz 1998: 179–184). Hierzu gehören

(1) die Umstellung des Rechnungswesens von der Kameralistik auf das kaufmännische Rechnungswesen (Ressourcenverbrauchskonzept, Doppik),
(2) die Einführung einer Kosten- und Leistungsrechnung,

(3) die Aufstellung von Globalhaushalten sowie
(4) die output-orientierte Budgetierung der Haushaltsmittel.

Für die Realisierung dieses Konzeptes sind als begleitende Maßnahmen

(5) ein funktionierendes Kontraktmanagement zwischen Politik und Verwaltung inkl. der Definition von klaren Haushaltszielen und der Vorgabe von eher wenigen aber aussagestarken Leistungs- bzw. Erfolgsindikatoren sowie
(6) ein leistungsfähiges Berichtswesen (Controlling) erforderlich.

Weitere Komponenten eines modernen Finanzmanagements sind

(7) eine mehrjährige Finanzplanung,
(8) eine Flexibilisierung des Haushaltswesens (z.B. gegenseitige Deckungsfähigkeit von Einzelansätzen, Übertragungsmöglichkeiten, Anreize für sparsame Mittelverwendung) und
(9) dezentrale Ressourcenverantwortung kombiniert mit einem Kompetenzaufbau in den Verwaltungseinheiten. Dieses anspruchsvolle Konzept wird mittlerweile in den meisten NPM-Ländern intensiv und nachhaltig verfolgt, während Deutschland eher zu den OECD-Ländern gehört, die auch Reformen im Finanzmanagement und Rechnungswesen eher zögerlich angehen (Naschold et al.: 49f.).

Personalwesen

Als weitere gesicherte Durchbruchsinnovationen ergibt sich aus den internationalen Erfahrungen eine weitreichende Neuorientierung des öffentlichen Personalwesens mit den Kernelementen

(1) ‚Normalisierung' des öffentlichen Arbeits- und Dienstrechts (Angleichung an den privaten Sektor) verbunden mit einer Deprivilegierung (König 1995: 351),
(2) Externalisierung der Ausbildung und der Personalbeschaffung sowie
(3) einer Dezentralisierung des Personalmanagements (Übertragung von Querschnittsämtern auf Fachdienststellen) (Naschold et al. 1999: 42–47; Buchwitz 1998: 185–188).

Weitere Aspekte eines neuen Personalmanagements betreffen

(4) die leistungsorientierte Bezahlung, allerdings mit eher gemischten Ergebnissen sowie
(5) Bemühungen um die Professionalisierung des obersten Führungskaders.

Als Folge des neuen Personalmanagements hat in den Modellstaaten ein deutlicher Kulturwandel stattgefunden –

> „ein Wandel von einer bürokratisch geprägten, regelorientierten, zentralistischen Kultur zu einer businesslike geführten, dynamischen, flexibel, dezentral und ergebnisbezogen arbeitenden Verwaltung, in der die Beschäftigten eine aktive Rolle spielen und in der die Mitarbeiterpotentiale gefördert und entwickelt werden.“ (Naschold et al. 1999: 48)

Mit Blick auf die eingeengten Inhalte und die schleppende Umsetzung des deutschen Neuen Steuerungsmodells ist dann zweifelhaft, ob „wir [...] überhaupt schon auf dem Wege zu einem *neuen* öffentlichen Dienst“ sind (ebd.: 49).

Kulturwandel

Konzepte zum Kulturwandel gehen von der Hypothese aus, dass Werte und Verhaltensweisen der Mitarbeiter mittelfristig durch veränderte organisatorische Anreiz- und Kontrollstrukturen in Kombination mit Maßnahmen der Personalentwicklung veränderbar sind, wenn der Kulturwandel als Teil einer Organisationsstrategie vom Spitzenmanagement vorgelebt wird (Naschold et al. 1998: 90). Naschold et al. beschreiben vier Best-Practice-Beispiele aus der kommunalen Praxis (ebd.: 91–97). In Christchurch (Neuseeland) wird ein Top-Down-Ansatz verfolgt, bei dem in einem neuen Leitbild die in der Verwaltung traditionell vorherrschenden Praktiken, Werte und Grundannahmen durch ein teambezogenes, selbstgesteuertes Ergebnismanagement abgelöst werden. Dieses neue Leitbild wird durch ein anspruchsvolles Selbsterziehungs- und Trainingsprogramm implementiert, durch neue Kontroll- und Anreizsysteme organisatorisch unterstützt, beginnend vom Top-Management eingeführt und vorgelebt und durch ein kontinuierliches Feedbackverfahren weiterentwickelt. In Phoenix (USA) setzt man weniger auf individuelle und kollektive Lernprozesse, sondern versucht den Kulturwandel über herausgehobene gesamtstädtische Initiativen (Projekte), die von bereichsübergreifenden Teams und öffentlich-privaten Partnerschaften bearbeitet werden, auszulösen.

Diese Initiativen sind u.a. gekennzeichnet durch einen hohen Autonomiegrad, selektive Personalbesetzung, Personalrotation und veränderte Anreiz- und Kontrollsysteme. Die Projekte sind integriert in die gesamtstädtische Strategie des Verwaltungsumbaus und werden unterstützt durch Trainingsprogramme zur Befähigung für diese Aufgabe. In Indianapolis (USA) erfolgte ein schneller radikaler Kulturwandel als Folge eines Politikwechsels. Als Folge eines neuen neoliberalen Wirtschaftsprogramms bestehend aus weitreichender Privatisierung, Ausgabenkürzungen und Steuersenkungen wurden in den meisten Verwaltungsbereichen Markttest und in einigen Fällen Ausschreibungsverfahren (an denen sich die betroffenen Dienststellen beteiligen konnten) durchgeführt. Dieses Programm einer ‚managed competition’ führte in wenigen Jahren zu einer paradigmatischen Veränderung des Organisationsdesigns vieler Fachbereiche und zur weitgehenden Abschaffung des Mittelmanagements. Die Spielregeln der ‚managed competition' wurden gemeinsam mit der örtlichen Gewerkschaft erarbeitet und der Kulturwandel durch eine transparente Kommunikationspolitik und vielfältige Trainingsmaßnahmen unterstützt. In Hämeenlinna (Finnland) schließlich erfolgt der Kulturwandel in einem freiwilligen Bottom-Up-Prozess, der diskursiv-kommunikativ ausgerichtet ist und durch ein umfassendes Erhebungs- und Feedbackverfahren unterstützt wird. Ein wesentliches Ziel bei diesem Prozess ist es, persönliches Wohlbefinden bei der Arbeit und Kompetenzbildung in Einklang mit dem neuen Managementstil und den neuen Steuerungssystemen zu bringen. Die vier verfolgten, ganz unterschiedlichen Strategien des organisatorischen Kulturwandels, machen (1) deutlich, welches Potenzial an Maßnahmen zur Einleitung eines kulturellen Wandels in der öffentlichen Verwaltung vorhanden ist und (2), dass es weniger auf die Richtigkeit des Ansatzes, sondern vielmehr auf seine Qualität ankommt. Die Qualität einer Strategie des kulturellen Wandelns drückt sich vor allem aus durch ein in sich stimmiges Konzept, die Verankerung in die strategische Gesamtstrategie, das Vorleben durch die Führungskräfte, die Unterstützung durch eine Meinungsführerkoalition und die Dauerhaftigkeit des Prozesses (ebd.: 100).

Total Quality Management

Total Quality Management ist ein umfassendes Managementmodell, welches ein sich weitgehend selbststeuerndes System mit hoher Kunden-, Beschäftigten- und Verbesserungsorientierung beschreibt und damit einem grundlegenden innerbetrieblichen Kulturwandel gleichkommt. Es geht damit weit über die übliche isolierte Einführung von Qualitätszirkeln oder einem kontinuierlichen Verbesserungsprozess (nach dem Vorbild des japanischen ‚Kaizen') hinaus. Aus einem von Naschold et al. (1998: 58–68) beschriebenen Best-Practice-Beispiel wird ein sich über viele Jahre erstreckender Erfolgskreislauf aus Kundenbefragungen, Beschäftigtenbefragungen, Benchmarking, Zukunftswerkstätten, Qualifizierung und Durchführung von Einzelprojekten deutlich. TQM führt bei erfolgreicher Umsetzung zu einem deutlichen Qualifikationssprung der Mitarbeiter und stärkt Selbstachtung und Befriedigung mit der Arbeit (Naschold et al. 1998: 65; Borins/Grüning 1998: 47). TQM wird deshalb von Reformbefürwortern auch gerne als Beispiel in der Diskussion um das ‚richtige' Menschenbild im öffentlichen Dienst angeführt. Public-Choice-Vertreter argumentieren hier, dass es gerade das historisch überlieferte Bild vom idealen Bürokraten, der loyal im Rahmen seiner Zuständigkeiten Regeln anwendet, ist, welches die Mitarbeiter des öffentlichen Dienstes herabwürdigt (Borins/Grüning 1998: 46). Da scheint es ehrlicher zu sein, von nutzenmaximierenden Individuen auszugehen, denen man in einer vernünftigen Arbeitsorganisation die Gelegenheit gibt, sich zu entfalten.

Bürgerorientierung

Die Innovationen im Bereich der Bürgerorientierung weisen eine überraschende Vielfalt auf. Zur Ermittlung der Kundenwünsche mit dem Ziel der Optimierung einzelner Dienstleistungen werden sowohl passive (z.B. Kundenkontaktanalyse), reaktive (z.B. Kundenbefragungen, Beschwerde- und Vorschlagswesen) als auch partizipatorisch-diskursive (z.B. Zukunftswerkstätten und Fokusgruppen zur grundlegenden Umgestaltung oder Neuentwicklung von Dienstleistungen) Methoden erfolgreich eingesetzt (Naschold et al. 1998: 43–46). Spitzeninnovationen hinsichtlich einer stärkeren Beteiligung an öffentlichen Planungs- und Entscheidungsprozessen liegen z.B. in Form der kooperativen Stadtplanung vor (ebd.: 72).

Vertikale Koordination

Als Folge von Dezentralisierung und neuen Kooperationsformen entsteht zunehmend der Bedarf nach neuen Formen der vertikalen Koordination (strategisches Management, Konzernsteuerung) (Naschold et al. 1998: 28–30; Naschold et al. 1999: 62–64; Reichard 1996b: 263f.). Die klassische hierarchische Vertikalsteuerung wird dabei zunehmend ersetzt durch eine strategische Kontextsteuerung, bei der eher strategische Ziele und Leitbilder vorgegeben werden als konkrete messbare Ziele. Auf kommunaler Ebene bedarf es dazu

(1) einer neuen obersten Führungsstruktur (Führungsteam der obersten Verwaltungsspitze mit Controller und eventuell den Fraktionsvorsitzenden),
(2) einer besseren Verzahnung zwischen Verwaltungsspitze und Ausschussarbeit (z.B. Schaffung eines Strategie- und Ressourcenausschusses und Arbeit anhand einer strategischen Agenda) und
(3) müssen in den dezentralen Einheiten personelle Kapazitäten und Kompetenzen entwickelt werden, sollten
(4) zusätzlich zum Standard-Controlling Rückkopplungsmechanismen (z.B. systematische Nachuntersuchungen) eingebaut und
(5) ein kontinuierlicher Verbesserungsprozess (im Sinne einer lernenden Organisation) installiert werden (Naschold et al. 1999: 91–93; König 1995: 354; Banner 2006: 262–268; Naschold 1995a: 13).

Aus den internationalen Erfahrungen lassen sich zudem eine Reihe von Erfolgsfaktoren für die Umsetzung von NPM-Reformen ableiten:

(1) Erforderlich ist ein ganzheitlicher Reformansatz (Banner 2003: 17), der die Trias aus Privatisierung, Marktmechanismen und Binnenmodernisierung abdeckt (Naschold 1995a: 57; Budäus/Grüning 1998: 8). Gerade aus den wettbewerblichen Elementen des NPM ergeben sich entscheidende Impulse für eine nachhaltige Verwaltungsreform und für den Wandel der Verwaltungskultur. Für Deutschland ergibt sich daraus die Notwendigkeit einer erheblichen Kurserweiterung (Naschold et al. 1997: 46).

(2) Um zu wirklichen Veränderungen zu kommen, ist ein grundlegender institutioneller und kultureller Wandel erforderlich (Buchwitz 1998: 194; Naschold et al. 1997: 44f.). Voraussetzung hierfür sind u.a. eine durchgreifende Reorganisation der Verwaltung durch die Schaffung dezentraler, teilautonomer Einheiten verbunden mit neuen Steuerungsformen und eine ‚Revolution' in der Arbeitsorganisation und der Personalwirtschaft (Reichard 1996b: 270; Naschold et al. 1997: 46).

(3) Aufgrund des im internationalen Vergleich deutlichen Modernisierungsrückstands (Naschold/Bogumil 1998: 66) Deutschlands reichen inkrementalistisch-graduelle Reformen der kleinen Schritte nicht mehr aus (Naschold 1995a: 12). Erforderlich ist eine deutliche Tempoverschärfung (Naschold et al. 1997: 46).

(4) Notwendig ist eine Gesamtstrategie, die die wechselseitigen Abhängigkeiten der einzelnen Reformkomponenten berücksichtigt und aus der ein neues Leitbild der Verwaltung entwickelt wird (Buchwitz 1998: 195; Naschold 1995a: 33). Dabei kommt es weniger auf die Richtigkeit einzelner Reformkomponenten an, sondern vielmehr auf

   – deren interne Konsistenz,
   – die langfristige Auslegung (Persistenz) und
   – das Commitment der Gesamtorganisation für die Umsetzung (Naschold et al. 1998: 102).

   Für das Commitment sind sowohl eine starke politische Führung und eine möglichst breite Meinungsführerkoalition als auch die Mobilisierung der „strategisch positionierten Segmente" der Beschäftigten erforderlich (Naschold et al. 1997: 42f.; ähnlich Reichard 1996b: 260f.).

(5) Sinnvolle Elemente des Veränderungsmanagements sind

   – eine hochkarätig besetzte Reformkommission möglichst mit Vertretern aus Wirtschaft, Gesellschaft und Wissenschaft zur Koordinierung der Aktivitäten (Naschold 1995a: 13),
   – die Organisation des Umsetzungsprozesses über bereichsübergreifende Projekte, öffentlich-private Kooperationen und Task-Forces (Naschold et al. 1998: 102) und

- der Aufbau bzw. die Teilnahme an wissensbasierten Netzwerken (‚think tanks', Intelligenzverstärkung) (Naschold et al. 1998: 103; Knorr 1997: 45; Reichard 1996b: 261).

Ob Deutschland den Vorteil des Nachzüglers – aus den Erfahrungen und Fehlern anderer Länder lernen zu können – nutzt (Reichard 1996a: 24; Naschold/ Bogumil 1998: 35) und aufbauend auf den internationalen Erfahrungen und ergänzt um eigene Innovationen eine zum deutschen Verwaltungskontext passende Modernisierungsstrategie entwickelt hat, mit der es gelingen kann, den im deutschen politischen System „eingebauten Inkrementalismus, wenn nicht Immobilismus" zu überwinden (Wollmann 1996: 11), wird sich in Kapitel 8 zeigen.

7. Fallbeispiel Abfallwirtschaft

Privat oder kommunal?

Die *Zuständigkeiten* auf dem Gebiet der Abfallentsorgung hat der Gesetzgeber zuletzt mit dem Kreislaufwirtschafts- und Abfallgesetz (KrW-/AbfG) vom 27. September 1994 grundlegend geändert.[1] Grob gesprochen sind danach die öffentlich-rechtlichen Entsorgungsträger (Kommunen, Landkreise im folgenden ÖRE genannt) für die Entsorgung aller Abfälle (Beseitigung und Verwertung) aus Haushaltungen und für die Entsorgung von Abfällen zur Beseitigung aus sonstigen Herkunftsbereichen (Gewerbe, öffentliche Einrichtungen) zuständig (§ 13 Abs. 1 KrW-/AbfG). Der Gesetzgeber nimmt also für Abfälle aus sonstigen Herkunftsbereichen eine Zuordnung der Entsorgungspflichten nach dem Kriterium des Entsorgungsweges vor. Die Abgrenzung zwischen Abfällen zur Beseitigung und Abfällen zur Verwertung hat in der Folge zu andauernden Problemen geführt.

In der Praxis bestimmt der Preis den Entsorgungsweg. Dafür wurde bald nach Inkrafttreten des KrW-/AbfG der Begriff der Scheinverwertung geprägt, womit gemeint ist, dass ein Abfall eine Gebietskörperschaft als Abfall zur Verwertung verlässt und in einer anderen Gebietskörperschaft (wo die ‚billigste' Entsorgungsanlage steht) im Wesentlichen dann doch beseitigt wird (eventuell nach grober Abtrennung weniger Wertstoffe).

Abhilfe sollte die Gewerbeabfallverordnung vom 19. Juni 2002 schaffen. Darin sind Anforderungen an die Verwertung von Abfällen aus sonstigen Herkunftsbereichen enthalten, die auf einer dreistufigen Hierarchie basieren (§ 3 GewAbfV). Danach sollen Abfälle zur Verwertung primär getrennt erfasst und bereitgestellt werden. Ist dies nicht möglich, können sie gemeinsam erfasst werden, müssen dann aber wieder sortenrein (ungefähr Qualität der getrennten Bereitstellung) in einer Vorbehandlungsanlage getrennt werden. Ist die Getrennthaltung oder nachträgliche sortenreine Sortierung der Abfallfraktionen technisch nicht möglich oder wirtschaftlich unzumutbar, können die gemischt gesammelten Abfälle zur Verwertung einer (einfachen) Vorbehandlungsanlage (Verwertungsquote mindestens 85%) oder einer energetischen Verwertungsanlage zugeführt werden. In der Praxis sind technische Unmöglichkeit und wirtschaftliche Zumutbarkeit so gut wie nicht überprüfbar. Dies liegt zum einen an der Streitbereitschaft relativ vieler gewerblicher Abfallerzeuger, die teilweise bereits gegen Auskunftsverfügungen der ÖRE juristisch vorgehen und zum anderen an dem fehlenden Maßstab zur Konkretisierung der unbestimmten Rechtsbegriffe (tech-

1 In seinen wesentlichen Teilen in Kraft getreten am 6. Oktober 1996.

nischer Unmöglichkeit und wirtschaftlicher Zumutbarkeit). Daran haben auch die Vollzugshinweise der Länderarbeitsgemeinschaft Abfall vom 26. März 2003 nichts geändert. Die Gewerbeabfallverordnung wird deshalb verbreitet nicht umgesetzt und von der Abfallpraxis weitgehend ignoriert.

Zur Lösung der unbefriedigenden Situation bei der Entsorgung von Abfällen aus sonstigen Herkunftsbereichen wird zunehmend eine Zuständigkeitsverteilung nach dem Kriterium der Abfallherkunft vorgeschlagen (z.B. Landesregierung Baden-Württemberg). Danach wären die ÖRE zukünftig nur noch für die Entsorgung der Abfälle aus Haushaltungen zuständig, während die Abfälle aus den sonstigen Herkunftsbereichen von den Abfallerzeugern oder -besitzern in eigener Regie beseitigt oder verwertet werden müssten. Ausnahmen sind allerdings für Kleinmengen von Beseitigungsabfällen (z.B. bis 1,1 m^3 [orientiert an der Behältergröße] im üblichen Entsorgungsrhythmus) vorgesehen, die weiterhin von den ÖRE entsorgt werden sollen. Der Abgrenzungsstreit wäre damit lediglich verlagert (von Beseitigung/Verwertung zu größer/kleiner 1,1 m^3).

Wesentlichen Einfluss auf die Struktur der bundesdeutschen Abfallentsorgung hatte die am 12. Juni 1991 in Kraft getretene Verpackungsverordnung. Dem Grundsatz der Produktverantwortung folgend, wurden Hersteller und Vertreiber zur Rücknahme und Entsorgung der von ihnen in Verkehr gebrachten Verkaufsverpackungen verpflichtet (§ 6 VerpackV). Im Ergebnis führte dies zum Aufbau eines flächendeckenden Systems zur haushaltsnahen Erfassung von Verkaufsverpackungen (Gelber Sack) durch die Duale System GmbH[2] in Köln. Mit der Verpackungsverordnung entstand also eine duale Abfallwirtschaft aus öffentlich-rechtlicher Trägerschaft und privater Trägerschaft. Für einen Teil der Kommunen hatte die Verpackungsverordnung u.a. die Konsequenz, dass bisher hoheitlich durchgeführte und funktionierende Sammlungen für Altglas und Altpapier an die private Konkurrenz verloren gingen. Die Leistung des Dualen Systems besteht insbesondere darin, für den relativ kleinen Teilstrom der Kunststoffverpackungen Verwertungsmöglichkeiten entwickelt und umgesetzt zu haben, wobei Wirtschaftlichkeit und Ökologie der Entsorgung von Kunststoffverpackungen umstritten sind (vgl. z.B. Rat von Sachverständigen für Umweltfragen 2000: 367–369).

Bald wurde deutlich, dass durch die Verpackungsverordnung das öffentlich-rechtliche Monopol durch ein privatwirtschaftliches Monopol abgelöst wurde. Nach Intervention durch das Bundeskartellamt sind heute mittlerweile neun unterschiedliche duale Systeme auf der Lizenznehmerseite tätig, ohne dass der Bürger beim Einkauf im Supermarkt davon etwas bemerkt (der Grüne Punkt als Lizenzzeichen wird von allen dualen Systemen genutzt).

---

2 Unterschiedliche Rechtsformen seit 1993.

Die Entsorgungsleistung (Sammlung, Sortierung, Verwertung für Glas und Leichtverpackungen) wird bisher von der DSD GmbH (zukünftig eventuell unter Beteilung der anderen dualen Systeme) nach bundesweiter Ausschreibung der einzelnen Entsorgungsgebiete an den wirtschaftlichsten (in der Regel billigsten) Anbieter vergeben. Dies führt mittlerweile zu einem ruinösen Wettbewerb, bei dem auch die großen bundesweit tätigen privaten Entsorger kaum noch mithalten können. Folge dieser Entwicklung ist eine zunehmende Verschlechterung der Arbeitsbedingungen in diesem Entsorgungssegment. Das Heben und Tragen von Gelben Säcken ist (im Vergleich zur Behälterleerung) ohnehin eine gesundheitlich sehr belastende Tätigkeit. Durch den erheblichen Wettbewerbsdruck werden Mannschaftsstärken reduziert, Arbeitszeiten verlängert und Ausrüstungen verschlechtert, so dass man heute nicht selten junge Männer in Turnschuhen im Laufschritt hinter den Sammelfahrzeugen arbeiten sieht. Dies sind mit Sicherheit keine Arbeitsplätze mehr, auf denen ein junger Mensch bei Erhalt seiner Gesundheit bis zur Rente verbleiben kann.

Auch kommunale Entsorgungsbetriebe haben sich in der Vergangenheit verbreitet an den DSD-Ausschreibungen beteiligt. Gehemmt durch den historisch angesammelten kommunalen Ballast (Regel- und Verwaltungsorientierung, fehlende Managementfähigkeiten, Eingreifen der Politik ins operative Geschäft, starke Position der Personalräte, Besitzstände einzelner Berufsgruppen, Dienstvereinbarungen zu Entlohnungssystemen und Arbeitszeiten, Arbeitsorganisation und -kultur), der die Leistungsfähigkeit der kommunalen Betriebe erheblich einschränkt, und unter weitgehender Ausklammerung der Frage nach der Rechtmäßigkeit der wirtschaftlichen Betätigung außerhalb des öffentlich-rechtlichen Rahmens wurden auf Basis von mehr oder weniger tiefschürfenden Kalkulationen Angebote abgegeben, die durchaus erfolgreich (im Sinne der Zuschlagserteilung) waren. Um die niedrigere Entlohnung in der privaten Entsorgungsbranche (unterschiedliche Tarifverträge) bei gleichzeitig höherer Arbeitsleistung auszugleichen, sind verschiedene ‚Klimmzüge' der kommunalen Anbieter unvermeidlich. Hierzu gehört z.B. die Ausgliederung der gewerblichen Leistungen, die (kulturfremde) Beschäftigung von Leasingpersonal oder befristetem Personal sowie die großzügige Auslegung der Schnittstelle zum hoheitlichen Aufgabenbereich.[3] Die Teilnahme von kommunalen Betrieben an DSD-Ausschreibungen ist insgesamt weniger wirtschaftlich motiviert, sondern orientiert sich eher an der erhofften positiven Außenwirkung gegenüber Politik und Bürgern.

Ein weiteres Aktivitätsfeld an der Schnittstelle hoheitlicher und privater Aufgabenerfüllung im Bereich der Abfallentsorgung ist die gewerbliche Sammlung von Abfällen zur Verwertung aus Haushaltungen nach § 13 Abs. 3 Nr. 3 KrW-/AbfG. Danach sind gewerbliche Wertstoffsammlungen zulässig, soweit

3 Z.B. finanzieren Abfallgebühren ein Magdeburger Fußballstadion (EUWID 2009: 15).

dem ÖRE die schadlose Verwertung nachgewiesen wird und keine überwiegenden öffentlichen Interessen entgegenstehen. Ausgelöst wurde die Diskussion um § 13 KrW-/AbfG durch anhaltend hohe Erlöse für Altpapier, die in Spitzenzeiten 100 € pro Tonne erreichten. Dies veranlasste private Entsorger im Jahr 2008 dazu, in vielen deutschen Gebietskörperschaften eigene Blaue Tonnen in Konkurrenz zu dem kommunalen Erfassungssystem aufzustellen. Dies führte zu einem Aufschrei bei den Kommunen und vielen juristischen Auseinandersetzungen. Im Mittelpunkt stand dabei die Frage oder die Suche nach dem überwiegenden öffentlichen Interesse.

Ein solches sahen die Gerichte aber erst wenn die Funktionsfähigkeit der öffentlich-rechtlichen Entsorgung insgesamt beeinträchtigt (VGH Mannheim, 11.02.2008, 10 S 2422/07), nicht mehr hinnehmbar beeinträchtigt (OVG Lüneburg, 24.01.2008, 7 ME 193/07 und 192/07), schwerwiegend beeinträchtigt (OVG Bautzen, 27.06.2008, 4 B 193/98) oder gefährdet (VG Karlsruhe, 19.09. 2007, 3 K 2219/07) ist. Dieser Nachweis konnte bisher nicht geführt werden. Teilweise wiesen die Gerichte den Kommunen nur eine Auffangfunktion für den Fall des Versagens des privaten Sammelsystems zu (z.B. OVG Lüneburg, 24.01. 2008, 7 Me 192/07). Auch vergaberechtliche Aspekte (Bay VGH, 14.11.2008, 20 BV 08.1663; VG Potsdam, 23.05.2008, 1 L 214/08) und Verstöße gegen die Verpackungsverordnung (Bay VGH ebd.; VGH Mannhein ebd.; OVG Lüneburg ebd.; OVG Schleswig-Holstein, 22.04.2008, 4 LB 7/06) ließen die Gerichte nicht gelten. Das Thema beruhigte sich aber spürbar, als in der zweiten Jahreshälfte 2008 die Papierpreise in den Keller fielen und vielen privaten Entsorgern offensichtlich die Lust an der Altpapiersammlung verging.

Eine rechtliche Wende brachte erst ein Urteil des Bundesverwaltungsgerichts vom 18. Juni 2009 (7 C 16.08). Danach sind Abfälle aus Haushaltungen (auch das Altpapier) schon nach § 13 Abs. 1 den ÖRE zu überlassen. Richtungsweisend für die Auslegung von § 13 Abs. 3 Nr. 3 stellte das Bundesverwaltungsgericht fest, das gewerbliche Sammlungen dann ausgeschlossen sind, wenn sie

> „auf Grundlage vertraglicher Bindungen zwischen dem sammelnden Unternehmen und den privaten Haushalten nach Art eines Entsorgungsträgers in dauerhaften festen Strukturen gegen Entgelt abgewickelt werden."

Ferner stünden überwiegende öffentliche Interessen einer gewerblichen Sammlung nicht erst bei einer Existenzgefährdung des öffentlich-rechtlichen Entsorgungssystems, sondern schon dann entgegen, wenn die Sammlung nach ihrer konkreten Ausgestaltung mehr als nur geringfügige Auswirkungen auf die Organisation und die Planungssicherheit der öffentlich-rechtlichen Entsorgungsträger nach sich ziehe. Man kann hier wohl getrost von einer ‚Klatsche' für die vielen vorinstanzlichen Gerichte sprechen, die das deutsche Abfallrecht bis zum 18. Juni 2009 wohl nicht richtig verstanden hatten.

Insgesamt ist die Abgrenzung der hoheitlichen und privaten Aufgabenerfüllung im Bereich der Abfallentsorgung derzeit also nur unbefriedigend gelöst. Auch der Referentenentwurf zur Novelle des Kreislaufwirtschaftsgesetzes enthält hinsichtlich der Überlassungspflichten keine neuen Ansätze, sondern lediglich eine Reihe weiterer unbestimmter Rechtsbegriffe (z.B. Funktionsfähigkeit des ÖRE, wirtschaftlich ausgewogene Bedingungen), mit denen die pro-kommunale Auslegung der Überlassungspflichten durch das Bundesverwaltungsgericht korrigiert werden sollen.

Im Zentrum der aktuellen Diskussion zu dieser Schnittstelle in der Abfallwirtschaft (hoheitlich/privat) steht der Begriff der Daseinsvorsorge. Traditionell werden viele Leistungen der Daseinsvorsorge im Rahmen des Selbstverwaltungsrechtes (Art. 28 Abs. 2 GG) von den Kommunen erbracht. Hier besteht nun die Tendenz, aus dem faktischen Vorhandensein von Unternehmen der Daseinsvorsorge und gemeindlichen Hilfsbetrieben abzuleiten, man könne zur Verbesserung der Kapazitätsauslastung dieser Betriebe oder als Reaktion auf den zunehmenden Wettbewerbsdruck als Folge gesetzlicher Deregulierungsmaßnahmen (z.B. Stärkung der privaten Initiative im KrW-/AbfG) den Geschäftsbereich besagter Unternehmen quasi beliebig erweitern.[4] Durch diese Handlungsweise wird aber die „politisch falsche Vorstellung erweckt [...], der Staat, nicht der Bürger selbst, hätten für ‚das Dasein' zu sorgen" (Peters zit. nach Ossenbühl 1971: 514). Damit erhält Daseinsvorsorge zunehmend den Charakter eines „marktgängigen Edelsubstantivs" (Adorno 1964: 9), dass „den reflexartigen Schluss auf eine staatliche (Erfüllungs-)Kompetenz bedien[t]".[5]

Hilfreich für das Verständnis des Begriffs ist der Kontext, aus dem er entstanden ist. Forsthoff (1938: 4–14) wollte mit dem Begriff der Daseinsvorsorge vor allem auf das veränderte Aufgabenspektrum der Verwaltung (Verschiebung von der Eingriffsverwaltung zur Leistungsverwaltung) als Folge des gesellschaftlichen Wandels von der Agrar- zur Industriegesellschaft hinweisen. Dieser Wandel hatte dazu geführt, dass sich

> „die notwendigen oder über das Maß des Notwendigen hinaus erstrebten Lebensgüter nicht durch Nutzung einer eigenen Sache [Anm.: z.B. Hof, Acker], sondern im Wege der Appropriation[6] [...] zugänglich machen muß." (Forsthoff 1938: 5)

---

4 Hösch 2000: 2; zum Spektrum kommunaler Wirtschaftsbetätigung siehe pointiert Hill 1997: 425.

5 Kersten 2005: 567; ähnlich Naschold et al. 1996: 48. Die Gefahr, dass Daseinsvorsorge zu einem Allerweltsbegriff wird, „mit dem man alles und deshalb nichts beweisen kann", sah auch Forsthoff (1959: Vorwort) selbst.

6 in Ausdruck von Max Weber (1980: 23 et passim), der im vorliegenden Kontext die Notwendigkeit des käuflichen Erwerbs ausdrücken soll.

Daseinsvorsorge waren für Forsthoff „diejenigen Veranstaltungen, welche zur Befriedigung des Appropriationsbedürfnisses getroffen werden" (ebd.: 6). Die politische Verantwortung für die Daseinsvorsorge erstreckt sich nach Forsthoff erstens auf die Gewährleistung eines angemessenen Verhältnisses von Lohn und Preis (wobei das Recht auf Arbeit und einen angemessenen durch Arbeit verdienten Lohn zugrunde liegt), zweitens auf die Lenkung des Bedarfs, der Erzeugung und des Umsatzes und drittens auf die Darbringung von Leistungen, auf welche der in die modernen massentümlichen Lebensformen verwiesene Mensch lebensnotwendig angewiesen ist (ebd.: 7). Als Beispiele führt Forsthoff an: die Versorgung mit Wasser, Gas und Elektrizität, die Bereitstellung der Verkehrsmittel jeder Art, die Post, Telephonie und Telegraphie, die hygienische Sicherung sowie die Vorsorge für Alter, Invalidität, Krankheit und Arbeitslosigkeit. Forsthoffs Aufzählung orientiert sich entgegen seiner eigenen Definition auffällig nicht an dem Kriterium der Lebensnotwendigkeit, denn da wäre an erster Stelle die Versorgung mit Nahrungsmitteln zu nennen (Ossenbühl 1971: 516). Andere Beispiele in Forsthoffs Aufzählung wie z.B. Verkehrsmittel und Kommunikationstechniken sind eventuell aus sachfremden Erwägungen (kriegswichtige Bedeutung) in die Aufzählung aufgenommen worden.[7]

Der Begriff der Daseinsvorsorge ist also bereits aus seiner historischen Ableitung kein Rechtsbegriff, sondern eher ein soziologischer Begriff (Ossenbühl 1971: 516; Hösch 2000: 41f.), dem man „eine problemverdeutlichende, nicht aber eine problemlösende Funktion zuerkennen" kann (Ossenbühl 1971: 517).

Einer juristischen Bewertung des Begriffs der Daseinsvorsorge nähert man sich leichter, wenn man von dem systematischen Spannungsverhältnis zwischen den altruistisch motivierten Tätigkeiten im Rahmen der Daseinsvorsorge und dem egoistischen Ziel der Gewinnmaximierung bei der Teilnahme am Wettbewerb ausgeht (Hösch 2000: 2). Zum Abgrenzungskriterium zwischen öffentlich oder privat zu erbringenden Leistungen wird dann die Garantiepflicht des Staates. Danach wird der Staat erst dann tätig, wenn „eine angemessene Bedürfnisbefriedigung durch die Gesellschaft selbst nicht erfolgt" (Klein 1968: 18). Der Inhalt der Daseinsvorsorge wird demnach aus dem Subsidiaritätsprinzip bestimmt. Dieses der katholischen Soziallehre entstammende Prinzip besagt im Kern, dass sich ein Rechtsverhältnis zwischen einer kleineren und einer größeren Einheit so gestaltet, dass der kleineren Einheit soviel Freiheit wie möglich und soviel Autorität wie nötig gewährt wird (Hösch 2000: 44). Im Falle konkreter staatlicher oder gemeindlicher Leistungen der Daseinsvorsorge ist danach zunächst zu prüfen, ob sie nicht ebenso gut von Privaten im Rahmen des Wettbewerbs erbracht werden können. Der Staat wird damit zum Gewährleistungsstaat (Hill 1997: 426).

---

7 Zur Haltung Forsthoffs im Dritten Reich siehe Kersten 2005: 547–555.

Als Gewährleistungsstaat muss dieser die Leistungen aber nicht zwingend auch selbst erbringen, er muss nur gewährleisten, dass sie erbracht werden. Insbesondere muss der Staat als Marktveranstalter die institutionellen Voraussetzungen dafür schaffen, dass den Bürgern eine selbstbestimmte Daseinsgestaltung überhaupt möglich wird (Hösch 2000: 132). Zur Daseinsvorsorge gehören insbesondere alle Gesetze,

> „die den Einzelnen über seine tatsächlichen Fähigkeiten hinaus in die Lage versetzen, seine grundrechtlichen Freiheiten wahrzunehmen. Sie bestimmen den öffentlichen Zweck staatlichen Handelns und bilden damit die Rechtsgrundlage für Handlungen der Verwaltung, Art. 20 Abs. 3 GG.“ (Hösch 2000: 36)

Daseinsvorsorge als fürsorgende wettbewerbsfreie staatliche Tätigkeit im Bereich der Leistungserbringung stellt damit das Gegenstück zum Wettbewerb als dem Ausdruck der eigennützigen Wahrnehmung von Freiheit dar (Hösch 2000: 25). Daseinsvorsorge berechtigt die ÖRE also lediglich zum Betrieb von wirtschaftlichen Unternehmen, nicht aber zur Teilnahme am Wettbewerb.[8] Dies findet seinen Niederschlag in den Gemeindeordnungen, die die Zulässigkeit wirtschaftlicher Unternehmen (ungeachtet der Rechtsform) abhängig machen

(1) vom Vorliegen eines öffentlichen Zwecks,[9]
(2) von der Angemessenheit im Verhältnis zur Leistungsfähigkeit der Gemeinde und
(3) bei einem Tätigwerden außerhalb der kommunalen Daseinsvorsorge von der Einhaltung des Subsidiaritätsprinzips.[10]

Die an der Frage Wettbewerb oder Daseinsvorsorge orientierte aktuelle Diskussion, bei der die Interessenverbände (zuvorderst Städtetag und BDE[11]) argwöh-

---

8 Hösch 2000: 43. Zur aktuellen (teilweise widersprüchlichen) Rechtsprechung vgl. Pape/ Holz 2007.

9 Hill (1997: 429) weist auf die Schwierigkeiten bei der Konkretisierung eines öffentlichen Zwecks hin, wenn dabei sozialpolitische, wettbewerbspolitische, umweltpolitische, wirtschaftspolitische und arbeitsmarktpolitische Aspekte einfließen. Die Entscheidung darüber, ob eine Kommune den öffentlichen Zweck gleich oder besser erfüllt als ein privater Anbieter, trifft die demokratisch legitimierte Gemeindevertretung (ebd.: 430). Die Entscheidung soll öffentlich mit begründeter Gemeinwohlerwägung und unter Abwägung von Alternativen erfolgen (ebd.). Dies ist in der Praxis allerdings eher selten der Fall.

10 Z.B. § 102 GO BW, Art. 87 GO Bayern; § 107 GO NRW; § 102 Abs. 1 Nr. 3 GO BW: ... wenn der öffentliche Zweck „nicht ebenso gut und wirtschaftlich durch einen privaten Anbieter erfüllt wird oder erfüllt werden kann“. Zu der besonderen Formulierung in § 107 Abs. 1 und 2 der GO NRW siehe Frenz 2007: 242. Zu engeren Fassungen des Subsidiaritätsprinzips (die kommunale Tätigkeit einschränkend) in ostdeutschen Gemeindeordnungen siehe Hill 1997: 429.

nisch jede Äußerung der EU zu den „Diensten von allgemeinem Interesse" – wie die Leistungen der Daseinsvorsorge dort genannt werden – kommentieren, geht damit aber am Kern des Problems weitgehend vorbei. Die Frage sollte besser so formuliert werden: Wie erreicht man möglichst viel Wettbewerb *innerhalb* der Daseinsvorsorge?

Dass Abfallwirtschaft unter den Aspekten des Gesundheitsschutzes (Hygiene) und des Ressourcenschutzes (Vermeidung und Verwertung) für das menschliche Überleben von besonderer Bedeutung ist, dürfte unstrittig sein. Die Erreichung der genannten abfallwirtschaftlichen Ziele darf nicht von Marktentwicklungen oder dem egoistischen Gewinnstreben privatwirtschaftlicher Unternehmen abhängen, sondern muss dauerhaft und nachhaltig zum Wohle der Allgemeinheit durch den Staat garantiert werden. Würde der Staat den institutionellen Rahmen dabei so wählen, dass (1) die Leistungen der Abfallwirtschaft (sammeln, transportieren, verwerten und beseitigen inkl. Leichtverpackungen und hausmüllähnliche Gewerbeabfälle) zwingend von den Kommunen ausgeschrieben werden müssen und (2) ein Wettbewerb zwischen kommunalen und privaten Anbietern ermöglicht wird (englisches Agency-Modell), würden viele bestehende Verwerfungen an der Schnittstelle zwischen hoheitlicher und privater Abfallwirtschaft beseitigt.

Die Kommunen kämen damit in eine Doppelfunktion. Sie wären erstens in der Rolle des Leistungsanfordernden und könnten in einer zentralen und hoheitlichen Planungs- und Vergabeeinheit die Inhalte der kommunalen Abfallwirtschaft (Abfallwirtschaftskonzept) und die Qualität der Leistungserbringung festlegen. Hiermit wäre eine besonders gute Steuerbarkeit der abfallwirtschaftlichen Leistungen impliziert, da periodisch (z.B. im Einklang mit den Wahlperioden und/oder zum Ende der Laufzeit von Entsorgungsverträgen) eine inhaltlich vertiefte politische Diskussion des Abfallthemas unter Abwägung von Zweck-Mittel-Hierarchien erfolgen würde, die im Ergebnis die Basis für ein Kontraktmanagement zwischen Politik und Verwaltung bilden könnte. Der Erfolg der Steuerung ist dann vor allem vom Wollen und der Befähigung der in den Kommunen Handelnden abhängig. Das vom VKS im VKU[12] für die Leistungen der Daseinsvorsorge entwickelte Konstrukt des ‚Citizen Value' (in Analogie zum ‚Shareholder Value') suggeriert hingegen eine schlechtere Steuerbarkeit von privatwirtschaftlich erbrachten Leistungen auf dem Gebiet der Abfallwirtschaft und spricht damit gezielt den Hang der Politik zur Detailsteuerung an (VKS 2008: 5–8). Damit sucht man genau dort Schutz, wo verbreitet ein Hauptproblem des

11 BDE = Bundesverband der Deutschen Entsorgungswirtschaft als größte Interessenvertretung der privaten Entsorgungswirtschaft.

12 VKS im VKU = Verband kommunale Abfallwirtschaft und Stadtreinigung im Verband kommunaler Unternehmen.

bestehenden Verwaltungssystems gesehen wird (Bogumil et al. 2007: 64–67; Reichard 2001: 28; Budäus/Grüning 1998: 8; Wollmann 1996: 34–43; KGSt 1993: 16f.; KGSt 1996b: 9–18).

Die Kommunen wären aber zweitens auch in die Lage versetzt, selbst als Anbieter von abfallwirtschaftlichen Leistungen aufzutreten. Hierzu wäre die Ausgliederung von weitgehend unabhängig handelnden sich dem Wettbewerb stellenden kommunalen GmbHs erforderlich. Die steuerliche Bevorzugung der hoheitlichen Leistungserbringung und der tarifvertragliche Unterschied (TvÖD oder BDE-Tarif), die bisher wettbewerbsverzerrend wirken, wären damit weitgehend aufgehoben.[13] Den Kommunen bliebe damit insbesondere die Möglichkeit erhalten, durch den Aufbau eigener kommunaler Entsorgungsgesellschaften auf ein erwartetes regionales Marktversagen (Hidien 1984: 155–173; Wiebe/ Schürer 2007: 52) zu reagieren.

Das Argument eines möglichen Marktversagens wurde in der jüngeren Vergangenheit als Begründung für die entgegengesetzte Entwicklung – die Re-Kommunalisierung abfallwirtschaftlicher Leistungen[14]– verwendet, was der Sendung Monitor am 18. Januar 2007 einen Beitrag mit dem Aufhänger ‚Die orangene Revolution' Wert war. Der schlecht recherchierte Bericht verschwieg allerdings, dass eine Re-Kommunalisierung vor allem aus zwei Gründen für die Kommunen wirtschaftlich sein kann: Erstens entfällt bei der Re-Kommunalisierung der gesamte historische Ballast, so dass die Betriebe mit neuen Fahrzeugen, jungen Mitarbeitern, dynamischem Management und modernen Arbeitszeit- und Entlohnungsregelungen starten können und zweitens profitieren die Kommunen bisher bei hoheitlicher Organisation der Betriebe (z.B. Eigenbetrieb, Anstalt des öffentlichen Rechts) von der steuerlichen Privilegierung (EUWID 2010: 1f.), können sich also eine gewisse Unwirtschaftlichkeit im Vergleich zur privaten Leistungserbringung sogar leisten.

Indirekte Marktvergleiche zum Nachweis der Leistungsfähigkeit kommunaler Betriebe sind als Ersatz für den direkten Wettbewerb in der Regel untauglich. Aktuelles Beispiel ist die von acht großen deutschen Städten und Wien beauftragte Marktorientierte Direktvergabe (MOD). Diese Methode soll auf der Basis eines Vergleichs der Kosten der kommunalen Abfallwirtschaftsbetriebe mit aktuellen Ausschreibungsergebnissen „eine objektive Bestandsaufnahme ihrer Leistungsfähigkeit" ermöglichen. Um den Vergleich mit „einem durchschnittlichen, gut geführten privaten Abfallentsorger" herzustellen, werden kommunale Sonderleistungen (z.B. Gebührenrechnung, Abfallwirtschaftsplanung, Bericht-

13 Zu weiteren wettbewerbsverzerrenden Aspekten kommunaler Beteiligung am Wettbewerb vgl. Hill 1997: 425.

14 Z.B. Rhein-Sieg-Kreis, Rhein-Hunsrück-Kreis, Stadt Bergkamen, Landkreis Uckermark, Muldentalkreis und Gemeinden in den Kreisen Aachen/Düren.

erstattung, Arbeits- und Gesundheitsschutz), die Personalkostendifferenz (als Differenz zwischen TvÖD und BDE-Tarif) und übertarifvertragliche Leistungen der kommunalen Betriebe von den Gesamtkosten abgezogen. Es ergibt sich dann ein im einstelligen oder im unteren zweistelligen Prozentbereich liegender ‚echter' Wettbewerbsnachteil (Unwirtschaftlichkeit) der kommunalen Betriebe, der durch einen mittelfristig angelegten Restrukturierungspfad ausgeglichen werden soll. Neben vielen methodischen Mängeln (z.B. Ausschreibungsergebnisse als Blackbox mit der Gefahr, dass Äpfel mit Birnen verglichen werden; Bildung eines durchschnittlichen Abfallwarenkorbes der Betriebe statt die Leistungen direkt miteinander zu vergleichen; Unterstellung, dass private Betriebe keinen Arbeits- und Gesundheitsschutz und kein Berichtswesen unterhalten; Nichtberücksichtigung des hoheitlichen Steuerprivilegs bei der Berechnung des Wettbewerbsnachteils) findet zudem in erheblichem Maße eine Einflussnahme der Personalräte und der Politik auf die Festlegung von Restrukturierungshöhe und Restrukturierungsweg statt, so dass MOD letztlich nur als Rechtfertigungsinstrument für den Erhalt des Status quo dient.

Unterstützung findet die Forderung von möglichst viel Wettbewerb innerhalb der Daseinsvorsorge durch die verschiedenen Theorien der modernen Institutionenökonomik: Durch den Verbleib der Planungs- und Vergabehoheit bei den Kommunen in Kombination mit einer strategischen Steuerung (Kontraktmanagement) wird der politische Wettbewerb angeregt und am Eigennutzen orientiertes Streben nach Einkommen, Prestige und Macht von Politikern erschwert (Ökonomische Theorie des politischen Handelns in der Demokratie). Durch die gesetzliche Verpflichtung zur Ausschreibung von Entsorgungsleistungen würde der Schutzstaat den Leistungsstaat und seine „Tendenz zum Leviathan" in Ketten legen und die individuelle Freiheit schützen (Ökonomische Theorie der Verfassung). Durch die weitgehend privatwirtschaftliche oder nach privatwirtschaftlichen Regeln erfolgende Leistungserbringung würde die in Bürokratien übliche Entkopplung von Einnahmen und Ausgaben aufgehoben (Ökonomische Theorie der Bürokratie) und dem budgetmaximierenden Verhalten von Bürokraten entgegengewirkt (Ökonomische Theorie der Bürokratie). Es ist auch anzunehmen, dass durch die Ausschreibungsverpflichtung der Einfluss von Interessengruppen auf die Politik geringer wird und dies zum Wohle der „vergessenen Gruppen – die schweigend leiden", also Konsumenten und Steuerzahler, geschieht (Ökonomische Theorie der Interessengruppen). Die private Leistungserfüllung würde zudem das Ausmaß an „ökonomischen Renten", die in vielfältiger Weise als Folge von öffentlichen Monopolen bezahlt werden, reduzieren (Ökonomische Theorie des Rent-Seeking). Die nur geringe Spezifität (Know-how) und die niedrige strategische Relevanz (keine Steuerungsverlust bei den Kommunen durch Vergabe) der abfallwirtschaftlichen Leistungen führen zu geringen Transaktionskosten bei privater Leistungserbringung und der

Überlegenheit des Marktes als Koordinationsmechanismus (Transaktionskostentheorie). Auch die stärkere Konzentration von Verfügungs- und Eigentumsrechten auf die Handelnden und die bessere Möglichkeit der Schaffung von Eigentumssurrogaten (verknüpft mit materiellen und immateriellen Leistungsanreizen) spricht für eine Erbringung der abfallwirtschaftlichen Leistungen nach privatwirtschaftlichen Regeln (Property-Rights-Theorie). In die gleiche Richtung weisen die allgegenwärtigen Prinzipal-Agenten-Probleme, die als Folge bestehender Informationsasymmetrien entstehen und sich in privatrechtlichen Strukturen durch Optimierung der Kontroll- und Anreizsysteme deutlich besser lösen lassen als innerhalb der öffentlichen Verwaltung (Prinzipal-Agent-Theorie).

8. Das Neue Steuerungsmodell

Ein Paradigmenwechsel?

Das Neue Steuerungsmodell wurde Ende der 1980er Jahre von der Kommunalen Gemeinschaftsstelle für Verwaltungsmanagement in Köln (kurz KGSt) entwickelt und im Jahr 1991 einer breiteren Öffentlichkeit vorgestellt (KGSt 1991). Als Vorbild diente das Reformkonzept der holländischen Stadt Tilburg, welches sich stark an privatwirtschaftlich bewährten Managementkonzepten, Steuerungsformen (Kontraktmanagement), dem Produktbegriff und Konzernstrukturen orientiert (KGSt 1992). Gerhard Banner (2003: 17), der damalige KGSt-Vorstand, begründete die Orientierung an der Stadt Tilburg später damit, dass nach einer Sichtung amerikanischer, britischer, niederländischer und skandinavischer Erfahrungen, das „Finanz- und Aufgabensteuerungssystem [der Stadt Tilburg] den höchsten Grad an unternehmensähnlicher instrumenteller Geschlossenheit aufwies". Dieser „einfache(n) Zugriff auf das Vorbild einer niederländischen Stadt" (König 2006: 28) stellte einen „Ausweg aus dem theoretischen Dilemma" (Knorr 1997: 44) dar, verbunden mit einem erheblichen Risiko des Scheiterns durch die „einseitige und verkürzte Rezeption des Tilburger Modells in Deutschland" (ebd.). Von niederländischen Experten wurde dieser Konzepttransfer mit Erstaunen und „Amüsement" beobachtet, da der Tilburger Ansatz dort lediglich als einer von mehreren interessanten Ansätzen galt (Reichard 1996b: 243).

Das Neue Steuerungsmodell als deutsche Variante des New Public Management ist also weder neu, noch in irgendeiner Weise besonders. Es knüpft an eine Reihe bekannter Reformstränge früherer Reformvorhaben[1] an und stellt somit eine Catch-up-Strategie dar (Naschold/Bogumil 1998: 35), um den Anschluss an die internationale Entwicklung herzustellen, wobei der deutsche Rückstand in der Regel mit zehn Jahren beziffert wird (Naschold 1995b: 24; Reichard 1996a: 24; 1996b: 242; Neisser et al. 1998: 21; KGSt 1993: 15). Die internationale NPM-Diskussion erreichte Deutschland erst unter dem zunehmenden Druck der anhaltenden Finanzkrise (KGSt 1993: 7f.; Bogumil et al. 2006: 152; Bals/Hack 2002: 1), denn wie der Verwaltungspraktiker weiß: „Sie kriegen wirksame Reformen nur hin, wenn das Geld fehlt. [...] Von daher ist es eine gute Zeit, um solche neuen Steuerungsmodelle einzuführen" (Twenhöven 1999: 94).

---

1 Schröter/Wollmann 2005: 67 nennen folgende traditionelle Reformstränge: Aufgabenkritik, Privatisierung, Entbürokratisierung, Funktionalreform, bürgernahe Verwaltung, Dezentralisierung und Entscheidungsdelegation, Dienstrechtsreform, Programmhaushalte und Evaluierung.

Aufbauend auf einer deutlichen Zustandsbeschreibung, die die Probleme der öffentlichen Verwaltung klar benennt,[2] entwickelt die KGSt in den beiden ersten richtungsweisenden Veröffentlichungen zum Neuen Steuerungsmodell das Leitbild einer modernen dienstleistungsorientierten und an verbesserter Wirtschaftlichkeit interessierten Verwaltung, die sich zur Erreichung dieses Ziels einer ergebnisorientierten und dezentralen Steuerung nach privatwirtschaftlichem Vorbild bedient (KGSt 1991 und 1993). Das Neue Steuerungsmodell stellt damit eine Alternative zum klassischen Bürokratiemodell Max Webers dar (KGSt 1993: 13; Jann 2005: 75; Bogumil et al. 2007: 24). Aus Sicht der KGSt stellen die im Neuen Steuerungsmodell verknüpften Reforminstrumente einen Bedingungszusammenhang dar, der geschaffen werden muss, damit das Dienstleistungsunternehmen Kommunalverwaltung funktioniert (KGSt 1993: 15). Der ganzheitliche Ansatz wird damit ausdrücklich betont (vgl. auch Banner 2001: 290).

Das Neue Steuerungsmodell folgt der einfachen Idee, dass die Führung Leistungs- und Finanzziele vorgibt und kontrolliert, während die einzelnen Dienststellen innerhalb eines vorgegebenen Handlungsrahmens weitgehend eigenverantwortlich agieren und an die Führung berichten (KGSt 1991: 15). Um dies zu ermöglichen, soll die hergebrachte eher kleinteilige Ämterstruktur durch relativ große *Fachbereiche* (KGSt 1993: 17; KGSt 1991: 27) ersetzt werden. Verbunden damit ist der *Abbau von Hierarchieebenen* (KGSt 1995a: 18). Die Fachbereiche sind als Träger der *dezentralen Fach- und Ressourcenverantwortung* gedacht, die neben der Fachverantwortung auch weitgehend die Verantwortung für die zur Leistungserfüllung erforderlichen Ressourcen (z.B. Organisation, Informationstechnologie, Personal, Finanzen) von den bisherigen Querschnittsämtern übernehmen sollen (KGSt 1993: 18). Die Dezentralisierung der Verantwortungsübernahme auf die Fachbereiche soll in den Fachbereichen durch eine *persönliche Ergebnisverantwortung* (KGSt 1993: 18) möglichst weit nach unten bis auf den einzelnen Mitarbeiter fortgesetzt werden. Aus den Querschnittsämtern (vor allem Personalamt und Kämmerei aber auch Rechtsamt, Informationstechnologie usw.) werden zum einen der für Rahmenvorgaben und Controlling zuständige *zentrale Steuerungs- und Controllingbereich* (KGSt 1993: 19) und zum anderen die für die Beratung der Fachbereiche zuständigen *Servicebereiche* (KGSt 1995a: 26–27) entwickelt.

Mit dieser neuen Aufbauorganisation soll eine Outputsteuerung erfolgen, in deren Mittelpunkt die *Produkte* (KGSt 1993: 20) der Verwaltung als zentrale Steuerungsgröße stehen. Kostenrechnung, Haushaltsplanung und -vollzug sowie das Berichtswesen bauen auf dem Produktbegriff auf. Das Kostenmanagement

2 Die bedrohte Handlungsfähigkeit der Kommunen wird auf eine Strategielücke, eine Managementlücke, eine Attraktivitätslücke und eine Legitimitätslücke zurückgeführt (KGSt 1993: 7–12).

soll von dem jetzigen Geldverbrauchskonzept auf das *Ressourcenverbrauchskonzept* (KGSt 1995a: 17, 1995b: 11) umgestellt werden. Hierzu muss man wissen, dass im bisherigen Haushalts-, Kassen- und Rechnungswesen lediglich Einnahmen und Ausgaben erfasst werden, während Abschreibungen, kalkulatorische Zinsen, Rückstellungen und interne Verrechnungen von Leistungen keine Berücksichtigung finden.[3] Zur Erfassung und Verarbeitung der Zahlen des Finanzwesens wird eine Umstellung von der Kameralistik auf die kaufmännische oder *doppelte Buchführung* (Doppik) (KGSt 1995b: 11–13) empfohlen. Ergänzt wird das neue Kostenmanagement durch den Aufbau einer *Kosten- und Leistungsrechnung* (KGSt 1995a: 17), wobei die Produkte als Kostenträger fungieren. Im Mittelpunkt des neuen Haushaltswesens steht die *Budgetierung* (KGSt 1993: 21; 1995a: 17). Dabei werden im produktorientierten Haushaltsplan für jedes Produkt die gewünschten Leistungen (Output) nach Menge und Qualität definiert, Informationen zum Beispiel zu organisatorischen, personalwirtschaftlichen und betriebswirtschaftlichen Zielen der Fachbereiche ergänzt und die dafür erforderlichen Kosten zugeordnet. Der Teilhaushalt des einzelnen Fachbereichs besteht dann aus den Budgets seiner Produkte und wird zur Grundlage des *Kontraktmanagements* (KGSt 1993: 17 u. 21, 1995 a: 17) zwischen Verwaltung und politischer Führung (Rat). Auch innerhalb der Verwaltung erfolgt die Steuerung über das Kontraktmanagement, bei dem Ziele und konkrete Leistungsvereinbarungen innerhalb der Verwaltung festgelegt und die Verantwortung möglichst weit nach unten verlagert werden soll (KGSt 1993: 17). Die Zielerreichung wird im Rahmen des *Controllings* (KGSt 1991: 33–39) auf der Basis eines effizienten Berichtswesens und operationalisierter Kennzahlen ermittelt. Die Verwaltungsprodukte sollen durch ein Qualitätsmanagement ständig verbessert werden, wobei *Qualitätszirkel* (KGSt 1993: 22) als nützliches Instrument bezeichnet werden. Das dargestellte Steuerungssystem wird auch als *Management by Results* (MbR) bezeichnet (Naschold et al. 1998: 13).

Ein weiteres Kernelement des Neuen Steuerungsmodells ist die Neuordnung des Verhältnisses von Politik und Verwaltung.[4] Die KGSt (1993: 16) sieht

---

3 Ausnahmen sind vor allem die so genannten kostenrechnenden Einheiten, die z.B. im Abfall- und Abwasserbereich Gebühren kalkulieren. Siehe hierzu auch KGSt 1995b: 7–11.

4 Nach der heute vorherrschenden Süddeutschen Ratsverfassung sind Rat und (Ober-)Bürgermeister die beiden Organe der Gemeinde, wobei der Rat als Hauptverwaltungsorgan für die politische Gestaltung und die demokratische Aufsicht zuständig ist und die vom (Ober-)Bürgermeister geleitete Verwaltung für die Geschäftsführung (dualistische Gemeindeverfassung). Der Rat hat eine Allzuständigkeit in allen Angelegenheiten der Gemeinde (sofern nicht auf den [Ober-]Bürgermeister übertragen) und darüber hinaus eventuell ein Rückholrecht bei Geschäften der laufenden Verwaltung (z.B. § 41 Abs. 3

die Kommunalverwaltung im Spannungsfeld zwischen „bürokratischer Instrumentalisierung der Politik“ und „Politisierung des Verwaltungsapparates“. Die Formel ‚brave Bürger, folgsamer Rat' bestimmt bis heute die Umweltbeziehungen der öffentlichen Verwaltung (Banner 2006: 255). Der Rat wird vor allem als Organ zur Ratifizierung von Verwaltungsvorlagen gesehen (Kodolitsch 1996: 169).

Mit dem Neuen Steuerungsmodell soll die Politik vor allem ihren Hang zur Beschäftigung mit Einzelproblemen (Übersteuerung in Detailfragen) aufgeben und stattdessen stärker den politischen Handlungsrahmen (strategische Untersteuerung) des Verwaltungshandelns festlegen (KGSt 1993: 16; 1996b: 16). Zur Lösung dieser Probleme wird eine klare Rollen- und Aufgabenverteilung zwischen Politik und Verwaltung vorgeschlagen.[5] Die Politik soll sich verstärkt ihrer eigentlichen Aufgabe, der *strategischen Steuerung*, zuwenden und dazu Leitbilder, Ziele und Rahmenbedingungen vorgeben und die Einhaltung der Leistungs- und Finanzziele kontrollieren, während die Verwaltung im Sinne einer Ergebnisverantwortung für die Umsetzung des politisch Gewollten und die Information der Politik über die Zielerreichung zuständig ist. Hierzu wurde von der KGSt die griffige Formel geprägt: „Die Politik ist für das Was, die Verwaltung für das Wie der kommunalen Leistungserstellung verantwortlich“.[6] Mit diesem Modell soll eine „Steuerung auf Abstand“ möglich sein.[7]

Die Politisierung der Verwaltung durch die zunehmende politische Besetzung von Führungspositionen (nicht nur der Dezernenten oder Beigeordneten) in der Verwaltung nach dem Kriterium des richtigen Parteibuchs dient der Ratsmehrheit vor allem zur Absicherung von Vorentscheiderprozessen, bei denen Verwaltungsvorlagen bereits in der Entstehungsphase inhaltlich gesteuert und mögliche Alternativen von der Diskussion ferngehalten werden und zur Gewin-

---

GO NRW; Günther 2000: 65; Weller 2000: 115 u. 125; Wollmann 1996: 35; Janning 1996: 153; Kodolitsch 1996: 169f.; Cornelius 1999: 16).

5 Ähnliche Konzepte wurden bereits in den 1960er/1970er Jahren diskutiert (Wollmann 1996: 35f.; Kodolitsch 1996: 169f.; Bogumil 2002: 133).

6 KGSt 1993: 17. Das einfache Was-Wie-Modell wurde von der KGSt später mehrmals an die aktuelle Reformdiskussion angepasst. Die klare Aufgabenabgrenzung zwischen Politik und Verwaltung wurde im KGSt-Bericht 10/1996 zugunsten des Ziels einer Verminderung der Schnittmenge von gemeinsamen Kompetenzen aufgegeben (KGSt 1996b: 17). Im Jahr 2000 folgte eine grundsätzliche Diskussion von normativem, strategischem und operativem Management, wobei keine der Managementdimensionen einer bestimmten Seite zugeordnet wird, sondern eher das gemeinsame Interesse an strategischem Management und die Entwicklung in einem „fortwährenden Kreislauf“ hervorgehoben werden (KGSt 2000a: 32; 2000b: 18f.; vgl. auch Heinz 2000).

7 Reichard 1996a: 51. Wodurch Ämterpatronage (Janning 1996: 157), Klientelbefriedigung (Reichard 1996b: 265), Kanaldeckelpolitik (Cornelius 1999: 17) und Profilierungszwängen (Kodolitsch 1996: 174) entgegengewirkt werden kann.

nung von Herrschaftswissen als Informationsvorsprung für politische Initiativen und Analysen (Weller 2000: 122f.).

> „Das Zuschanzen von Stellen im öffentlichen Dienst an Parteigenossen im Wege der Ämterpatronage ist die wohl schlimmste Form der Ausbeutung des Staates durch die politischen Parteien, ein fortschreitendes Krebsgeschwür im Körper von Staat und Verwaltung." (Arnim 1993: 129)

Hieraus ergibt sich unmittelbar das Problem der Qualitätssicherung, da die fachliche Eignung der Kandidaten in den Hintergrund tritt (Twenhöven 1999: 97).

Von besonderer Bedeutung ist die Qualitätssicherung im Hinblick auf die Dezernenten- bzw. Beigeordnetenstellen (Ebene unterhalb des gewählten [Ober-] Bürgermeisters), da diese Personen oft die Denk- und Arbeitsweise in relativ großen organisatorischen Einheiten direkt beeinflussen können. Die Tendenz, ehrenamtliche Kommunalpolitiker, die eine Zeit lang als Fraktions- oder Ausschussvorsitzende tätig waren, mit einer Dezernenten- bzw. Beigeordnetenstelle zu belohnen, ist insofern bedenklich (Twenhöven 1999: 96–99). Aber auch Lebensläufe von Juristen (mit Parteibuch), denen nach einigen Jahren als Sachbearbeiter beim Rechtsamt und einigen weiteren Jahren als Referent beim Oberbürgermeister die Leitung großer technischer Dezernate mit vielleicht mehreren tausend Mitarbeitern übertragen wird, ist unter dem Aspekt des Verwaltungsumbaus oft eine Katastrophe. Diesen Leuten fehlt sowohl die eigentlich nach den Gemeindeordnungen als Einstellungsvoraussetzung geforderte ausreichende Erfahrung als auch das für die Leitung großer Organisationen erforderliche Managementwissen. Solchen Karrierepolitikern geht es bei ihrer Amtsführung primär darum, vom Rat wiedergewählt zu werden (Amtszeit in der Regel acht Jahre). Dies erreicht man aber nicht durch die Bearbeitung konfliktträchtiger Themen der internen Verwaltung, sondern vielmehr durch Konsens in alle Richtungen und einige möglichst öffentlichkeitswirksame Projekte.

Das Neue Steuerungsmodell verzichtet weitgehend auf eine Diskussion der Außenperspektive des Verwaltungshandelns. Die Neubestimmung der öffentlichen Aufgaben ist nicht Gegenstand des Neuen Steuerungsmodells und das Thema Wettbewerb (KGSt 1993: 22f.) wird vor allem unter dem Aspekt des interkommunalen Leistungsvergleichs allenfalls ergänzt durch Preisvergleiche mit privaten Leistungsanbietern diskutiert. Die Verkürzung auf die Innenperspektive ist wesentlich für den breiten politischen Konsens verantwortlich, den das Neue Steuerungsmodell in Deutschland fand (Banner 2001: 295; Jann 2005: 76; Bogumil et al. 2007: 23). Dabei wird in Kauf genommen, dass der deutsche Reformansatz – dem neben der Außenperspektive auch die entscheidenden Impulse zur Verbesserung des Personalmanagements, des Qualitätsmanagements und der strategischen Steuerung fehlen – aufgrund seiner begrenzten Wirksamkeit und fehlenden Nachhaltigkeit „zu einem Fortschreibungsmanagement traditionell bürokratischer Strukturen in verändertem Gewande degeneriert“ (Naschold 1997: 27).

Obwohl die KGSt (1993: 29) bereits früh erkannte, dass das Personal die Klippe ist, an der der Verwaltungsumbau am ehesten scheitern könnte, rückte das Thema Personalpolitik erst nach Bekanntwerden der ersten Implementationsschwierigkeiten des Neuen Steuerungsmodells in den Fokus der Reformbemühungen (Bogumil et al. 2007: 27; KGSt 1996a: 7). Die KGSt (1996a: 24–27) folgt dabei weitgehend dem klassischen Ansatz der Personalentwicklung, bei dem versucht wird, mit fertigen Qualifizierungskonzepten, die von der Führung beschlossen wurden und die sich an ausgewählte Zielgruppen richten, Wissen zu vermitteln und Einstellungen zu verändern. Der Begriff der ‚Lernenden Verwaltung' (KGSt 1996a: 10) wird dabei rein deklaratorisch ohne inhaltliche Übereinstimmung mit den theoretischen Erkenntnissen über systemisches – oder Organisationslernen (siehe Kapitel 3) und ohne Rückgriff auf die Erfahrungen mit Kulturveränderungen aus der internationalen NPM-Diskussion (siehe Kapitel 6) verwendet.

Nagel (2001: 92 u. 98) weist darauf hin, dass das planerisch-rationale, mechanistische und hierarchische Führungsverständnis des Neuen Steuerungsmodells dem Verständnis der ‚Gestaltung von Wandel als kulturellem Lernprozess' grundsätzlich widerspricht. So wird eine stärkere Autonomie vor allem den Fachbereichen zur Realisierung der dezentralen Fach- und Ressourcenverantwortung zugestanden und nicht – wie es aus system- und lerntheoretischer Sicht erforderlich wäre – zu einem durchgängigen Gestaltungsprinzip erklärt (ebd.: 89). Es besteht deshalb die Gefahr, dass sich innerhalb der dezentralen Einheiten die tradierten hierarchischen Beziehungsmuster reproduzieren. Besonders deutlich wird der Widerspruch zwischen dem Führungsverständnis des Neuen Steuerungsmodells und den Erfolgsbedingungen für einen kulturellen Wandel am Beispiel des Controlling-Konzeptes. Da das Neue Steuerungsmodell

> „eine Stärkung der Verwaltungsführung (insbesondere in Form der zentralen Controlling-Einheit) anstrebt, ist bei seiner Durchsetzung mit erheblichen Widerstandslinien und ‚Verweigerungskoalitionen' zu rechnen, zumal im Ergebnis einerseits auf die ‚dezentralen' Akteure größere Entscheidungsbürden und Verantwortungslasten zukommen und andererseits die ‚zentralen' Überwachungs- und Steuerungsmechanismen, letztlich in der Hand der Verwaltungsführung, gekräftigt werden.“ (Wollmann 1994: 104)

Für die Gestaltung eines kulturellen Wandels wäre es aber wünschenswert, wenn das Controlling die Selbststeuerung autonomer Einheiten befördern würde. Controlling ist dann sinnvoll eingesetzt,

> „wenn es als Steuerungsinstrumentarium die dezentralen Intelligenzen der Unternehmensteile unterstützt und nicht gegen diese gerichtet ist in dem illusorischen Versuch, ein Super-Kontrollinstrument zu werden.“ (Willke 1997: 66)

Bei dieser Vorstellung von Steuerung werden Veränderungen nicht ‚von oben' bewirkt, gesteuert und kontrolliert, „sondern ereignen sich durch ein zweckhaft gestaltetes institutionelles Zusammenspiel eines lernfähigen Gesamtsystems" (Nagel 2001: 94).

Das Neue Steuerungsmodell ist aufgrund seines hierarchischen Führungsverständnisses und seines technisch-instrumentellen Ansatzes sehr gut anschlussfähig an die öffentliche Verwaltung (Nagel 2001: 93 u. 97–100). Inhalt, Richtung und Schwerpunkt der Reform werden zudem weitgehend den Verwaltungen selbst überlassen, so dass die Gefahr besteht, „dass der ‚budgetmaximierende Bürokrat' Niskanens durch den ‚budgetmaximierenden Reformer' ersetzt wird, der eine ‚Scheinreform' betreibt" (Budäus/Grüning 1998: 8).

Nachdem sich das Neue Steuerungsmodell Anfang der 1990er Jahre zunächst wie ein „Buschfeuer" in den bundesdeutschen Kommunen verbreitete, stellte sich bereits ab Mitte der 1990er Jahre vielerorts eine „Ernüchterung" ein (Reichard 2001: 24). Zur Jahrtausendwende war die Reformbewegung „ins Stocken geraten" (Wallerath 2001: 9) und es stellte sich eine gewisse „Verunsicherung in bezug auf die Nachhaltigkeit" (Liesenfeld 2000: 81) des Neuen Steuerungsmodells ein. In den Reformkommunen hatte die Umsetzung ein „kritisches Niveau" erreicht (Pinkwart 2000: 47), von dem aus auch ein vollständiges Scheitern des Reformansatzes für möglich gehalten wurde. Weitere fünf Jahre später musste Gerhard Banner (2006: 253f.), der als ‚Erfinder' des Neuen Steuerungsmodells gilt, feststellen, dass der „Umsetzungsstand deutlich hinter den Anfangserwartungen und programmatischen Zielen zurückgeblieben" war. Im „harten Soll-Ist-Vergleich" war das Neue Steuerungsmodell zu diesem Zeitpunkt weitgehend gescheitert (Bogumil et al. 2006: 178), bzw. zu einer „Reformhülse" (Jann 2005: 80) verkommen.

Einige Gründe für das Scheitern des deutschen NPM-Reformansatzes wie zum Beispiel die Verkürzung der Reform auf einige Elemente der Innenperspektive ohne wirkliche Wettbewerbselemente, die zögerliche Umsetzung einzelner Elemente statt der Verfolgung eines ganzheitlichen Ansatzes und der fehlende Kulturbezug des Wandelprozesses[8] wurden bereits deutlich. Weitere Gründe, vor allem in den Bereichen Politikunterstützung und Personalsituation, erschließen sich aus der Analyse der bisherigen Umsetzungserfahrungen. Hierbei wird vor allem auf die Ergebnisse eines von der Hans-Böckler-Stiftung geförderten und von der KGSt unterstützten Forschungsprojektes zurückgegriffen, in dessen Rahmen in der ersten Jahreshälfte des Jahres 2005 insgesamt 1.565 deutsche Kommunen und Landkreise schriftlich zum Stand der Verwaltungsmo-

8 Die Defizite der vorhandenen Kultur werden nicht thematisiert und der eingeschlagene Reformprozess bietet keine Entwicklungsmöglichkeit für einen kulturellen Wandel.

dernisierung befragt wurden.[9] Zur Abmilderung der bekannten mit rein quantitativen Umfragen verbundenen Probleme (insbesondere Tendenz zur positiven Außendarstellung)[10] wurden ergänzend auf Dokumentenanalysen und Experteninterviews basierende umfangreiche qualitative Fallstudien von drei ausgewählten Städten erstellt (Bogumil et al. 2007: 19–21).

In der von Bogumil et al. durchgeführten Befragung gaben 92,4% der Kommunen an, Maßnahmen der Verwaltungsmodernisierung zu betreiben (ebd.: 38). 66,3% orientierten sich dabei an einzelnen Instrumenten des Neuen Steuerungsmodells, während nur 14,9% das Gesamtkonzept des Neuen Steuerungsmodells verfolgten. Der Unterschied zwischen ‚talk' und ‚action' wird noch deutlicher durch die Erkenntnis der Befragung, dass nur 22 Kommunen (2,5% der Befragten) nach eigenen Angaben die sieben wesentlichen Kernelemente[11] des Neuen Steuerungsmodells flächendeckend in der ganzen Verwaltung eingeführt haben (ebd.: 40f.).

Häufigste Umsetzungsmaßnahme der Kommunen ist die Einführung von Fachbereichsstrukturen, die von 43,6% der Befragten in der ganzen Verwaltung realisiert wurden (ebd.: 40). Der Zuschnitt der neuen Fachbereiche ist allerdings sehr heterogen (ebd.: 43f.) und ist nach eigenen Erfahrungen teilweise mehr von Zufälligkeiten (z.B. Personalsituation auf Amtsleiterebene, ‚faule' Kompromisse bei fehlendem Ämterkonsens) als von sachlichen Erwägungen geleitet. Die mit der Einführung von Fachbereichen verbundene Reduzierung der Anzahl der Dezernate und Fachbereiche stellt für die Dezernenten einen nicht zu unterschätzenden Machtgewinn (mehr Zuständigkeiten, mehr Personal) verbunden mit zusätzlichem Komfort der Amtsführung (größerer Stab, weniger ‚lästige' Besprechungen auf Fachebene) dar. Eine verbesserte Steuerung ist alleine mit der Einführung von Fachbereichsstrukturen nicht verbunden. In der neuen Fachbereichs-

---

9 Bogumil et al. 2007: 16–18. Schriftlich befragt mit unterschiedlichen Fragebögen wurden jeweils die Verwaltungsspitze, zwei Fachbereichsleitungen sowie die Personalratsvorsitzenden. Die Umfrage stellt eine Vollerhebung der Kommunen über 20.000 Einwohnern, von drei Vierteln der Kommunen zwischen 10.000 und 20.000 Einwohnern und von zwei Dritteln der Landkreise dar. Die Rücklaufquote betrug zwischen 42,7% und 55,6% in Abhängigkeit von der Zielperson.

10 „Kommunalpolitiker und leitende Beamte wollen in der Öffentlichkeit gut aussehen, denn dies ist die beste Voraussetzung für Wiederwahl und Karriere. Sie sind daher an guten Nachrichten über sich und den von ihnen zu verantwortenden Bereich interessiert. Solche ‚Erfolgsmeldungen' geben sie gern und spontan an die Öffentlichkeit" (Banner 2001: 280).

11 Dezentrale Fach- und Ressourcenverantwortung, Einrichtung einer zentralen Steuerungsunterstützung, Umbau der Querschnittsämter zu Servicestellen, Produktdefinition, Budgetierung, Kontraktmanagement Politik (Rat)/Verwaltung, internes Kontraktmanagement.

struktur kann problemlos nach altem Verwaltungsmodell gedacht und gehandelt werden.

Verbunden mit der Einführung von Fachbereichen ist in der Regel der Abbau von Hierarchiestufen. 34,5% der befragten Kommunen geben an, dieses Instrument in der ganzen Verwaltung umgesetzt zu haben (ebd.: 40). Nach eigenen Erfahrungen ist vom Hierarchieabbau vor allem die Sachgebietsebene betroffen, in eher seltenen Fällen die Abteilungsebene (so auch Fallbeispiel Ehrenreuth, ebd.: 282). Dass die Sachgebiete im Fokus des Hierarchieabbaus stehen ist durchaus gerechtfertigt, da Umfang und Tiefe der Leitungsfunktionen und auch der fachliche Input für die Sachbearbeitung auf dieser Ebene eher gering sind. Die Freiheitsgrade der Sachbearbeitung werden durch Sachgebietsleiter oft völlig unnötig eingeschränkt, während erhebliches Potenzial bei den Sachgebietsleitern für eigene Sachbearbeitung nicht genutzt wird. An Stelle der Sachgebiete wurden in der Regel Teams gebildet, die mit einem Teamleiter (frühere Fachgebietsleiter) versehen aber bald die Hierarchie wieder vervollständigten.

Die von der KGSt in den Mittelpunkt des Neuen Steuerungsmodells gestellten Produkte wurden nach Ergebnissen der Befragung von Bogumil et al. (2007: 50) mittlerweile von 29% der Kommunen in der ganzen Verwaltung eingeführt. Dieser relativ geringe Umsetzungsstand ist insofern erstaunlich, als in der Anfangsphase des Neuen Steuerungsmodells eine regelrechte „Produkteuphorie“ (Reichard 1998b: 88) in den Kommunen vorherrschte. Mit „teutonischem Perfektionismusdrang“ (ebd.: 99) und einem gehörigen Maß an „Dogmatismus“ (Jann 2005: 82) wurden mit einer „neuen Produktbürokratie“ (Bogumil et al. 2006: 161) detaillierte aber „freischwebende“ Produktkataloge (Banner 2001: 287) erstellt, die nur selten für Steuerungszwecke herangezogen wurden. Aus der Befragung von Bogumil et al. (2006: 52) wird deutlich, dass nur jeweils ca. 50% der Kommunen, die Produkte definiert haben, diese z.B. für die Ermittlung von Budgets, Haushaltsverhandlungen oder für interkommunale Vergleiche verwenden. 14,2% der befragten Kommunen geben an, dass überhaupt keine Verwendung der Produkte für Maßnahmen des Neuen Steuerungsmodells erfolgt (ebd.). Insgesamt ist fraglich, ob der erhebliche Zeit- und Personalaufwand für die Erstellung von Produktkatalogen gerechtfertigt ist. International ist eine ausgeprägte Produktorientierung wie in Deutschland jedenfalls nicht feststellbar (Naschold et al. 1998: 26). Im Ausland spielt das Produktkonzept allenfalls eine Rolle, wenn öffentliche Leistungen im Wettbewerb zu privaten Leistungen angeboten werden (Reichard 1998b: 99). In diesen Fällen erfolgt die Produktbildung zweckmäßigerweise dezentral in den betroffenen Verwaltungseinheiten, da nur hier zeitnah am Markt operiert werden kann.[12] Den Rest der Verwaltung

12 Insofern ist auch der Nutzen standardisierter Produktpläne (z.B. Produktplan Baden-Württemberg) zweifelhaft und allenfalls auf die bessere Möglichkeit interkommunaler

(der nicht dem direkten Wettbewerb unterliegt) steuert man in den anderen NPM-Ländern vor allem über ein konsequentes Kontraktmanagement, welches die Basis für eine strategische Ziel-, Programm- und Ressourcenplanung darstellt (ebd.). Hierfür ist die explizite Ausweisung von Produkten nicht erforderlich.

Eine dezentrale Ressourcenverantwortung, die einen wichtigen Anreiz zu unternehmerischem Handeln, zu sparsamem Umgang mit den Ressourcen, zu flexibler Anpassung der Geschäftsbereiche und zu größerer Kundennähe darstellt (KGSt 1991: 10; Schütz 2006: 26), wurde mittlerweile in 33% der Kommunen vollständig eingeführt (Bogumil et al. 2007: 44). Allerdings ist auch hier ein erheblicher Unterschied zwischen ‚talk' und ‚action' feststellbar, wenn bereits die Beteiligung von Amtsleitern bei der Personalauswahl oder die Entscheidungsmöglichkeit über Fortbildungsmaßnahmen als dezentrale Personalverantwortung etikettiert werden (Bogumil et al. 2007: 45). Auch aus der Befragung der beiden Fachbereichsleitungen, nach deren Ergebnis lediglich in 5,1 bzw. 11,2% der Fälle die Personalverantwortung auf die Fachbereiche übertragen wurde, entstehen Zweifel, ob „die von den Verwaltungsspitzen ‚verlautbarte' dezentrale Ressourcenverantwortung [auch] unten angekommen ist" (ebd.). Grund hierfür mag der drohende Machtverlust sein, den die bisherigen Querschnittsämter, bei der Umwandlung in Servicebereiche befürchten (Liesenfeld 2000: 84). Auf die verwaltungsinterne Machtfrage hat die KGSt frühzeitig hingewiesen (KGSt 1993: 33; 1995a: 25–27) und den Querschnittsämtern quasi als Ersatz für den drohenden Machtverlust neue interessante Aufgaben angedient. Dabei stehen die Herausforderungen der neuen zentralen Steuerungsbereiche bei der Unterstützung von Politik und Verwaltungsführung sowie der Erarbeitung von Rahmenvorgaben für die Fachbereiche im Vordergrund (KGSt 1995a: 26f.). Nach Ansicht der KGSt trägt die Größe der Aufgabe zum zögerlichen Verhalten mancher Querschnittsämter bei und es ist in der Tat fraglich, ob gerade die Verwaltungshardliner in den Querschnittsämtern die Geeignetsten sind, um die Verwaltungsreform voranzutreiben (ebd.: 26). Es besteht dann eher die Gefahr, „dass einzelne Reformbausteine bürokratisch ‚abgearbeitet' werden und die Reform der Verwaltung zur Verwaltung der Reform degeneriert" (Banner 2001: 290).

Das Entstehen einer „Steuerungslücke" (Bogumil et al. 2007: 45) als Folge der Einführung des Neuen Steuerungsmodells ist also nicht auf ein fehlerhaftes Konzept, sondern auf eine mangelhafte Konzept-Implementierung zurückzuführen (Banner 2001: 286). Lediglich 25,9% der befragten Kommunen haben bisher einen zentralen Steuerungs- und Controllingbereich eingeführt (Bogumil et al. 2007: 45). Auch die mit 24,3% nur geringe Umsetzung des internen Kontrakt-

---

Vergleiche beschränkt. Zudem wird die Gefahr des ‚Missbrauchs' der Produktkataloge für produktbezogene Finanzzuweisungen gesehen (Reichard 1998: 98).

managements legt den „Verdacht einer Dezentralisierung ohne steuernde Rückkopplungsmechanismen [oder] einer nur formalen Dezentralisierung ohne weitgehende Verantwortungsdelegation nahe“ (ebd.). Ein dezentrales Fachbereichscontrolling wurde lediglich in ca. 11% der befragten Kommunen flächendeckend in der Verwaltung eingeführt (ebd.: 43). Unabhängig davon, ob Maßnahmen des Neuen Steuerungsmodells eingeführt wurden, ist die Frage, ob die neuen Instrumente in der Praxis auch funktionieren (ebd.: 286). Anforderungen an das Controlling und die Controller hat die KGSt bereits in ihrem ersten Bericht zum neuen Steuerungsmodell (KGSt 1991: 33–39) relativ ausführlich formuliert. Nach eigenen Erfahrungen beschränkt sich das Controlling in der kommunalen Praxis häufig noch auf die Beschaffung und Aufbereitung von Daten. In der Aufbauphase des Controllings wird zunächst verwaltungstypisch ein umfangreiches Berichtswesen aus Monats-, Quartals- und Jahresberichten errichtet, welches kaum steuerungsrelevante Daten und Kennzahlen enthält. In den Folgejahren wird dieses Berichtswesen sukzessive dann auf ein vernünftiges Maß zurückgeführt. Dass Berichte zu lang, zu deskriptiv und zu wenig analytisch sind, scheint aber ein grundsätzliches Problem nicht nur der deutschen Verwaltung zu sein (Naschold 1999: 34). Hinzu kommt allerdings, dass vorhandene, steuerungsgeeignete Daten nur dann auch für Steuerungszwecke genutzt werden können, wenn gleichzeitig eine umfassende dezentrale Fach- und Ressourcenverantwortung inklusive eines Kontraktmanagements installiert wurde, was aber in der laufenden Reformwelle bisher eher selten ist. Das heißt, im Ergebnis wird oft nur ein Datenfriedhof produziert.

Das Aufzeigen und Anregen von Alternativen, die Unterstützung der Zielsetzung, die Beurteilung von Chancen und Risiken, die Überwachung der Zielerreichung und andere anspruchsvolle Aufgaben des Controllings (Eichhorn 1999: 117–123) kommen nach eigenen Erfahrungen bisher deutlich zu kurz bzw. werden gar nicht wahrgenommen. Für diese ‚echten’ Controllingaufgaben werden zudem besonders dynamische und kreative Persönlichkeiten mit hoher Praxiserfahrung benötigt, die man in öffentlichen Verwaltungen aber nur selten findet. Häufig ist es eher so, dass die umbenannten Querschnittsämter ihre auf Inputsteuerung und Ad-hoc-Eingriffen basierende Steuerungsmethodik fortsetzen (Banner 2001: 286). Im Ergebnis wird eine integrierte zentrale Steuerung neuer Art oft nur fassadenhaft verwirklicht (ebd.).

Ähnlich verhält es sich bei der Einführung von Projektmanagement und kontinuierlichem Verbesserungsprozess (KVP). Diese beiden bewährten Managementmethoden gehören nicht zu den Kernelementen des Neuen Steuerungsmodells sind aber aufgrund ihres kulturverändernden Potenzials in besonderer Weise geeignet, den laufenden Umbauprozess in der Verwaltung zu unterstützen. Projektmanagement wird teilweise in den Verwaltungen mit externer Unterstützung modellhaft im Kontext der Bauverwaltung eingeführt. Neben der

Standardsoftware (z.B. MS Projekt) werden dann in der Einführungsphase mit erheblichem Aufwand Anwendungshandbücher, Formularsätze (Projektauftrag, Arbeitspaketaufträge usw.), Schulungen und Modellprojekte eingekauft bzw. durchgeführt. Schon zu diesem Zeitpunkt wird die Methode an die besonderen Verhältnisse in der öffentlichen Verwaltung angepasst, wenn sich zum Beispiel Projektleiter weigern, einen Projektauftrag zu unterschreiben, mit dem Argument, sie könnten die damit verbundene Verantwortung nicht übernehmen. Nach eigenen Erfahrungen wird nach Intervention des Personalrats dann kurzerhand auf diese Unterschrift verzichtet (und die Verantwortung dann auch nicht übernommen). Fassungslos ist man allerdings, wenn Fachbereichsleiter, die wiederholt an Schulungen zum Projektmanagement teilgenommen haben, ihre Arbeitsaufträge in gewohnter Weise aber auf den neuen Projektmanagement-Formularen erteilen und dies damit begründen man habe eben eine andere Auffassung von Projektarbeit. Die Projektaufträge werden dann nicht mit dem Projektleiter abgestimmt, sondern haben wie bisher den Charakter einer Arbeitsanweisung mit detaillierten Hinweisen zur Arbeitsweise, zum Zeitplan, zur Zusammensetzung der Projektgruppe usw. Im Ergebnis ist der Projektarbeit damit ‚der Zahn gezogen' und eigenverantwortliches, ergebnisorientiertes Arbeiten wird von den Projektteilnehmern nicht mehr geübt. Die betreffenden Fachbereichsleiter können sich dann durchaus bestätigt fühlen, wenn der zuständige Dezernent bei anderer Gelegenheit, offenbar in völliger Unkenntnis der Methode Projektmanagement und ohne einen Bezug zum Verwaltungsumbau äußert, man solle Projektmanagement doch eher bei ganz großen Projekten in der Bauverwaltung anwenden.

Beim kontinuierlichen Verbesserungsprozess (Vorbild ist das japanische ‚Kaizen') handelt es sich um eine von Arbeitspsychologen mitgestaltete Methode, bei der vom jeweiligen Projekt direkt Betroffene und Externe im Team in relativ kurzer Zeit (meistens drei Tage) ein konkretes Arbeitsergebnis erzielen und nach Möglichkeit auch direkt umsetzen sollen. Die Abstimmung mit der Geschäftsleitung erfolgt über den Projektauftrag und eine Zwischenpräsentation. Die Ergebnisse werden der Geschäftsleitung und den vom Projekt betroffenen Mitarbeitern am letzten Projekttag präsentiert. Durch den Zeitdruck, die Möglichkeit etwas direkt umsetzen zu können, ein durch die Methode erzeugtes Teamgefühl und den Druck der Präsentation am letzten Projekttag, entsteht in solchen Projekten häufig ein ganz besonderes emotionales von Höhen und Tiefen geprägtes Arbeitsklima, bei dem sehr viel Engagement frei wird.[13] Die Anwendung von KVP in der öffentlichen Verwaltung kann nach eigenen Erfahrungen schnell zu Frust führen, wenn die Projektthemen nicht geeignet sind (entwe-

13 Bestätigt durch eigene Erfahrungen bei der Teilnahme an einem KVP-Projekt als Gast bei der Firma Freudenberg.

der zu einfach und deshalb besser im Rahmen der normalen Arbeitszeit zu erledigen oder zu umfassend, so dass kein direkt umsetzbares Ergebnis erzielt wird), die Freiheiten der Methode durch zu enge Projektvorgaben und durch Beeinflussung durch die Geschäftsführung im Rahmen der Zwischenpräsentation eingeschränkt werden, die Präsentation vor allem zum Forum für den Fachbereichsleiter wird, nur wenige der Projektergebnisse umgesetzt werden und kein ‚follow-up' der Projekte (Abarbeitung von Hausaufgaben, Erfolgskontrolle) stattfindet. Am Ende steht dann die lustlose Erfüllung zentraler Planvorgaben hinsichtlich der Anzahl der jährlich durchzuführenden Projekte.

Projektmanagement und kontinuierlicher Verbesserungsprozess sind damit gute Beispiele für die Erkenntnis von König, „dass Management-Modelle, die in der Verwaltung umgesetzt werden, zu nichts anderem als zu Bürokratie führen".[14]

Die Bemühungen um Kostentransparenz und ein neues Haushalts- und Rechnungswesen sind die derzeit aktuellsten Modernisierungsbereiche (Bogumil et al. 2007: 53). Angetrieben wird diese Entwicklung von der Landesgesetzgebung in verschiedenen Bundesländern, die die Umstellung des Rechnungswesens von der Kameralistik auf die kaufmännische Buchführung (Doppik) zum Inhalt hat (ebd.: 54). Hier scheint der ‚point of no return' mittlerweile überschritten zu sein (Banner 2001: 300).

Erhebliche Mängel weist nach wie vor das Verfahren zur Haushaltsaufstellung auf. Das bisher übliche Verfahren wird von Praktikern folgendermaßen beschrieben:

> „Von den Ämtern [wurden] Vorschläge unterbreitet, die von den Dezernaten eingebracht wurden. Der Kämmerer hat dann nach Gutdünken entschieden, wie der Haushaltsplanentwurf aussehen soll. Der Oberbürgermeister hat vorab mit zugestimmt, dann wurde über den Haushalt beraten. Der Gemeinderat konnte in dem Sinne mitbestimmen, dass er einzelne Posten hin- und hergeschoben hat, ohne sich über die Einzelheiten wirklich im klaren zu sein." (Mark 1995: 133)

Für Außenstehende ist das Erstaunliche an diesem Verfahren vor allem, die dürftige inhaltliche und kostenmäßige Fundierung der Ämteranmeldungen. Auf der Basis des Vorjahresansatzes meldet jedes Amt zunächst seine Wünsche an, die in der Fachbereichsleiterbesprechung mit dem Dezernenten selten kritisch hinterfragt, sondern eher um weitere Ausgabenpositionen (die aus Sicht des Dezernenten politisch wichtig sind) ergänzt werden. Es kann dann leicht passieren, dass eine erste Haushaltsplananmeldung eines Dezernates die doppelte Höhe des Vorjahresansatzes erreicht. Damit wird das übliche Haushaltsaufstellungsverfahren zu einer Farce (Niskanen 1971: 153).

---

14 König 2006: 32. Wobei König gegenüber diesem Problem eine eher fatalistische Einstellung hat.

Das Finden von wirtschaftlichen Lösungen im Rahmen des Haushaltsverfahrens wird zudem dadurch erschwert bzw. ausgeschlossen,

> „weil es an einem rationalen Prinzip des Folgenvergleichs fehlt. Die Entscheidungen werden vielmehr an Wünschen mächtiger Gruppen, an einigen ideologischen Wertgesichtspunkten und vor allem an der Abschätzung des konkreten Bedarfs in einem bestimmten Gebiet orientiert. Es fragt sich, wozu innerhalb so grob abgeschnittener Brocken das Optimum einer Lösung genau ausgerechnet werden soll. [...] Wenn man Einzelzwecke ohne Rücksicht auf die neutralisierten Nebenfolgen optimal zu verwirklichen sucht, verkennt man und verzerrt man das Problem; man handelt dann nicht nur unvollkommen, sondern unter Umständen sogar schädigend." (Luhmann 1960: 103f.)

Der kamerale Haushaltsplan wird damit weder einer modernen Rechnungswesenfunktion gerecht, da vor allem Geldbewegungen (Einnahmen und Ausgaben) sowie Kassenvorgänge erfasst werden, während die tatsächlichen Kosten (z.B. Abschreibungen, kalkulatorische Zinsen, Rückstellungen) unberücksichtigt bleiben, noch wird er seiner Programmfunktion gerecht, da in den umfangreichen und unübersichtlichen Haushaltsplänen kaum ein Parlamentarier oder Verwaltungsmitarbeiter noch eine politische Zielsetzung erkennen kann. Derartige Haushaltspläne sind als Steuerungs- und Koordinationsinstrument ungeeignet. Sie stellen primär ein Alimentierungs- und Allokationsinstrument dar, mit dessen Hilfe jeder Verwaltungseinheit die staatlichen oder gemeindlichen Haushaltsmittel zur Existenzsicherung zugeordnet werden (Winter 2005: Gliederungspunkt 2).

Abhilfe wird von der outputbezogenen Budgetierung der Haushaltsmittel erwartet, bei der jedem Produkt, deren Quantität und Qualität politisch abgestimmt ist (politisches Kontraktmanagement) ein festes Budget zugeordnet wird. Verbunden mit der dezentralen Fach- und Ressourcenverantwortung, zusätzlichen Anreizen zum sparsamen Umgang mit den Haushaltsmitteln (z.B. Überschussverwendung am Jahresende in den Fachbereichen) sowie dem zentralen Controlling ergibt sich daraus eine ergebnisorientierte Steuerung, im Gegensatz zur bisherigen inputbezogenen Regelsteuerung.[15] Umgesetzt wurde dieses neue Steuerungssystem bisher jedoch eher rudimentär. Die Budgetierung wurde bisher von 33,1% der Kommunen flächendeckend in der gesamten Verwaltung eingeführt (Bogumil et al. 2007: 52). In den meisten Fällen handelt es sich jedoch um eine reine Input-Budgetierung, die als ‚intelligente Sparstrategie' der Kämmerer vor allem dazu benutzt wird, die Ausgaben der Fachbereiche zu deckeln (ebd.). Eine Kosten- und Leistungsrechnung zur Verbesserung der Kostentransparenz wurde erst in 12,7% der Kommunen in der gesamten Verwaltung umge-

15 Steuerung durch ein umfassendes inputbezogenes Verfahrens- und Regelwerk.

setzt (ebd.: 53). Wie im Falle der Produkte wird auch die Kosten- und Leistungsrechnung bisher allerdings noch wenig zu Steuerungszwecken eingesetzt. Eine doppelte Buchführung wurde zum Zeitpunkt der Befragung erst bei 8% der befragten Kommunen zumindest teilweise eingeführt (ebd.: 54). Über 50% der Kommunen geben aber an, sich mit der Einführung der Doppik zu befassen (ebd.).

Bei der zusammenfassenden Einschätzung der Modernisierung der Ressourcenbewirtschaftung im Rahmen der Wirkungsanalyse erhielt die Wirkung ‚Einsparungen konnten erzielt werden' die beste Bewertung der befragten Bürgermeister/Landräte (ebd.: 59). Dieses Ergebnis kontrastiert auffällig mit den Befunden der drei Fallstudien, in denen entgegen der offiziellen Verlautbarungen keine eindeutigen Einsparerfolge als Folge des Neuen Steuerungsmodells festgestellt werden konnten (ebd.: 84, 179f., 290–294). In der Gesamtbewertung aller Kostenfaktoren ist es durchaus möglich, dass das Neue Steuerungsmodell in ungünstigen Fällen (z.B. bei schlechter Implementierung) aufgrund der erheblichen Reform- und Transaktionskosten in Verbindung mit den Steuerungs- und Kontrollverlusten letztlich sogar ausgabensteigernd wirkt (ebd.: 294).

Als Erfolgskomponente der laufenden Modernisierungswelle wird die verstärkte Orientierung am Bürger als Kunden gesehen (Bogumil et al. 2007: 67). Insbesondere bei dem Konzept der Bürgerbüros handelt es sich aber nicht um ein originäres Instrument des Neuen Steuerungsmodells, sondern um eine Idee aus den 1980er Jahren (ebd.: 29), der aber durch das Neue Steuerungsmodell zum Durchbruch verholfen wurde. In den Städten mit mehr als 50.000 Einwohnern haben mittlerweile über 80% der Befragten Bürgerbüros eingerichtet, die ein breites Angebot von Verwaltungsdienstleistungen gebündelt anbieten. Die verbesserte Kundenorientierung der Verwaltung kommt auch durch eine Dezentralisierung des Leistungsangebotes (40% der Befragten), durch erweiterte Öffnungszeiten (74,5% der Befragten), durch Kundenbefragungen (54,7% der Befragten), durch den Aufbau eines Beschwerdemanagements (29,9%) und durch die Einführung eines Qualitätsmanagements (13,9% der Befragten) zum Ausdruck (ebd.: 67f.). Die gezielte Verfolgung von Demokratisierungsmaßnahmen wie zum Beispiel die Forcierung von Mediationsverfahren, Zukunftswerkstätten, Stadtteilforen, runden Tischen, Gemeinwesenarbeit, Planungszellen, Ordnungspartnerschaften, Bürgerhaushalten, Arbeitsmarkt-, Pflege- oder Stadtteilkonferenzen sowie des Lokalen Agendaprozesses ist hingegen nicht Teil der deutschen Modernisierungsstrategie.

Das Personalmanagement gilt verbreitet als ein – wenn nicht als der – entscheidende Erfolgsfaktor für die Umsetzung des Neuen Steuerungsmodells (KGSt 1993: 29; Liesenfeld 2000: 87; Reichard 2005: 231; Wagner 2006: 231; Budäus 1994: 76). Als wichtiger Grund für die Schwierigkeiten bei der Implementierung des Neuen Steuerungsmodells wird eine „Mentalitätshürde" von Führungskräften und Mitarbeitern der öffentlichen Verwaltung ausgemacht, die

„im Denken und Handeln auf ein vor-modernes System konditioniert“ sind (Harms 2006: 346). „Es gibt eine kleine Gruppe, die sofort bereit ist, die die ganze Zeit unterfordert war, die jetzt die Möglichkeit sieht, wirklich etwas zu gestalten. Aber es gibt auch die vielen anderen, die als Blockierer in Erscheinung treten und überwunden werden müssen“ (Mark 1995: 134). Umstellungsschwierigkeiten haben vor allem Führungskräfte mit zum Teil lebensgeschichtlicher Zugehörigkeit zu einem einzigen Dienstherren (Liesenfeld 2000: 87).

Eine Neugestaltung der Personalarbeit wird vor allem von dem konzeptionellen Ansatz des Human Resource Management erwartet. Der Human-Resource-Ansatz unterscheidet sich von der bisher praktizierten Personalverwaltung durch die folgenden fünf Aspekte (Oechsler/Vaanholt 1998: 158–160): Der Ansatz ist erstens verhaltenswissenschaftlich fundiert, und betrachtet Mitarbeiter als Potenzialfaktoren, die es zu fördern und zu entwickeln gilt. Zweitens wird die rein kostenorientierte Bewertung des Personals zugunsten einer ressourcenorientierten Sichtweise aufgegeben, was zu einer tieferen ökonomischen Fundierung führt. Der Human-Resource-Ansatz geht zudem davon aus, dass Strategie, Struktur und Personalmanagement die entscheidenden Erfolgskomponenten des Unternehmens sind und bindet deshalb drittens die personalwirtschaftlichen Fragestellungen in den Kontext der Verwaltungsstruktur und der Strategie ein. Viertens vertritt der Human-Resource-Ansatz eine weitgehende Dezentralisierung der Personalarbeit in dem Sinn, dass die personalwirtschaftlichen Instrumente weitgehend von den Führungskräften selbst eingesetzt werden und beabsichtigt fünftens eine systematische Integration bislang isolierter Personalaktivitäten.

Auf die einzelnen Komponenten des Personalmanagements bezogen bedeutet Human Resource Management vor allem

(1) eine dezentralisierte Personalplanung nach strategischen, die Ziele des Neuen Steuerungsmodells unterstützenden Gesichtspunkten statt wie bisher nach zentralem jährlichen Stellenplan,
(2) eine Personalauswahl nach managementorientierten Schlüsselqualifikationen statt wie bisher nach Fachkenntnissen (oder sachfremden Erwägungen),
(3) eine Personalbeurteilung mit jährlichen Zielvereinbarungsgesprächen, Leistungsbeurteilungen sowie Beratungs- und Fördergesprächen statt wie bisher bei Beamten alle fünf Jahre mit einem formalisierten Beurteilungsbogen,
(4) eine Entgeltdifferenzierung nach Bandbreiten und Leistungen statt wie bisher nach detaillierten tariflichen Festlegungen und sozialen Kriterien,
(5) eine nach Beschäftigtengruppen differenzierte und an den Zielen des Neuen Steuerungsmodells orientierte strategische Personalentwicklung statt wie bisher der wechselseitigen Fortbildungsverpflichtung des Beamtenrechts und

(6) die Schaffung von Möglichkeiten der Personalfreisetzung (Oechsler/Vaanholt 1998: 161–182).

Mit einem solchen Konzept scheint der Übergang von einer bürokratischen Personalverwaltung zu einer output- und prozessorientierten Personalverwaltung, die ein neues Führungsverständnis zum Ziel hat, erreichbar (ebd.: 182). Als Voraussetzungen für die Realisierung einer derart weitgehenden Konzeptumstellung in der öffentlichen Verwaltung nennen Oechsler/Vaanholt

(1) eine deutliche Professionalisierung der Personalarbeit selbst,
(2) die Dezentralisierung der Personalarbeit und
(3) die Schaffung geeigneter dienst- und arbeitsrechtlicher Rahmenbedingungen (ebd.).

Ridder/Hoon (2001: 78) weisen auf den Zusammenhang zwischen Personalmanagement und Unternehmenskultur hin. So sind in der Strategieliteratur mittlerweile auch innerhalb des Human-Resource-Ansatzes zwei Strukturvarianten erkennbar. In der ‚hard version' des Human Resource Managements stehen die Anpassung an externe Herausforderungen, die Verknüpfung der Leistungspotenziale von Mitarbeitern mit der Unternehmensstrategie, die Anwendung von leistungsintensivierenden Human-Resource-Instrumenten und die Verbesserung der Kontrolle über den Produktionsprozess im Vordergrund, während bei der ‚soft version' die Verbesserung der Ressourcenbasis, die Berücksichtigung von Mitarbeiterzielen und Zielen anderer Gruppen, die Suche nach Motivation und Leistung fördernden Arbeitsbedingungen sowie die Erhöhung des Commitments diskutiert werden (ebd.). Auch das Human Resource Management steht damit wie all die anderen Managementmethoden vor der Frage der Anschlussfähigkeit an die öffentliche Verwaltung. Sieht man wie Wagner (2006: 231) den Leistungsaspekt als Schlüsselfunktion des modernen Personalmanagements, darf man wohl berechtigte Zweifel haben, ob die näher an der vorhandenen Verwaltungskultur befindliche ‚soft version' wirklich ausreicht, um einen deutlichen kulturellen Wandel nachhaltig zu unterstützen.

Während man im Ausland die Botschaft vom Human Resource Management verstanden und weitgehend umgesetzt hat (Naschold 1999: 38), werden in Deutschland „weitreichende Arbeitsorganisations- und Personalentwicklungsmaßnahmen nur von einer recht kleinen Gruppe von Gemeinden in die Wege geleitet" (Naschold 1995b: 31). Banner (2006: 254) kommt bei einer Rückschau auf 15 Jahre Neues Steuerungsmodell zu dem Ergebnis, dass sich im Personalmanagement am wenigsten verändert hat und bezeichnet dies als „internationales Phänomen". Auch die Untersuchung von Bogumil et al. (2007: 61–63) kommt zu dem Ergebnis, dass entgegen den verbalen Verlautbarungen zur Bedeutung der Mitarbeiterdimension für den Verwaltungsumbau im Bereich des

Personalmanagements nur eingeschränkte Veränderungen feststellbar sind. Die Aktivitäten der Kommunen beschränken sich auf eher wenig anspruchsvolle Verfahren oder befinden sich im klassischen Bereich der Fort- und Weiterbildung. Die Wirkungsanalyse im Bereich Personalmanagement zeigt zudem eine wachsende Ablehnung und Reformmüdigkeit bei den Mitarbeitern, die vor allem auf den mangelnden Einfluss der Mitarbeiter in den verschiedenen Beteiligungsverfahren (häufig einfache und nichtdiskursive Beteiligungsformen wie regelmäßige Informationen und Mitarbeiterbefragungen) zurückgeführt wird (ebd.: 62f., 114f.). Misslungene Partizipationserfahrungen und die Nicht-Berücksichtigung von Partizipationsergebnissen scheinen mittlerweile zu einer erheblichen Frustration der Beschäftigten und zur Wahrnehmung der Verwaltungsmodernisierung hauptsächlich als Personalabbau geführt zu haben (ebd.: 94f.). Erheblich beigetragen zu der Enttäuschung der Mitarbeiter dürfte auch die teilweise völlig unkritische und teilweise Propagandaniveau erreichende Selbstdarstellung des Modernisierungsprozesses durch die Kommunen nach dem Motto „Wir finden den CHANGE-Prozess super" sowie das häufige Fehlen gelebter Vorbilder in der Verwaltungsspitze. Dezernenten, die bei der offensichtlichen Bedeutung des Führungspersonals für den Verwaltungsumbau nicht einmal die eigenen Fachbereichsleiter nach Management- und Veränderungseignung auswählen, sondern vielmehr Fachbereiche jahrelang von bekannten Bürokraten kommissarisch verwalten lassen oder Stellen mit Personen besetzen, die in ihrer lebenslangen Verwaltungstätigkeit eindrücklich nachgewiesen haben, dass sie für Führungspositionen nicht geeignet sind, verlieren schnell jegliche Glaubwürdigkeit, dass ihnen am Umbau der Verwaltung irgend etwas gelegen ist.

Auch bei der Neukonzeption der politischen Verwaltungssteuerung zeigen sich nach 15 Jahren Neues Steuerungsmodell motivierter Verwaltungsreform erhebliche Umsetzungsdefizite (Bogumil 2007: 64–67). Nur 29,7% der befragten Kommunen gaben an, das Thema überhaupt zu behandeln (ebd.: 64). Ein Kontraktmanagement zwischen Rat und Verwaltung wurde lediglich in 14,8% der Kommunen eingeführt und ein politisches Controlling zur Unterstützung der Ratstätigkeit existiert nur in 22,8% der Fälle zumindest in Teilbereichen der Verwaltung (ebd.). Deshalb verwundert es auch nicht, wenn die Befragten (Bürgermeister und Personalräte gleichermaßen) im Rahmen der Wirkungsanalyse feststellen, dass es weder eine deutliche Konzentration des Rates auf strategische Entscheidungen gegeben hat, noch eine Reduktion der Eingriffe des Rates in das Tagesgeschäft der Verwaltung erfolgte (ebd.: 66).

Zurückgeführt wird dieses ernüchternde Ergebnis vor allem darauf, dass die Stoßrichtung des KGSt-Ansatzes zwar stimmt, die vorgeschlagenen Instrumente aber für eine Reform der Kommunalpolitik wenig geeignet sind (Wollmann 1996: 40; Bogumil 2002: 142). Danach ignoriert die strikte Trennung zwischen ‚Was' (Politik) und ‚Wie' (Verwaltung) weitgehend die theoretischen und empirischen Erkenntnisse über die Logik politischer Prozesse (Wollmann 1996: 42; Bogumil 2002: 142; Jann 2005: 81; Schröter/Wollmann 2005: 73) und entspricht damit einer ‚false theory' (Bogumil et al. 2006: 176; ähnlich z.B. Weller 2000: 119 u. Janning 1996: 158).

Insbesondere wird übersehen, dass die Kommunalverwaltung neben einer Arbeitsorganisation vor allem auch eine politische Organisation darstellt,

> „ein lokales politisches ‚Regierungssystem', welches den Gesetzen politischer Logik folgt, in der Konkurrenzbeziehungen (um Wählerstimmen) dominieren und in der es um Effektivität (politische Steuerungsfähigkeit, politische Zielerreichung) und demokratische Legitimation (politischer Konsens, politische Vertret- und Durchsetzbarkeit) geht." (Bogumil 2002: 131)

Die Ratsmitglieder nehmen in der Kommunalverwaltung also nicht nur die vom KGSt-Konzept vor allem angesprochene Führungsrolle ein, sondern daneben auch die Politikerrolle, bei der es um die Durchsetzung politischer Konzepte und das Gewinnen der nächsten Wahlen geht, und die Stellvertreterrolle, in der die gewählten Vertreter (rechtlich normiert) dem Willen der Bürgerschaft folgen (müssen) (Banner 1996: 144f.).

Besonderheiten des politisch-administrativen Systems ergeben sich

(1) aus der Schwierigkeit der Zielfestlegung aufgrund fehlender eindeutiger Zweck-Mittel-Hierarchien,[16]
(2) aus der Verwaltungsdominanz, der sich vor allem die Mehrheitsfraktion[17] zur Durchsetzung ihrer Ziele bedient, und
(3) aus der Erkenntnis, dass das Politikergebnis wesentlich auch von der Art der Umsetzung abhängt (Bogumil 2002: 133–136).

In diesem Umfeld ist eine gewisse Verflechtung zwischen Politik und Verwaltung zur Sicherstellung von Programmauswahl und -umsetzung, sowie zur Bewahrung von Flexibilität bei der politisch-administrativen Steuerung dann durchaus funktional (ebd.: 136). Die für Deutschland typische „Politikverflechtung" und die so oft beklagte „Politik des mittleren Weges" und der „Inkrementalismus" (Wollmann 1996: 10f.), oder wie es Lindblom (1975) ausgedrückt hat – das „Sich-Durchwursteln" – sollte deshalb besser als „adäquate Beschreibung der Wirklichkeit" anerkannt werden (Bogumil 2002: 134). Politikverhalten wird

---

16 Es spricht auch wenig dafür, dass Politiker sich verbindlich festlegen: „Warum sollte Politik einen öffentlichen Rechenschaftsbericht über vorhersehbares eigenes Scheitern ermöglichen?" (Bogumil 2002: 134; siehe dazu auch Weller 2000: 115).

17 System der Vorentscheider. Unter machtpolitischem Kalkül führt das Neue Steuerungsmodell zu Gewinnen für die Minderheit „während die Mehrheit den Gewinn an mehr Strategiefähigkeit mit deutlichen Einbußen an Macht bezahlen würde." (Weller 2000: 123; siehe dazu auch Kodolitsch 1996: 174–176.)

damit zur Systemfolge, die zugunsten höherer Werte in Kauf zu nehmen ist (Reinermann 1995: 55).

Insgesamt ist hinsichtlich eines Rollenwandels der Politik eher Skepsis spürbar,

> „denn das würde von der Politik verlangen, komplexere Handlungsstrategien zu entwickeln, die gleichzeitig die fiskalischen Engpässe begrenzen und die Formen der Problembearbeitung verbessern." (Wohlfahrt 1998: 82; Weller 2000: 124; Kodolitsch 1996: 174)

Sollte dies der Politik nicht möglich sein, müsste man den Erfolg des Neuen Steuerungsmodells auf dem Feld der politischen Steuerung vor allem darin sehen, „dass mit dem Versuch einer Umstellung lokaler politischer Führung auf Ergebnissteuerung und Kontraktmanagement die vorhandenen Steuerungsprobleme und -defizite drastisch sichtbar gemacht werden" (Wohlfahrt 1998: 83).

Nach 15 Jahren Verwaltungsreform mit dem Neuen Steuerungsmodell der KGSt muss man ernüchternd feststellen, dass eine annähernd vollständige Implementierung des Neuen Steuerungsmodells wenn überhaupt nur in ganz wenigen Kommunen gelungen ist (Banner 2006: 254; Bogumil 2007: 40 u. 317). Es zeigt sich in Deutschland vielmehr eine erstaunliche Beharrlichkeit des bürokratischen Regelsteuerungssystems (Naschold/Bogumil 1998: 33; Reichard 1996b: 258; Naschold 1995a: 64f.). Allenfalls führen die Reformbemühungen zu einer anderen Form der Regelsteuerung, bei der statt des Inputs nun die Aktivitäten geregelt werden (Naschold 1997: 25). Ganz offensichtlich hat das Neue Steuerungsmodell den erhofften kulturellen Wandel in der deutschen öffentlichen Verwaltung bisher nicht bewerkstelligt. Man lässt sich zwar formal auf einzelne Instrumente des Neuen Steuerungsmodells ein, benutzt sie aber nur im traditionellen (hierarchisch-weberianischen) Sinne (Bogumil et al. 2006: 179). Statt eines radikalen Wandelns deutet sich als Ergebnis eines auf Erhaltung und Modernisierung basierenden Verlaufs der Public-Management-Reform eher die Entwicklung zu einem neo-weberianischen Modell an, bei dem die legalistische Verwaltungskultur mit einem ausgeprägten öffentlichen Dienst und seinen Eigenschaften (Status, Kultur, Konditionen) weitgehend erhalten bleibt (Bouckaert: 2006: 365; Pollitt/Bouckaert 2004: 99f.). Für Bogumil et al. (2006: 179) ist sogar eine deutliche Rückbesinnung auf Max Weber feststellbar. Hatte man sich in den Kommunen zwischenzeitlich auf ein neo-weberianisches Modell zubewegt, so erfolgt unter dem Eindruck fehlender Erfolge vermehrt sogar eine Re-Zentralisierung und eine Re-Hierarchisierung (Bogumil et al. 2007: 318). Als Indiz für diese Entwicklung kann auch die aktuelle Diskussionsverschiebung hin zu den Begriffen ‚governance' bzw. ‚good governance' gelten:[18]

---

18 Good Governance bedeutet wörtlich übersetzt „gute Regierungsführung". Darunter wird eine hochwertige politische Steuerung und Führung nach den Prinzipien der Transpa-

> „Praktisch handelt es sich [dabei] um die Abkehr von den bisherigen Versuchen, ein leistungsfähiges *Public Management* zu entwickeln zu Gunsten einer übergeordneten allgemein normativ geprägten Diskussion." (Budäus 2006: 179)

Watzlawicks Anleitung zum Unglücklichsein folgend können wir ein noch düsteres Zukunftsbild malen, wenn wir zusätzlich in die Überlegungen einbeziehen, dass es in näherer Zukunft mit sehr hoher Wahrscheinlichkeit zu keiner neuen am Neuen Steuerungsmodell orientierten Modernisierungswelle kommen wird (Bogumil et al. 2007: 39), sondern nach dem Ausscheiden von Reformbefürwortern und durch ungünstige neue Stellenbesetzungen eher ein Zurückdrehen des Rades, d.h. eine Demodernisierung erfolgen wird.[19]

Abschließend soll noch der Frage der Paradigmaeigenschaft des Neuen Steuerungsmodells nachgegangen werden. Die moderne Verwendungsweise dieses Begriffs geht zurück auf Thomas Kuhn, der Paradigma zunächst definiert als „allgemein anerkannte wissenschaftliche Leistungen, die für eine gewisse Zeit einer Gemeinschaft von Fachleuten maßgebende Probleme und Lösungen liefern".[20] Für unseren Zweck können wir Paradigma also mit Forschungsprogramm oder Lehrmeinung übersetzen. Die Ablösung des herrschenden Forschungsprogramms durch ein Neues steht im Mittelpunkt von Kuhns Betrachtung. Dabei wird in der Regel übersehen, dass Max Weber auch geistiger Wegbereiter bei diesem Thema war:

> „Alle kulturwissenschaftliche Arbeit in einer Zeit der Spezialisierung wird, nachdem sie durch bestimmte Problemstellungen einmal auf einen bestimmten Stoff hin ausgerichtet ist und sich ihre methodischen Prinzipien geschaffen hat, die Bearbeitung dieses Stoffes als Selbstzweck betrachten, ohne den Erkenntniswert der einzelnen Tatsachen stets bewußt an den letzten Wertideen zu kontrollieren, ja ohne sich ihrer Verankerung an diesen Wertideen überhaupt bewußt zu bleiben. Und es ist gut so. Aber irgendwann wechselt die Farbe: die Bedeutung der unreflektiert verwerteten Gesichtspunkte wird unsicher, der Weg verliert sich in die Dämmerung. Das Licht der großen Kulturprobleme ist weiter gezogen. Dann rüstet sich auch die Wissenschaft, ihren Standort und ihren Begriffsapparat zu wechseln und aus der Höhe des Gedankens auf den Strom des Geschehens zu blicken. Sie zieht jenen Gestirnen nach, welche allem ihrer Arbeit Sinn und Richtung zu weisen vermögen." (Weber 1968: 214)

---

renz, Effizienz, Partizipation, Verantwortlichkeit, Marktwirtschaft, Rechtsstaatlichkeit und Gerechtigkeit verstanden.

19 Banner 2001: 291. Dieser Effekt ist schon von früheren Reformwellen bekannt und wird von Mayntz (1997a: 125) Re-Bürokratisierung genannt.

20 Kuhn 1976: 10. Kuhn verwendet in seinem Buch 21 unterschiedliche Varianten dieser Definition (Mastermann 1974: 61).

Wir können damit durchaus begründet vermuten, dass Max Weber, würde er noch leben, als Erster für eine Ablösung ‚seines eigenen' Bürokratiemodells eintreten würde.

Kuhn beschreibt verschiedene Phasen des Ablösungsprozesses, die kurz zusammengefasst werden können

(1) im Auftreten von Anomalien (ebd.: 65ff.), die zu Veränderungen und Anpassungen des herrschenden Paradigmas führen,
(2) in der Entstehung einer Krise (ebd.: 79ff.), als Folge der immer weiter voranschreitenden Aufweichung des herrschenden Paradigmas (ebd.: 96),
(3) im Auftreten eines Paradigma-Anwärters (ebd.: 97) und
(4) schließlich im erfolgreichen Verlauf einer wissenschaftlichen Revolution (ebd.: 104ff.).

Die Analogie zur Verwaltungsreformdiskussion und die Einstufung des Neuen Steuerungsmodells (oder des New Public Management) als aussichtsreichen Paradigma-Anwärter liegt auf der Hand.

In der Verwaltungsliteratur gehen die Meinungen hinsichtlich der Paradigma-Einstufung des Neuen Steuerungsmodells allerdings weit auseinander. Nur noch von wenigen Unverbesserlichen wird in Abrede gestellt, dass eine Paradigmaveränderung überhaupt notwendig ist (z.B. König 2006: 29, der sogar eine leistungsmäßige Überlegenheit der regelorientierten Verwaltung gegenüber einer managerialistischen unterstellt). Diese Haltung ist nur mit der Höhe des akademischen Elfenbeinturms erklärbar, aus der die Sicht auf die vorherrschende Realität in den Verwaltungen unscharf wird. In diesem Punkt ist eindeutig Banner zuzustimmen, der im Neuen Steuerungsmodell „die einzige Art der Führung [sieht], die in komplexen Organisationen mit gut ausgebildeten Mitarbeitern heute noch funktioniert und akzeptiert wird" (Banner 1996: 142). Bei der Frage, ob das Neue Steuerungsmodell die Qualität eines eigenständigen neuen Paradigmas hat, gehen die Meinungen schon weiter auseinander. Wenn man die Begründungen in den ersten Veröffentlichungen der KGST (1991, 1993) zum Neuen Steuerungsmodell liest, kann man wohl annehmen, dass die Schaffung eines neuen Paradigmas für die Verwaltung beabsichtigt war. Dies wird auch überwiegend in der Literatur so gesehen (Buschor 1996: 51; Reichard 1996a: 13–66; Budäus 1994: 11–39; Reinermann 1995: 15–17; Bogumil et al. 2006: 152; Wollmann 1996: 21–23; Hablützel 1995b: 499–507). Oechsler/Vaanholt (1998: 157) sehen im Konzept des New Public Management aufgrund seiner heterogenen theoretischen Begründung (siehe Kapitel 6) eher einen multiparadigmatischen Ansatz, während Ridder/Hoon (2000: 5) im Neuen Steuerungsmodell lediglich eine Paradigmaerweiterung erkennen. Die Betrachtung als Paradigmaerweiterung hat durchaus Charme, da sie den Kritikern, die auf die Nichtanwendbarkeit managerialistischer Methoden auf den Bereich der Ordnungsverwaltung verweisen (z.B. Röber 1996: 104f.), entgegenkommen dürfte. Auf der anderen Seite ist im Bereich der personell deutlich überwiegenden Dienstleistungsverwaltung eher eine „wissenschaftliche Revolution“ als eine kumulative Anpassung des herrschenden Paradigmas notwendig (siehe zu diesem Unterschied Kuhn 1969: 97f.). Da das Neue Steuerungsmodell gemessen an seinen ursprünglichen Zielen weitgehend gescheitert ist, es also bisher in der Verwaltungspraxis keinen umfassenden Paradigmenwechsel vom Weberianischen Bürokratiemodell zum New Public Management gegeben hat (Bogumil et al. 2006: 177f.), ist die Frage ob nun Paradigma oder nur Paradigmaerweiterung mittlerweile nur noch von akademischer Bedeutung.

9. Erkenntnisgewinn

Die Verwaltung muss DENKEN lernen!

Ist die Reform der öffentlichen Verwaltung in Deutschland also unmöglich? Nach allen bisher in diesem Buch zusammengetragenen Erkenntnissen über das deutsche Verwaltungssystem muss man diese Frage wohl bejahen, wären doch für eine wirkliche Reform

(1) die Schaffung geeigneter institutioneller Rahmenbedingungen,
(2) grundlegende Veränderungen im Bereich der Personalarbeit und
(3) eine kulturbewusste Gestaltung des Wandelprozesses erforderlich.

Alle drei Voraussetzungen für eine erfolgreiche Verwaltungsreform sind derzeit nicht gegeben, und eine Absicht bei den politisch Verantwortlichen, solche Voraussetzungen zu schaffen, ist nicht zu erkennen. Dies ist wenig verwunderlich, denn die Möglichkeiten für Politiker, sich im Geflecht von föderalen Strukturen und Interessengruppeneinfluss zu profilieren, sind eher gering, die Wahrscheinlichkeit, es sich mit Millionen von Beschäftigten im öffentlichen Dienst zu verscherzen, hingegen ausgesprochen groß. Denn auch die Politik weiß, dass wirkliche Veränderungen im öffentlichen Sektor nur durch eine grundlegende Reform der Strukturen und Handlungsweisen zu erreichen sind und „damit auch die Inkaufnahme und Abarbeitung ganz erheblicher Konflikte" verbunden ist (Budäus 2006: 181f.). Hinzu kommt, dass man in der Politik die Verwaltung nach tradiertem Denkschema immer noch als willfähriges Herrschaftsmittel für Krisenzeiten betrachtet (siehe Kapitel 3), und man schon deshalb nicht bereit ist, die streng hierarchische Verwaltungsgliederung aufzugeben.

Die Schaffung der institutionellen Rahmenbedingungen für eine durchgreifende Verwaltungsreform würde einen zentralistischen Ansatz erfordern. Der Bund müsste z.B. das öffentliche Dienstrecht ändern, sich für die Externalisierung der Verwaltungsausbildung einsetzen, den Wettbewerb zwischen kommunalen und privaten Anbietern stärken (Gewährleistungsmodell, Agenturmodell) und das Mehrwertsteuerprivileg des öffentlichen Sektors einschränken. Die Vorteile eines solchen zentralen Vorgehens liegen auf der Hand. Nicht nur würde das Reformkonzept durch Elemente des Wettbewerbs und ein neues Personalmanagement entscheidend aufgewertet. Auch das die Initiative hemmende Risiko des Fehlschlags würde den lokalen Entscheidungsträgern weitgehend abgenommen und die Reform würde den Weg in die Flächendeckung finden (Banner 2006: 260). Die deutsche NPM-Reform ist jedoch eine „Modernisierung von unten" (ebd.: 259). Die Initiativen gehen fast ausschließlich von den Kommunen aus, der Bund reagiert mit „strukturkonservativen Reflexen“ und betätigt sich bisher als „Oberbremser“ (Banner 2001: 299f.).

Das für einen Paradigmenwechsel (siehe Kapitel 8) in der öffentlichen Verwaltung erforderliche Maßnahmenpaket kann nach der intensiven Auseinandersetzung mit dem herrschenden Verwaltungsmodell und der aktuellen Verwaltungsreformdiskussion in der Forderung nach mehr DENKEN in der öffentlichen Verwaltung zusammengefasst werden:

- *D*ezentralisierung
- *E*nthierarchisierung
- *N*eues Aufgabenverständnis
- *K*ulturveränderung
- *E*xternalisierung
- *N*euausrichtung der politischen Steuerung

Dezentralisierung beinhaltet die Schaffung teilautonomer Verwaltungseinheiten, verbunden mit neuen Steuerungsformen. Die einzelnen dazu erforderlichen Instrumente, deren Ineinandergreifen sowie nützliche Einführungshinweise hat die KGSt (Kommunale Gemeinschaftsstelle für Verwaltungsmanagement in Köln) in den 1990er Jahren umfangreich veröffentlicht (siehe Kapitel 8). Das Modell übernimmt den im privaten Sektor allgemein üblichen und anerkannten Leitgedanken, wonach die Führung Leistungs- und Finanzziele vorgibt und kontrolliert, während die einzelnen Dienststellen innerhalb eines vorgegebenen Handlungsrahmens weitgehend eigenverantwortlich handeln und an die Führung berichten (KGSt 1991: 15).

Dazu sieht die KGSt eine neue Aufbauorganisation vor, in der relativ große Fachbereiche und Eigenbetriebe zu Zentren einer dezentralen Fach- und Ressourcenverantwortung werden. Diese werden ergänzt und unterstützt durch einen zentralen Steuerungs- und Controllingbereich (Teile des alten Kämmereiamtes) sowie zentrale beratende Servicebereiche (z.B. Personal, EDV, Facility Management).

Im Mittelpunkt der zukünftigen Verwaltungssteuerung steht der produktbezogene Haushaltsplan, der für jedes Produkt die gewünschte Leistung (Output) nach Menge und Qualität definiert, Informationen zu den organisatorischen, personalwirtschaftlichen und betriebswirtschaftlichen Zielen der Fachbereiche enthält und die dafür erforderlichen Kosten zuordnet. Der Teilhaushalt des einzelnen Fachbereichs besteht dann aus den Budgets seiner Produkte (Budgetierung) und wird zur Grundlage des Kontraktmanagements (zwischen Verwaltung und politischer Führung und innerhalb der Verwaltung). Voraussetzung für eine wirksame dezentrale Ressourcenverantwortung ist eine grundlegende Umstellung des Kostenmanagements der Verwaltung. Hierzu gehört die Umstellung vom Geldverbrauchskonzept (nur Einnahmen und Ausgaben werden erfasst) auf das Ressourcenverbrauchskonzept (auch Abschreibungen, kalkulatorische Zinsen, Rückstellungen und interne Verrechnungen werden erfasst), die Einführung der doppelten Buchführung sowie der Aufbau einer Kosten- und Leistungsrechnung.

Die neue Outputsteuerung der KGSt (auch ‚Management by Results') enthält damit ausschließlich einfache und bewährte Komponenten, deren Einführung die Verwaltung nicht überfordern sollte und die in ihrer Gesamtheit offensichtliche Vorteile gegenüber der bisherigen Regelsteuerung (Steuerung durch Regeln) aufweisen. Konzeptionell ist an der Outputsteuerung allenfalls die zentrale Steuerungs- und Controllingeinheit zu kritisieren, wobei im Einzelfall zu klären wäre, ob sie als „Super-Kontrollinstrument" vor allem dem Machtanspruch der Verwaltungsspitze dient, oder ob sie hauptsächlich „die dezentralen Intelligenzen der Unternehmensteile unterstützt" (Willke 1997: 66).

Umso erstaunlicher ist die schleppende und nur bruchstückhafte Umsetzung in vielen Gebietskörperschaften (siehe Umsetzungserfahrungen in Kapitel 8). Dazu mag auch beitragen, dass die Dezentralisierung von Verantwortung (und damit Entscheidungskompetenz) auf die Fachbereiche und Eigenbetriebe einen erheblichen Machtverlust zum einen für die Dezernenten/Beigeordneten und zum anderen für die großen Querschnittsämter (Kämmerei, Personalamt) bedeutet. Inwieweit damit bei entscheidenden Akteuren des Reformprozesses der Wille zu tatsächlichen Veränderungen fehlt, entzieht sich weitgehend einer wissenschaftlichen Evaluation.

Verantwortlich für die schleppende Umsetzung sind in erheblichem Umfang aber auch handwerkliche Mängel in den Gebietskörperschaften. Da wird der Zuschnitt von Fachbereichen abhängig gemacht von der zufällig vorhandenen Besetzung der Amtsleiterstellen, werden mit „teutonischem Perfektionismusdrang" (Reichard 1998b: 99) „freischwebende" Produktkataloge (Banner 2001: 287) erstellt, werden umfangreiche Controllingberichte zum Datenfriedhof, statt sie für die Steuerung zu nutzen, werden Instrumente wie Projektmanagement und kontinuierlicher Verbesserungsprozess so sehr an die vorhandenen Strukturen der Verwaltung angepasst, dass deren Wirksamkeit gänzlich verloren geht, wird die Federführung für den Reformprozess den Verwaltungshardlinern in den Querschnittsämtern überlassen, wird lediglich eine Inputbudgetierung vorgenommen, die vor allem dazu benutzt wird, die Ausgaben der Fachbereiche zu deckeln, wird das Personal mit fertigen Qualifizierungskonzepten konfrontiert statt Elemente der ‚lernenden Verwaltung' für den Reformprozess zu nutzen, und schließlich mangelt es häufig an einer schlüssigen Gesamtstrategie und einem wirkungsvollen Umsetzungsmanagement.

Im Ergebnis zeigt sich nach 15 Jahren Verwaltungsreform mit dem Neuen Steuerungsmodell eine erstaunliche Persistenz der bürokratischen Regelsteuerung (auch Inputsteuerung), in der nun zusätzlich zum Input auch noch die Reformaktivitäten geregelt werden (Naschold 1997: 25).

Enthierarchisierung bedeutet

(1) aufbauorganisatorisch den Übergang zu einer flacheren und weniger arbeitsteiligen horizontalen Verwaltungsgliederung,
(2) den vermehrten Einsatz moderner Arbeitsmethoden wie Projektarbeit, kontinuierlicher Verbesserungsprozess, Qualitätszirkel und Zielvereinbarungen sowie
(3) einen Wechsel vom autoritären zum kooperativ-delegierenden Führungsstil.

In einer immer komplexer und dynamischer werdenden Verwaltungsumwelt, die von den Menschen als Gegenwartsschrumpfung wahrgenommen wird (Lübbe 1993: 10), haben sich die Aufgaben der Verwaltung zunehmend von Ordnungsaufgaben zu Dienstleistungsaufgaben (ca. zwei Drittel der Verwaltungsaufgaben) und das Wertesystem der Verwaltungsmitarbeiter von Pflicht- und Akzeptanzwerten zu Selbstentfaltungswerten (Bedürfnisse nach Ungezwungenheit, Selbstverwirklichung, Handlungsspielraum und Sinn) verschoben (Klages 1988: 71–78). Eine Arbeitsorganisation, die Freiräume schafft, Beteiligungs- und Entscheidungsmöglichkeiten bietet, Lernmöglichkeiten vorsieht und dem Mitarbeiter Gelegenheit gibt, sich selbst weiter zu entwickeln, bringt die Befriedigung der Bedürfnisstrukturen der Mitarbeiter in große Nähe zu dem heute von vielen Großunternehmen erwünschten Mitarbeitertypus, der

> „Erfahrungswissen aufbaut und ausschöpft, im Rahmen seines Aufgabenfelds und zusammen mit Kollegen, Vorgesetzten, Mitarbeitern und Kunden beständig Optimierungsmöglichkeiten sucht und realisiert und der sich als abhängig Beschäftigter so engagiert wie ein Unternehmer." (Wunderer 2006: 50)

Das Neue Steuerungsmodell berücksichtigt eine Enthierarchisierung in einfacher Form zumindest deklaratorisch, indem ein Abbau von Hierarchiestufen (KGSt 1995a: 18) und eine persönliche Ergebnisverantwortung möglichst weit nach unten bis auf den einzelnen Mitarbeiter gefordert werden (KGSt 1993: 18). In der Praxis erschöpft sich der Hierarchieabbau allerdings häufig in einer Umbenennung von Sachgebieten in (geleitete) Teams auf der untersten Hierarchieebene, während sich innerhalb der neugeschaffenen dezentralen Einheiten (Fachbereiche) die tradierten hierarchischen Beziehungsmuster reproduzieren (Nagel 2001: 89).

Die wesentlichen Unterschiede zwischen dem klassischen, bis heute vorherrschenden Verwaltungsmodell Max Webers und einem modernen, an die heutigen gesellschaftlichen Rahmenbedingungen angepassten Verwaltungsmodell sind in Tabelle 1 zusammengefasst. Das Neue Steuerungsmodell erfüllt viele Anforderungen an ein modernes Verwaltungsmodell (allerdings nicht im Personalmanagement [siehe Kapitel 8] und nicht im Veränderungsmanagement [siehe Kapitel 3]). In der Verwaltungspraxis hat es den erhofften Paradigmenwechsel nicht herbeigeführt. Nach 15 Jahren Verwaltungsreform mit dem Neuen Steuerungsmodell ist eher eine Entwicklung hin zu einem neo-weberianischen Modell festzustellen, bei dem die legalistische Verwaltungskultur mit einem ausgeprägten öffentlichen Dienst und seinen Eigenschaften weitgehend erhalten bleibt (Bouckaert 2006: 365). Unter dem Eindruck fehlender Erfolge ist vor allem beim Ausscheiden von Reformbefürwortern sogar mit einer Re-Bürokratisierung zu rechnen (Mayntz 1997a: 125; ähnlich Bogumil et al. 2007: 318; Budäus 2006: 179; Banner 2001: 290f.).

Neues Aufgabenverständnis heißt nicht bedingungslose Privatisierung, sondern überlegte Leistungstiefenanalyse und die Schaffung von echtem Wettbewerb zwischen privaten und öffentlichen Anbietern, überall wo dies möglich ist (z.B. in großen Teilen der technischen Verwaltung der Kommunen). Insbeson-

Tab. 1: Merkmale des klassischen und des modernen Verwaltungsmodells

	klassisches Verwaltungsmodell	modernes Verwaltungsmodell
Aufbauorganisation	hierarchisch	hierarchisch, aber flacher
Verantwortung	zentral	dezentral mit zentraler Steuerung
Führungsstil	autoritär	kooperativ-delegativ
Steuerung	durch Regeln	durch Ergebnisse (Output)
Arbeitsorganisation	feste Zuständigkeiten, Beamter als Generalist, keine Berücksichtigung informeller Beziehungen und von Konflikten	vermehrt durch vorübergehende Formen der Zusammenarbeit (Projekte), Integration von Spezialisten, Berücksichtigung von informellen Beziehungen und Konflikten
Zielpriorität	Rechtssicherheit, Wirtschaftlichkeit fehlt	möglichst hohe Wirtschaftlichkeit bei gleichzeitiger Rechtssicherheit
Hauptorientierung	Herrschaftsverhältnis	Kunde, Qualität
Veränderungsmanagement	resistent gegenüber Veränderungen	systemisches Lernen, lernende Organisation
Personalmanagement	Einzelbeamter, hergebrachte Grundsätze des Berufsbeamtentums	überwiegend Fachangestellte mit externer Ausbildung, Beamte nur für spezielle Ordnungsaufgaben, Human-Resource Management
Stärke	Ordnungsaufgaben	Dienstleistungsaufgaben

dere von wettbewerblichen Elementen gehen entscheidende Impulse für eine nachhaltige Verwaltungsreform aus.

Wie am Beispiel der Abfallwirtschaft gezeigt wurde, werden vor allem in den Kommunen unter dem Deckmantel der Daseinsvorsorge[1] viele Leistungen hoheitlich erbracht, die man effizienter im Wettbewerb erbringen könnte (siehe Kapitel 7, zur theoretischen Ableitung siehe auch die verschiedenen in Kapitel 6 vorgestellten Theorien der Modernen Institutionenökonomik). Die aktuelle – an der Frage Wettbewerb oder Daseinsvorsorge orientierte – Diskussion der Interessengruppen (auf der einen Seite die Verbände der privaten Entsorger, auf der anderen Seite die kommunalen Spitzenverbände sowie der VKS[2]) um die Aufteilung des lukrativen Abfallmarktes geht am Kern des Problems weitgehend vorbei. Die Frage sollte besser so lauten: Wie erreicht man möglichst viel Wettbewerb innerhalb der Daseinsvorsorge?

Würde der Staat den institutionellen Rahmen so wählen, dass (1) die Leistungen der Abfallwirtschaft (Sammeln, Transportieren, Verwerten und Beseitigen inkl. Leichtverpackungen und hausmüllähnliche Gewerbeabfälle) zwingend von den Kommunen ausgeschrieben werden müssten und (2) ein Wettbewerb zwischen kommunalen und privaten Anbietern ermöglicht würde (nach dem Vorbild des englischen Agency-Modells), würden viele derzeit bestehende Verwerfungen an der Schnittstelle zwischen hoheitlicher und privater Aufgabenwahrnehmung im Bereich der Abfallwirtschaft beseitigt.

Den Kommunen käme damit eine Doppelfunktion zu. Sie würden (1) in der Rolle des Leistungsanfordernden die Inhalte der kommunalen Abfallwirtschaftskonzepte bestimmen sowie die Qualität der Leistungserbringung (inkl. der sozialen Standards) festlegen und könnten (2) bei entsprechendem kommunalpolitischem Wunsch auch als Anbieter von abfallwirtschaftlichen Leistungen auftreten.

Für die Kommunen wäre mit diesem Modell eine besonders gute Steuerbarkeit der abfallwirtschaftlichen Leistungen verbunden, da periodisch (spätestens vor neuen Ausschreibungsterminen) eine inhaltlich vertiefte politische Diskussion des Abfallthemas unter Abwägung von Zweck-Mittel-Hierarchien erfolgen würde, die die Grundlage für ein Kontraktmanagement zwischen Politik und Verwaltung bilden könnte. Den Kommunen bliebe mit diesem Modell auch die Möglichkeit erhalten, durch den Aufbau eigener kommunaler Entsorgungsgesellschaften auf ein eintretendes regionales Marktversagen zu reagieren.

---

1 Rechtlich bestimmt sich der Inhalt der Daseinsvorsorge durch das Subsidiaritätsprinzip und den öffentlichen Zweck staatlichen Handelns.

2 Verband kommunale Abfallwirtschaft und Stadtreinigung im VKU (Verband kommunaler Unternehmen e.V.).

Hält man an dem Ziel einer organisationsweiten, kollektiven und nachhaltigen Veränderung der öffentlichen Verwaltung fest, ist viertens eine *kulturbewusste Gestaltung des Wandelprozesses* erforderlich (Nagel 2001: 198–218). Die von der KGSt gegebenen Umsetzungsempfehlungen sparen diesen Aspekt weitgehend aus. Vielmehr folgt die KGSt (1993: 25–37) der klassischen Top-Down-Strategie, bei der sich die „Interessen wichtiger Akteure [bündeln]", alle anderen einem „örtliche[n] Überzeugungsprozeß" unterzogen werden, eine „zentrale Projektorganisation" installiert wird und man im Weiteren dann „in das Personal investiert" (so auch Naschold 1995b: 34).

Dass mit dieser Umsetzungsstrategie der bürokratische Teufelskreis (Crozier 1971: 284) – nachdem Mängel im Verwaltungssystem nur zu immer mehr Regeln, Hierarchie, Zentralisierung und informellen Beziehungen führen – nicht durchbrochen werden kann, ist sowohl aus der Systemtheorie als auch aus dem Unternehmenskulturansatz ableitbar (siehe Kapitel 3). Nach systemtheoretischen Erkenntnissen wäre dafür die Schaffung einer lernenden Organisation erforderlich, in der durch Selbstabstimmungs- und Selbstverknüpfungskompetenzen der Mitarbeiter eine kontinuierliche Erneuerung der System-Wissensbasis erfolgt.

Ein kulturbewusster Wandelprozess würde an der (Selbst-)Reflexion der Organisationsmitglieder ansetzen, denn eine Veränderung der Kultur ist erst möglich, „wenn die Beteiligten ihre eigene Organisationswirklichkeit rekonstruieren und damit ihre Wirklichkeit bewusst und selbstverantwortlich neu- oder umgestalten können" (Nagel 2001: 199). Als Einstieg in ein Nachdenken über die eigene Arbeitswirklichkeit müssten die Dysfunktionalitäten des klassischen Verwaltungsmodells zunächst deutlich von der Verwaltungsspitze kommuniziert werden. Dies ist aber schwierig, hat man doch bisher den Mitarbeitern ausschließlich positive Rückmeldungen gegeben. Würde man diese Hürde, z.B. im Zuge der Erstellung eines neuen Verwaltungsleitbildes, nehmen, wäre als nächstes ein komplexer diskursiv-kommunikativer Prozess einzuleiten, bei dem immer wieder die denk- und handlungsrelevanten Erfahrungshintergründe sowie die damit verbundenen Alltagstheorien offengelegt werden (Transparenz), gewährte Gestaltungsspielräume selbstbewusst ausgefüllt werden können (Ermächtigung) und die Abweichung vom üblichen Ablauf bewusst wahrgenommen wird (Andersartigkeit) (Nagel 2001: 199–210). Die Prozessgestalter legitimieren sich hierbei nicht durch eine zentrale Steuerungsleistung, sondern durch die Unterstützung von Lernprozessen in autonomen Einheiten (ebd.: 212). Zu dieser Unterstützung gehören außerdem das Vorleben durch die Verwaltungsspitze, das Einladen zu unverbindlichem Experimentieren, die Belohnung von positiven Veränderungen, die Schaffung von vielfältigen Plattformen für den Erfahrungsaustausch und die Verbreiterung der Erfahrungsbasis durch vermehrte externe Stellenbesetzungen. Würde man einen solchen Weg konsequent für mehrere Jahre beschreiten, bestünde begründete Hoffnung auf Nachhaltigkeit in dem

Sinne, dass eine Reproduktion tradierter Muster für die Zukunft ausgeschlossen wird.

Die Kulturveränderung wird unterstützt durch eine *Externalisierung* der Verwaltungsausbildung und eine Normalisierung des Arbeitsrechts (siehe Kapitel 5). Die Ungleichbehandlung zwischen ‚normalen' Studenten und ‚Verwaltungsstudenten' und zwischen Angestellten und Beamten würde damit weitgehend beendet. Den Beamtenstatus würde es dann nur noch bei speziellen Aufgaben in der Ordnungsverwaltung geben.

Für die Implementierung von Verwaltungsreformen ist eine „kritische Masse" (Reichard 1998a) Andersdenkender auf der mittleren und unteren Hierarchieebene erforderlich. Dies ist aufgrund der verwaltungsinternen Ausbildung und der überwiegend intern vorgenommenen Stellenbesetzungen (Oechsler/Vaanholt 1998: 164) in der öffentlichen Verwaltung aber praktisch nicht realisierbar. Die Vorliebe für interne Stellenbesetzungen ist unabhängig vom Laufbahnprinzip der Beamten, denn auch ohne solche gesetzlichen Einschränkungen wirkt das Senioritätsprinzip (Aussitzen, Dank für falsch verstandene Loyalität) in der öffentlichen Verwaltung umfassend. Da nutzen gut gemeinte Ratschläge, man solle bei Stellenbesetzungen „denen den Vortritt lassen, die sich auch als tüchtig erwiesen haben" (Reinermann 1995: 54), wenig, zumal das bürokratische Verwaltungssystem auch „für abweichendes Verhalten, das sich an den Reformvorgaben ausrichtet, keine positiven Sanktionen bereit hält" (Harms 2006: 347). Das Senioritätsprinzip erweist sich somit als Falle, aus der sich die öffentliche Verwaltung nur durch eine erhebliche Kraftanstrengung befreien könnte.

Zur Lösung der Personalfrage gehört vor allem aber auch eine Qualitätssicherung an der Verwaltungsspitze (Bürgermeister, Dezernenten/Beigeordnete). Das Änderungsverhalten der (Ober-)Bürgermeister und Dezernenten/Beigeordneten ist für den Erfolg von Verwaltungsreformen der entscheidende Faktor, „der alle anderen in den Schatten stellt" (Banner 2006: 254). Aus der Erkenntnis heraus, dass örtliche Parteien und Wählergruppen „auffällig oft" Kandidaten für Direktwahlen aufstellen, „denen die erforderliche Qualifikation fehlt", hat Banner einen Bürgermeistertest entwickelt (www. bürgermeistertest.de), der sich an den Kriterien Glaubwürdigkeit, Bürgernähe, Führungsqualitäten und Parteiunabhängigkeit orientiert und als erster Anhaltspunkt für die Eignung von Politikern durchaus brauchbar erscheint. Problematisch ist allerdings die positive Bewertung von Verwaltungserfahrung beim Kriterium Führungsqualitäten. Zur Verbreiterung der Wissensbasis in öffentlichen Verwaltungen und zur Vorbeugung von frühzeitiger Sozialisation der Kandidaten wäre es vermutlich von erheblichem Vorteil, wenn eine mindestens fünfjährige berufliche Erfahrung außerhalb des öffentlichen Dienstes[3] nachgewiesen werden müsste. Hinweise auf die Bedeutung erheblicher personeller Veränderungen im Top-Management als wichtige Voraussetzung für tiefgreifende Veränderungen ergeben sich sowohl aus der Literatur (Speier-Werner 2006: 154) als auch aus Erfahrungen anderer europäischer Länder. So ist man in den Niederlanden und in Großbritannien stolz darauf, „dass 15 bis 20% der knapp 1.000 bzw. knapp 4.000 höchsten Führungsfunktionen mit Personen besetzt werden konnten, die ihre Berufslaufbahn überwiegend nicht im öffentlichen Dienst absolviert haben" (Riotte 2004: 96).

Eine *Neuausrichtung der politischen Steuerung* ist nach den Erfahrungen mit dem Neuen Steuerungsmodell vermutlich eher mit einem pragmatischen Ansatz (Liesenfeld 2000: 90) als mit dem unterkomplexen Was-Wie-Modell der KGSt zu erreichen (siehe Kapitel 8). Hierbei sollte verstärkt eine aufgabenbezogene Differenzierung vorgenommen werden, wonach ein politisches Kontraktmanagement primär für die Routineaufgaben angestrebt wird, während insbesondere bei Planungs- und Gestaltungsaufgaben die Eingriffsmöglichkeiten der Politik bis zum Projektende weitgehend erhalten bleiben (Bogumil 2002: 136). Verbesserungen an der Schnittstelle Politik/Verwaltung werden vor allem von folgenden Maßnahmen erwartet:

(1) Reduzierung der Anzahl der Ausschüsse und Orientierung an den Fachbereichen (pro Fachbereich ein Fachausschuss). Daneben Schaffung eines Strategie- und Ressourcenausschusses und Verstärkung der Entscheidungskompetenz der Fachausschüsse (Bogumil 2002: 144; Banner 2006: 267; Liesenfeld 2000: 90; Janning 1996: 166; KGSt 1996b: 10).
(2) Verwaltungsintern eine integrale Führung mit Verzicht auf die Position des Fachdezernenten (Banner 2006: 266). Dabei konzentriert sich der neue ‚Vorstand' bestehend aus Bürgermeister und Führungsgruppe auf die strategische Führung. Daneben wird jedes Vorstandsmitglied ‚Kümmerer' (Ansprechpartner) für einen Fachbereich (ebd.: 267).
(3) Arbeit des Vorstandes mit einer strategischen Agenda:

    - Ziele,
    - Zusammenarbeit mit Partnern,
    - Verbesserung interner Strukturen und Prozesse,
    - Leistungsverbesserungen,
    - Beteiligungen (Banner 2006: 263).

    Dies erleichtert das Erkennen nicht strategierelevanter Themen, die an die Fachbereiche zurückgegeben werden.

---

3 Zum öffentlichen Dienst sollten bei dieser Definition auch alle Einrichtungen gezählt werden, die zu über 50% finanziell von staatlichen Mitteln abhängen.

(4) Gegenüber der Politik erfolgt eine institutionelle Absicherung des Dialogs, z.B. durch fraktionsübergreifende Arbeitsgruppen und größere Offenheit und Transparenz gegenüber der Opposition (Bogumil 2002: 13). Diese Koevolution von Politik und Verwaltung wird zweckmäßigerweise vor Wahlen ausgesetzt.
(5) Unterstützung der neuen Ratsarbeit durch geeignete Informationssysteme und ein Berichtswesen, welches die Ratsmitglieder in die Lage versetzt, zunehmend strategisch zu steuern (Bogumil 2002: 144; Günther 2000: 66; KGSt 1996: 10b).
(6) Verbreitet wird eine Qualifizierung der Ratsmitglieder gefordert.[4] Hier mangelt es vielfach schon an Basisqualifikationen (Bogumil 2002: 144; ähnlich Schedler 1998: 153). Von den politischen Parteien wird zudem gefordert, dass sie ihr Auswahlverfahren hinsichtlich ihrer Mandatsträger einer kritischen Prüfung unterziehen (Liesenfeld 2000: 90; Maaß/Siebart 2006: 291f.; Janning 1996: 154).
(7) Auch die Einrichtung eines effektiven Beschwerdemanagements, welches den Bürgern die Verwaltung als kompetenten und hilfsbereiten Ansprechpartner offeriert, kann einen Beitrag zur Reduktion der Einzeleingriffe durch Ratsmitglieder leisten (Janning 1996: 159).

DENKEN berücksichtigt damit die wesentlichen aus internationalen Erfahrungen bekannten Erfolgsfaktoren, in dem es

(1) ganzheitlich angelegt ist,
(2) eine radikale Verwaltungsreorganisation zum Inhalt hat und
(3) auf Nachhaltigkeit und Persistenz abhebt (siehe Kapitel 6).

Weitere erfolgsnotwendige Faktoren wären

(1) seine lokale Anpassung,
(2) ein Commitment der Gesamtorganisation und
(3) ein straffes Veränderungsmanagement (Reformkommission, Meinungsführerkoalition).

Im Grunde beinhaltet DENKEN ganz überwiegend Maßnahmen, die bei vorhandenem politischem Willen auch relativ einfach und schnell umsetzbar wären. Der politische Wille ist aber offensichtlich nicht vorhanden. Es gibt zu viele, die von dem vorhandenen System profitieren (macht- und geldhungrige Politiker, budgetmaximierende Bürokraten, Mitarbeiter in Leistungsnischen) und zu wenig

4 Bogumil 2002: 145; Liesenfeld 2000: 90; Günther 2000: 66; Weller 2000: 125; Maaß/Siebart 2006: 293f. Diese wird klassischerweise von den parteinahen Stiftungen, den Landeszentralen für politische Bildung und den kommunalpolitischen Vereinigungen übernommen (Maaß/Siebart 2006: 293).

Veränderungsdruck. Offenbar ist der Leidensdruck trotz leerer Staatskassen noch nicht groß genug, und wir können uns die Verschwendung in großem Stil (siehe Berichte der Rechnungshöfe) bis auf weiteres noch leisten (Arnim 1993: 13f.).

Auf Mitarbeiterebene beseitigt DENKEN die Inkohärenz zwischen den Anforderungen in der externen Lebenswirklichkeit und den Anforderungen der internen Arbeitsrealität (Gross 1992: 94) und beantwortet damit auch die von Höhn (1989: 43) gestellte Frage, wie man denkende Mitarbeiter in der Verwaltung führt: nämlich indem man sie an ihrem Arbeitsplatz ernst nimmt (Mohn 2004: 5). DENKEN führt damit zum Abbau der krank machenden Gefühle von Frustration, Ohnmacht, Entfremdung und Sinnlosigkeit in einer kranken Unternehmenskultur (Ulrich 1984: 314). Es verhindert, dass die Guten weiterhin „gewaltsam auf das Mittelmaß gedrückt werden“ (Ellwein/Hesse 1997: 156) und führt bei anderen vielleicht zu den gewünschten Veränderungen „in den Köpfen“ (Reichard 1996a: 66).

Literatur

Abromeit, Heidrun (1985): Öffentlicher Zweck und öffentliche Kontrolle. Ansätze zu einer politischen Theorie der öffentlichen Unternehmung. In: PVS 26, H. 3: 287–305

Adamaschek, Bernd (1999): Wettbewerb in der öffentlichen Verwaltung. In: Erichsen, Hans-Uwe (Hg.): Kommunale Verwaltung im Wandel. Köln u.a.O.: Heymanns (= Kommunalwissenschaftliche Forschung und kommunale Praxis, Bd. 7): 125–132

Adams, J. Stacy (1963): Toward an Understanding of Inequity. In: Journal of Abnormal and Social Psychology 67, No. 5: 422–436

Adams, J. Stacy (1965): Inequity in Social Exchange. In: Berkowitz, Leonard (ed.): Advances in Experimental Social Psychology, Vol. 2. New York, London: Academic Press: 267–299

Adorno, Theodor W. (1964): Jargon der Eigentlichkeit. Zur deutschen Ideologie. Frankfurt/M.: Suhrkamp

Alchian, Armen A. (1965): Some Economics of Property Rights. In: Il Politico 30, H. 4: 816–829 [Orig.: Some Economics of Property Rights, Rand D-2316, Santa Monica, USA, 1961. Reprinted in Alchian, Armen A. (1977): Economic Forces at Work. Indianapolis: Liberty Press]

Ansoff, H. Igor (1976): The Changing Manager. In: Ansoff, H. Igor/Declerck, Roger, P./ Hayes, Robert, L. (Hg.): From Strategic Planning to Strategic Management. London u.a.O.: John Wiley & Sons: 181–197

Anter, Andreas (1994): Max Webers Theorie des modernen Staates. Herkunft, Struktur und Bedeutung. Berlin: Duncker & Humblot (= Beiträge zur Politischen Wissenschaft, Bd. 82)

Argyris, Chris/Schön, Donald A. (1978): Organizational Learning: A Theory of Action Perspective. Reading: Addison-Wesley

Arnim, Hans Herbert v. (1988): Wirtschaftlichkeit als Rechtsprinzip. Berlin: Duncker & Humblot (= Schriften zum Öffentlichen Recht, Bd. 536)

Arnim, Hans Herbert v. (1993): Staat ohne Diener. Was schert die Politiker das Wohl des Volkes? München: Kindler

Arnold, Rolf (1983): Pädagogische Professionalisierung betrieblicher Bildungsarbeit. Explorative Studie zur Ermittlung weiterbildungsrelevanter Deutungsmuster des betrieblichen Bildungspersonals. Frankfurt/M. u.a.O.: Lang (= Studien zur Erziehungswissenschaft, Bd. 17)

Arnold, Rolf (1985): Deutungsmuster und pädagogisches Handeln in der Erwachsenenbildung. Aspekte einer Sozialpsychologie der Erwachsenenbildung und einer erwachsenenpädagogischen Handlungstheorie. Bad Heilbrunn: Klinkhardt

Arnold, Rolf (1996): Weiterbildung. Ermöglichungsdidaktische Grundlagen. München: Vahlen (= Vahlens Handbücher der Wirtschafts- und Sozialwissenschaften)

Arnold, Rolf (2000): Das Santiago-Prinzip. Führung und Personalentwicklung im lernenden Unternehmen. Köln: Deutscher Wirtschaftsdienst

Aucoin, Peter (1990): Administrative Reform in Public Management: Paradigms, Principles, Paradoxes and Pendulums. In: Governance 3, H. 2: 115–137

Bals, Hansjürgen (1994): Anforderungen der Kommunalverwaltung an die zukünftige Verwaltungsausbildung. In: Bischoff, Detlef/Reichard, Christoph (Hg.): Vom Beamten zum Manager? Herausforderungen und Perspektiven der Verwaltungsausbildung. Berlin: Hitit (= Reihe: Verwaltung, Recht und Gesellschaft, Bd. 5): 53–65

Bals, Hansjürgen (1998): Aus- und Fortbildung für Public Management – Herausforderungen angesichts leerer Kassen. In: Schedler, Kuno/Reichard, Christoph (Hg.): Die Ausbildung zum Public Manager. Bern u.a.O.: Haupt (= Reihe „Arbeitspapiere zum Public Management"): 67–86

Bals, Hansjürgen/Hack, Hans (2002): Verwaltungsreform: Warum und wie. Leitfaden und Lexikon (2. überarb. und erg. Aufl.). München: Jehle (= Die neue Kommunalverwaltung, Bd. 1)

Banner, Gerhard (1975): Ziel- und ergebnisorientierte Führung in der Kommunalverwaltung. In: Archiv f. Kommunalwiss. 14: 22–40

Banner, Gerhard (1991): Von der Behörde zum Dienstleistungsunternehmen. Die Kommunen brauchen ein neues Steuerungsmodell. In: Verwaltung Organisation Personal VOP 13, H. 1: 6–11

Banner, Gerhard (1996): Kommunale Verwaltungsmodernisierung und die Kommunalpolitiker. In: Reichard, Christoph/Wollmann, Hellmut (Hg.): Kommunalverwaltung im Modernisierungsschub? Basel u.a.O.: Birkhäuser: 141–151

Banner, Gerhard (2001): Kommunale Verwaltungsmodernisierung: Wie erfolgreich waren die letzten zehn Jahre? In: Schröter, Eckhard (Hg.): Empirische Policy- und Verwaltungsforschung. Lokale, nationale und internationale Perspektiven. Opladen: Leske + Budrich: 279–303

Banner, Gerhard (2003): 25 Jahre Verwaltungsreform – und es geht weiter. In: Innovative Verwaltung 25 (ehemals VOP), H. 11: 13–17

Banner, Gerhard (2006): Strategische Führung und Modernisierung des Unternehmens Kommune. In: Jann, Werner/Röber, Manfred/Wollmann, Hellmut (Hg.): Public Management. Grundlagen, Wirkungen, Kritik. Berlin: edition sigma: 253–270

Becker, Bernd (1989): Öffentliche Verwaltung. Lehrbuch für Wissenschaft und Praxis. Starnberger See: Schulz

Becker, Gary S. (1988): Public Policies, Pressure Groups, and Dead Weight Costs. In: Stigler, George, J. (ed.): Chicago Studies in Political Economy. Chicago, London: The University of Chicago Press: 85–105

Behrends, Sylke (2001): Neue Politische Ökonomie. Systematische Darstellung und kritische Beurteilung ihrer Entwicklungslinien. München: Vahlen

Berger, Ulrike/Bernhard-Mehlich, Isolde (2001): Die Verhaltenswissenschaftliche Entscheidungstheorie. In: Kieser, Alfred (Hg.): Organisationstheorien (4. Aufl.). Stuttgart u.a.O.: Kohlhammer: 133–168

Berke, Jürgen/Böndel, Burkhard/Röthig, Iris/Wichmann, Stefan (1993): Todesurteil auf Raten. In: Wirtschaftswoche 47, Nr. 43: 102–109

Bertelsmann Stiftung (1993): Carl-Bertelsmann-Preis 1993. Demokratie und Effizienz in der Kommunalverwaltung. Band 1: Dokumentationsband zur internationalen Recherche. Gütersloh: Verlag Bertelsmann Stiftung

Bertelsmann Stiftung (1994): Carl-Bertelsmann-Preis 1993: Demokratie und Effizienz in der Kommunalverwaltung. Band 2: Dokumentation zu Symposium und Festakt. Gütersloh: Verlag Bertelsmann Stiftung

Berthel, Jürgen (1992a): Führungskräfte-Qualifikationen (Teil I). In: Zeitschrift Führung + Organisation ZfO 61, H. 4: 206–211

Berthel, Jürgen (1992b): Führungskräfte-Qualifikationen (Teil II). In: Zeitschrift Führung + Organisation ZfO 61, H. 5: 279–286

Biedenkopf, Kurt H. (1994): Komplexität und Kompliziertheit. In: Informatik-Spektrum 17, H. 2: 82–86

Bischoff, Detlef (1994): Zwanzig Jahre Fachhochschulen für den öffentlichen Dienst. Eine hochschulpolitische Zwischenbilanz. In: Bischoff, Detlef/Reichard, Christoph (Hg.): Vom Beamten zum Manager? Herausforderungen und Perspektiven der Verwaltungsausbildung. Berlin: Hitit (= Reihe: Verwaltung, Recht und Gesellschaft, Bd. 5): 11–27

Blake, Robert R./Mouton, Jane Strygley/McCanse, Anne Adams (1993): Unternehmensentwicklung mit GRID. Der Weg zur effektiven Organisation. Übersetzt von Barbara Sabel. Frankfurt/M., New York: Campus [Orig.: Change by Design, 1990]

Blüthmann, Heinz (1994): Aufstand der Feiglinge. In: Die Zeit 49, 2.12.1994: 30

Böhmer, Reinhold (1993): Arbeit nach Vorschrift. In: Wirtschaftswoche, 47, Nr. 24: 46–48

Bogumil, Jörg (1997): Modernisierung des Staates durch Public Management. Stand der aktuellen Diskussion. In: Grande, Edgar/Prätorius, Rainer (Hg.): Modernisierung des Staates? Baden-Baden: Nomos: 21–44

Bogumil, Jörg (2002): Die Umgestaltung des Verhältnisses zwischen Rat und Verwaltung – das Grundproblem der Verwaltungsmodernisierung. In: VerwArch. 93, H. 1: 129–148

Bogumil, Jörg (2003): Ökonomisierung der Verwaltung. Konzepte, Praxis, Auswirkungen und Probleme einer effizienzorientierten Verwaltungsmodernisierung. In: Czada, Roland/Zintl, Reinhard (Hg.): Politik und Markt. Wiesbaden: VS (= Politische Vierteljahresschrift, Sonderheft 34/2003): 209–231

Bogumil, Jörg/Grohs, Stephan/Kuhlmann, Sabine (2006): Ergebnisse und Wirkungen kommunaler Verwaltungsmodernisierung in Deutschland – Eine Evaluation nach 10 Jahren Praxiserfahrung. In: Bogumil, Jörg/Jann, Werner/Nullmeier, Frank (Hg.): Politik und Verwaltung. Wiesbaden: VS: 151–184

Bogumil, Jörg/Grohs, Stephan/Kuhlmann, Sabine/Ohm, Anna K. (2007): Zehn Jahre Neues Steuerungsmodell. Eine Bilanz kommunaler Verwaltungsmodernisierung. Berlin: edition sigma (= Modernisierung des öffentlichen Sektors, Sonderband 29)

Bogumil, Jörg/Kuhlmann, Sabine (2006): Wirkungen lokaler Verwaltungsreformen. In: Jann, Werner/Röber, Manfred/Wollmann, Hellmut (Hg.): Public Management – Grundlagen, Wirkungen, Kritik. Berlin: edition sigma: 349–370

Borins, Sandford/Grüning, Gernod (1998): New Public Management – Theoretische Grundlagen und problematische Aspekte der Kritik. In: Budäus, Dietrich/Conrad, Peter/Schreyögg, Georg (Hg.): Managementforschung 8 – New Public Management. Berlin, New York: De Gruyter: 11–53

Bouckaert, Geert (2006): Auf dem Wege zu einer neo-weberianischen Verwaltung. New Public Management im internationalen Vergleich. In: Bogumil, Jörg/Jann, Werner/Nullmeier, Frank (Hg.): Politik und Verwaltung. Wiesbaden: VS: 354–372

Boyatzis, Richard E. (1982): The Competent Manager. A Model for Effective Performance. Chichester u.a.O.: John Wiley & Sons

Braun, Dietmar (1999): Theorien rationalen Handelns in der Politikwissenschaft. Eine kritische Einführung. Opladen: Leske + Budrich

Braunschweig, Christoph/Kindermann, Dieter F./Wehrlin, Ulrich (2001): Grundlagen der Managementlehre. München, Wien: Oldenbourg (= WiSo-Lehr- und Handbücher)

Brehm, Jack W. (1966): A Theory of Psychological Reactance. New York, London: Academic Press

Brehm, Sharon S./Brehm, Jack W. (1981): Psychological Reactance. A Theory of Freedom and Control. New York, London: Academic Press

Brinkmann, Ralf D. (1998): Vorgesetzten-Feedback. Rückmeldung zum Führungsverhalten. Grundlagen und Anleitung für die Praxis. Heidelberg: Sauer (= Taschenbücher für die Wirtschaft, Bd. 71)

Brinkmann, Ralf D./Stapf, Kurt H. (2005): Innere Kündigung: Wenn der Job zur Fassade wird. München: C. H. Beck

Buchanan, James M. (1980): Rent Seeking and Profit Seeking. In: Buchanan, James M./ Tollison, Robert D./Tullock, Gordon (eds.):Toward a Theory of the Rent-Seeking Society. Texas: A & M University Press: 3–15

Buchanan, James M. (1984): Die Grenzen der Freiheit. Zwischen Anarchie und Leviathan. Tübingen: J. C. B. Mohr (Paul Siebeck) (= Die Einheit der Gesellschaftswissenschaften, Bd. 38) [Orig.: The Limits of Liberty. Between Anarchy and Leviathan, 1975]

Buchanan, James M./Tullock, Gordon (1997): The Calculus of Consent. Logical Foundations of Constitutional Democracy. Michigan: Ann Arbor Paperbacks [1. Aufl. 1965, Orig.: 1962]

Buchwitz, Rebekka (1998): Überblick und vergleichende Bewertung der internationalen Reformen anhand der OECD-PUMA Forschungspublikationen. In: Neisser, Heinrich/ Hammerschmid, Gerhard (Hg.): Die innovative Verwaltung. Perspektiven des New Public Management in Österreich. Wien: Signum (= Schriftenreihe des Zentrums für Angewandte Politikforschung, Bd. 18): 167–199

Budäus, Dietrich (1994): Public Management. Konzepte und Verfahren zur Modernisierung öffentlicher Verwaltungen. Berlin: edition sigma

Budäus, Dietrich (1998): Von der bürokratischen Steuerung zum New Public Management – Eine Einführung. In: Budäus, Dietrich/Conrad, Peter/Schreyögg, Georg (Hg.): Managementforschung 8 – New Public Management. Berlin, New York: De Gruyter: 1–10

Budäus, Dietrich (2004): New Public Management. In: Schreyögg, Georg/Werder, Axel v. (Hg.): Handwörterbuch Unternehmensführung und Organisation (4. voll. neu bearb. Aufl.). Stuttgart: Schäffer-Poeschel: 941–947

Budäus, Dietrich (2006): Entwicklung und Perspektiven eines Public Management in Deutschland. In: Jann, Werner/Röber, Manfred/Wollmann, Hellmut (Hg.): Public Management – Grundlagen, Wirkungen, Kritik. Berlin: edition sigma: 173–186

Budäus, Dietrich/Grüning, Gernod (1998): New Public Management – Entwicklung und Grundlagen einer ‚Revolution' des öffentlichen Sektors. In: Zeitschrift Führung + Organisation (zfo) 67, H. 1: 4–9

Büsch, Otto (1981): Militärsystem und Sozialleben im alten Preußen 1713–1807. Die Anfänge der sozialen Militarisierung der preußisch-deutschen Gesellschaft. Frankfurt/M. u.a.O.: Ullstein (= Ullstein Materialien. Ullstein-Buch, Nr. 35082) [1. Aufl. 1962]

Bundesrechnungshof (1998): Erfolgskontrolle finanzwirksamer Maßnahmen in der öffentlichen Verwaltung. Gutachten der Präsidentin des Bundesrechnungshofes als Bundesbeauftragte für Wirtschaftlichkeit in der Verwaltung (= Schriftenreihe der Bundesbeauftragten für Wirtschaftlichkeit in der Verwaltung, Bd. 2; 2. überarb. Aufl.). Stuttgart u.a.O.: Kohlhammer

Bundesrechnungshof (2007): Bemerkungen 2007 zur Haushalts- und Wirtschaftsführung des Bundes. Bonn

Buschor, Ernst (1996): Verwaltungsführung im Paradigmawechsel: Die Ablösung der ‚klassisch-kameralen' Verwaltung durch das New Public Management. In: Dumont du Voitel, Roland (Hg.): New Public Management. Internationale Erfahrungen und Beiträge. Heidelberg: ddv: 39–83

Caiden, Gerald E. (1991): Administrative Reform Comes of Age. Berlin, New York: De Gruyter (= De Gruyter Studies in Organisation 28)

Clemens-Ziegler, Brigitte (1994): Public Management: Eine innovative Variante des BWL-Studiums und der Verwaltungsausbildung. In: Bischoff, Detlef/Reichard, Christoph (Hg.): Vom Beamten zum Manager? Herausforderungen und Perspektiven der Verwaltungsausbildung. Berlin: Hitit (= Reihe: Verwaltung, Recht und Gesellschaft, Bd. 5): 177–186

Coase, Ronald H. (1960): The Problem of Social Cost. In: The Journal of Law and Economics 3: 1–44

Considine, Mark (1988): The Corporate Management Framework as Administrative Science: A Critique. In: Australian Journal of Public Administration 47, H. 1: 4–18

Cornelius, Joachim (1999): Das neue Rollenverständnis von Rat und Verwaltung. Das Misstrauen der Politik gegenüber der Neuen Steuerung. In: Verwaltung Organisation Personal VOP 21, H. 1–2: 15–17

Crozier, Michel (1971): Der bürokratische Circulus vitiosus und das Problem des Wandels. In: Mayntz, Renate (Hg.): Bürokratische Organisation (2. Aufl.). Köln, Berlin: Kiepenheuer & Witsch: 277–288

Dahm, Sabine (2004): Das Neue Steuerungsmodell auf Bundes- und Länderebene sowie die Neuordnung der öffentlichen Finanzkontrolle in der Bundesrepublik Deutschland: Berlin: Duncker & Humblot (= Schriften zum Öffentlichen Recht, Bd. 958)

Delhees, Karl H. (1995): Führungstheorien – Eigenschaftstheorie. In: Kieser et al. 1995: 898–906

Demsetz, Harold (1967): Toward a Theory of Property Rights. In: The American Economic Review, Papers and Proceedings 57, H. 2: 347–359

Dieckmann, Bernhard (1980): Verwaltung und Weiterbildung – Weiterbildung in der Verwaltung. In: Weymann, Ansgar (Hg.): Handbuch für die Soziologie der Weiterbildung. Darmstadt, Neuwied: Luchterhand (= Soziologische Texte, Bd. 117): 294–307

Downs, Anthony (1967): Inside Bureaucracy. Boston: Little, Brown and Company [A Rand Corporation Research Study, 1966]

Downs, Anthony (1968): Ökonomische Theorie der Demokratie. Tübingen: J. C. B. Mohr (Paul Siebeck) [Orig.: An Economic Theory of Democracy, 1957]

Downs, Anthony (1974a): Nichtmarktwirtschaftliche Entscheidungssysteme – Eine Theorie der Bürokratie. In: Widmaier, Hans Peter (Hg.): Politische Ökonomie des Wohlfahrtsstaates. Eine kritische Darstellung der Neuen Politischen Ökonomie. Frankfurt/M.: Athenäum Fischer Taschenbuch Verlag [Orig.: Non-Market Decision Making. A Theory of Bureaucracy, 1965]: 199–207

Downs, Anthony (1974b): Eine ökonomische Theorie des politischen Handelns in der Demokratie. In: Widmaier, Hans Peter (Hg.): Politische Ökonomie des Wohlfahrtsstaates. Eine kritische Darstellung der Neuen Politischen Ökonomie. Frankfurt/M.: Athenäum Fischer Taschenbuch Verlag [Orig.: An Economic Theory of Political Action in a Democracy, 1957]: 121–139

Drucker, Peter (1964): Praxis des Management. Ein Leitfaden für die Führungs-Aufgaben in der modernen Wirtschaft (4. Aufl.). Düsseldorf, Wien: Econ [1. Aufl. 1956] [The Practice of Management, 1954]

Drucker, Peter (1969): Die Zukunft bewältigen. Aufgaben und Chancen im Zeitalter der Ungewissheit. Übersetzt von Meinrad Amann. Düsseldorf, Wien: Econ [Orig.: The age of Discontinuity, 1968]

Drumm, Hans Jürgen (2005): Personalwirtschaft (5. überarb. u. erw. Aufl.). Berlin u.a.O.: Springer

Dülfer, Eberhard (1991): Organisationskultur: Phänomen – Philosophie – Technologie. Eine Einführung in die Diskussion. In: Dülfer, Eberhard (Hg.): Organisationskultur. Phänomen – Philosophie – Technologie (2. erw. Aufl.). Stuttgart: Poeschel: 1–20

Dybowski, Gisela/Thomssen, Wilke (1982): Praxis und Weiterbildung. Untersuchungen über Voraussetzungen und Bedingungen der Weiterbildung von betrieblichen Interessenvertretern. Veröffentlichung des 1976 entstandenen Sprockhöveler Begleitforschungsberichts. Bremen: Universität Bremen

Ebers, Mark (1985): Organisationskultur: Ein neues Forschungsprogramm? Wiesbaden: Gabler (= Neue betriebswirtschaftliche Forschung, Bd. 33)

Edeling, Thomas (2006): Die Institution der öffentlichen Wirtschaft. In: Jann, Werner/Röber, Manfred/Wollmann, Hellmut (Hg.): Public Management – Grundlagen, Wirkungen, Kritik. Berlin: edition sigma: 61–70

Eichhorn, Peter (1999): Controlling als Instrument zur Steuerung öffentlicher Verwaltungen. In: Erichsen, Hans-Uwe (Hg.): Kommunale Verwaltung im Wandel. Köln u.a.O.: Heymanns (= Kommunalwissenschaftliche Forschung und kommunale Praxis, Bd. 7): 117–123

Elias, Norbert (1977): Über den Prozeß der Zivilisation. Soziogenetische und psychogenetische Untersuchungen. Bd. 2: Wandlungen der Gesellschaft. Entwurf zu einer Theorie der Zivilisation (2. Aufl.). Frankfurt/M.: Suhrkamp (= suhrkamp taschenbuch wissenschaft 159)

Ellwein, Thomas (1966): Einführung in die Regierungs- und Verwaltungslehre. Stuttgart, Berlin u.a.O.: Kohlhammer

Ellwein, Thomas (1977): Das Regierungssystem der Bundesrepublik Deutschland (4. völlig überarb. Aufl.). Opladen: Westdeutscher Verlag

Ellwein, Thomas (1994): Das Dilemma der Verwaltung. Verwaltungsstruktur und Verwaltungsreform in Deutschland. Mannheim u.a.O.: BI-Taschenbuchverlag (= Meyers Forum 22)

Ellwein, Thomas (1995): Anstelle eines Schlusswortes. Zu den Eigentümlichkeiten deutscher Verwaltungsstaatlichkeit. In: Seibel, Wolfgang/Benz, Arthur (Hg.): Regierungssystem und Verwaltungspolitik. Beiträge zu Ehren von Thomas Ellwein. Opladen: Westdeutscher Verlag: 254–261

Ellwein, Thomas (1997): Geschichte der deutschen Verwaltung. In: König, Klaus/Siedentopf, Heinrich (Hg.): Öffentliche Verwaltung in Deutschland (2. Aufl.). Baden-Baden: Nomos: 39–54

Ellwein, Thomas/Hesse, Joachim Jens (1997): Der überforderte Staat. Frankfurt/M.: Suhrkamp (= Suhrkamp Taschenbuch 2646) [zuerst erschienen 1994 bei Nomos, Baden-Baden]

Ellwein, Thomas/Zoll, Ralf (1973): Berufsbeamtentum – Anspruch und Wirklichkeit. Zur Entwicklung und Problematik des öffentlichen Dienstes. Düsseldorf: Bertelsmann Universitätsverlag

Erlei, Mathias/Leschke, Martin/Sauerland, Dirk (2007): Neue Institutionenökonomik (2. überarb. u. erw. Aufl.). Stuttgart: Schäffer-Poeschel

Ernst, Heiko (1987): Editorial. In: Psychologie Heute 14, H. 10: 3

EUWID (Hg.) (2009): Abfallgebühren finanzieren Magdeburger Fußballstadion. In: EUWID. Europäischer Wirtschaftsdienst. Recycling und Entsorgung 19, H. 43: 15

EUWID (Hg.) (2010): Wirtschaftsinstitut kritisiert Ausbau kommunalwirtschafltlicher Aktivitäten. In: EUWID. Europäischer Wirtschaftsdienst. Recycling und Entsorgung 20, H. 42: 1–2

Faller, Michael (1993): Innere Kündigung. Ursachen und Folgen (2. überarb. u. erw. Aufl.). München, Mering: Hampp (= Reihe Personalforschung, Bd. 8) [1. Aufl. 1991]

Fama, Eugene F./Jensen, Michael C. (1983): Separation of Ownership and Control. In: The Journal of Law and Economics 26: 201–326.

Fama, Eugene F./Jensen, Michael C. (1983): Agency Problems and Residual Claims. In: The Journal of Law and Economics 26: 327–350

Feindt, Erich (1982): Zur Reform des Rechts des öffentlichen Dienstes. In: Remer, Andreas (Hg.): Verwaltungsführung. Beiträge zu Organisation, Kooperationsstil und Personalarbeit in der öffentlichen Verwaltung. Berlin, New York: De Gruyter: 341–354

Finger, Matthias/Uebelhart, Beat (1998): Public Management Qualifikationen für öffentliche Unternehmen und Verwaltungen. In: Schedler, Kuno/Reichard, Christoph (Hg.): Die Ausbildung zum Public Manager. Bern u.a.O.: Haupt (= Reihe „Arbeitspapiere zum Public Management“): 15–38

Fischer, Walter (1996): Aus- und Fortbildung als Umsetzungsvoraussetzung. In: Fischer, Walter/Mundhenke Ehrhard (Hg.): New Public Management. Mehr Effektivität und Effizienz in der Bundesverwaltung. Brühl: Fachhochschule des Bundes für öffentliche Verwaltung: 165–179

Forsthoff, Ernst (1938): Die Verwaltung als Leistungsträger. Stuttgart, Berlin: Kohlhammer (= Königsberger Rechtswissenschaftliche Forschungen, Bd. 2)

Forsthoff, Ernst (1959): Rechtsfragen der leistenden Verwaltung. Stuttgart: Kohlhammer (= Beiträge zum Öffentlichen Recht, Bd. 1)

Frenz, Walter (2007): Die Organisation der Abfallwirtschaft zwischen EU-Reformvertrag und § 107 GO NRW. In: AbfallR, H. 6: 242–253

Gebert, Diether (1995): Führung im MbO-Prozeß. In: Kieser et al. 1995: 426–436

Geißler, Harald (1999): Lebendig sein oder funktionieren – Zur Problematik betrieblichen Arbeitens und Lernens. In: De Cuvry, Andrea/Haeberlin, Friedrich/Michl, Werner/Breß, Hartmut (Hg.): Erlebnis Erwachsenenbildung. Zur Aktualität handlungsorientierter Pädagogik. Neuwied, Kriftel: Luchterhand (= Grundlagen der Weiterbildung): 135–146

Gross, Peter (1992): Ein Betrieb ist kein Aquarium! Innere Kündigung als gesellschaftliches Phänomen. In: Hilb, Martin (Hg.): Innere Kündigung: Ursachen und Lösungsansätze. Zürich: Verlag Industrielle Organisation: 87–97

Grüning, Gernod (2000): Grundlagen des New Public Management. Entwicklung, theoretischer Hintergrund und wissenschaftliche Bedeutung des New Public Management aus Sicht der politisch-administrativen Wissenschaften der USA. Münster u.a.O.: Lit (= Management-Wissen aktuell, Bd. 2)

Grunow, Dieter (1996): Qualitätsanforderungen für die Verwaltungsmodernisierung: Anspruchsvolle Ziele oder leere Versprechungen. In: Reichard, Christoph/Wollmann, Hellmut (Hg.): Kommunalverwaltung im Modernisierungsschub? Basel u.a.O.: Birkhäuser: 50–77

Günther, Albert (2000): Die Verwaltungsmodernisierung in Städten, Gemeinden und Kreisen Nordrhein-Westfalens. In: Günther, Albert (Hg.): Verwaltungsmodernisierung. Anforderungen – Erfahrungen – Perspektiven. Baden-Baden: Nomos: 59–79

Guserl, Richard/Hofmann, Michael (1976): Das Harzburger Modell. Idee und Wirklichkeit und Alternative zum Harzburger Modell (2. erw. Aufl.). Wiesbaden: Gabler (= Führung – Strategie – Organisation; Serie 3, Bd.1)

Hablützel, Peter (1992): Innere Kündigung aus der Sicht eines Personalverantwortlichen in der öffentlichen Verwaltung. In: Hilb, Martin (Hg.): Innere Kündigung: Ursachen und Lösungsansätze. Zürich: Verlag Industrielle Organisation: 31–36

Hablützel, Peter (1995a): New Public Management. Ein Verwaltungsreformkonzept für die Schweiz? In: Verwaltung Organisation Personal 17, H. 3: 142–147

Hablützel, Peter (1995b): New Public Management als Modernisierungschance – Thesen zur Entbürokratisierungsdiskussion. In: Hablützel, Peter/Haldemann, Theo/Schedler, Kuno/Schwaar, Karl (Hg.): Umbruch in Politik und Verwaltung. Ansichten und Erfahrungen zum New Public Management in der Schweiz. Bern u.a.O.: Haupt: 499–507

Hablützel, Peter (1999): Vom Rationalisierungsdruck zur Lernfähigkeit. In: Klimecki, Rüdiger G./Müller, Werner R. (Hg.): Verwaltung im Aufbruch. Modernisierung als Lernprozess. Zürich: Verlag Neue Zürcher Zeitung: 43–57

Harms, Jens (2006): Die Verwaltungsreform in Berlin – eine Zwischenbilanz. In: Jann, Werner/Röber, Manfred/Wollmann, Hellmut (Hg.): Public Management. Grundlagen, Wirkungen, Kritik. Berlin: edition sigma: 335–347

Hartmann, Heinz (1964): Funktionale Autorität. Systematische Abhandlung zu einem soziologischen Begriff. Stuttgart: Ferdinand Enke (= Soziologische Gegenwartsfragen)

Hauschild, Christoph (1997): Aus- und Fortbildung für den öffentlichen Dienst. In: König, Klaus/Siedentopf, Heinrich (Hg.): Öffentliche Verwaltung in Deutschland (2. Aufl.). Baden-Baden: Nomos: 577–593

Haushaltsgrundsätzegesetz vom 19. August 1969 (BGBl. I, 1273), zuletzt geändert durch Artikel 123 der Verordnung vom 31. Oktober 2006 (BGBl. I, 2407)

Heinz, Rainer (2000): Kommunales Management. Überlegungen zu einem KGSt-Ansatz. Stuttgart: Schäffer-Poeschel

Hénard, Jacqueline (2001): Reformen als Bestseller. In: Die Zeit 7, 2001: 7 [Artikel zum Buch Fauroux, Roger/Spitz, Bernard: Notre état. Verlag Laffont 2001]

Hentze, Joachim/Graf, Andrea/Kammel, Andreas/Lindert, Klaus (2005): Personalführungslehre. Grundlagen, Funktionen und Modelle der Führung (4. neu bearb. Aufl.). Bern u.a.O.: Haupt (= UTB 1374)

Hentze, Joachim/Kammel, Andreas/Lindert, Klaus (1997): Personalführungslehre. Grundlagen, Funktionen und Modelle der Führung (3. vollst. überarb. Aufl.). Bern u.a.O.: Haupt (= UTB 1374)

Herkner, Werner (1983): Einführung in die Sozialpsychologie (3. unv. Aufl.). Bern u.a.O.: Bern [1. Aufl. 1975]

Herzog, Roman (1971): Allgemeine Staatslehre. Frankfurt/M.: Athenäum (= Lehrbücher des Öffentlichen Rechts, Bd. 1)

Herzog, Roman (1973): Der Staat in der deutschen Staatsrechtslehre des 20. Jahrhunderts. In: Ritter, Gerhard A. (Hg.): Vom Wohlfahrtsausschuß zum Wohlfahrtsstaat. Köln: Markus-Verlagsgesellschaft: 13–28

Hidien, Jürgen W. (1984): Die positive Konkretisierung der öffentlichen Zweckbindung kommunaler Wirtschaftsunternehmen. Zugleich ein Beitrag zu Inhalt und Grenzen der unternehmenswirtschaftlichen Betätigung der Kommunen. Frankfurt/M. u.a.O.: Lang (= Verfassungs- und Verwaltungsrecht unter dem Grundgesetz, Bd. 1)

Hilb, Martin (1992a): Ursachen – Folgen – Lösungsansätze. In: Hilb, Martin (Hg.): Innere Kündigung: Ursachen und Lösungsansätze. Zürich: Verlag Industrielle Organisation: 3–26

Hilb, Martin (1992b): Das standardisierte Mitarbeitergespräch als Instrument zur Überwindung und Verhinderung der Inneren Kündigung. In: Hilb, Martin (Hg.): Innere Kündigung: Ursachen und Lösungsansätze. Zürich: Verlag Industrielle Organisation: 53–64

Hill, Hermann (1997): In welchen Grenzen ist kommunalwirtschaftliche Betätigung Daseinsvorsorge? In: Betriebs-Berater BB 52, H. 9: 425–431

Hiroto, Donald S./Seligman, Martin E. P. (1975): Generality of Learned Helplessness in Man. In: Journal of Personality and Social Psychology 31, H. 2: 311–327

Höhn, Reinhard (1967): Stellenbeschreibung und Führungsanweisung. Die organisatorische Aufgabe moderner Unternehmensführung (2. Aufl.). Bad Harzburg: wwt (= Menschenführung und Betriebsorganisation, Bd. 7) [1. Aufl. 1966]

Höhn, Reinhard (1982): Die innere Kündigung – ein schlimmes Thema. Wenn der Mitarbeiter sich nicht mehr engagiert, ist meist der Vorgesetzte schuld. In: FAZ vom 18.1.1982

Höhn, Reinhard (1983): Die innere Kündigung im Unternehmen. Ursachen, Folgen, Gegenmaßnahmen. Bad Harzburg: wwt (= Menschenführung und Betriebsorganisation, Bd. 29)

Höhn, Reinhard (1986): Führungsbrevier der Wirtschaft (12. Aufl.). Bad Harzburg: wwt [1. Aufl. 1966]

Höhn, Reinhard (1989): Die innere Kündigung in der öffentlichen Verwaltung. Ursachen – Folgen – Gegenmaßnahmen. Stuttgart, München: Moll

Hösch, Ulrich (2000): Die kommunale Wirtschaftstätigkeit. Teilnahme am wirtschaftlichen Wettbewerb oder Daseinsvorsorge. Tübingen: Mohr Siebeck (= Beiträge zur Ordnungstheorie und Ordnungspolitik 164)

Hoffmann, Walter (2001): Kooperative Führung im öffentlichen Dienst und in seinen Unternehmen. Hamburg: Kovac (= Schriftenreihe Innovatives Dienstleistungsmanagement, Bd. 8)

Hood, Christopher (1990): De-Sir Humphreyfying the Westminster Model of Bureaucracy: A New Style of Governance? In: Governance 3, H. 2: 205–214

Hood, Christopher (1991): A Public Management for all Seasons? In: Public Administration 69, H. 1: 3–19

Ilbertz, Wilhelm (1994): Personalrechtliche Rahmenbedingungen der Verwaltungsausbildung – Überlegungen zur Reform. In: Bischoff, Detlef/Reichard, Christoph (Hg.): Vom Beamten zum Manager? Herausforderungen und Perspektiven der Verwaltungsausbildung. Berlin: Hitit (= Reihe: Verwaltung, Recht und Gesellschaft, Bd. 5): 67–74

Jann, Werner (1995): Al Gore und die Neuerfindung von Regierung und Verwaltung: Lehren für Kontinentaleuropa. In: Reinermann, H. (Hg.): Neubau der Verwaltung. Informationstechnische Realitäten und Visionen. Heidelberg: v. Decker (= Schriftenreihe Verwaltungsinformatik, Bd. 11): 145–160

Jann, Werner (2005): Neues Steuerungsmodell. In: Blanke, Bernhard/Bandemer, Stephan v./ Nullmeier, Frank/Wewer, Göttrik (Hg.); Handbuch zur Verwaltungsreform (3. völlig überarb. und erw. Aufl.). Wiesbaden: VS: 74–84

Janning, Hermann (1996): Neue Steuerungsmodelle im Spannungsverhältnis von Politik und Verwaltung. In: Reichard, Christoph/Wollmann, Hellmut (Hg.): Kommunalverwaltung im Modernisierungsschub? Basel u.a.O.: Birkhäuser: 152–168

Jensen, Michael C./Meckling, William H. (1976): Theory of the Firm: Managerial Behavior, Agency Costs and Ownership Structure. In: Journal of Financial Economics 3, 305–360

Katz, Robert L (1974): Skills of an effective administrator. In: Harvard Business Review 52, H. 5: 90–102

Kersten, Jens (2005): Die Entwicklung des Konzepts der Daseinsvorsorge im Werk von Ernst Forsthoff. In: Der Staat 44, H. 4: 543–569

Kets de Vries, Manfred F. R. (1998): Führer, Narren, Hochstapler. Essays über die Psychologie der Führung. Übersetzt von Elisabeth Vorspohl. Stuttgart: Verlag Internationale Psychoanalyse [Orig.: Leaders, Fools, and Impostors. Essays on the Psychology of Leadership, 1993]

Kets de Vries, Manfred F. R./Miller, Danny (1986): Personality, Culture, and Organization. In: Academy of Management Review 11, H. 2: 266–279

Kets de Vries, Manfred F. R./Miller, Danny (1995): Narzißmus und Führung. In: Kieser et al. 1995: 1609–1622

KGSt (1991): Dezentrale Ressourcenverantwortung: Überlegungen zu einem neuen Steuerungsmodell. Bericht Nr. 12/1991. Köln: KGSt

KGSt (1992): Wege zum Dienstleistungsunternehmen Kommunalverwaltung. Fallstudie Tilburg. Bericht Nr. 19/1992. Köln: KGSt

KGSt (1993): Das Neue Steuerungsmodell. Bericht Nr. 5/1993. Köln: KGSt

KGSt (1995a): Das Neue Steuerungsmodell. Erste Zwischenbilanz. Bericht Nr. 10/1995. Köln: KGSt

KGSt (1995b): Vom Geldverbrauchs- zum Ressourcenverbrauchskonzept: Leitlinien für ein neues kommunales Haushalts- und Rechnungsmodell auf doppischer Grundlage. Köln: KGSt

KGSt (1996a): Personalentwicklung im Neuen Steuerungsmodell. Anforderungen an vorrangige Zielgruppen. Bericht Nr. 6/1996. Köln: KGSt

KGSt (1996b): Das Verhältnis von Politik und Verwaltung im Neuen Steuerungsmodell. Bericht Nr. 10/1996. Köln: KGSt

KGSt (2000a): Strategisches Management I: Leitbericht für Politik und Verwaltungsführung. Bericht Nr. 8/2000. Köln: KGSt

KGSt (2000b): Strategisches Management IV: Fachbereichsstrategien am Beispiel der Jugendhilfe. Bericht Nr. 11/2000. Köln: KGSt

Kieser, Alfred/Reber, Gerhard/Wunderer, Rolf (Hg.) (1995): Handwörterbuch der Führung (2. neugestalt. Aufl.). Stuttgart: Schäffer-Poeschel (= Enzyklopädie der Betriebswirtschaftslehre, Bd. 10)

Kieser, Alfred/Walgenbach, Peter (2007): Organisation (5. überarb. Aufl.). Stuttgart: Schäffer-Poeschel

Klages, Helmut (1988): Wertedynamik. Über die Wandelbarkeit des Selbstverständlichen. Zürich: Edition Interfrom (= Texte + Thesen, Bd. 212)

Klages, Helmut (1993): Traditionsbruch als Herausforderung. Perspektiven der Wertewandelsgesellschaft. Frankfurt/M., New York: Campus

Klages, Helmut (1997): Die Situation des öffentlichen Dienstes. In: König, Klaus/Siedentopf, Heinrich (Hg.): Öffentliche Verwaltung in Deutschland (2. Aufl.). Baden-Baden: Nomos: 517–538

Klein, Hans H. (1968): Die Teilnahme des Staates am wirtschaftlichen Wettbewerb. Stuttgart: Kohlhammer (= Beiträge zum Öffentlichen Recht, Bd. 18)

Klimecki, Rüdiger G./Altehage, Markus O./Morath, Frank A. (1999): New Public Management: Auf der Suche nach der neuen Führung. In: Klimecki, Rüdiger G./Müller, Werner R. (Hg.): Verwaltung im Aufbruch. Modernisierung als Lernprozess. Zürich: Verlag Neue Zürcher Zeitung: 261–272

Knebel, Heinz/Schneider, Helmut (1997): Die Stellenbeschreibung. Mit Speziallexikon (6. neubearb. u. erw. Aufl.). Heidelberg; Sauer (= Taschenbücher für die Wirtschaft, Bd. 30) [1. Aufl. 1976]

Knorr, Friedhelm (1997): Verwaltungsreform aus europäischer Sicht. In: Verwaltung, Organisation, Personal VOP 19, H. 5: 42–45

Kobi, Jean-Marcel (1996): Management des Wandels. Die weichen und harten Bausteine erfolgreicher Veränderung (2. überarb. Aufl.). Bern u.a.O.: Haupt

Kodolitsch, Paul v. (1996): Die Zusammenarbeit von Rat und Verwaltung – Herausforderungen durch das ‚Neue Steuerungsmodell'. In: Reichard, Christoph/Wollmann, Hellmut (Hg.): Kommunalverwaltung im Modernisierungsschub? Basel u.a.O.: Birkhäuser: 169–181

König, Klaus (1995): ‚Neue' Verwaltung oder Verwaltungsmodernisierung: Verwaltungspolitik in den 90er Jahren. In: Die Öffentliche Verwaltung DÖV 48, H. 9: 349–358

König, Klaus (1998): Ein neues öffentliches Management: Globale Perzeption und Kritik. In: Neisser, Heinrich/Hammerschmid, Gerhard (Hg.): Die innovative Verwaltung. Perspektiven des New Public Management in Österreich. Wien: Signum (= Schriftenreihe des Zentrums für Angewandte Politikforschung, Bd. 18): 141–165

König, Klaus (2006): Öffentliches Management in einer legalistischen Verwaltungskultur. In: Jann, Werner/Röber, Manfred/Wollmann, Hellmut (Hg.): Public Management – Grundlagen, Wirkungen, Kritik. Berlin: edition sigma: 23–34

Kuhn, Thomas S. (1976): Die Struktur wissenschaftlicher Revolutionen. Übersetzt von Hermann Vetter (2. rev. und erg. Aufl.). Frankfurt/M.: Suhrkamp (= Suhrkamp Taschenbuch Wissenschaft 25) [Orig.: The Structure of Scientific Revolution, 1962]

Kuhl, Julius (1981): Motivational and Functional Helplessness: The Moderating Effect of State Versus Action Orientation. In: Journal of Personality and Social Psychology 49, H. 1: 155–170

Kuhl, Julius (1983): Motivation, Konflikt und Handlungskontrolle. Berlin u.a.: Springer

Krueger, Anne O. (1980): The Political Economy of the Rent-Seeking Society. In: Buchanan, James M./Tollison, Robert D./Tullock, Gordon (eds.): Toward a Theory of the Rent-Seeking Society. Texas: A & M University Press [Orig.: 1974]: 51–70

Krystek, Ulrich/Becherer, Doris/Deichelmann, Karl-Heinz (1995): Innere Kündigung. Ursachen, Wirkungen und Lösungsansätze auf Basis einer empirischen Untersuchung. München, Mering: Hampp (= Hochschulschriften zum Personalwesen, Bd. 20)

Lattmann, Charles (1982): Die Verhaltenswissenschaftlichen Grundlagen der Führung des Mitarbeiters. Bern, Stuttgart: Haupt (= Schriftenreihe Unternehmung und Unternehmungsführung, Bd. 9)

Laux, Eberhard (1994): Die Privatisierung des Öffentlichen: Brauchen wir eine neue Kommunalverwaltung? In: Der Gemeindehaushalt 95, H. 8: 169–174.

Lauxmann, Frieder (1971): Die kranke Hierarchie. Not und Hoffnung der öffentlichen Verwaltung. Stuttgart: Deutsche Verlags-Anstalt

Lawler, Eduard. E. (1987): Pay for Performance: A Motivational Analysis. In: Nalbantian, Haig R. (ed.): Incentives, Cooperation, and Risk Sharing. Totowa, New Jersey: Rowman & Littlefield

Liesenfeld, Joachim (2000): Beteiligungsorientierte Verwaltungsmodernisierung in Kommunen kleiner und mittlerer Größenordnung. In: Günther, Albert (Hg.): Verwaltungsmodernisierung. Anforderungen – Erfahrungen – Perspektiven. Baden-Baden: Nomos: 80–92

Lindblom, Charles E. (1975): Inkrementalismus: die Lehre vom „Sich-Durchwursteln". In: Narr, Wolf-Dieter/Offe, Claus (Hg.): Wohlfahrtsstaat und Massenloyalität. Köln: Kiepenheuer & Witsch (= Neue Wissenschaftliche Bibliothek, Bd. 79) [Orig.: The Science of Muddling Through. In: Public Administration Review, Spring 1959]: 161–177

Löffler, Elke (1997): Implementation der Verwaltungsmodernisierung: Probleme der komparativen Forschung. In: Grande, Edgar/Prätorius, Rainer (Hg.): Modernisierung des Staates? Baden-Baden: Nomos: 145–161

Löhnert, Winfried (1990): Innere Kündigung. Eine Analyse aus wirtschaftspsychologischer Perspektive. Frankfurt/M.: Peter Lang (= Kölner Arbeiten zur Wirtschaftspsychologie, Bd. 5)

Löhr, Ulrike (2004): Reform des öffentlichen Dienstes. In: Oebbecke, Janbernd/Ehlers, Dirk/chink, Alexander/Diemert, Dörte (Hg.): Kommunalverwaltung in der Reform. Wissenschaftliche Fachtagung des Freiherr-vom-Stein-Instituts am 2. Juli 2004 in Münster. Stuttgart: Kohlhammer (= Schriftenreihe des Freiherr-vom Stein-Institutes. Wissenschaftliche Forschungsstelle des Landkreistages NRW an der Universität Münster, Bd. 51): 99–113

Lorsch, Jay, W. (1986): Managing Culture: The Invisible Barrier to Strategic Change. In: California Management Review 28, H. 2: 95–109

Lübbe, Hermann (1993): Der Lebenssinn der Technik. In: IBM-Nachrichten 43, H. 312: 6–15

Luhmann, Niklas (1960): Kann die Verwaltung wirtschaftlich handeln? In: Verwaltungsarchiv 51, H. 2: 97–115

Luhmann, Niklas (1964): Lob der Routine. In: Verwaltungsarchiv 55, H. 1: 1–33

Luhmann, Niklas (1966): Theorie der Verwaltungswissenschaft. Bestandsaufnahme und Entwurf. Köln, Berlin: Grote

Luhmann, Niklas (1968) Zweckbegriff und Systemrationalität. Über die Funktion von Zwecken in sozialen Systemen. Tübingen: J.C.B. Mohr (Paul Siebeck) (= Soziale Forschung und Praxis, Bd. 25)

Luhmann, Niklas (1982): Reform des öffentlichen Dienstes: Ein Beispiel für Schwierigkeiten der Verwaltungsreform. In: Remer, Andreas (Hg.): Verwaltungsführung. Beiträge zu Organisation, Kooperationsstil und Personalarbeit in der öffentlichen Verwaltung. Berlin, New York: De Gruyter: 319–339

Luhmann, Niklas (1985): Die Autopoiesis des Bewusstseins. In: Soziale Welt 36, H, 4: 402–446

Luhmann, Niklas (1987): Soziale Systeme. Grundriß einer allgemeinen Theorie. Frankfurt/M.: Suhrkamp (= Suhrkamp Taschenbuch Wissenschaft 666) [gebundene Ausgabe 1984]

Luhmann, Niklas (1989): Politische Steuerung: Ein Diskussionsbeitrag. In: Macht und Ohnmacht politischer Institutionen. Tagungsbericht des 17. Wissenschaftlichen Kongresses der DVPW. Opladen: Westdeutscher Verlag: 12–16

Luhmann, Niklas (1990): Die Wissenschaft der Gesellschaft. Frankfurt/M.: Suhrkamp

Luhmann, Niklas (1995): Funktionen und Folgen formaler Organisation. Mit einem Epilog 1994 (4. Aufl.). Berlin: Duncker & Humblot (= Schriftenreihe der Hochschule Speyer, Bd. 20) [1. Aufl. 1964]

Luhmann, Niklas/Mayntz, Renate (1973): Personal im öffentlichen Dienst. Eintritt und Karrieren. Baden-Baden: Nomos (= Studienkommission für die Reform des öffentlichen Dienstrechts, Bd. 7)

Luhmann, Niklas/Schorr, Karl Eberhard (1988): Reflexionsprobleme im Erziehungssystem. Frankfurt/M.: Suhrkamp (= Suhrkamp Taschenbuch Wissenschaft 740)

Lux, Emil (1995): Verhaltensgitter der Führung (Managerial Grid). In: Kieser et al. 1995: 2126–2139

Maaß, Christian/Siebart, Patricia (2006): Ehrenamtliche Leitung von Kommunen und Nonprofit-Organisationen. In: Jann, Werner/Röber, Manfred/Wollmann, Hellmut (Hg.): Public Management – Grundlagen, Wirkungen, Kritik. Berlin: edition sigma: 285–299

March, James G./Olsen Johan P. (1975): The Uncertainty of the Past: Organizational Learning under Ambiguity. In: European Journal of Political Research 3: 147–171

March, James G./Olsen, Johan P. (1976): Ambiguity and Choice in Organizations. Bergen u.a.O.: Universitetsforlaget

Mark, Lothar (1995): Diskussionsbeitrag. In: Naschold, Frieder/Pröhl, Marga (Hg.): Produktivität öffentlicher Dienstleistungen, Bd. 2: Dokumentation zum Symposium. Gütersloh: Verlag Bertelsmann Stiftung: 21–38

Martin, Joanne/Siehl Caren (1983): Organizational Culture and Counterculture: An Uneasy Symbiosis. In: Organizational Dynamics 12, H. 2: 52–64

Massenbach, Kai v. (2000): Die Innere Kündigung zwischen Burnout und Hilflosigkeit. Zürich: Orgalife

Mastermann, Margaret (1974): The Nature of Paradigm. In: Lakatos, Imre/Musgrave, Alan (Hg.): Criticism and the Growth of Knowledge. London, New York: Cambridge University Press [1. Aufl. 1970]: 59–89

Mauss, Marcel (1990): Die Gabe. Form und Funktion des Austauschs in archaischen Gesellschaften. Übersetzt von Eva Moldenhauer. Frankfurt/M.: Suhrkamp (= Suhrkamp Taschenbuch Wissenschaft 743) [Orig.: Essai sur le don, 1950]

Mayer, Otto (1924): Deutsches Verwaltungsrecht, Bd. 1 (3. Aufl.). München, Leipzig: Duncker & Humblot (= Systematisches Handbuch der Deutschen Rechtswissenschaft; 6. Abteilung, 1. Band)

Mayntz, Renate (1971a): Einleitung. In: Mayntz, Renate (Hg.): Bürokratische Organisation (2. Aufl.). Köln, Berlin: Kiepenheuer & Witsch: 13–23

Mayntz, Renate (1971b): Max Webers Idealtypus der Bürokratie und die Organisationssoziologie. In: Mayntz, Renate (Hg.): Bürokratische Organisation (2. Aufl.). Köln, Berlin: Kiepenheuer & Witsch: 27–35

Mayntz, Renate (1997a): Soziologie der öffentlichen Verwaltung (4. durchges. Aufl.). Heidelberg: C. F. Müller (= UTB 765)

Mayntz, Renate (1997b): Verwaltungsreform und gesellschaftlicher Wandel. In: Grande, Edgar/Prätorius, Rainer (Hg.): Modernisierung des Staates? Baden-Baden: Nomos: 65–74

Mayntz, Renate/Scharpf, Fritz W. (1995): Der Ansatz des akteurzentrierten Institutionalismus. In: Mayntz, Renate/Scharpf, Fritz W. (Hg.): Gesellschaftliche Selbstregelung und politische Steuerung. Frankfurt/M., New York: Campus (= Schriften des Max-Planck-Instituts für Gesellschaftsforschung, Köln, Bd. 23): 39–72

McGregor, Douglas (1960): The Human Side of Enterprise. New York, Toronto, London: McGraw-Hill

McGregor, Douglas (1973): Der Mensch im Unternehmen. Übersetzt von A. Wolter (3. Aufl.). Düsseldorf, Wien: Econ

Meixner, Hans-Eberhard (2000): Ist die öffentliche Verwaltung unfähig für Reformen? In: Der Öffentliche Dienst 53, H. 10: 217–244

Menne-Haritz, Angelika (1998): Autonomie und selbstreferentielle Steuerung in der Entscheidungsproduktion der Verwaltung. Grundlagen zu einem Referenzmodell für Elektronische Bürosysteme. 1. Teilband. Habilitationsschrift, Hochschule für Verwaltungswissenschaften Speyer

Merkel, Angela (2004): Plädoyer für das Berufsbeamtentum. Interview mit Dr. Angela Merkel. In: dbb magazin, April 2004: 4–5 (dbb beamtenbund und tarifunion, Berlin)

Merton, Robert K. (1971): Bürokratische Struktur und Persönlichkeit. In: Mayntz, Renate (Hg.): Bürokratische Organisation (2. Aufl.). Köln, Berlin: Kiepenheuer & Witsch: 265–276

Mohn, Reinhard (2004): Grußwort. In: Sackmann 2004: 5

Mittelstraß, Jürgen (1995): Grenzen der Vernunft in Politik und Verwaltung. In: Seibel, Wolfgang/Benz, Arthur (Hg.): Regierungssystem und Verwaltungspolitik. Beiträge zu Ehren von Thomas Ellwein. Opladen: Westdeutscher Verlag: 111–122

Mueller, Dennis C. (1997): Public choice II. A revised edition of Public Choice. Cambridge University Press [1. Aufl. 1989]

Mueller, Dennis C. (1976): Public Choice: A Survey. In: Journal of Economic Literature 14, H. 2: 395–433

Müller, Hans-Peter (2007): Max Weber. Eine Einführung in sein Werk. Köln, Weimar, Wien: Böhlau

Nagel, Erik (2001): Verwaltung anders denken. Baden-Baden: Nomos

Naschold, Frieder (1995a): Ergebnissteuerung, Wettbewerb, Qualitätspolitik. Entwicklungspfade des öffentlichen Sektors in Europa. Berlin: edition sigma (= Modernisierung des öffentlichen Sektors, Sonderband 1)

Naschold, Frieder (1995b): Modernisierung des öffentlichen Sektors – Haushaltskonsolidierung, Leistungstiefe, ‚Prozeß-Re-engineering'. In: Naschold, Frieder/Pröhl, Marga (Hg.): Produktivität öffentlicher Dienstleistungen, Bd. 2: Dokumentation zum Symposium. Gütersloh: Verlag Bertelsmann Stiftung: 21–38

Naschold, Frieder/Bogumil, Jörg (1998): Modernisierung des Staates. New Public Management und Verwaltungsreform. Opladen: Leske + Budrich

Naschold, Frieder/Budäus, Dietrich/Jann, Werner/Mezger, Erika/Oppen, Maria/Picot, Arnold/ Reichard, Christoph/Schanze, Erich/Simon, Nikolaus (1996): Leitungstiefe im öffentlichen Sektor. Erfahrungen, Konzepte, Methoden. Berlin: edition sigma (= Modernisierung des öffentlichen Sektors, Sonderband 4)

Naschold, Frieder/Jann, Werner/Reichard, Christoph (1999): Innovation, Effektivität, Nachhaltigkeit. Internationale Erfahrungen zentralstaatlicher Verwaltungsreform. Berlin: edition sigma (= Modernisierung des öffentlichen Sektors, Bd. 16)

Naschold, Frieder/Oppen, Maria/Tondorf, Karin/Wegener, Alexander (1994): Neue Städte braucht das Land. Public Governance: Strukturen, Prozesse und Wirkungen kommunaler Innovationsstrategien in Europa. Eine Projektskizze. Berlin: Wissenschaftszentrum Berlin für Sozialforschung (WZB), discussion paper FS II 94–206

Naschold, Frieder/Oppen, Maria/Wegener, Alexander (1997): Innovative Kommunen. Internationale Trends und deutsche Erfahrungen. Stuttgart u.a.O.: Kohlhammer

Naschold, Frieder/Oppen, Maria/Wegener, Alexander (1998): Kommunale Spitzeninnovationen. Konzepte, Umsetzung, Wirkungen in internationaler Perspektive. Berlin: edition sigma (= Modernisierung des öffentlichen Sektors, Bd. 12)

Neisser, Heinrich/Meyer, Renate/Hammerschmid, Gerhard (1998): Kontexte und Konzepte des New Public Management. In: Neisser, Heinrich/Hammerschmid, Gerhard (Hg.): Die innovative Verwaltung. Perspektiven des New Public Management in Österreich. Wien: Signum (= Schriftenreihe des Zentrums für Angewandte Politikforschung, Bd. 18): 19–55

Neuberger, Oswald (1995): Führen und geführt werden (5. Aufl.). Stuttgart: Enke (= Basistexte Personalwesen, Bd. 3)

Nieder, Peter (1983): Fehlzeiten und Fluktuation als Signale für die Unternehmensführung. In: Stoll, Francois (Hg.): Arbeit und Beruf, Bd. 1. Weinheim, Basel: Beltz (= Kindlers Psychologie des 20. Jahrhunderts): 337–355

Nipperdey, Thomas (1994): Deutsche Geschichte 1800–1866. Bürgerwelt und starker Staat. München: Beck

Niskanen, William A. (1971): Bureaucracy and Representative Government. Chicago, New York: Aldine Atherton

Niskanen, William A. (1974): Nichtmarktwirtschaftliche Entscheidungen: Die eigentümliche Ökonomie der Bürokratie. In: Widmaier, Hans Peter (Hg.): Politische Ökonomie des Wohlfahrtsstaates. Eine kritische Darstellung der Neuen Politischen Ökonomie. Frankfurt/M.: Athenäum Fischer Taschenbuch Verlag [Orig.: Non Market Decision Making. The Peculiar Economics of Bureaucracy, 1968]: 208–222

Nöth, Wilhelm (1994): Von der Fachhochschule für den öffentlichen Dienst zur Fachhochschule für öffentliche Aufgaben. In: Bischoff, Detlef/Reichard, Christoph (Hg.): Vom Beamten zum Manager? Herausforderungen und Perspektiven der Verwaltungsausbildung. Berlin: Hitit (= Reihe: Verwaltung, Recht und Gesellschaft, Bd. 5): 127–146

Nuber, U. (1987): Innere Kündigung: Sollen doch mal die anderen ran! In: Psychologie Heute 14, H. 10: 20–26

Nystrom, Paul, C./Starbuck, William H. (1984): To Avoid Organizational Crises, Unlearn. In: Organizational Dynamics 12, H. 4: 53–65

Oechsler, Walter A./Vaanholt, Silke (1998): Human Resource Management – Auswirkungen des New Public Management auf ein zeitgemäßes Personalmanagement in der öffentlichen Verwaltung. In: Budäus, Dietrich/Conrad, Peter/Schreyögg, Georg (Hg.): Managementforschung 8 – New Public Management. Berlin, New York: De Gruyter: 151–190

Oesterreich, Rainer (1981): Handlungsregulation und Kontrolle. München, Wien, Baltimore: Urban & Schwarzenberg

Olson, Mancur (2004): Die Logik des kollektiven Handelns. Kollektivgüter und die Theorie der Gruppen (5. Aufl.). Tübingen: Mohr Siebeck [1. Aufl. 1968] [Orig.: The Logic of Collecive Action: Public Goods and the Theory of Groups, 1965]

Osborne, David/Gaebler, Ted (1997): Der innovative Staat. Mit Unternehmergeist zur Verwaltung der Zukunft. Übersetzt von Friedrich Mader. Wiesbaden: Gabler [Orig.: Reinventing Government, 1992]

Ossenbühl, Fritz (1971): Daseinsvorsorge und Verwaltungsprivatrecht. In: Die Öffentliche Verwaltung DÖV 24, H. 15/16: 513–524

Painter, Martin (1988): Editorial. Public Management: Fad or Fallacy? In: Australian Journal of Public Administration 47, H. 1: 1–3

Pape, Ulf-Dieter/Holz, Henning (2007): Möglichkeiten und Grenzen kommunalwirtschaftlicher Betätigung im Bereich der Abfallwirtschaft. In: Neue Zeitschrift für Verwaltungsrecht NVwZ 26, H. 6: 636–640

Paterson, John (1988): A Managerialist Strikes Back. In: Australian Journal of Public Administration 47, H. 1: 287–295

Pechstein, Matthias (2008): Experten: Dienstrechtsneuordnungsgesetz bleibt hinter Erwartungen zurück. hib-Meldung vom 7. April 2008. Internet: http://www.bundestag.de/aktuell/hib/2008/2008_096/02.html [Stand: 11.2.2009)

Peters, Tom (1993): Jenseits der Hierarchien, Liberation Management. Übersetzt von Team Ursel Reineke. Düsseldorf u.a.O.: ECON [Orig.: Liberation Management, 1992]

Peters, Thomas J./Waterman, Robert H. (1991): Auf der Suche nach Spitzenleistungen. Was man von den bestgeführten US-Unternehmen lernen kann. Übersetzt von Hartmut Reddmann (13. Aufl.). Landsberg/Lech: Verlag Moderne Industrie [Orig.: In Search of Excellence. Lessons from America's Best-Run Companies, 1982]

Picot, Arnold/Wolff, Birgitta (1994): Zur ökonomischen Organisation öffentlicher Leistungen: ‚Lean Management' im öffentlichen Sektor? In: Naschold, Frieder/Pröhl, Marga (Hg.): Produktivität öffentlicher Dienstleistungen, Bd. 1: Dokumentation eines wissenschaftlichen Diskurses. Gütersloh: Verlag Bertelsmann Stiftung: 51–120

Pinkwart, Andreas (2000): New Public Management in Deutschland – aktueller Entwicklungsstand und zukünftige Herausforderungen. In: Günther, Albert (Hg.): Verwaltungsmodernisierung. Anforderungen – Erfahrungen – Perspektiven. Baden-Baden: Nomos: 43–58

Pollitt, Christopher (1990): Managerialism and the Public Services. The Anglo-American Experience. Oxford, Cambridge: Basil Blackwell

Pollitt, Christopher/Bouckaert, Geert (2000): Public Management Reform. A Comparative Analysis (1. Aufl.). Oxford, New York: Oxford University Press

Pollitt, Christopher/Bouckaert, Geert (2004): Public Management Reform. A Comparative Analysis (2. Aufl.). Oxford, New York: Oxford University Press

Popper, Karl R. (2003): Die offene Gesellschaft und ihre Feinde, Bd. II: Falsche Propheten. Hegel, Marx und die Folgen (8. Aufl.). Tübingen: Mohr Siebeck [1. Aufl. 1958] [Orig.: The Open Society and Its Enemies. Volume II The High Tide of Prophecy: Hegel, Marx, and the Aftermath, 1945]

Pröhl, Marga (1993): Zielsetzung und Methodik der Preisvergabe. In: Bertelsmann Stiftung 1993: 9–22

Püttner, Günter (2007): Verwaltungslehre. Ein Studienbuch (4. Aufl.). München: Beck

Quambusch, Erwin (1991): Die Situation der Beamtenfachhochschulen und die besondere Entwicklung in Bremen. Festvortrag zum 10jährigen Bestehen der bremischen Hochschule für Öffentliche Verwaltung. In: Zeitschrift für Beamtenrecht ZBR 39, H. 6: 161–169

Radkau, Joachim (2005): Max Weber. Die Leidenschaft des Denkens. München, Wien: Carl Hanser

Rahn, Horst-Joachim (2000): Unternehmensführung (4. neu gestalt. u. erw. Aufl.). Ludwigshafen: Kiehl (= Kompendium der praktischen Betriebswirtschaft)

Raidt, Fritz (1987): Die innere Kündigung am Arbeitsplatz. In: Der Betriebswirt 28, Nr. 1: 19–24

Raidt, Fritz (1988): Die innere Kündigung. Wie entsteht sie? Was kann man dagegen tun? Bergisch Gladbach: Heider (= Leistung und Lohn, Nr. 204/205/206)

Raidt, Fritz (1989): Innere Kündigung. In: Strutz, Hans: Handbuch Personalmarketing. Wiesbaden: Gabler: 68–83

Rat von Sachverständigen für Umweltfragen (2000): Umweltgutachten 2000. Schritte ins nächste Jahrtausend. Bundesdrucksache 14/3363, 14. März 2000

Reber, Gerhard (1970): Vom patriarchalisch-autoritären zum bürokratisch-autoritären Führungsstil? Kritische Bemerkungen zu einem neuen Buch zum ‚Bad Harzburger Modell'. In: Zeitschrift für Betriebswirtschaft ZfB 40: 633–638

Regierungskommission ‚Zukunft des Öffentlichen Dienstrechtes – öffentlicher Dienst der Zukunft' (2003): Bericht der von der Landesregierung Nordrhein-Westfalen eingesetzten Kommission. Düsseldorf

Reichard, Christoph (1992): Kommunales Management im internationalen Vergleich. In: der städtetag 45, H. 12: 843–848

Reichard, Christoph (1994a): Zukünftige Rahmenbedingungen für die Verwaltungsausbildung. In: Bischoff, Detlef/Reichard, Christoph (Hg.): Vom Beamten zum Manager? Herausforderungen und Perspektiven der Verwaltungsausbildung. Berlin: Hitit (= Reihe: Verwaltung, Recht und Gesellschaft, Bd. 5): 41–52

Reichard, Christoph (1994b): Hauptströmungen der kommunalen Verwaltungsreform. In: Bertelsmann Stiftung 1993: 15–26

Reichard, Christoph (1996a): Umdenken im Rathaus. Neue Steuerungsmodelle in der deutschen Kommunalverwaltung (5. unveränd. Aufl.). Berlin: edition sigma (= Modernisierung des öffentlichen Sektors, Bd. 3) [1. Aufl. 1994]

Reichard, Christoph (1996b): Die ‚New Public Management'-Debatte im internationalen Kontext. In: Reichard, Christoph/Wollmann, Hellmut (Hg.): Kommunalverwaltung im Modernisierungsschub? Basel u.a.O.: Birkhäuser: 241–274

Reichard, Christoph (1998a): Public Management Ausbildung für die mittlere Ebene. Die Rolle der Fachhochschulen. In: Schedler, Kuno/Reichard, Christoph (Hg.): Die Ausbildung zum Public Manager. Bern u.a.O.: Haupt (= Reihe ‚Arbeitspapiere zum Public Management'): 105–136

Reichard, Christoph (1998b): Der Produktansatz im ‚Neuen Steuerungsmodell' – von der Euphorie zur Ernüchterung. In: Grunow, Dieter/Wollmann, Hellmut (Hg.): Lokale Verwaltungsreform in Aktion: Fortschritte und Fallstricke. Basel u.a.O.: Birkhäuser (= Stadtforschung aktuell, Bd. 68): 85–102

Reichard, Christoph (2001): Verwaltungsmodernisierung in Deutschland in internationaler Perspektive. In: Wallerath, Maximilian (Hg.): Verwaltungserneuerung. Eine Zwischenbilanz der Modernisierung öffentlicher Verwaltungen. Baden-Baden: Nomos: 13–35

Reichard, Christoph (2005): Personalmanagement. In: Blanke, Bernhard/Bandemer, Stephan v./Nullmeier, Frank/Wewer, Göttrik (Hg.): Handbuch zur Verwaltungsreform (3. völlig überarb. und erweit. Aufl.). Wiesbaden: VS: 229–235

Reichard, Christoph/Nickusch, Karl-Otto/Bosetzky, Horst/Heinrich, Peter (1977): Bürgernahe Verwaltung durch Ausbildungsreform. In: Staats- und Kommunalverwaltung 23, H. 5: 130–137

Reinermann, Heinrich (1995): Die Krise als Chance: Wege innovativer Verwaltungen (4. unveränd. Aufl.). Speyer: Forschungsinstitut für öffentliche Verwaltung bei der Hochschule für Verwaltungswissenschaften Speyer (= Speyerer Forschungsberichte 139) [1. Aufl. 1994]

Rhodes, R. A. W. (1991): Introduction. In: Public Administration 69, H. 1: 1–2

Richter, Rudolf/Furubotn, Erik G. (1999): Neue Institutionenökonomik. Eine Einführung und kritische Würdigung (2. durchges. u. erg. Aufl.). Tübingen: Mohr Siebeck

Richthofen, Dieprand v. (1994): Zur Entwicklung der Verwaltungsfachhochschulen. In: Bischoff, Detlef/Reichard, Christoph (Hg.): Vom Beamten zum Manager? Herausforderungen und Perspektiven der Verwaltungsausbildung. Berlin: Hitit (= Reihe: Verwaltung, Recht und Gesellschaft, Bd. 5): 147–158

Ridder, Hans-Gerd/Hoon, Christina (2000): Strategisches Personalmanagement in der öffentlichen Verwaltung: eine inhalts- und prozessanalytische Untersuchung. Diskussionspapier 231. Universität Hannover, Institut für Betriebsforschung

Ridder, Hans-Gerd/Hoon, Christina (2001): Strategisches Personalmanagement in der öffentlichen Verwaltung. In: Verwaltung und Management 7, H. 2: 76–83

Riotte, Wolfgang (2004): Reform des öffentlichen Dienstes. In: Oebbecke, Janbernd/Ehlers, Dirk/Schink, Alexander/Diemert, Dörte (Hg.): Kommunalverwaltung in der Reform. Wissenschaftliche Fachtagung des Freiherr-vom-Stein-Instituts am 2. Juli 2004 in Münster. Stuttgart: Kohlhammer (= Schriftenreihe des Freiherr-vom-Stein-Instituts. Wissenschaftliche Forschungsstelle des Landkreistages NRW an der Universität Münster, Bd. 51): 90–98

Röber, Manfred (1996): Über einige Missverständnisse in der verwaltungswissenschaftlichen Modernisierungsdebatte: ein Zwischenruf. In: Reichard, Christoph/Wollmann, Hellmut (Hg.): Kommunalverwaltung im Modernisierungsschub? Basel u.a.O.: Birkhäuser: 98–111

Röber, Manfred (2006): Verwaltungsausbildung und Dienstrechtsreform im Kontext einer sich wandelnden Verwaltung. In: Jann, Werner/Röber, Manfred/Wollmann, Hellmut (Hg.): Public Management – Grundlagen, Wirkungen, Kritik. Berlin: edition sigma: 235–251

Ross, Stephen A. (1973): The Economic Theory of Agency: The Principal's Problem. In: The American Economic Review 63, H. 2: 134–139

Rothemund, Christian (1991): Die Situation der verwaltungsinternen Fachhochschulen. Ein Beitrag zur Diskussion über die Ausbildung der Beamten des gehobenen nichttechnischen Dienstes. In: Zeitschrift für Beamtenrecht ZBR 39, H. 6: 169–176

Rudolf, Walter (1998): Verwaltungsorganisation. In: Erichsen, Hans-Uwe (Hg.): Allgemeines Verwaltungsrecht (11. Aufl.). Berlin, New York: De Gruyter: 772–826

Rühli, Edwin (1995): Führungsmodelle. In: Kieser et al. 1995: 760–772

Rüthers, Bernd (2000): Reinhard Höhn, Carl Schmitt und andere – Geschichten und Legenden aus der NS-Zeit. In: Neue juristische Wochenschrift NJW 53, H. 39: 2866–2871

Sackmann, Sonja (2002): Unternehmenskultur. Erkennen – Entwickeln – Verändern. Neuwied, Kriftel: Luchterhand

Sackmann, Sonja/Bertelsmann Stiftung (2004): Erfolgsfaktor Unternehmenskultur. Mit kulturbewusstem Management Unternehmensziele erreichen und Identifikation schaffen – 6 Best Practice-Beispiele. Wiesbaden: Gabler

Saint-Exupéry, Antoine de (1956): Der kleine Prinz. Übersetzt von Grete und Josef Leitgeb. Düsseldorf: Karl Rauch [Orig.: Le Petit Prince, 1946]

Schedler, Kuno (1998): ‚Public Management' Ausbildung an der Universität. In: Schedler, Kuno/Reichard, Christoph (Hg.): Die Ausbildung zum Public Manager. Bern u.a.O.: Haupt (= Reihe „Arbeitspapiere zum Public Management"): 137–158

Schedler, Kuno (2006): Wie entwickelte sich die internationale Debatte um das New Public Management? In: Jann, Werner/Röber, Manfred/Wollmann, Hellmut (Hg.): Public Management – Grundlagen, Wirkungen, Kritik. Berlin: edition sigma: 95–108

Schedler, Kuno/Proeller, Isabella (2003): New Public Management (2. überarb. Aufl.). Bern u.a.O.: Haupt

Schein, Edgar H. (1980): Organisationspsychologie. Übersetzt von Thomas Münster. Wiesbaden: Gabler (= Führung – Strategie – Organisation; Serie 3, Bd. 4)

Schein, Edgar H. (1985): Organizational Culture and Leadership. San Francisco, Washington, London: Jossey-Bass

Schmidt, Heinz-Ulrich (1994): Standards des Fachhochschulstudiums und Entwicklungsperspektiven externer Fachhochschulen. In: Bischoff, Detlef/Reichard, Christoph (Hg.): Vom Beamten zum Manager? Herausforderungen und Perspektiven der Verwaltungsausbildung. Berlin: Hitit (= Reihe: Verwaltung, Recht und Gesellschaft, Bd. 5): 29–40

Schmidtchen, Gerhard (1984): Neue Technik Neue Arbeitsmoral. Eine sozialpsychologische Untersuchung über Motivation in der Metallindustrie. Köln: Deutscher Instituts-Verlag (= div-Sachbuchreihe 40)

Schreyögg, Georg (1991): Kann und darf man Unternehmenskulturen ändern? In: Dülfer, Eberhard (Hg.): Organisationskultur. Phänomen – Philosophie – Technologie (2. erw. Aufl.). Stuttgart: Poeschel: 201–214

Schreyögg, Georg/Noss, Christian (1995): Organisatorischer Wandel: Von der Organisationsentwicklung zur lernenden Organisation. In: DBW Die Betriebswirtschaft 55, H. 2: 169–185

Schröter, Eckhard/Wollmann, Hellmut (2005): New Public Management. In: Blanke, Bernhard/Bandemer, Stephan v./Nullmeier, Frank/Wewer, Göttrik (Hg.): Handbuch zur Verwaltungsreform (3. völlig überarb. und erweit. Aufl.). Wiesbaden: VS: 74–84

Schulz zur Wiesch, Jochen (1994): Hochschuldidaktik und Verwaltungsreform. In: Bischoff, Detlef/Reichard, Christoph (Hg.): Vom Beamten zum Manager? Herausforderungen und Perspektiven der Verwaltungsausbildung. Berlin: Hitit (= Reihe: Verwaltung, Recht und Gesellschaft, Bd. 5): 101–108

Schumpeter, Joseph A. (1950): Kapitalismus, Sozialismus und Demokratie. Einleitung von Edgar Salin. Übersetzt von Susanne Preiswerk (2. erw. Aufl.). Bern: A. Francke [Orig.: Capitalism, Socialism and Democracy, 1942]

Schütz, Giso (2006): Wirksamkeit und Wirtschaftlichkeit der Bundesverwaltung durch „Shared-Service-Center" („SSC"). In: Hill, Hermann (Hg.): Die Zukunft des öffentlichen Sektors. Baden-Baden: Nomos (= Verwaltungsressourcen und Verwaltungsstrukturen, Bd. 5): 23–36

Scott, W. Richard (1971): Konflikte zwischen Spezialisten und bürokratischen Organisationen. In: Mayntz, Renate (Hg.): Bürokratische Organisation (2. Aufl.). Köln, Berlin: Kiepenheuer & Witsch: 201–216

Seibel, Wolfgang (1997): Verwaltungsreformen. In: König, Klaus/Siedentopf, Heinrich (Hg.): Öffentliche Verwaltung in Deutschland (2. Aufl.). Baden-Baden: Nomos: 87–106

Seidel, Eberhard/Jung, Rüdiger H./Redel,Wolfgang (1988a): Führungsstil und Führungsorganisation, Bd. 1: Führung, Führungsstil. Darmstadt: Wissenschaftliche Buchgesellschaft (= Erträge der Forschung, Bd. 254)

Seidel, Eberhard/Jung, Rüdiger H./Redel, Wolfgang (1988b): Führungsstil und Führungsorganisation, Bd. 2: Führungsorganisation, Führungsmodelle. Darmstadt: Wissenschaftliche Buchgesellschaft (= Erträge der Forschung, Bd. 255)

Seligman, Martin E. P. (1995): Erlernte Hilflosigkeit. Übersetzt von Brigitte Rockstroh (5. korr. Aufl.). Weinheim: Psychologie-Verlags-Union [Orig.: Helplessness. On Depression, Development and Death, 1975]

Seligman, Martin E. P./Maier, Steven F. (1967): Failure to Escape Traumatic Shock. In: Journal of Experimental Psychology 74, H. 1: 1–9

Seyler, Michael (1992): Arbeit macht Spaß. In: Rheinhessische Wirtschaft, H. 9: 3–4

Sheldon, Alan (1980): Organizational Paradigms: A Theory of Organizational Change. In: Organizational Dynamics 8, H. 3: 61–80

Shrivastava, Paul (1983): A Typology of Organizational Learning Systems. In: Journal of Management Studies 20, H. 1: 7–28

Shrivastava, Paul (1985): Integrating Strategy Formulation with Organizational Culture. In: The Journal of Business Strategy 5, H. 3: 103–111

Siemann, Wolfram (1995): Vom Staatenbund zum Nationalstaat. Deutschland 1806–1871. München: Beck (= Neue Deutsche Geschichte, Bd. 7)

Simon, Fritz B. (1997): Die Kunst, nicht zu lernen. Und andere Paradoxien in Psychotherapie, Management, Politik. Heidelberg: Carl-Auer-Systeme

Sommermann, Karl-Peter (1998): Brauchen wir eine Ethik des öffentlichen Dienstes? In: Verwaltungsarchiv 89, H. 2: 290–305

Speier-Werner, Petra (2006): Public Change Management. Erfolgreiche Implementierung neuer Steuerungsinstrumente im öffentlichen Sektor. Wiesbaden: Deutscher Universitätsverlag

Sprenger, Reinhard K. (1991): Mythos Motivation. Wege aus einer Sackgasse. Frankfurt/M., New York: Campus

Steckmeister, Gabriele (1994): Für eine qualitativ andere Hochschule. In: Bischoff, Detlef/Reichard, Christoph (Hg.): Vom Beamten zum Manager? Herausforderungen und Perspektiven der Verwaltungsausbildung. Berlin: Hitit (= Reihe: Verwaltung, Recht und Gesellschaft, Bd. 5): 77–81

Stegbauer, Christian (2002): Reziprozität. Wiesbaden: Westdeutscher Verlag

Steinbach, Hartmut (1982): Die Bedeutung hierarchischer und monokratischer Strukturen in den öffentlichen Verwaltungen für die Gehorsamspflicht und das Führungsverhalten. In: Remer, Andreas (Hg.): Verwaltungsführung. Beiträge zu Organisation, Kooperationsstil und Personalarbeit in der öffentlichen Verwaltung. Berlin, New York: De Gruyter: 181–196

Steinle, Claus (1975): Das Harzburger Modell – Eine Führungsfassade mit der Konsequenz niedriger Effizienz und Satisfaktion. In: Zeitschrift für Organisation 44, H. 5: 249–254

Steinle, Claus (1978): Führung. Grundlagen, Prozesse und Modelle der Führung in der Unternehmung. Stuttgart: Poeschel (= Sammlung Poeschel, P 88)

Steinle, Claus (1995): Führungsdefinitionen. In: Kieser et al. 1995: 523–533

Steinmann, Horst/Schreyögg, Georg (1997): Management. Grundlagen der Unternehmensführung (4. überarb. u. erw. Aufl.). Wiesbaden: Gabler

Stiensmeier-Pelster, Joachim (1988): Erlernte Hilflosigkeit, Handlungskontrolle und Leistung. Berlin, Heidelberg, New York: Springer (= Lehr- und Forschungstexte Psychologie, Bd. 27)

Stigler, George, J. (1988): The Theory of Economic Regulation. In: Stigler, George, J. (ed.): Chicago Studies in Political Economy. Chicago, London: The University of Chicago Press: 209–233

Tannenbaum, Robert/Schmidt, Warren H. (1958): How to choose a leadership pattern. In: Harvard Business Review 36: 95–101

Thieme, Werner (1984): Verwaltungslehre (4. erw. u. völlig neubearb. Aufl.). Köln u.a.O.: Heymann

Thieme, Werner (1995): Einführung in die Verwaltungslehre. Köln u.a.O.: Heymann

Thom, Norbert/Ritz, Adrian (2008): Public Management. Innovative Konzepte zur Führung im öffentlichen Sektor (4. Aufl.). Wiesbaden: Gabler [1. Aufl. 2000]

Thompson, Victor A. (1971): Hierarchie, Spezialisierung und organisationsinterner Konflikt. In: Mayntz, Renate (Hg.): Bürokratische Organisation (2. Aufl.). Köln, Berlin: Kiepenheuer & Witsch: 217–227

Thomssen, Wilke (1980): Deutungsmuster – eine Kategorie der Analyse von gesellschaftlichem Bewusstsein. In: Weymann, Ansgar (Hg.): Handbuch für die Soziologie der Weiterbildung. Darmstadt, Neuwied: Luchterhand (= Soziologische Texte, Bd. 117): 358–373

Timmermann, Manfred (1995): Effizienzsteigerung in der öffentlichen Verwaltung: Management versus Bürokratie. In: Seibel, Wolfgang/Benz, Arthur (Hg.): Regierungssystem und Verwaltungspolitik. Beiträge zu Ehren von Thomas Ellwein. Opladen: Westdeutscher Verlag: 104–110

Tullock, Gordon (1980a): Rent Seeking as a Negative-Sum Game. In: Buchanan, James M./ Tollison, Robert D./Tullock, Gordon (Eds.): Toward a Theory of the Rent-Seeking Society. Texas: A & M University Press: 16–36

Tullock, Gordon (1980b): The Welfare Costs of Tariffs, Monopoliers, and Theft. In: Buchanan, James M./Tollison, Robert D./Tullock, Gordon (Eds.): Toward a Theory of the Rent-Seeking Society. Texas: A & M University Press [Orig.: 1967]: 39–50

Twenhöven, Jörg (1999): Hauptamt – Ehrenamt. Zum Verhältnis von Politik und Verwaltung auf kommunaler Ebene. In: Erichsen, Hans-Uwe (Hg.): Kommunale Verwaltung im Wandel. Köln u.a.O.: Heymanns (= Kommunalwissenschaftliche Forschung und kommunale Praxis, Bd. 7): 93–100

Ulrich, Peter (1984): Systemsteuerung und Kulturentwicklung. Auf der Suche nach einem ganzheitlichen Paradigma der Managementlehre. In: Die Unternehmung 38, H. 4: 303–325

VKS (Hg.) (2008): Positionspapiere. In: VKS-NEWS 126, H. 6: 5–8

Ulrich, Werner (1995): „Aufgabensteuerung" in der öffentlichen Verwaltung. Überlegungen zur Umsetzung des Verfassungsauftrags der Überprüfung der Staatsaufgaben im Kanton Bern. In: Verwaltung Organisation Personal VOP 17, H. 3: 148–156

Vogel, Rick (2006): Zur Institutionalisierung von New Public Management. Disziplindynamik der Verwaltungswissenschaft unter dem Einfluss ökonomischer Theorie. Wiesbaden: Deutscher Universitäts-Verlag

Voigt, Stefan (2002): Institutionenökonomik. München: Wilhelm Fink (= UTB 2339)

Volk, Hartmut (1988): Verhüten Sie die innere Kündigung Ihrer Mitarbeiter. In: io Management Zeitschrift 57, Nr. 3: 124–127

Volk, Hartmut (1989a): Demotivierende Führungsfehler und wie sie sich vermeiden lassen. In: Betriebswirtschaftliche Blätter 38, H. 7: 322–329

Volk, Hartmut (1989b): Der lautlose Abschied von der Leistung. Was Führungsfehler bewirken können. In: Fortschrittliche Betriebsführung und Industrial Engineering 38, H. 2: 82–86

Volk, Hartmut (1992): Vorschläge zur Verhütung der Inneren Kündigung. In: Hilb, Martin (Hg.): Innere Kündigung: Ursachen und Lösungsansätze. Zürich: Verlag Industrielle Organisation: 75–85

Wallerath, Maximilian (2001): Einführung. In: Wallerath, Maximilian (Hg.): Verwaltungserneuerung. Eine Zwischenbilanz der Modernisierung öffentlicher Verwaltungen. Baden-Baden: Nomos: 9–12

Walster, Elaine/Walster, G. William/Berscheid, Ellen (1973): New Directions in Equity Research. In: Journal of Personality and Social Psychology 25, No. 2: 151–176

Watzlawick, Paul (2000): Anleitung zum Unglücklichsein (20. Aufl.). München, Zürich: Piper [1. Aufl. 1983]

Weber, Max (1918): Parlament und Regierung im neugeordneten Deutschland. Zur politischen Kritik des Beamtentums und Parteiwesens. München, Leipzig: Duncker & Humblot

Weber, Max (1968): Die ‚Objektivität' sozialwissenschaftlicher und sozialpolitischer Erkenntnis. In: Gesammelte Aufsätze zur Wissenschaftslehre (3. erw. und verb. Aufl.). Tübingen: J. C. B. Mohr (Paul Siebeck) [Orig.: 1904]: 146–214

Weber, Max (1971): Der Nationalstaat und die Volkswirtschaftspolitik. In: Winckelmann, Johannes (Hg.): Gesammelte politische Schriften (3. Aufl.). Tübingen: J. C. B. Mohr (Paul Siebeck) [1. Aufl. 1958] [Akademische Antrittsrede Freiburg 1895]: 1–25

Weber, Max (1978): Die protestantische Ethik und der Geist des Kapitalismus. In: Gesammelte Aufsätze zur Religionssoziologie (7. Aufl.). Tübingen: J. C. B. Mohr (Paul Siebeck) [Orig.: 1920]: 17–206

Weber, Max (1980): Wirtschaft und Gesellschaft. Grundriss der verstehenden Soziologie. Tübingen (5. rev. Aufl., besorgt von Johannes Winckelmann; Studienausg.). Mohr [1. Aufl. 1921/1922]

Weber, Wolfgang (2004): Managementkompetenzen und Qualifikation. In: Schreyögg, Georg/Werder, Axel v. (Hg.): Handwörterbuch Unternehmensführung und Organisation (4. völlig neu bearb. Aufl.). Stuttgart: Schäffer-Poeschel (= Enzyklopädie der Betriebswirtschaftslehre, Bd. II): 791–797

Weick, Karl E. (1977): Organization Design: Organization as Self-Designing Systems. In: Organizational Dynamics 6, H. 2: 31–46

Weller, Heinz (2000): Das Neue Verhältnis von Politik und Verwaltung zwischen Anspruch und Wirklichkeit. In: Günther, Albert (Hg.): Verwaltungsmodernisierung. Anforderungen – Erfahrungen – Perspektiven. Baden-Baden: Nomos: 110–126

Widmaier, Hans Peter (1974): Politische Ökonomie der Verfassung. In: Widmaier, Hans Peter (Hg.): Politische Ökonomie des Wohlfahrtsstaates. Eine kritische Darstellung der Neuen Politischen Ökonomie. Frankfurt/M.: Athenäum Fischer Taschenbuch Verlag: 9–29

Wiebe, Andreas/Schürer, Cornelius (2007): Rekommunalisierung in der Abfallwirtschaft. In: Fachzeitschrift für Alternative Kommunal Politik AKP, H. 1: 50–52

Wild, Jürgen (1973): MbO als Führungsmodell für die öffentliche Verwaltung. In: Die Verwaltung 6, H. 3: 283–316

Wilenski, Peter (1988): Social Change as a Source of Competing Values, A Managerialist Strikes Back. In: Australian Journal of Public Administration 47, H. 1: 213–222

Williamson, Oliver E. (1990): Die ökonomischen Institutionen des Kapitalismus. Unternehmen, Märkte, Kooperationen. Übersetzt von Monika Streissler. Tübingen: J. C. B. Mohr (Paul Siebeck) (= Die Einheit der Gesellschaftswissenschaften, Bd. 64) [Orig.: The Economic Institutions of Capitalism, 1985]

Willke, Helmut (1994): Systemtheorie II: Interventionstheorie. Grundzüge einer Theorie der Intervention in komplexe Systeme. Stuttgart, Jena: G. Fischer (= UTB für Wissenschaft: Uni-Taschenbücher 1800)

Willke, Helmut (1997): Supervision des Staates. Frankfurt/M.: Suhrkamp

Winter, Christian (2005): Das Neue Steuerungsmodell in der öffentlichen Verwaltung. Hamburg: Dashöfer

Wissenschaftliche Kommission „Öffentliche Unternehmen und Verwaltungen" im Verband der Hochschullehrer für Betriebswirtschaft e.V. (1987): Ziele und Ausbildungskonzepte der Öffentlichen Betriebswirtschaftslehre (Betriebswirtschaftslehre öffentlicher Unternehmen und Verwaltungen). In: Schmalenbachs Zeitschrift für betriebswirtschaftliche Forschung zfbf 39, H. 1: 3–15

Wohlfahrt, Norbert (1998): Kontraktmanagement zwischen Privatisierung und Subsidiarität: Perspektiven politischer Steuerung im Marktmodell Kommune. In: Grunow, Dieter/Wollmann, Hellmut (Hg.): Lokale Verwaltungsreform in Aktion: Fortschritte und Fallstricke. Basel u.a.O.: Birkhäuser (= Stadtforschung aktuell, Bd. 68): 72–84

Wollmann, Hellmut (1994): Evaluierungsansätze und -institutionen in Kommunalpolitik und -verwaltung. Stationen der Planungs- und Steuerungsdiskussion. In: Schulze-Böing, Matthias/Johendt, Norbert (Hg.): Wirkungen kommunaler Beschäftigungsprogramme. Methoden, Instrumente und Ergebnisse der Evaluation kommunaler Arbeitsmarktpolitik. Basel u.a.O.: Birkhäuser (= Stadtforschung aktuell, Bd. 48): 79–110

Wollmann, Hellmut (1996): Verwaltungsmodernisierung: Ausgangsbedingungen, Reformanläufe und aktuelle Modernisierungsdiskurse. In: Reichard, Christoph/Wollmann, Hellmut (Hg.): Kommunalverwaltung im Modernisierungsschub? Basel u.a.O.: Birkhäuser: 1–49

Wollmann, Hellmut (2002): Verwaltungspolitische Reformdiskurse und -verläufe im internationalen Vergleich. In: König, Klaus (Hg.): Deutsche Verwaltung an der Wende zum 21. Jahrhundert. Baden-Baden: Nomos: 489–524

Wortman, Camille B./Brehm, Jack W. (1975): Responses to Uncontrollable Outcomes: An Integration of Reactance Theory and the Learned Helplessness Model. In: Berkowitz, Leonard (ed.): Advances in Experimental Social Psychology, Vol. 8. New York, San Francisco, London: Academic Press: 277–335

Wunderer, Rolf (1995): Kooperative Führung. In: Kieser et al. 1995: 1369–1386

Wunderer, Rolf (2006): Führung und Zusammenarbeit. Eine unternehmerische Führungslehre (6. überarb. Aufl.). München: Luchterhand

Wunderer, Rolf/ Grunwald, Wolfgang (1980a): Führungslehre, Bd. 1: Grundlagen der Führung. Berlin, New York: De Gruyter

Wunderer, Rolf/Grunwald, Wolfgang (1980b): Führungslehre, Bd. 2: Kooperative Führung. Berlin, New York: De Gruyter

Wunderer, Rolf/Mittmann, Josef (1995): Identifikationspolitik. Einbindung des Mitarbeiters in den unternehmerischen Wertschöpfungsprozeß. Stuttgart: Schäffer-Poeschel

Verzeichnis der Illustrationen

Abbildungen

Tabelle

Textboxen

Ebenfalls bei edition sigma – eine Auswahl

Tobias Bach, Julia Fleischer, Thurid Hustedt
Organisation und Steuerung zentralstaatlicher Behörden
Agenturen im westeuropäischen Vergleich
Modernisierung des öffentlichen Sektors., Bd. 34
2010 | 95 S. | ISBN 978-3-8360-7234-2 | € 8,90

Jörg Bogumil, St. Grohs, S. Kuhlmann, A. K. Ohm
Zehn Jahre Neues Steuerungsmodell
Eine Bilanz kommunaler Verwaltungsmodernisierung
Modernisierung des öffentlichen Sektors, Sonderband 29
2007 | 342 S. | ISBN 978-3-89404-779-5 | € 21,90

Martin Brüggemeier, A. Dovifat, D. Kubisch, K. Lenk, Chr. Reichard, T. Siegfried
Organisatorische Gestaltungspotenziale durch Electronic Government
Auf dem Weg zur vernetzten Verwaltung
E-Goverment und die Erneuerung des öffentlichen Sektors, Bd. 8
2006 | 331 S. | ISBN 3-89404-838-7 | € 22,90

Andreas Engel
IT-gestützte Vorgangsbearbeitung in der öffentlichen Verwaltung
Bausteine zur Prozessgestaltung im E-Government
E-Goverment und die Erneuerung des öffentlichen Sektors, Bd. 9
2008 | 190 S. | ISBN 3-89404-839-6 | € 17,90

Lars Holtkamp
Kommunale Haushaltspolitik bei leeren Kassen
Bestandsaufnahme, Konsolidierungsstrategien, Handlungsoptionen
Modernisierung des öffentlichen Sektors., Bd. 33
2010 | 95 S. | ISBN 978-3-8360-7233-5 | € 8,90

Werner Jann, Manfred Röber, Hellmut Wollmann (Hg.)
Public Management – Grundlagen, Wirkungen, Kritik
Festschrift für Christoph Reichard zum 65. Geburtstag
Modernisierung des öffentlichen Sektors, Sonderband 26
2006 | 407 S. | ISBN 3-89404-776-3 | € 22,90

Werner Jann, J. Bogumil, G. Bouckaert, D. Budäus, L. Holtkamp, L. Kißler, S. Kuhlmann, E. Mezger, Chr. Reichard, H. Wollmann
Status-Report Verwaltungsreform
Eine Zwischenbilanz nach zehn Jahren
Modernisierung des öffentlichen Sektors, Bd. 24
2004 | 122 S. | ISBN 3-89404-744-5 | € 8,90

– bitte beachten Sie auch die folgende Seite –